böhlau

Peter Widlok

ERIK-ERNST SCHWABACH
(1891–1938)

Verleger, Autor und Mäzen
des Expressionismus

2017

Böhlau Verlag Köln Weimar Wien

Bibliografische Information der Deutschen Nationalbibliothek:
Die Deutsche Nationalbibliothek verzeichnet diese Publikation in der
Deutschen Nationalbibliografie; detaillierte bibliografische Daten sind
im Internet über http://portal.dnb.de abrufbar.

Umschlagabbildung:
Porträtbild von Erik-Ernst Schwabach (1921); Vorderansicht Schloss Märzdorf

Korrektorat: Sara Zarzutzki, Düsseldorf
Umschlaggestaltung: Satz + Layout Werkstatt Kluth, Erftstadt
Satz: büro mn, Bielefeld
Druck und Bindung: ⊕ Hubert & Co. GmbH & Co. KG BuchPartner,
Robert-Bosch-Breite 6, D-37079 Göttingen
Gedruckt auf chlor- und säurefreiem Papier
Printed in the EU

ISBN 978-3-412-50903-3

Inhalt

Zeittafel 9

Einführung 11

Bredevoort: Beginn einer Spurensuche 14

Eine berühmte Bankiersfamilie 17

Ein Leben im Schloss 29

„Die Weißen Blätter": erste verlegerische Tätigkeiten
im Expressionismus 51
    Exkurs: Expressionismus als neue Literaturrichtung 61

Mäzen im Kaiserreich, Geldmann der „Republik" 74
    Walter Hasenclever 79
    Tempelverlag 83
    Fontane-Preis 88
    Der Maler Theo von Brockhusen 91
    Exkurs: Dreharbeiten zum Film „Rübezahls Hochzeit".
    Carl Hauptmann als Statist 100
    Leipziger Schauspielhaus 102
    Plan für eine Akademie für moderne Literatur 122
    Enzyklopädie oder Sozialistische Zeitung:
    Schwabach und Wilhelm Herzog 124
    Geldmann der „Republik" 128

Schwabach und seine Künstlerfreunde 148
    Franz Blei 148
    Carl Hauptmann 150
    Gerhart Hauptmann 151
    Carl Sternheim 152
    Kurt und Elisabeth Wolff 152
    Heinrich Mann 160
    Max Herrmann-Neiße 161

„Gestern früh Graupeauktion. Hübsche Sachen gekauft.
Gauguinmanuskript kam auf 55000 Mk":
Erik-Ernst Schwabach als Sammler 164

Vom Zaubertheater bis zum Libretto für „Berlin Alexanderplatz" –
Schwabachs literarische Produktion in Deutschland 176
    Theaterstücke 178
        Das Zaubertheater (1915) 178
        Nur eine Liebe (1916) 182
        Das Puppenspiel (1917) 187
        Irdische Komödie (1926) 190
    Prosa und Lyrik 197
        Peter van Pier, der Prophet (1915) 197
        Die Stiftsdame (1918) 201
        Vier Novellen von der armen Kreatur (1922) 204
        Cleander (1922 oder 1923) 208
        Miniaturen, von Mariette Lydis, in Liebesbillete gesetzt
        von Erik-Ernst Schwabach (1924) 210
        Die Revolutionierung der Frau (1928) 212
        Schwabach als Literaturkritiker/Autor
        der „Zeitschrift für Bücherfreunde" (1919 bis 1928) 214
        Kritiker für „Die Literarische Welt" 215

Von der Schattenangst besessen:
Folgen der Inflation und das Ende im Londoner Exil 223
    Zwei Auktionen als Zeichen des bevorstehenden Endes 224
    Radio Plays, „Fanny" und „Kitty": Schwabachs letzte literarische
    Arbeiten ab 1933; Exil und Tod in England 227

Epilog 245

Danksagung 251

Anmerkungen 252

Schriftenverzeichnis Schwabach 272

Siglenverzeichnis 284

Literaturverzeichnis 285

Abbildungsnachweis 293

Personenregister 294

Zeittafel

1891	24. Januar: Geburt in Kronstadt/Brasov
1906	Tod der Mutter Flora, geb. Herz
1909	Tod des Vaters Ernst Schwabach
1912	Hochzeit mit Charlotte, geb. Schmidt/Bezug von Schloss Märzdorf, Schlesien; daneben Wohnort: Berlin
1913	Gründung des Verlages „Die Weißen Bücher" in Leipzig; erste Arbeiten als Schriftsteller/Kritiker, Freundschaft mit Kurt Wolff; Herausgeber der „Weißen Blätter"
1914	Geburt des Sohnes Ernst-Joachim; Oktober: Eröffnung Leipziger Schauspielhaus
1915	Geburt der Tochter Brigitte
1918	Geburt des Sohnes Dorian-Erik
1916	„Nur eine Liebe" erscheint als Buch unter dem Pseudonym Ernst Sylvester; Dezember: Literarischer Salon im Berliner Palais: Heinrich Mann liest aus dem „Untertan"
1914–1918	Erster Weltkrieg; 1915, 1916 und 1917 zeitweilig Dienst als Soldat bei den Aufklärern, u.a. auf dem Balkan
1918	„Die Stiftsdame" erscheint; November: Absetzung/Exil Wilhelm II.; Gründung und Finanzierung der Zeitung „Die Republik" mit Wilhelm Herzog
1920	„Paul Gauguin, Vorher und Nachher" erscheint, übersetzt von Schwabach.
1922	„Vier Novellen von der armen Kreatur" erscheint
1923	Höhepunkt der Inflation, Beginn der wirtschaftlichen Schwierigkeiten
1926–1932	Mitarbeit bei der „Literarischen Welt"
1926	„Irdische Komödie" erscheint
1928	„Die Revolutionierung der Frau" erscheint
1929	Weltwirtschaftskrise
1930	Tod des Sohnes Ernst-Joachim; Auktion der Bibliothek Schwabachs bei Paul Graupe in Berlin
1931	Auktion der Einrichtung von Schloss Märzdorf in Berlin; Liedtexte für den Film „Berlin Alexanderplatz"; mit Alfred Döblin und Hans Wilhelm
1933	Hitler wird Reichskanzler, NSDAP größte Partei
1934	Autor/Librettist für die Operette „Lady Fanny", Musik: Theo Mackeben
1935	„Nürnberger Gesetze"

1936–1938   zeitweilige, zum Teil längere Aufenthalte in London; Arbeit u.a.
als Drehbuchautor

1938   März: „Anschluss" Österreichs an das Deutsche Reich; „Bilderbuch einer Nacht" erscheint auf Polnisch; Tod am 4. April in
London, Beisetzung in Stahnsdorf bei Berlin; 17. November:
Tod von Paul von Schwabach, Onkel, auf Gut Kerzendorf
bei Ludwigsfelde

Der Mensch ist dazu geboren, entweder unter der Geißel
der Ruhelosigkeit oder in der Lethargie der Langeweile zu leben.
Martin zu Candide (Voltaire)

Einführung

Sein Vater machte als Mr. Monaco Schlagzeilen, als er mit einem Rekord-
gewinn das Casino in Monte Carlo sprengte. Sein Onkel, einer der berühmtesten Bankiers seiner Zeit, ging als gern gesehener Gast bei Rothschild,
Bismarck und Kaiser Wilhelm II. ein und aus. Er selbst blieb Zeit seines
Lebens ein Suchender, gefangen in den Kreisen der Hochfinanz, deren Geld
auch ihm zunächst ein feudales Leben als Schlossherr ermöglichte, und seiner
Leidenschaft für die Literatur, in deren schriller, bunter Welt zu Beginn der
1910er Jahre er ein merkwürdig unbestimmbares Zwitterwesen war. Erik-Ernst
Schwabach war Gründer und Herausgeber der expressionistischen Zeitschrift
„Die Weißen Blätter", Kofinanzier des nach der Trennung von Ernst Rowohlt
gerade gegründeten Verlages von Kurt Wolff, für kurze Zeit Theaterbesitzer in
Leipzig und in seiner eigenen Vorstellung anerkannter Autor im Kreise seiner
Freunde – ein Wunsch freilich, der sich ihm nur ansatzweise erfüllte. Er war
bekannt als mondäner Gesellschaftsherr, als Salonlöwe, dessen Einladungen
auf sein Schloss Märzdorf in Niederschlesien und in die große Stadtwohnung
im Berliner Tiergarten von vielen im Literatur- und Verlagsbetrieb sehnsüchtig
erwartet wurden. Überdies war Schwabach gern angegangener Förderer und
Mäzen von expressionistischen Dichtern wie Walter Hasenclever oder Malern
wie Theo von Brockhusen, von Journalisten wie Wilhelm Herzog – bis zu seiner
Verarmung im Zuge der Inflation, seiner Zeit im Exil in England und seinem
viel zu frühen Tod in London mit gerade mal 47 Jahren.

Ein Bild von einem Mann: groß, sportlich, kräftig, viril. Einer, der in der
Turnhalle unweit seines Schlosses im eigenen Boxring trainierte. Erik-Ernst
war ein ganzer Kerl, genau wie sein Vater Ernst, den wiederum sich Carl Sternheim, ein enger Freund von beiden Schwabachs, Senior und Junior, und damals
der meist gespielte Dramatiker in Deutschland, in seinen Komödien für „den
Mann schlechthin" zum Vorbild erkor.

Wie bei den Buddenbrooks erzählt diese Geschichte den Aufstieg und Fall
einer Familie. Aber das Schicksal der wohlhabenden Bankiersfamilie in den
Zeitläufen zwischen Monarchie und nationalsozialistischer Herrschaft ist nur ein
Aspekt, der wichtig für das Verständnis von Erik-Ernst Schwabach und seines
Lebensmilieus ist. Hier soll es auch um ein Leben gehen, das zunächst geprägt

war vom großen Reichtum einer der berühmtesten Familien der Bankenwelt im Kaiserreich. Im Mittelpunkt steht jedoch die literarisch geprägte Ausgestaltung eines Lebensweges, der für den Ruhelosen, der mit Geld im Sinne von kapitalistischem Erwerb und Investition nichts zu tun haben wollte, bestimmend war.

Anders als bei Thomas Mann ist diese Geschichte des Niedergangs einer traditionsreichen Familie keine Fiktion, obwohl sie alle Zutaten für einen langen Roman mit Höhepunkten, dramatischen Wendungen und überraschenden Entwicklungen, mit leidenschaftlichen Liebesepisoden und Untreuevorwürfen, mit Erfolgen und bizarren Misserfolgen in sich trägt, das alles vor oder in den Kulissen eines Schlosses in Schlesien, eines prachtvollen Palais im Zentrum Berlins und schließlich in London. Sie erzählt vom Leben und Wirken Erik-Ernst Schwabachs, von einem Leben für die Literatur, das in kontinuierlicher Suche (und Sucht) nach Anerkennung bestand. Hier ist der Fall aus großbürgerlicher Höhe aber nur zu einem kleinen Teil selbstverschuldet: Schwabach, dessen Reichtum sich während der Inflation in den zwanziger Jahren und aufgrund der Auswirkungen der durch die Nationalsozialisten betriebenen Arisierung des familieneigenen Bankhauses (ab 1933) aufzulösen begann, starb verarmt und orientierungslos in England, aufgewühlt vom Verlust seiner Heimat und seiner geliebten Bücher. Obgleich evangelisch getauft, wurde er als Jude verstoßen und galt als verfemter Autor. Dem Berufsverbot und der drohenden Verfolgung durch die Nazis entzog er sich zwar zunächst erfolgreich mit seinem Versuch, in London Fuß zu fassen, – doch dort starb er viel zu früh im Jahr 1938.

Erik-Ernst Schwabachs Rolle für die deutsche Verlags- und Literaturgeschichte ist unbekanntes Gelände. Das Diktum von Wolfram Göbel, dem ausgewiesenen Kenner des Kurt Wolff Verlages, hallt nach: Über ihn, Schwabach, sei so gut wie nichts bekannt. Und Paul Raabe bekennt, ja, die schillernde, rätselhafte Figur Schwabachs zu entschlüsseln, habe ihn ebenfalls lange und oft gereizt.[1] Auch in seriösen Literaturübersichten fehlt sein Name oft, ein Stiefkind der Wissenschaft und der historischen Literaturbetrachtung. Dabei unterhielt er als Herausgeber des damals angesehensten Literaturmagazins „Die Weißen Blätter" Kontakte zu Heinrich Mann, Franz Blei, Werfel und Hasenclever, zu Else Lasker-Schüler und vielen anderen, durch deren Werk in der Zeit um 1912/1913 mit dem literarischen Expressionismus eine neue, aufregende Richtung in der deutschsprachigen Literatur begann.

Hier wird ein Leben geschildert, das daunenweich umhegt beginnt, das rauschhafte Höhepunkte auf Schloss Märzdorf und im Berliner Palais inmitten von Autoren, Verlegern und bildenden Künstlern umfasst und im nasskalten England im April 1938 wegen einer Grippe und Herzproblemen endet, wobei nach den Tagebuchaufzeichnungen der Verlust des früheren Lebens zu dieser körperlichen Schwächung beigetragen haben mag. Erik-Ernst Schwabachs Lebenslauf zeigt einen Mann auf der drängenden und steten Suche nach Anerkennung, die er zwar von Dichterfreunden und Verlagskollegen bekommt, wenngleich stets Zweifel bleiben, ob sie ihm wegen seiner originären Leistung als Schriftsteller oder nicht doch eher wegen seines Reichtums und seiner gern ausgefüllten Mäzenatenrolle zuerkannt wird.

Bredevoort: Beginn einer Spurensuche

Bredevoort hatte Großes vor. Das kleine Dorf direkt hinter der deutschen Grenze in Holland, keine zehn Kilometer von Bocholt entfernt, wollte Hay-on-Wye nacheifern und zur niederländischen Antiquariatsstadt werden. Wie im walisischen Hay, wo sich nach dem Niedergang der Bergwerksindustrie Buchhändler zusammengeschlossen hatten und ein Zentrum für bibliophile Sammler mit rund 40 Antiquariaten entstehen ließen, wollte auch Bredevoort der Flucht vieler Junger aus dem beschaulichen Dorf nicht einfach zusehen.

Rainer Heeke, der in den achtziger Jahren ein Antiquariat am Rande der Fußgängerzone von Bocholt auf der deutschen Seite der Grenze besaß, war einer der Initiatoren. Er hatte in kurzer Zeit eine Reihe von anderen Antiquaren im holländisch-deutschen Grenzgebiet und vor allem die Verwaltung in Bredevoort davon überzeugt, dass dem mittelalterlichen Dorf mit den zwei Kirchen, dem zentralen Marktplatz, der obligatorischen Windmühle und vielen Fahrrädern eine neue Karriere als Hollands erster „Boekenstad" bevorstand. Der Plan ging auf: Seit 1982 sind nun Läden in der Landstraat, am Markt und in der Marktstraat, wo es früher eine Bäckerei, ein Milchladen, ein Tante-Emma-Laden sowie die Post gab, und die zum Teil leer standen, zu veritablen Buchläden beziehungsweise gemütlichen Antiquariaten avanciert, wo gerne auch zu alten Büchern „Koeken und Kopjes van Kafe" serviert werden. Ideengeber Heeke selbst betreibt dort seither ein Ladengeschäft.

Er ist seitdem so etwas wie der gute Geist von Bredevoorts Büchern, der alles daran setzt, das Konzept der Bücherstadt am Leben zu erhalten. Mehrmals im Jahr finden spezielle Büchermärkte statt. Die traditionelle Lichtershow auf der kleinen Gracht, die den historischen Ortskern halbmondförmig umschließt, hat 2009 zum letzten Mal diejenigen Besucher erfreut, die zum Abschluss des internationalen Büchermarktes in das Dorf kamen – es waren allerdings zuletzt zu wenige Gäste. Aber noch trägt die Idee, wohl auch, weil das Einzugsgebiet Bücherliebhaber bis ins Ruhrgebiet und den Düsseldorfer Raum anspricht. Und sie ist exportfähig. Heeke, der auch bei der International Association eine wichtige Funktion als Antreiber und Improvisator einnimmt, hat 2014 mit dem „Honorary president" und dem „Erfinder der Bücherstädte" Richard Booth als 13. Mitglied die Kleinstadt Torup in Dänemark und als 14. Mitglied Ascona in der Schweiz als neue Mitglieder hinzugewinnen können. Damit ist die Vereinigung von Fjaerland in Norwegen, von Pazin in Kroatien, in Lankawi in Malysia, über Montereggio, dem belgischen Redu und dem finnischen Sysmä Welt umspannend vertreten. Wünsdorf ist übrigens die deutsche Bücherstadt.

Im Herbst ist die Saison für Bredevoort für gewöhnlich gelaufen: Die Büchermärkte finden lediglich ab Mai bis zum Spätsommer statt. Nun kommen höchstens noch einzelne Besucher, vornehmlich am Wochenende. Werktags tut sich jetzt nicht mehr viel.

Und Heeke hatte an einem dieser trüben Tage, genauer: an einem Dienstag Ende September im Jahre 2005, nicht mehr viel erwartet. Doch dann erlebt er etwas, was Antiquaren nicht oft widerfährt: Ohne Vorankündigung hält am Nachmittag vor seinem Laden in der Landstraat 13 ein weißer Kleintransporter aus Rotterdam. Die Fahrerin spricht Heeke praktisch aus dem Auto heraus an: „Ich habe hier im Laderaum eine Kiste mit alten Büchern. Hätten Sie Interesse?" Heeke öffnet den Karton und will sich die Bücher ansehen, so wie er das immer macht, wenn er etwas angeboten bekommt. „Schon das erste Buch, das ich in der Hand hielt, war absolut ungewöhnlich", sagt er rückblickend: „Georg Trakls Gedichte als Stundenbuch vom Kurt Wolff Verlag, aufwändig gestaltet: Grünes Leder, Rundum-Goldschnitt, in nur 375 Exemplaren in der Ernst Ludwig Presse gedruckt, perfekt erhalten. Sehr selten."

Heeke ist hellwach, sieht sich weiter im Auto der Holländerin um und staunt nicht schlecht. Fast alle Bücher stammen von Dichtern des literarischen Expressionismus: Hasenclever, Werfel, Sternheim, Trakl und andere. Vor allem: Es sind Vorzugsausgaben in Leder oder in Pergament gebunden, oft im Druckvermerk handschriftlich nummeriert. So wie Sternheims kurze Erzählung „Ulrike", die 1918 in der Buchreihe „Der Jüngste Tag" im Kurt Wolff Verlag erschienen war, und die Heeke nun in der überaus seltenen Pergamentausgabe mit Kopfgoldschnitt und auf Büttenpapier gedruckt in den Händen hält: Nummer zwei von nur 35 Exemplaren.

Dass viele dieser ungewöhnlichen Bücher aus einer Quelle, aus einer Sammlung stammen, zeigen sie im Innern, auf dem Vorsatzblatt: Fast alle enthalten je ein Exlibris von Erik-Ernst Schwabach – es zeigt die Vorderansicht des Schlosses Märzdorf. Wenn einmal eins der Bücher nicht dieses Exlibris trägt, dann hat es einen anderen illustrierten und nicht minder imposanten Besitzvermerk: zum Beispiel jenen des Autors Carl Sternheim, in dessen Buch „Gauguin und van Gogh"[2], auch das eine Vorzugsausgabe (Nummer acht von nur zehn Exemplaren) aus genarbtem blauen Ziegenleder mit Goldprägedruck und aufwändiger Titelillustration, sein dreieckiges Exlibris „La Hulpe" (Belgien) klebt, wo Sternheim bis zu seinem Tode 1942 lebte.

Heeke vermutet, dass alle Bücher aus ein und demselben Nachlass stammen. Er kauft den Karton samt Inhalt an. Die anonyme Frau aus Rotterdam fährt zufrieden weg. Bouquinist Heeke jedoch ist elektrisiert. Solch ein Konvolut hat er noch nie erworben. Heeke und seine junge Praktikantin, die erst seit elf Tagen im Geschäft aushilft, haben für die nächsten Wochen unerwartet viel zu tun: Statt einen geruhsamen Saisonausklang zu genießen, gestalten und drucken sie schnell einen kleinen Katalog. Denn der bibliophile Schatz, der ihnen durch Zufall vor den Laden fällt, muss durch Beschreibungen, durch Bilder gewürdigt, annonciert und schließlich auch verkauft werden.

Dies ist so etwas wie der Ausgangspunkt zu den Recherchen über Erik-Ernst Schwabach. Ein Konvolut von kostbaren Rarissima. Das kann nur den Schluss zulassen, dass dies Bücher aus dem Nachlass des Verlegers, Autors und Mäzens Erik-Ernst Schwabach sind, die am 14. und 15. November 1930 in Berlin versteigert worden waren. Und in der Tat: Einige dieser Bücher, die Heeke im Herbst 2005 in den Händen hält, sind tatsächlich in jenem Katalog verzeichnet; etwa „Ulrike" von Carl Sternheim oder „Der Sohn" von Walter Hasenclever in der aufwändigen Vorzugsausgabe des Kurt Wolff Verlages (Nummer neun von 85 Exemplaren). Rechnet man Funde aus der ehemaligen Berliner Leihbibliothek „W. Breitkreutz, Berlin N 24, Auguststraße 63" hinzu, die um 2008 in Berlin Mitte gemacht wurden und ebenfalls Bücher aus dem Besitz von Erik-Ernst Schwabach umfassten, dann sind dies schon zwei Spuren, die zu dem Leben und Werk von Erik-Ernst Schwabach zurückführen: zu einem Mann, dessen Rolle und Bedeutung für die Entwicklung der expressionistischen deutschen Literatur noch nicht einmal ansatzweise geklärt ist; der zwar als Dichter selbst einige Bücher schrieb – ohne großen durchschlagenden Erfolg –, dessen mäzenatische Taten nur zu einem kleinen Teil bekannt sind, dessen Leben und Wirken aber eine größere Beachtung verdienen.

Eine berühmte Bankiersfamilie

Wer sich mit der Familie Schwabach beschäftigt, kommt schnell und oft überrascht zu der Erkenntnis: Hier geht es um eine Bankiers- und Künstlerfamilie, an der fast beispielhaft Aufstieg und Niedergang einer ganzen Epoche beschrieben werden können. Es geht um eine jüdische Familie, die in ihrer Blütezeit Mitte und am Ende der 19. Jahrhunderts während der Kanzlerschaft Otto von Bismarcks mit ihrem Oberhaupt Julius Leopold Schwabach und später (bis in die zwanziger Jahre des neuen Jahrhunderts) mit dessen Sohn Paul von Schwabach zu Reichtum und politischem sowie wirtschaftlichem Einfluss kam wie kaum eine andere Familie im Deutschen Reich. Die Schwabachs unterhielten schwerlich zu entwirrende geschäftliche und private Verbindungen zu vielen anderen berühmten Familienstämmen der Zeit aus der Bankenwelt, aus Industrie, Politik und Gesellschaft. Die Kaiserzeit unter Wilhelm II. erlebte die Familie immer noch allseits anerkannt und in ausgezeichneten materiellen Verhältnissen, erlitt aber durch die Inflation in den zwanziger Jahren erste große geschäftliche Verluste. Schließlich gerieten die Schwabachs durch die Nationalsozialisten unter unmenschlichen Druck, was zur gesellschaftlichen Isolation, zum Verlust des Bankhauses durch die Arisierung und letztlich zu Vertreibung sowie Tod vieler Familienmitglieder im Holocaust führte.

Begonnen hatte alles rund 130 Jahre früher: Napoleons Eroberungszug von Frankreich nach Osten sah im Jahr 1806 Berlin als die Hauptstadt des preußischen Königreiches als eine wichtige Zwischenstation. Im Zuge der weiteren Expansion gründete das damals vor allem in Frankreich erfolgreiche Bankhaus Rothschild in Berlin eine erste Dependance. Statthalter dieser Zweigstelle oder besser: Agent der Firma M.A. (Meyer Amschel) Rothschild und Söhne mit Stammsitz in Frankfurt, in Paris und Niederlassungen unter anderem in Wien und London (aber noch nicht in Berlin) wurde ab 1828 Samuel Bleichröder, geboren 1779 in Berlin. Der junge, aufstrebende Mann aus einer jüdischen Familie hatte sich zunächst, ab 1803, als Inhaber eines Wechsel- und Lotteriegeschäftes in der Rosenthaler Straße in Berlin versucht und aus dieser geschäftlichen Position heraus erste Erfolge als Kaufmann, später als Bankier in Leih- und Geldgeschäften erzielt.[3] Die Familie von Samuel Bleichröder stammte wohl ursprünglich aus dem Harz (Bleicherode) und war vor allem im Handel tätig.

Die enorme technische Entwicklung in der relativ langen Friedenszeit nach den napoleonischen Kriegen stellte sich als eine Art Katalysator auch der Entwicklung des Bankhauses Bleichröder dar: Vor allem die beginnende Industrialisierung, die ersten Eisenbahnlinien (unter anderem zwischen Berlin und

Potsdam) bildeten einen idealen Boden für das aufkeimende und schnell gewinn-
bringende Beziehungsgeflecht, das Bleichröder, der ab den vierziger Jahren des
19. Jahrhunderts insbesondere mit Eisenbahnaktien handelte und sich zunehmend als Industriebankier sah, schließlich auch mit dem Adelshaus der Hohenzollern und der Regierung aufbaute.

Als Samuels Sohn Gerson Bleichröder 1855 das Geschäft übernahm, stand
das Bankhaus S. Bleichröder als eine der führenden Banken in Preußen schon
für herausragenden Erfolg. Die wirtschaftliche Anerkennung verband sich
schnell mit einer gesellschaftlichen: Verbindungen zu Vertretern und Familien
der Industrie, des Handels und des Gewerbes festigten den guten Ruf und ließen ihn wachsen. Die Adressen Unter den Linden 18 (für die „Depositenkasse"
und für die „Stahlkammer") sowie Behrenstraße 62 (für das eigentliche Bank-
geschäft) im Zentrum Berlins korrespondierten mit der Bedeutung des Hauses.

Bismarck war es dann, der die Entwicklung des Bankhauses maßgeblich
beförderte. „Durch Gerson von Bleichröder, der schon lange in Verbindung
mit den Rothschilds die Gründung eines großen preußischen Kreditinstitutes
plante und schließlich mit ihnen einen Bankkonzern, die sogenannte Roth-
schildgruppe, bildete, trat Bismarck auch mit dem Haus Rothschild in vorläufige Verbindung, um die finanziellen Vorsorgen für Rüstungen und Kriegsvor-
bereitung zu besprechen."[4]

Fritz Stern beschrieb die Dichotomie, die dem Wirken von Samuel, später von
Gerson Bleichröder (und danach von Julius Leopold Schwabach und von Paul
von Schwabach) zugrunde lag: „Bleichröder dürstete nach Macht und Gewinn
und nach zweierlei, das sich daraus ergeben sollte: Achtbarkeit und Aufnahme in
die Gesellschaft."[5] Diese Motivation stand offenbar (auch) hinter den Versuchen
Bleichröders, zum Herrscherhaus und zum führenden preußischen Politiker der
Zeit, nämlich Bismarck, stabile und belastbare Beziehungen aufzubauen. Doch
auch das Verhältnis zu Rothschild war nun, gegen 1866, ein spezielles: „Da das
Haus Rothschild in Berlin nicht wie in den anderen Hauptstädten Europas ein
Mitglied der Familie zur Verfügung hatte, wurde Bleichröder mit der Vertretung
des Hauses in Berlin und ganz Preußen betraut."[6]

Kurz vor dem Beginn des Deutsch-Französischen Krieges 1870 wurde das
Verhältnis beider Männer, Bismarck und Bleichröder, immer enger. Aufgrund der
guten Kontakte zum preußischen Königshaus und vor allem zum Reichskanzler
Otto von Bismarck entwickelte sich das Bankhaus zum bedeutendsten Finanzier:
Die Firma S. Bleichröder beschaffte über Staatsanleihen Finanzmittel für den
Preußisch-Österreichischen Krieg und den Deutsch-Französischen Krieg 1871.
Gerson Bleichröder selbst regelte im Anschluss an den Deutsch-Französischen
Krieg als Mitglied der preußischen Delegation unter dem Eisernen Kanzler die
finanzielle Abwicklung der französischen Reparationszahlungen an das Deut-

sche Reich. Diese Geschäftstätigkeiten legten nun auch den Grundstock für familieneigenen Reichtum und Einfluss: „Bleichröder erhielt seinen Anteil an der Glorie", resümiert Stern kurz und bündig.[7]

Wie eng die eigentlichen geschäftlichen Verflechtungen zwischen Bismarck und Gerson Bleichröder waren, beschreibt Stern sehr eindringlich. Äußeres Zeichen der Wertschätzung der Regierung und des Kaisers bildete die Verleihung des (im Königreich Preußen nicht vererbbaren) Adelstitels an Gerson 1872, eine Ehre, die Jahre später auch Paul Schwabach zuteilwurde. Die Verleihung nennt Stern eine „Sensation", indem er darauf aufmerksam macht, wie selten eine solche Entscheidung unter Wilhelm I. getroffen wurde. Er zitiert aus der „Allgemeinen Zeitung des Judentums": „Zum ersten Mal in Preussen wurde ein Israelit geadelt, der direkte Nachkommen hat. Bleichröders Erhebung in den Adelsstand ist allerdings der zweite Fall, daß ein Israelit in Preussen geadelt wurde".[8] Der erste so Geadelte war Freiherr Abraham von Oppenheim in Köln gewesen.

Vier Jahre zuvor, 1868, hatte Gerson von Bleichröder entschieden, seinen Vetter Julius Leopold Schwabach zum Teilhaber des Bankhauses zu machen. Zwei Gründe waren für diesen Beschluss wohl maßgebend: Zum einen verfügte Julius, geboren 1831 in Breslau, über Erfahrungen im Bankwesen seit 1847; als Lehrling hatte er eine Ausbildung zum Bankier abgeschlossen. Zum anderen verschlechterte sich der Gesundheitszustand Gersons zu jener Zeit immer mehr: Vor allem ein Augenleiden machte ihm zu schaffen – später sollte er fast blind werden. Gerson starb am 19. Februar 1893. Sein Grab mit dem imposanten Gedenkstein liegt auf dem Jüdischen Friedhof in der Berliner Schönhauser Allee; direkt neben dem von Julius Leopold Schwabach.

Julius führte das Haus zu weiterem Einfluss und Ansehen – im In- und Ausland. Als Generalkonsul für das Vereinigte Königreich unterhielt er enge Beziehungen zur britischen Regierung. Ein ständiger Brief- und Depeschenkontakt zwischen dem Bankhaus und Berlin und London ist dokumentiert. Julius' Nachfolger Paul sollte, ebenfalls als britischer Generalkonsul für das Deutsche Reich, diese Aktivitäten später fortführen.

Julius Leopold Schwabach starb nach einem seiner üblichen Morgenspaziergänge in Berlin nur wenige Jahre nach Gerson. Sein Tod mit 66 Jahren wird, seiner Stellung und Bedeutung als international anerkannter Bankier gemäß, auch in Übersee genau registriert: Als Todesursache nennt die „New York Times", die einen Bericht dazu druckt[9], Apoplexie, also Schlaganfall.

In der Trauerrede, „gehalten an der Bahre des am 23. Februar 1898 verstorbenen Geheimen Kommerzienrates", spricht Rabbi Wilhelm Klemperer, der zweite Prediger der jüdischen Reformgemeinde zu Berlin[10], ausführlich von dem erfolgreichen Lebensweg des Verstorbenen; ein Weg, der immer nur eine

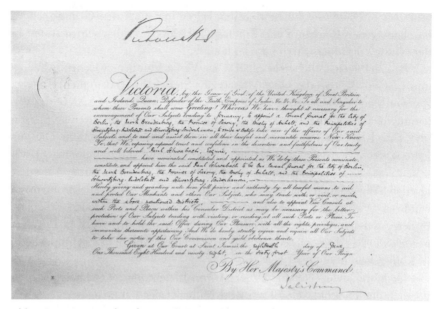

Abb. 1: Ernennungsurkunde von Königin Victoria mit ihrer Unterschrift für Paul Schwabach aus dem Jahr 1898, der damit britischer Generalkonsul u. a. für Berlin wurde. Gegengezeichnet von Premierminister Robert Gascoyne-Cecil, 3rd Marquess of Salisbury.

Richtung gekannt habe – nach oben. Julius Leopold habe durch seine Genialität als Bankier den „Ruf des Welthauses" vermehrt und sich nicht nur im „engeren Kreis seiner Standes- und Berufsgenossen" um das geliebte Vaterland verdient gemacht.[11] Er sah sich danach „mit jeder Faser seines patriotisch treuen Herzens" als freudiger und stolzer Bürger, der den Staat „als einen sittlichen Organismus" ansah, dem derjenige, der durch seine erfolgreiche Arbeit zu Wohlstand kommt, etwas zurückzugeben habe; was Schwabach dann auch durch Schenkungen und Stiftungen ausgiebig tat. Die Grabstätten Gerson von Bleichröders und Julius Leopold Schwabachs auf dem Jüdischen Friedhof in der Schönhauser Allee in Berlin haben in ihrer monumentalen Erscheinung die Zeiten überlebt. Der Grabspruch auf Bleichröders Grabstein lautet:

Er war ein Mann/Eine Zuflucht im Sturme/Ein Schirm im Gewitter/Wie Wasserbäche in der Dürre/Wie der Schatten eines/Mächtigen Felsens/Auf den verschmachteten Böden/Also wirkte er

Schwabachs Sohn Paul, geboren 1867, trat 1896 in das Bankhaus ein. Im Rückblick hierauf erläuterte er, der in Berlin Geschichte studiert hatte (und darin promoviert wurde), bei einer Ansprache aus Anlass seines 25. Dienstjubiläums im Januar 1921 vor einer Deputation seiner Angestellten die Umstände seines damaligen Wechsels: „Zwar war ich nicht für das Geschäft bestimmt und hatte mir selbst einen anderen Beruf erwählt. Und lange Zeit hatte niemand daran gedacht, an diesem Zustande etwas zu ändern. Bis der verstorbene Herr Gerson von Bleichröder während einer schweren Krankheit meines Vaters, die nur geringe Hoffnung auf Genesung gab, mich rufen ließ und mir die Frage vorlegte, ob ich mich denn nicht dem kaufmännischen Berufe widmen und in die Firma eintreten wollte. Es kam damals nicht zustande. Indessen darf es heute nicht unerwähnt bleiben, daß die erste Initiative zu meinem Eintritt in die Firma auf Herrn Gerson von Bleichröder zurückzuführen ist, der mir, seit ich halbwegs erwachsen war, ein gütiger väterlicher Freund gewesen ist."[12]

Wie seine beiden älteren Brüder Julius und Ernst war auch Paul zum protestantischen Glauben konvertiert (im Jahre 1889) – und ließ später auch seinen Sohn Paul junior evangelisch-lutherisch taufen. Aus einer alten jüdischen Familie wurde durch diesen Schritt so von einer Generation zur nächsten eine protestantische. Auch in diesem Fall war wohl der Wunsch nach Assimilierung, nach Angleichung, über den Stern ausführlich berichtet, ausschlaggebend. Im deutschen Kaiserreich herrschten damals zum Teil starke antisemitische Kräfte; auch von Bismarck sind ja entsprechende Äußerungen bekannt. Juden wurden demnach in Diplomaten-, Adels- und Offizierskreisen nicht als ebenbürtig toleriert: „Es gab in diesen Milieus keinen Platz für Juden", resümiert Landes[13] und beschreibt damit eine plausible Motivation für diese grundlegende Entscheidung der Familie. Und auch die Wirtschaftskreise zeichneten sich nicht als judenfreundlich aus.

Im Ergebnis heißt das auch: Die Konvertierung, die vollzogene Hinwendung zu einem neuen Glauben, verdeckte nur an der Oberfläche rassistische beziehungsweise religiöse Vorbehalte, die viele christliche Deutsche gegenüber Juden schon während der Kaiserzeit und anschließend in der Weimarer Republik pflegten. Spätestens mit Aufkommen und Erstarkung der Nationalsozialisten Ende der zwanziger Jahre, ab 1933 dann unter deren Regierung und den ab Januar 1936 in Kraft getretenen „Nürnberger Judengesetzen" – „Gesetz zum Schutze des deutschen Blutes und der deutschen Ehre" vom 15. September 1935 – galten auch Menschen, die vom Judentum konvertiert waren, weiterhin als Juden. Die Schwabachs waren spätestens zu diesem Zeitpunkt gefangen im „Netz der Assimilierung".[14]

Obwohl sie sich selbst immer als patriotische Deutsche sahen – eine Perspektive, die vor allem jene Juden oder zum Judentum Konvertierte einnahmen, die als Soldaten aktiv im Ersten Weltkrieg gedient hatten – blieben sie für ihre Umgebung zweitklassige Bürger. Das hatten nicht nur Paul (als Konvertit) und Julius

Leopold Schwabach, sondern früher schon Gerson von Bleichröder erfahren müssen: Auch wenn Bleichröder viel Geld für wohltätige Zwecke spendete – so etwa eine Million Mark zum Bau eines Krankenhauses für Lungen- und Diphtheriekranke – war sein Ansehen in der preußischen Gesellschaft getrübt. Die rauschenden Feste, die er in seiner prächtigen Villa gab, konnten nicht darüber hinweg täuschen, dass er nur als erfolgreicher Banker betrachtet wurde.

Oder um es mit den noch plastischeren Worten Sterns zu sagen: „Du bist gleichberechtigt, sagt das Gesetz. Du bist mehr als das, sagte sein Adelspatent, das ihm Bismarck und Wilhelm I. verliehen. Du bist weniger als gleichberechtigt, sagte die Welt der Aristokratie und wisperte hinter seinem Rücken Dinge wie ‚dreckiger Jud‘…".[15]

Diese Sichtweise vieler christlicher Deutsche auf ihre jüdisch-gläubigen Mitbürger unterschied sich kaum von jener, von der Ludwig Börne nur wenige Jahrzehnte vor der Konvertierung der drei Schwabach-Söhne in einem seiner Pariser Briefe berichtete. Börne hatte für seinen eigenen Glaubenswechsel als Grund angegeben, dass „im Jahr 1818 die jüdische Familie Rothschild so übermächtig wurde" und es immer seine Neigung gewesen sei, „es mit der schwächern und unterdrückten Partei zu halten".[16] Der Schriftsteller beschrieb in seinem Exil genau, wie er als Jude betrachtet worden war: „Die einen werfen mir vor, dass ich Jude bin; die anderen verzeihen es mir; der dritte lobt mich gar dafür; aber alle denken daran. Sie sind wie gebannt in diesem magischen Judenkreise, es kann keiner hinaus."[17] Einmal Jude, immer Jude, hieß das.

Paul von Schwabach übernahm 1912 nach dem Tod seines Vetters Georg Bleichröder und dem Ausscheiden dessen Bruders Hans die alleinige Leitung des Bankhauses und führte es zu weiteren geschäftlichen Erfolgen, steuerte es auch durch die Zeiten des Ersten Weltkrieges. Ihm gelang frühzeitig genug die Abkehr vom (einst bestimmenden) Emissionsgeschäft und die „Umstellung – wie das neue Wort heißt – auf das laufende Geschäft".[18] Paul sah sich als „ehrwürdiger" Bankier, der sich gegen „Spielerei und Jobberei" aussprach und versprach: „Solange ich Chef des Hauses S. Bleichröder bin, wird in seinem Namen kein Geschäft gemacht werden, das der Würde dieses Namens nicht entspräche."[19]

Spektakulär sind die gut dokumentierten Kontakte Paul von Schwabachs zu Industriellen und zu Politikern im In- und Ausland. Er galt als einer der wichtigsten Vertreter und als eine der zentralen „Schlüsselfiguren der deutschen Hochfinanz im ersten Drittel des 20. Jahrhunderts"[20]. Von Schwabach selbst sah sich in dieser Beziehung in ähnlicher Stellung wie schon Gerson von Bleichröder und sein Vater Julius Leopold Schwabach viele Jahre früher: bestens national und auch international vernetzt; eine überragende Figur, die praktisch alle relevanten Entscheidungsträger seiner Epoche kannte und zu vielen von ihnen engen persönlichen Kontakt pflegte.

Wer Paul von Schwabachs Buch „Aus meinen Akten" zur Hand nimmt, erschienen als Privatdruck 1927, liest zum Teil ganz vertrauensvolle, kenntnisreiche, oft höchst analytische und meinungsfreudige Briefe sowie Aktennotizen über politische und wirtschaftliche Entwicklungen. Adressaten jener Schriftstücke waren unter anderem Persönlichkeiten wie sein Freund Baron Alfred von Rothschild (London), James von Rothschild (Paris) und Baron Louis von Rothschild (Wien), sein Schulfreund Sir Eyre Crowe (Foreign Office London), der italienische Schatzminister Luzzatti und der ehemalige Reichskanzler von Bethmann-Hollweg. Aber auch zu Theodor Wolff, Chefredakteur des „Berliner Tageblatts", hielt er – durch gelegentliche gemeinsame Abendessen intensivierte – Kontakte, die im Einzelfall so weit gingen, dass Schwabach, nun nicht mehr in der Rolle eines Bankiers, sondern vielmehr als politischer Kommentator, eine eigene „Erklärung zur Marokkokrise" am 21. März 1922 im „Tageblatt", damals eine der wichtigsten Tageszeitungen des Reichs, veröffentlichen konnte.[21]

Auch die Beziehungen zu einem anderen führenden Journalisten der Zeit, Alexander Wyneken, damals Chefredakteur der „Königsberger Allgemeinen Zeitung", sind bemerkenswert. Schwabach schreibt als aufmerksamer Beobachter Kommentare und Ansichten über politische und militärische Entwicklungen im Ersten Weltkrieg an Wyneken, aber anders als an Wolff ohne den Wunsch, zitiert oder erwähnt zu werden; ein Brief eher im Sinne eines Agierens im Netzwerk von Kontakten. „Ich kann also nur von ganzem Herzen hoffen, daß die nächste Offensive, von der behauptet wird, daß sie Mitte des Monats einsetzen soll, uns derartige Erfolge bringt, daß sich auf feindlicher Seite Friedenswünsche regen", reportiert er gegen Ende des Krieges 1918 nach Ostpreußen und hofft, „daß in Amerika der Gedanke beseitigt wird, daß Deutschland eine Eroberungspolitik betreibt, insbesondere Frankreich und Belgien gegenüber"[22]. Hier schreibt jemand mit Worten, im Duktus und einer darin zum Ausdruck kommenden Empathie, die für einen deutschen Patrioten stehen, als der sich der Autor jener Zeilen immer gesehen hatte.

Die kaisertreue und vor allem bismarcktreue Haltung macht Schwabach gegenüber dem Verleger Otto Kröner in Stuttgart an verschiedenen Stellen deutlich, wenn er sich, zum Beispiel im Oktober 1919, über Pläne der Kröner'schen Deutschen Verlagsgesellschaft aufregt, einen Band „Gedanken und Erinnerungen" von Bismarck herauszugeben, die Aussagen enthalten könnten, die sich gegen das „Ansehen der Familie" richten. Schwabach verteidigt und unterstützt geradezu bissig die Pläne der Familie Bismarck, auf eine Unterlassung der Herausgabe des Buches hinzuwirken, weil die Veröffentlichung, wie er notiert, „den Ansichten und Absichten des Fürsten Bismarck widerspricht und sie deutschen Interessen zuwiderläuft"[23]. Auch hier schreibt Schwabach

weiter energisch, weil er es mit Blick auf das geplante Buch für einen „verhäng-
nisvollen Fehler hält, die Schuld an dem Ausbruch, an der langen Dauer und
an dem unglücklichen Ausgang des Krieges der Kaiserlichen Regierung in die
Schuhe schieben zu wollen"[24].

Wie relevant seine Beziehungen zum Hause Bismarck waren und im Herbst
1918 noch sind, wird deutlich an den beruflichen Initiativen und vor allem den
Sonderaufgaben, die von Schwabach erfüllte: als Gründungsmitglied des Hansa-
bundes für Gewerbe, Handel und Industrie (1909); vor allem aber als Mittels-
mann beziehungsweise Beauftragter der Regierung von Otto von Bismarck in
der Chinapolitik, als Emissär beim Bau der Bagdadbahn und bei den Marok-
kokrisen[25], später als Mitglied in Aufsichtsräten. Zuletzt, im Jahre 1931, hatte er
41 solcher Mandate inne.

Paul von Schwabachs Bewunderung dem „Altreichskanzler" gegenüber geht
weit über jene hinaus, die viele Zeitgenossen in Deutschland gegenüber Bismarck hegten – sie war leidenschaftlich und währte Zeit seines Lebens; vor
allem, weil sie in unmittelbaren persönlichen Beziehungen begründet war. Von
Schwabach berichtet über Begegnungen seines Vaters Julius Leopold beim
Fürsten in Friedrichsruh und über eigene Treffen und Erlebnisse („ich traf ihn
gelegentlich reitend im Tiergarten"). Bemerkenswert, weil sie das tiefe vaterlän-
dische Gefühl derer von Schwabach zum Deutschen Reich und seinen Repräsentanten beschreibt, ist eine Erinnerung, die Paul von Schwabach zu Ostern
1918 aufgezeichnet hat: „Als Bismarck am 1. April 1885 seinen 70. Geburtstag
feierte, überbrachte ihm mein Vater seinen Glückwunsch und, während er mit
dem Fürsten sprach, stürzte ein Diener herein und meldete, der Kaiser wäre
vorgefahren und befände sich bereits auf der Treppe. Bismarck ging dem Kaiser rasch entgegen und beugte sich herab, um dem alten Herrn die Hand zu
küssen: dieser aber ergriff ihn am Kopf, küßte ihn auf die Stirn und umarmte
ihn. Meinem Vater standen die Tränen in den Augen, als er uns von diesem
Auftritt berichtete."[26]

Der weit verzweigten Familie Schwabach ging es wirtschaftlich besser als
jemals zuvor. Sie war ein Paradebeispiel für das, was viele Familien aus Industrie, hohem Militär und Adel in den Jahren nach der Reichsgründung und
dem Deutsch-Französischen Krieg erlebten: Zu dem großen Ansehen trat ein
immer größer werdender Reichtum, den die Familienangehörigen offen und
selbstbewusst zeigten.

Paul und sein Bruder Ernst unterhielten je einen feudalen Wohnsitz in der
Reichshauptstadt – eine Residenz in entsprechender Lage im Tiergarten (Behrenstraße und Tiergartenstraße) und je einen Landsitz. Paul war Eigentümer
von Gut Kerzendorf bei Ludwigsfelde (wo er auch starb). Seinem Bruder Ernst
gehörte das aufwändig erneuerte Schloss Märzdorf im damaligen Niederschle-

sien im Kreis Goldberg-Haynau in der Nähe von Liegnitz, dem heutigen Legnica in Polen.

Paul von Schwabach stand als letzter der Familie im Mittelpunkt der deutschen Banken-, Industrie- und Finanzpolitik. Er war verheiratet mit der Hamburger Bankierstochter Elinor/Eleonor Schröder, mit der er zwei Töchter (Leonie und Vera) und einen Sohn (Paul Julius) hatte. Als vermögender Vertreter des traditionsreichen Bankhauses Bleichröder war Paul von Schwabach Mitglied der elitären Gesellschaftsschicht in Berlin. Legendär sind die Berichte über gesellschaftliche Zusammenkünfte im Berliner Haus oder auf Gut Kerzendorf. Otto Erich Schmidt, der Schwager von Erik-Ernst Schwabach, notierte in seinen Erinnerungen: „Die Diners, die man in seinem Haus bekam, waren geradezu erlesen und der Aufwand, der bei ihm getrieben wurde, von höchstem Luxus. Es gab keinen berühmten Mann, der ein paar Tag ein Berlin weilte, ohne Gast im Hause von Schwabach zu sein. An den Abenden bei ihm gehörten alle einigermaßen geläufigen Sprachen zur Tischunterhaltung.“[27]

Auch wenn sich Paul von Schwabach als Gastgeber und Mittelpunkt glanzvoller Salons präsentierte – er war aufgrund seiner jüdischen Herkunft doch kein ganz ebenbürtiges Mitglied der Gesellschaft. Die Verleihung des Adelstitels am 16. Juni 1907 durch Kaiser Wilhelm II. in seiner Eigenschaft als König von Preußen stellte zwar ein wichtiges äußeres Zeichen seines Einflusses und seiner Macht dar, änderte aber kaum etwas an der Sicht vieler Zeitgenossen in Bezug auf ihn. Wobei Kaiser Wilhelm II. ihm den Titel laut Stern verliehen hatte, nachdem Schwabach den Kaiser beim Kauf eines Schlosses auf Korfu behilflich gewesen war[28], nicht aber, wie andere Quellen wohl zu Unrecht vermuteten, weil Schwabach dem Kaiser eine Yacht geschenkt habe.[29]

Von Schwabachs fast schon devotes Verhältnis zu Teilen der adligen Gesellschaft Preußens wird durch den Wortlaut einer Empfehlungskarte deutlich, die er seinem Buch beifügte:

Behrenstr. 62 / Berlin, d. 1. September 1927
Gnädigste Frau Gräfin, Aus einer besonderen Veranlassung ganz privater Art habe ich eine Anzahl von mir verfasster Briefe und Denkschriften drucken lassen u in kleinem Kreise verteilt. Der Band ist stärker geworden, als ich beabsichtigt hatte, u es wäre recht unbescheiden, wenn ich ihn Ihnen in der Voraussetzung zusandte, dass Sie ihn oder in ihm lesen werden. Ich bitte Ihnen das Buch zu Füssen legen zu dürfen, lediglich als Zeichen meiner Verehrung, u ich würde mich freuen, wenn Sie es als solches gütig aufnehmen wollten.
Dem Herrn Grafen empfehle ich mich angelegentlich. Ihnen gnädige Frau Gräfin, kusse ich in Ehrerbietung die Hand als Ihr ganz gehorsamer Paul Schwabach

Die Zeiten bis zum Ende des Krieges 1918 und bis zur Inflation in den zwanziger Jahren waren dann auch die glanzvollen Jahre seines Lebens; trotz seiner Sorgen um die Zukunft. Die Bank entwickelte sich einige Jahre weiterhin sehr erfolgreich, die familiären Tragödien standen erst noch bevor. Umso brutaler trafen ihn, seine Frau und seine Kinder die Auswirkungen der nationalsozialistischen Gesetze ab 1933. Was er selbst zu Beginn seines Buches mit Blick auf die unmittelbare Nachkriegszeit in der Inflation bis 1924 und vor allem mit Blick auf die Konsequenzen des verlorenen Krieges und der sich daraus ergebenden Reparationsforderungen des Versailler Vertrages formuliert hatte, sollte sich als böses Menetekel noch viel schlimmerer Art für die Jahre bis 1938 erweisen: Von Schwabach hatte im Vorwort seines Buches in düsterer und vorahnungsvoller Stimmung angemerkt, der Fall des Vaterlandes sei viel zu tief. Und die Schmach und der Unbill seien zu schmerzlich, als dass ein Mann seines Alters darauf hoffen könne, „mehr als die ersten Ansätze einer Wiederaufrichtung zu erleben". Sein letzter Satz in jener Vorrede erweist sich denn auch angesichts der kommenden Terrorjahre unter den Nationalsozialisten als tragische Fehlbitte: „Es ist mein heißer Wunsch, daß ein kommendes Geschlecht ein einiges, unabhängiges, von den Völkern geachtetes Deutschland bewohnen möchte."[30]

Die Weltwirtschaftskrise und die Krise der Banken bewirkten nach der Hyperinflation in Deutschland große Verluste für Wirtschaft und Industrie, die auch das Bankhaus Bleichröder tangierten. Die wirtschaftlichen Schwierigkeiten wurden nach 1933 durch den Boykott gegen jüdische Unternehmer und vor allem durch die weitreichenden Auswirkungen der sogenannten Rassengesetze der Nationalsozialisten potenziert und führten zu weiteren drastischen Kunden- und Einlagenverlusten. Vorher, im Juni 1931, hatten sich das aus Dresden stammende Bankhaus Gebr. Arnhold und das Haus Bleichröder zu einem Kooperationsabkommen zusammengeschlossen.[31] Hitlers „Machtergreifung" führte dann über die Arisierung bis zum Erlöschen der Bank, die ab 1938 in Deutschland nicht mehr existierte.[32] Ein Teil des Geschäfts wurde als Arnhold and S. Bleichroeder, Inc. in New York fortgeführt.

Der Staat, den die Schwabachs, allen voran Pauls Vater Leopold Julius, viele Jahre früher noch als „sittlichen Organismus" angesehen hatten, offenbarte sich ihnen und den vielen anderen, die den Nationalsozialisten wegen ihrer Rasse und Herkunft als minderwertig galten, nun als unmoralisches, rohes und menschenverachtendes Monstrum.

Paul von Schwabachs letzte Jahre zeigen die beiden Welten, in denen er lebte: Da ist zunächst die Welt der Vergangenheit, die er als naiven Selbstschutz vor die immer bedrohlichere Gegenwart spiegelte. Damit blendete er das Brutale der realen Welt unter Hitler gleichsam aus und blieb mit Reminiszenzen an das Kaiserreich von Wilhelm II. stets präsent in einem Gedankenuniversum, das sich am Gestern orientierte. Auf einem Foto ist er mit weißem Haarkranz und dunklem Schnurrbart in schneeweißer Galauniform mit großen Schulterepauletten, stehendem Kragen und mit einer Vielzahl von Orden und anderen Auszeichnungen am Revers zu sehen, selbstbewusst und seiner Haltung absolut gewiss. Dieses Bild, aufgenommen um 1930, sagt mehr als Worte über die gesellschaftliche Rolle, in der er sich eigentlich sah oder sehen wollte: nämlich als ein vollständig assimilierter Großbürger, ein deutscher Patriot und stolzer Reserveoffizier. Schwabach selbst „empfand sein Judentum nicht mehr; aber viele vergaßen es nicht. Das Problem, jüdische Abstammung und den leidenschaftlichen Wunsch nach Assimilation zu vereinen, war für ihn und seine Erben … unausweichlich", schrieb der Historiker Fritz Stern über ihn seine Familie, und fügt an: „Es beherrschte und zerstorte ihr Leben."[33]

Von Schwabach hielt bis zuletzt engen brieflichen Kontakt zum letzten deutschen Kaiser, dem er ins Haus Doorn im niederländischen Exil Blumen schicken ließ – für die sich anschließend der Ex-Kaiser oder dessen zweite Frau Hermine standesgemäß beim „Geheimrat Dr. Paul von Schwabach" bedankten – etwa in einem „Brieftelegramm seiner Majestät des Kaisers und Königs" samt Hohenzollern-Wappen vom 15. April 1929 („habe soeben ihre schönen Rothodendren gepflanzt"). Knapp vier Jahre später erhielt „Herr Rittmeister Dr. Paul v. Schwabach" vom Ex-Kaiser einen Brief mit einer Ehrenauszeichnung: „Ich verleihe Ihnen in dankbarer Anerkennung Ihrer treuen Anhänglichkeit an Mich und Mein Haus das Komturkreuz Meines königlichen Hausordens von Hohenzollern – Wilhelm R."[34] Ein Ehrenabzeichen, dessen Wert Schwabach angesichts der neuen politischen Kraft der Nationalsozialisten gleichwohl überschätzte.

Ein Ganzkörperporträt vom Kaiser in Schwarz-Weiß stand auf einem Sideboard in Pauls Arbeitszimmer: Wilhelm, grau-weißes Haar, grauer Bart, schaut auf dem Foto in die Kamera, ein Lächeln ist angedeutet; er trägt einen schwarzen Gesellschaftsanzug, weiße Gamaschen, in der rechten Hand eine Zigarette, die linke, verkrüppelte Hand in der Jackettasche. Das Foto ist signiert vom Ex-Kaiser und datiert mit schwungvoller Handschrift.[35]

Sechs Monate vor dem Brand des Reichstages, im Mai 1938, heiratete Kronprinz Prinz Louis Ferdinand. Auch aus Anlass dieses Ereignisses stand Paul von Schwabach in zumindest brieflichem Kontakt zum Vater des Bräutigams und zum Bräutigam selbst: Eine Dankeskarte vom 4. Mai, mit einem Foto der Hochzeitsgesellschaft, belegt dies.[36]

Die zweite Welt, die Paul von Schwabach umgab, war die reale, die gefährliche, in der ihn und seine Familie keine Kaiserbilder und keine Kaiserrinnen-Dankesbriefe, kein Adelspatent und kein Orden als Rittmeister der Reserve, auch nicht die „Landwehrdienstauszeichnung 1. Klasse" und schon gar nicht die Reminiszenzen an die Zeit als dekorierter Offizier des Ersten Weltkriegs schützten. Es war die Welt der Nationalsozialisten, die mit einer entsprechenden Gesetzgebung und Repressalien Menschen wie von Schwabach zeigten, dass sie nicht dazugehörten, dass sie keine vollwertigen Mitglieder des „reichsdeutschen Volkskörpers" waren; auch wenn sie wie Paul erhebliche Summen für wohltätige Zwecke gespendet hatten, sogar wenn sie – als jüdische Deutsche oder als Konvertiten wie Paul es war – als Soldaten dem Deutschen Reich im Ersten Weltkrieg gedient hatten, darauf vertrauend, was Wilhelm ihnen und anderen zum Auftakt des Krieges 1914 mit auf den Weg gegeben hatte: „Kommt es zum Kampf, so hören alle Parteien auf! ... Ich kenne keine Parteien und auch keine Konfessionen mehr; wir sind heute alle deutsche Brüder und nur noch deutsche Brüder."

Den zunehmenden Druck versuchte Paul von Schwabach abzumildern. So sprach er nach 1933 Freunde und Bekannte aus seiner aktiven Soldatenzeit an und ließ sich – zum persönlichen Schutz, wie er bis zuletzt glaubte und hoffte – Zeugnisse und Referenzen schreiben, die ihn als national gesinnten deutschen Soldaten auswiesen. Schwabach habe sich, so schreibt etwa Oberstleutnant Graf Moltke, Vorsitzender des „Vereins der Offiziere des Brandenburgischen Kürassierregiments Kaiser Nikolaus I. von Russland", während des Ersten Weltkrieges „in jeder Beziehung bewährt". Der Bankier habe sich sogar „bei einer vor Namur im August 1914 in Aussicht stehenden Attacke ausdrücklich angeboten, nicht, wie sein Eskadronschef zuerst beabsichtigt hatte, als schliessender Offizier, sondern vor der Front die Attacke mitreiten zu dürfen. ... Er ist ein durch und durch deutsch fühlender und nationalgesinnter Herr, über den ich auch gehört habe, dass er einer der wenigen Berliner Bankiers war, die nach dem Kriege ihr Haus den Vertretern der Feindbundstaaten gegenüber verschlossen gehalten haben".[37]

So hatte er zum Schluss neben seiner Familie nur noch zwei Dinge: den Adelstitel, der ihm viel bedeutete und den ihm selbst die Nazis nicht aberkannten, und vor allem und über allem seine Erinnerung an glorreiche Tage inmitten der Hoch- und Hofgesellschaft Preußens.

Ein Leben im Schloss

Erik-Ernst Schwabachs Leben begann am 24. Januar 1891, wie es nur 47 Jahre später enden sollte: fern der deutschen Heimat. Schwabachs Mutter Flora, geborene Herz, und sein Vater Ernst, der Bruder Pauls, befanden sich auf einer ausgedehnten, mehrmonatigen Hochzeitsreise[38] auf dem Balkan. Über den Jahreswechsel bis in den Frühling verbrachte die junge Familie einen längeren Aufenthalt in Kronstadt in Siebenbürgen; als Domizil diente dem Gutsbesitzer (wie die Berufsbezeichnung des Vaters im amtlichen Kronstädter Taufregister heißt) und seiner Frau die Luckhardt'sche Villa, die zwei Kilometer östlich des Stadtzentrums lag und die wahrscheinlich für die Dauer des Aufenthaltes angemietet war.

Kronstadt gehörte damals zum Ungarischen Königreich. Die Stadt war Zentrum der Siebenbürger Sachsen im Südosten, so wie es Hermannstadt im südwestlichen Teil war; ein ethnisch-sprachlicher Schmelztiegel im damaligen selbständigen österreichischen Kronland. Ab 1867 bis zum Ersten Weltkrieges war das Siebenbürger Gebiet Teil von Ungarn und gehörte zum Kaiserreich unter Franz Joseph I. Es war ein Gebiet, für das das Zusammenleben von Ungarn, Rumänen und deutschstämmigen Siebenbürger Sachsen auf engem Raum typisch war. Der Erste Weltkrieg sollte dem ein Ende bereiten; aus Kronstadt wurde über Nacht Brasov, aus Hermannstadt Sibiu. Aus den „Siebenbürger Sachsen, für die Habsburgs Monarchie Heimat gewesen ist, wurden urplötzlich Auslandsdeutsche".[39]

Laut Matrikeleintrag der Honterusgemeinde in Brasov wurde der Sohn der Schwabachs auf den Namen Oskar, Toni, Paul, Ludwig, Erik-Ernst am 23. März desselben Jahres in der Blumenauer evangelischen Kirche getauft.[40]

Lebensmittelpunkt der Eltern und Großeltern waren jedoch abseits größerer Reisen das Stadtpalais am Wilhelmsplatz 7 in Berlin und vor allem in der warmen Jahreszeit das Schloss Märzdorf. Der Vater Ernst, an dem Bankhaus S. Bleichröder durch Anteile, die er von seinem Vater Julius Leopold Schwabach geerbt hatte, unmittelbar beteiligt, konnte aufgrund seiner üppigen Vermögensverhältnisse immer ein erfülltes Leben führen. Über eine geregelte Arbeit, abseits der wohl nur vordergründigen Bezeichnung „Gutsbesitzer", ist nichts bekannt. In der familieneigenen Bank jedenfalls hat er nicht gearbeitet. Diese Rolle hatte ja Paul übernommen. Ernst Schwabach wird als anglophiler Genussmensch, als Glücksspieler, Kunstsammler, Jäger, Pferdeliebhaber, als Playboy, als Mr. Monaco beschrieben, der auf ein bürgerliches Familienleben und eine geregelte Arbeit nicht allzu viel Wert legte – Charaktereigenschaften, die man später fast vollständig bei seinem Sohn wiederfindet.

Märzdorf bezog Ernst Schwabach mit seiner Frau als eine Art Sommer- und Freizeitresidenz. Er hatte das Schloss 1894 von seinem Vater Julius Leopold, der zwei Jahre zuvor dafür eine Million Reichsmark gezahlt haben soll, „als Geburtstags-Morgengabe zum Geschenk"[41] erhalten. Sein Bruder Paul erhielt das Gut Kerzendorf bei Potsdam. Laut Grundbucheintrag hat sich der Besitz aber bereits seit 1878 im Eigentum der Familie befunden: „Bei Anlegung des Grundbuchblattes auf Grund glaubhaft gemachten 44en Eigenbesitzes vor dem Inkrafttreten des Bürgerlichen Gesetzbuches eingetragen am 15. Juli 1922" steht in der ersten Abteilung zugunsten des „Eigenthümers", des „Rittergutsbesitzers Erik-Ernst Schwabach".[42]

Nach Berlin zum Hauptwohnsitz sind es von Märzdorf knapp 280 Kilometer; der „Fliegende Schlesier", der später von der Reichsbahn auf der Strecke Berlin – Breslau – Beuthen eingesetzt wird, braucht von der Hauptstadt bis Breslau keine drei Stunden.

Die Ursprünge von Schloss Märzdorf und der Gemeinde gehen bis ins 14. Jahrhundert zurück. Eine Marmortafel, an der Fassade des früheren Rentamtsgebäudes angebracht, besagte, dass unter anderem ein Ritter Schickfuss erster Besitzer gewesen war.

Märzdorf war eine der vielen kleinen Landgemeinden in Schlesien. Seit der Reformation evangelisch, erlebten die Menschen dort über Jahrhunderte hindurch die zerstörerische Kraft von Kriegen und Besetzungen. Der Dreißigjährige Krieg beendete eine fast hundert Jahre lange Zeit freier protestantischer Religionsausübung. Zusicherungen etwa von Kaiser Rudolf II., damals zugleich König von Böhmen, der 1609 in einem Majestätsbrief den Böhmen und Schlesiern noch völlige Religionsfreiheit zugesichert hatte, erwiesen sich als kraft- und wertlos. Märzdorf hatte an den Gräueln, Leiden und Verwüstungen des Religionskrieges seinen Anteil. 1629 kam es durch Truppen des Lichtenstein'schen Dragonerregiments in Märzdorf zu brachialen Versuchen, „die Evangelischen gewaltsam zur katholischen Kirche zurückzuführen, was sie auch unter unglaublichen Grausamkeiten und unmenschlichen Martern bewerkstelligten"[43]. Das war nicht alles: Die Pest wütete in Niederschlesien zwischen 1634 und 1636, das Ende brachte Zerstörung, entvölkerte Landstriche, niedergebrannte Kirchen.

Erst als Friedrich der Große 1740 mit der preußischen Armee Schlesien eroberte und seinem Reich hinzufügte, begann eine Zeit, die für Protestanten die Möglichkeit brachte, ihre Religion wieder frei von äußerem Druck auszuüben und Kirchen zu bauen. „Wenn der König auch, um in dem neuerworbenen Lande sich nicht neue Feinde zu erwecken, die katholische Kirche im Besitz der den Evangelischen entrissenen Kirchen und Kirchengüter ließ und sich beim Friedensschluß mit Österreich im Jahre 1742 dazu ausdrücklich verpflichtete, so sorgte er doch dafür, daß die Evangelischen wieder freie Religionsausübung und geordnete kirchliche Pflege bekamen"[44]. Schlesien wurde bis auf den südlichen Teil, der an Böhmen fiel, preußisch; ab 1815 wurde es preußische Provinz.

Für Märzdorf im Speziellen bedeutete dies: Seit 1742 wurden zunächst im Schlosssaal mit Genehmigung des Gutsherren Gottesdienste abgehalten, ab 1799 konnte dann die evangelische Kirche nach jahrelangen Bautätigkeiten festlich eingeweiht werden.

Das alte klassentrennende Prinzip, das dem jeweiligen Gutsherrn sogar richterliche Befugnisse zusprach und das auf erblicher Leibeigenschaft der ländlichen Bevölkerung beruhte, galt auch für das Zusammenleben der Bauern und Händler und dem Besitzer des Schlosses Märzdorf. Nur mit Erlaubnis des Patriarchen durften etwa Bauern den Ort verlassen. Kinder der „Unterthanen" mussten auf Verlangen als Knechte oder Mägde im Dienste des Gutseigentümers arbeiten. Die Bauern hatten genau festgelegte Mengen an Naturalien, zum Beispiel Vieh, Getreide und Gemüse, abzuliefern. Müller und Handwerker und ihre Familien mussten Korn, Leinen und Garn beisteuern. Erst die Abschaffung der Leibeigenschaft und Erbuntertänigkeit im Zuge der Reformen unter Freiherr vom Stein ab 1808 setzte diesem strikten Grundsatz ein Ende: Persönliche Beschränkungen aufgrund dieser Erbuntertänigkeit waren damit Vergangenheit, zumindest in der Theorie. Diese neue Freiheit kostete jedoch viel: Nur Abtrittszahlungen, sogenannte „Rentenzahlungen", brachten den Bauern, Dreschgärtnern, Brennern und den Webern in den Spinnereien auch in Schlesien politische und persönliche Freiheit. Die faktische Macht des Gutsherrn als adelsgleiche Institution mit all ihren Machtinsignien und ökonomischer Kraft blieb jedoch lange bestehen. Züge von Leibeigenschaft spürten die Betroffenen noch lange, ihre wirtschaftliche Abhängigkeit blieb weiterhin sehr stark. Positiv betrachtet hieß es, dass es die Gutsherren waren, die zum Beispiel durch Investitionen für die Entwicklung der dörflichen Infrastruktur sorgten (Ausbau von Straßen und Handelswegen, Bau und Ausbau von Schulen und Kirchen). Das galt auch für jene Gutsherren in Märzdorf.

Richard Brüstlein, ehemals Leutnant der preußischen Armee, baute das Schloss ab 1871 auf den Grundmauern des alten Schlosses komplett neu auf. Es wurde renoviert und „stilgerecht zu einem der gepflegtesten Landsitze Schlesiens umgebaut".[45] Unter Brüstlein wurden auch die großen, weiträumigen Parkanlagen errichtet.

Die Bauskizzen zur Erweiterung und zum Umbau durch den Architekten Oliver Pavelt zeigen mit der damals modernen neoklassizistischen Fassadengestaltung ein hochherrschaftliches Anwesen inmitten der üppigen niederschlesischen Parklandschaft. Die Gartenanlagen und die ausgedehnten Laub- und Nadelwälder, die großen Getreidefelder, schließlich das kleine Dorf in unmittelbarer Nähe zum Schloss kann man sich leicht dazu denken. Fünf Etagen hatte der

Prachtbau, einen erkerbestückten, efeuberankten Turmanbau samt Wetterfahne sowie eine für die schlesischen Gutshäuser und Herrensitze charakteristische breite Auffahrt.[46] Nach hinten hinaus, auf der Rückfront, war eine Teichanlage mit Blick auf Dornbuschhecken vorgesehen, die nur mühsam der ausgedehnten Größe des riesenhaften Grundstückes Halt und Rahmen gaben; eine große Terrasse zieht sich auf der vollen Breite hin, eine hüfthohe Steinmauer begrenzt das Terrain. Es fällt nicht schwer, sich dort launige Gesellschaften beim nachmittäglichen Kaffee oder Sommerabendgäste vorzustellen.

Märzdorf stellte sich damit in eine Reihe sogenannter Adelsdörfer, wie sie mit Kirche, Schloss oder Gutshof, Bauernsiedlungen, Wäldern und landwirtschaftlicher Fläche in der leicht welligen Landschaft für Schlesien typisch waren. Der Maler Theo von Brockhusen, ein Freund des späteren Verlegers Schwabach, der zwischen 1916 und 1918 mit Frau und Tochter sogar eine Wohnung und ein Atelier auf dem Schwabach'schen Landsitz im Ortsteil Kaiserswaldau hatte, hat in seiner eigenwilligen Mischung aus impressionistischen und vorexpressionistischen Einflüssen viele, zum Teil großformatige Landschaftsbilder mit Motiven Niederschlesiens gemalt.

Nächster Besitzer nach Brüstlein war für kurze Zeit der Berliner Architekt Adalbert Winckler, bevor das Schloss 1892 in den Besitz von Julius Leopold Schwabach und 1894 von Ernst Schwabach überging. Der zum Protestantismus Konvertierte zeigte sich auch in der Folgezeit als großzügiger Mäzen und Förderer der Gemeinde. So etwa gleich zu Beginn: „Im Jahre 1894 erhielt unsre Kirche durch den neuen Patron, Herrn Schwabach einen wertvollen Schmuck. Derselbe ließ das Innere des Gotteshauses würdig renovieren und schenkte zugleich eine schöne grüne Altar- und Kanzelbekleidung nebst verschiedenen zum Teil kostbaren Antependien für die besonderen kirchlichen Festzeiten, sowie auch einen schönen Kronleuchter, während sein jüngster Bruder ein wertvolles Altarkruzifix schenkte."[47]

Märzdorf war eine der zahlreichen Kleinstgemeinden der Provinz Schlesien, zu denen auch ein eigener Gutsbezirk gehörte. Rund 80 Prozent aller Gemeinden im damaligen Kreis Goldberg-Haynau (polnisch heute: Zlotoryja) im Regierungsbezirk Liegnitz hatten einen solchen Gutsbezirk. Erst ab 1807/1808 nach den Stein'schen Reformen war die bäuerliche Gemeinde rechtlich neben den alten Gutsbezirk getreten. Breslau ist nicht weit entfernt und bildete ein Oberzentrum der Provinz. Rund 50.000 Einwohner hatte der Landkreis zu Beginn des 20. Jahrhunderts, in der Dorfschaft Märzdorf (polnisch heute: Radziechow) lebten seinerzeit rund 400 Menschen, im Gutsbezirk Märzdorf noch einmal zusätzlich rund 180 Personen.[48]

Immenser Reichtum zeigte sich in eigenem üppig präsentierten Besitz oder in Stiftungen, die – teils als Investitionen, teils als Schenkungen – der Öffentlich-

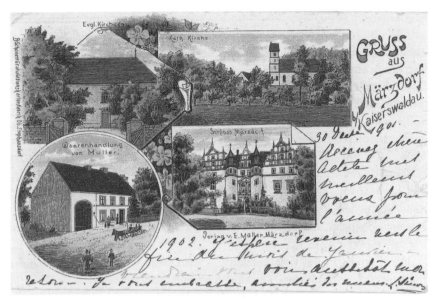

Abb. 2: Gruß aus Märzdorf bei Kaiserswaldau: Postkarte um 1900, mit evangelischer und katholischer Kirche, der Warenhandlung Müller und dem Schloss.

keit zugutekamen, ob es nun kostbar feingewebte und golddurchwirkte Altarvorhänge oder Kronleuchter waren wie für die Kirche in Märzdorf oder ein Lebensstil mit Stadtpalais und Märchenschloss: Ernst Schwabach, ganz Mann seiner Zeit, lebte von und in seinem Wohlstand; in einem Überfluss an Mitteln, der aber gar nicht von ihm selbst erarbeitet war, sondern ihm nur durch seine Geburt in eine der vermögendsten Familien der Zeit zufiel.

Von der „Flut des großen Geldes, des großen Unternehmertums, der großen Bauten" zu jener Zeit spricht Sybille Bedford, die deutsch-britische Schriftstellerin und ein Kind jenes bourgeoisen Zeitalters, das erst mit dem Ersten Weltkrieg zu Ende ging. Sie spielt damit auch auf die äußeren Erscheinungen derjenigen an, die vom selbst erwirtschafteten oder ererbten Reichtum im „boom-country" Deutschland und der Hauptstadt Berlin profitierten: „Die Reichen lebten im Überfluss … Söhne von Bankiers traten statt in die Firmen der Väter in die Garderegimenter ein." Doch sie trugen die Uniformen nicht mehr als „Dienstkleidung der Pflichterfüllung, sondern als Federschmuck".[49]

Für Ernst Schwabach galt: Er trat nicht in irgendein Regiment ein, sondern gab wie andere reiche Erben Geld aus und „paradierte im Glanz"[50], eine Verhaltensweise, die später mehr oder weniger auch von seinem Sohn Erik-Ernst gelebt wird. Dieser hatte über den kaum mehr vorstellbaren Überfluss an Geld, das er als junger Erbe und Anteilseigner des Bankhauses regelmäßig erhielt, seinem Tagebuch anvertraut: „Von 4000 Mark jährlich stieg ich mit einem Schlag auf 400 000 Mark. Und geizte damit nicht" (TB1, 18.9.1914).[51]

Bedford hat in ihrem Roman die Welt der Schlösser im Fin de Siècle beschrieben, die Atmosphäre der opulenten Stadtpaläste von Bankiers, die Salons mit den kostbaren Möbeln und dicken Vorhängen, die livrierte Dienerschaft, die französischen oder englischen Kindermädchen, die mit teurem Wein gefüllten Keller – und damit auch einen Teil ihres eigenen Kindheitsmilieus als Tochter von Baron Maximilian von Schoenebeck in Berlin-Charlottenburg. Dieser Mann hätte mit seinen kostspieligen Spleens wie Polo und Roulette eine Art Zwillingsbruder von Ernst Schwabach gewesen sein können – ein Dandy der Zeit, bevor er verarmte. In der Sterbeszene der Familiengeschichte in Bedfords Roman stirbt der Großvater Merz in seinem Haus in der Vossstrasse. Die Trauergemeinde erscheint, und die Gäste werden im Herrenzimmer einzeln aufgerufen:

> „Herr Kommerzienrat Veilchenfeldt!" / „Herr Doktor Herzberg; Herr Prokurist Stern!" / „Herr Schiffahrts-Direktor Warburg!" / „Herr Rechtsanwalt Wolff!" / Herr und Frau Schwabach; Herr Bank-Direktor Reichenheim!"[52]

Ernst Schwabach, der Senior, hatte zuvor mit seinen erheblichen Geldmitteln nicht nur zu seinem „Antritt" als neuer Schlossbesitzer in Märzdorf Geschenke verteilt. Er richtete auch seinen Palast ein; mit einer Energie, die einmalig war. Das Gebäude atmete bald weltmuseal, Geld spielte bei der Einrichtung keine Rolle. Aber Schwabach brachte offenbar auch Geschmack, Vorbildung und eine entsprechende Vorstellung mit, wie die vielen Säle und Zimmer einzurichten seien. „Wohl nur der, welcher die notwendige historische Bildung und die erforderliche sichere Hand besaß, war in der Lage, eine mittelalterliche unwohnliche Burg, ohne die Idee des Erbauers zu zerstören, zu einem der heutigen Kulturstufe entsprechenden Sitz umzugestalten."[53]

Diener Scherrer erinnert sich mit diesen Worten an die Anfänge: „Keine Summe war Herrn Schwabach zu hoch, kein noch so weiter Transport zu mühsam, denn es wurde nicht beim Spazierengehen am Kurfürstendamm eingekauft."[54]

Von seinen Reisen in alle Welt brachte der Hausherr Einrichtungsgegenstände und Kunstwerke mit. Unstet, fast immer unterwegs, suchte er ständig Sammelstücke für das Schloss. Seine ausgedehnten Weltreisen führten ihn bis nach Indien, Vorderasien, Afrika und Japan. Zurück brachte er kostbare Kunstgegenstände; Bilder und Büsten, alle möglichen Hieb-, Stoß- und Schusswaffen aus dem 17. und 18. Jahrhundert für den Rittersaal. Auch das Billardzimmer, das sogenannte „Blaue Zimmer", die Salons, das Musikzimmer, die verschiedenen Bibliotheksräume und die Hallen, schließlich die Privatgemächer der Familie wurden mit Möbeln sowie Kunstgegenständen und -objekten eingerichtet, deren Prunk und Kostbarkeit weithin berühmt waren. Der Schlossherr ließ Postkarten mit einer Vielzahl dieser Motive drucken. Sein Sohn Erik-Ernst benutzte sie später auch und erledigte damit einen Teil der eigenen Verlags- und Autorenkorrespondenz.

Hybris blieb nicht aus, ein Korrektiv war nicht vorhanden für den reichen Erben: Im Schlosspark gibt es ab der Jahrhundertwende elektrische Beleuchtung, eine Sensation zur damaligen Zeit. Ernst Schwabach entwickelt aber noch eine Idee, die an Protz und Übermut kaum zu überbieten ist und auch für Raumausstatter jener Zeit neu war. Er setzt sich in den Kopf, einen Saal im Schloss mit einem Silbertalerboden auszustatten. Hunderte von Fünf-Mark-Silbermünzen mit dem Porträt des Kaisers sollten dabei als Bodenbelag dienen; ein Gedanke, von dem Schwabach letzten Endes Abstand nimmt.[55] Ob freiwillig oder aufgrund des Hinweises, dass das Porträt Wilhelms II. nicht mit Füßen getreten werden durfte, lässt sich nicht mehr klären.

Die Sammelleidenschaft von Ernst Schwabach war legendär und zog viele Zeitgenossen in den Bann, Carl Sternheim zum Beispiel, geboren 1878, der damit altersmäßig etwa zwischen Schwabach senior und Schwabach junior stand. Sternheim, ebenfalls Abkömmling eines reichen, jüdischen Bankhauses, der sowohl in den Kreisen der Hautefinance als auch unter Schriftstellerkollegen seiner Zeit souverän auftrat, hatte eine Reihe von stolzen und reichen Familien, zumeist jüdische, kennengelernt: Rothschilds, Schwabachs, Mendelssohns, Bleichröders, Friedländer-Fulds, wie er in seinem „Gleichnis des Lebens" notiert.[56]

Ein besonderes Verhältnis pflegte Sternheim indes zu Ernst Schwabach, den er aufgrund seiner feudalen, gleichwohl stilsicheren Männlichkeit bewunderte: „Er war der erste Mann, den ich traf, an dem nichts zu ergänzen blieb. Seine Erscheinung, sein Sein war vollendet. Auf einer prachtvollen Herrschaft, Schloß Märzdorf, in Schlesien lebte er als Grandseigneur, wie er mir nicht in Büchern, geschweige vorher oder später im Leben erschienen ist! Was dieser Mann sagte, angriff, war rund durch ihn vorhanden; ob er auf dem Taubenschießstand morgens die Taube, die ein anderer fehlte, herunterholte, zu Pferde stieg oder einfach, herrlich, als blendend schöner Mann angezogen, dastand: ob er tafelte, durch den Raum ging, kluge Dinge sagte – er belebte Menschen, Welt; Schöpfung belebte ihn vor allen anderen!"[57]

Der später als Bühnenautor berühmt gewordene Sternheim vergleicht Ernst Schwabach gar mit Oscar Wilde. Die starke Bewunderung, der spürbare Einfluss, den der 22 Jahre ältere Schwabach senior auf den Dichter ausübte, ging so weit, dass sich auch Sternheim ein Schloss bauen ließ, nicht als eine Kopie von Märzdorf als neoklassizistische Doublette mit Türmchen und Erkern, sondern in einem ganz anderen Stil. Jedenfalls erwarb Sternheim ein großes Waldgrundstück in Höllriegelskreuth südlich von München mit Blick auf die Alpen und ließ sich dort sein Schloss mit rund 30 Räumen neu errichten, das „Bellemaison", das es heute noch gibt. Eine palastartige, zweigeschossige Anlage auf hohem Kellergeschoss mit Walmdach, Mittelrisalit und reicher architektonischer Fassadengliederung sowie Freitreppe inmitten eines riesenhaften Parkgrundstückes. Es wurde 1908 fertig, ein halbes Jahr vor Ernst Schwabachs frühem Tod.

Sternheim beschreibt mit Blick auf das gleichsam höfische Treiben in Schlesien einerseits die überbordende Pracht, in der sein Freund Schwabach lebte und als Schlossherr bei Jagdgesellschaften wie ein Monarch Hof hielt. Tief beeindruckt gibt Sternheim an, Schwabach sei der erste gewesen, der zeigen konnte, „was auch in einem kapitalistischen Zeitalter mit großem Vermögen anzufangen war, von Anfang zu Ende geschmackvoll zu bleiben; von des Hauses Einrichtung zur Livree der Diener, Förster, die abends mit lodernden Pechfackeln Spalier rechts und links von der Strecke des erlegten Wildprets bildeten, das wir von der Freitreppe herab im Abendanzug beschauten."[58] Spuren von Bescheidenheit sucht man in den Quellen vergeblich.

Kein Wunder, dass Sternheim ihn in seinen späteren Komödien („Der Snob"; „1913"; „Oscar Wilde") dann – nach dem Tode Schwabachs im April 1909 – zum Vorbild machte „für alles strahlend Männliche". Es waren genau die überaus populären Stücke, die ihm seine großen Erfolge als Theaterautor bescherten. Sternheim zeichnete hier das leuchtende Bild eines Gentleman, der maßgeschneiderte Anzüge englischer Herrenausstatter aus der Londoner Regent Street trug, eine Ikone der Männlichkeit, der kaum etwas mehr hasste als nachlässig gekleidete und der stil- und benimmunsichere Menschen nicht ausstehen konnte. Ein Spieler, ein Siegertyp. Dazu passt das Motto, dass er sich auf seine Exlibris drucken ließ: „Continuer fait gaigner" – Weitermachen heißt Gewinnen.

Über die fast unwirklichen Lebensumstände auf dem Schloss hat neben Sternheim auch der langjährige Schlossdiener Toni Scherrer berichtet, der ab 1907 zuerst „neben Kammerdiener Bernstein als 2. Diener" der Familie assistierte und noch von der Familienmatriarchin Leonie-Jeannette Schwabach, der Frau von Julius Leopold, eingestellt worden war[59], später dann „erster" Diener wurde und es bis zum Ende blieb. Vor allem durch seine lebhaften Schilderungen entsteht ein detailgetreues Bild eines opulenten, heute kaum mehr vorstellbaren Lebens in Prunk, Pracht und gelegentlicher Promiskuität, jedoch in ganz anderer Diktion formuliert, als es Sternheim tat.

Ernst Schwabach kopierte, wo immer möglich, den britischen Lebensstil, zum Beispiel in der Kleidung, die er trug, oder bei der Ausübung seiner vielen kostspieligen Hobbies. Aus England ließ er nicht nur Rassepferde, sondern gleich komplette Stallmannschaften samt Stallmeister, Reitlehrer und sogar Kutschen importieren – darunter „ein Viererzug mit echten Reisewagen – (Mailerach genannt), echte auf englisch zugeschnittene Reitsättel … Es war alles, Reitkleider,

Handschuhe, halt alles, was zu einem echt englischen Stall bis zum kupierten Pferdeschwanz gehörte, vorhanden."[60]

Sich sechsspännig kutschieren zu lassen wie ein Graf oder Herzog: Das war ein Wunsch Schwabachs, über den die Menschen in der Gemeinde lange Zeit sprachen (oder tratschten), so wie über die Silbertaler auf dem Boden im Salon. Ob der Gutsherr diesem Wunsch tatsächlich nachhing oder ob es nur Ausfluss von Fantasien war, zu denen der Lebensstil des Patrons ja in der Tat einlud, bleibt unbeantwortet. Sicher ist nur, dass dieser Wunsch nie hätte Wirklichkeit werden können, weil Nichtadligen das Fahren einer Kutsche mit sechs Pferden gar nicht zustand.

Um die Ankunft der dann eben nur vierspännigen Equipage anzukündigen, hatte Schwabach ein damals viel bewundertes Rufsystem installieren lassen. Eine Planke der Holzbohlen auf der Brücke an der Zufahrt zu seinem Schloss war über einen Drahtkontakt mit der Klingel am Hauptportal verbunden. Die Überfahrt löste ein Klingeln aus, so dass für Schwabach oder seinen Gästen stets ein eilfertiger Diener in Livree bereitstand, den Wagenschlag mit einer Verbeugung zu öffnen und die Ankommenden über die Sandsteintreppe durchs Hauptportal oder durch den linken großen Eingang zu führen.[61]

Passend zur bewunderten und von ihm kopierten Lebensart der britischen Upperclass verschickte Schwabach zu Silvester 1899 Grußkarten an Freunde und Verwandte mit dem Wunsch zum neuen Jahrhundert „A happy New Year!"

Polospiele mit aus England stammenden Pferden veranstaltete er mit in- und ausländischen Gästen. Pokerrunden standen, wie Scherrer berichtet, abends regelmäßig auf dem Programm (im „Blauen Zimmer" wahrscheinlich), wenn Freunde und Bekannte zugegen waren. Poker in lauten Männerrunden! Beim Legen von Patiencen mit dem Ziel innerer Meditation kann man sich Schwabach angesichts dieser Bilder nur schlecht vorstellen. Die Zockerspiele endeten zuweilen mit tragikomischen, bizarren Episoden wie jener, als einer der „reichsten Gäste" dabei sein gesamtes Vermögen, inklusive Schloss und Grundbesitz, verloren hatte und dann mit geladenem Revolver in größter Verzweiflung in den nächtlichen Park von Märzdorf stürmte, offenbar in der Absicht sich umzubringen. Erst das gute Zureden der eilig herbei geeilten anderen Spieler und von Ernst Schwabach samt ihrer ausdrücklichen Zusicherung, dass die Spielschulden nicht eingelöst werden müssten, brachten den Unglücklichen dazu, die Waffe wieder einzustecken.[62] Von Tennisturnieren und Boxkämpfen in der eigenen Sporthalle ist ebenfalls die Rede in den Erinnerungen des Dieners. An Boxkämpfen hatte später auch Schwabach junior Interesse.

Die Episode vom Großgewinn Ernst Schwabachs in der Spielbank in Monte Carlo geht ebenfalls auf den Bericht des Dieners Scherrer zurück. Danach musste sogar das Kasino kurzzeitig geschlossen werden, um neues Geld heranzuschaffen. Eine Million Mark soll Schwabach senior nach dieser Beschreibung an der Côte d'Azur gewonnen haben, ein Umstand, der ihm den Spitznamen „Mr. Monaco" einbrachte: „Es war eine ganz große Seltenheit, einen solchen Coup zu erreichen. Natürlich gab es dadurch bei Herrn Schwabach allerhand Übermut (trotzdem er ja selbst genügend Geld hatte). In Märzdorf hat sich bis zuletzt die Erinnerung erhalten, dass Herr Schwabach nach dem Coup mit einem Extrazug sich und sein Gefolge zur Schnellzugstation Reisicht bringen ließ. Muss ja ein schönes Stück Geld gekostet haben!"[63]

Die Opulenz an Gütern, an Ausstattung, die schier unermessliche Verfügung über Geld ließ den eigentlich großbürgerlichen Lebensentwurf zu einem eher aristokratischen werden. Auswahl und Zahl der Bediensteten spiegelten beispielsweise die gesellschaftliche Stellung deutlich wider: Zum „Hofstaat" Schwabachs gehörten zunächst seine Gesellschafterin Fräulein Ude, sein ärztlicher Berater Dr. Jacob, der alte Kastellan Scholz, der mit seiner Frau in der Abwesenheit der Schwabachs Schloss und Gut beaufsichtigte und in Ordnung hielt, Kammerdiener Bernstein, der zweite Diener Herr Fichtner, Tafel- oder Silberdiener Diddrich, der ständige Friseur Fritz Kaul, Masseur Schmidt, Nachtwächter und Hofarbeiter Kirsch, Küchenmädchen Meta Seliger (mag sie den Dichter Sternheim zu seiner Erzählung „Meta" inspiriert haben, die er 1916 im Kurt Wolff Verlag herausbrachte?) und ein Krankenwärter zur Nachtwache. Unter seinem Sohn Erik-Ernst kamen ab 1912 noch der Chauffeur Alfred Schulz, Kutscher, Schmiedemeister, ein Elektriker und ein Förster hinzu, der sich unter anderem um das neu angelegte Fasanengehege zu kümmern hatte.[64] Das Gut ließ Schwabach junior dann vergrößern – sein Maßstab war einfach: Das Größte und das Modernste reichten aus: Turnhalle, Theaterbühne, Boxring, Autogaragen. Sogar ein Kino wurde gebaut, und das in der Zeit, als gerade einmal in deutschen Großstädten die ersten Lichtspieltheater überhaupt eröffneten. Auch ein „Operationszimmer mit den notwendigen Instrumenten für unvorhergesehene Unfälle" erwähnt Scherrer in seiner Chronik.

Zum Schloss gehörte demnach auch eine große Landwirtschaft, mit der Schwabach junior aber nichts zu tun haben wollte. Um die Hühnerbestände und den Vertrieb und Verkauf der Eier in der Zeit des Krieges zwischen 1914 und 1918 kümmerte sich – neben Gutsbediensteten wie der Frau des Dieners Toni Scherrer – seine Frau Charlotte: „Eier wurden sehr teuer und brachten Geld, ergo wurde eine Hühnerfarm aufgebaut mit hunderten von Hühnern. Frau Binner, die sorgende Glucke, wurde nach Märzdorf zitiert. Frau Scherrer machte nach des Tages Last und Müh für jedes gelegte Ei in der Tabelle ein Strichel und so hunderte von Strichelchen. Sie mußte immer Caffee trinken dabei, denn der Bettzipfel zog sonst zu sehr, und doch war es eine schöne Zeit der Zusammenarbeit. So gingen wöchentlich hunderte von Eiern in Kisten verpackt, wenn ich nicht irre, nach der Versandzentrale in Thomaswalden und alles unter Leitung von Frau Schwabach."[65] Erik-Ernst hatte das Wirtschaften weder gelernt noch entwickelte er später Freude und Neigung dafür. „Ich denke nicht an die Landwirtschaft", hat er nüchtern im September 1914 notiert.

Sein Vater, Schwabach senior, hatte dafür ebenfalls nichts übrig gehabt. Er genoss inmitten seiner kleinen Familie und dem allgegenwärtigen Luxus sein Leben; als Schlossherr sorgte er offenbar gut und großzügig für Dienerschar, Knechte und Bauernfamilien; die Erinnerungen von Toni Scherrer sind voll von wehmütigen, oft detailreichen Schilderungen an ein durchweg aristokratisches Leben vor dem Krieg, zu dem auch außereheliche Beziehungen gehörten. Scherrer schildert Schwabach senior als schönen, begehrenswerten Mann; „ein treffsicherer Cupido bei schönen Frauen", dessen Liaisons niemanden groß überraschten, seine Frau wohl eingeschlossen, sondern als Normalität wahrgenommen wurden. Scherrer nennt als Beispiel „die am Theaterhimmel und Wintergarten-Varieté in Berlin berühmte Schönheit, Madame Valentin La Petite, eine Belgierin", die es verstand, „durch ihre Schönheit, gutes Herz, Geist und Gemüt, Herrn Schwabach und seiner Umgebung ein freudvolles Dasein in Märzdorf, Berlin und auf vielen Reisen zu schenken."[66]

Von übergroßer Sorge um seine Frau und Kind, gar von einem geregelten, bürgerlichen Familienleben, ist dagegen an keiner Stelle die Rede. Fritz Sterns Satz kommt einem in den Sinn, mit dem er den Niedergang der gesamten Familie kommentierte: „Bleichröders Nachkommen verdarben an dem, was Bleichröder vorwärts getrieben hatte: Reichtum und gesellschaftlicher Rang."[67]

Man kann sich Ernst Schwabach also zu seiner Zeit durchaus all mächtigen, patriarchalischen Kopf der Familie vorstellen, auf den all jene Klischees passen, die die Fantasie beflügeln: ein Hausherr, der sich Freiheiten aller Art nimmt, je nach Gusto. Parallelen zum Oberhaupt der bürgerlichen Herrschaft bei „Meta", der fiktiven Hauptfigur in der gleichnamigen Sternheim'schen Erzählung, springen ins Auge: In der dichterischen Umsetzung tätschelt der Hausherr leutselig dem pausbäckigen, drallen und zunächst einfältigen Dienstmädchen Meta wohl „hunderte Mal" den Po, macht ihr eindeutige Avancen, bis sie sich dem Mann hingibt („dem täppischen Alten", so heißt es in der Erzählung) und, raffiniert und geschickt, das heimliche Verhältnis künftig zum eigenen Vorteil ausnutzt. Meta braucht, protegiert vom Liebhaber, kaum noch zu arbeiten. Sie besorgt nur noch selten die Familienwäsche, sie räumt nicht mehr auf, das Bügeln stellt sie ganz ein, ohne dass Gegenwehr der Dame des Hauses oder gar des Dienstherrn zu spüren ist. Fast hat es den Anschein, als sei sie es jetzt, die nun die Herrschaft über den Haushalt ausübt.

Doch abseits möglicher Parallelen zwischen dichterischer Fiktion und schlesischer Wirklichkeit bleibt festzuhalten, dass viele Neigungen des Vaters von seinem Sohn Erik-Ernst geteilt wurden. Gelegentliche stürmische Liebschaften, eine Lebensführung aus dem Füllhorn, aber auch das Sammeln von Büchern, von Kunst ganz allgemein, das Eintauchen in die Sphäre hoher Geistigkeit als Gegensatz zu den Lebensentwürfen einer bescheidenen Bürgerlichkeit – das wurde auch die Welt des Sohnes.

Kein Wunder, dass Gäste wie zum Beispiel Elisabeth und Kurt Wolff, dem Ehepaar Lotte und Erik-Ernst Schwabach freundschaftlich und (was Kurt Wolff betrifft) geschäftlich verbunden, sich gerne während des Ersten Weltkrieges eine Auszeit vom entbehrungsreichen Leben in Leipzig nahmen und sich im Schloss erholten: „In Märzdorf ist übrigens die Küche unerhört gut, und das Friedensmässige Gefüttertwerden lassen wir uns auch gerne gefallen. So kommen wir jedenfalls auf Vorrat genährt aus Darmstadt und Märzdorf in das magere Leipzig", notiert Kurt Wolff in einem Brief an seine Schwiegermutter Clara Merck.[68] Wolff und seine Frau waren aus Darmstadt (dem Stammsitz der Familie Merck) über Leipzig und Dresden nach Schlesien gefahren. Sie hatten unterwegs bei einem Zwischenaufenthalt in Dresden Walter Hasenclever („Ganz der Alte", schreibt Elisabeth) und Oskar Kokoschka getroffen, beide Autoren des Kurt Wolff Verlages. Zu Kokoschka notiert sie, dass sie in ihm, „der mir unverständliche Bilder malt, einen lieben, feinen, ungemein bescheidenen Menschen" kennen gelernt habe.[69]

Sie sahen sich im Dresdener Königlichen Schauspielhaus das neue Stück „Die Rebhühner" von Carl Hauptmann (1858–1921) an, des älteren Bruders von Gerhart Hauptmann.[70] Und nach nur zwei Tagen Aufenthalt im Schloss als Gast der Familie Schwabach fühlte sich Elisabeth Wolff schon wie zu Hause; „a notre aire", wie sie notierte.

Die kriegsbedingten Entbehrungen sind auch hier auf dem Lande spürbar, nehmen sich aber als leicht zu ertragen aus. Im Schlosshaushalt arbeiten nun weniger Bedienstete, weil einige von ihnen zum Kriegsdienst abkommandiert sind. Als Dienerersatz ist jetzt unter anderem „ein 15jähriger Mulatte tätig, der aber seine Sache sehr gut macht", schreibt Elisabeth Wolff.[71] „Hassan", wie ihn die Dame des Hauses, Lotte Schwabach, scherzhaft nennt, der in Uniform und Turban seinen Dienst verrichtet und als „lebender Sarotti-Mohr" (wie sich Inge Schwabach erinnerte) nachmittags Tee und Kaffee servierte, hieß eigentlich Erwin Kniefke und war gebürtiger Chemnitzer. Otto Erich Schmidt notierte, dass Kniefke alias Hassan das Produkt eines „kleines Malheurs seiner Mama mit einem Neger der Hagenbeck-Truppe" war.[72] Sein Engagement auf dem Schloss beweist die Vorliebe für ungewöhnliche und „exotische" Einfälle, die das Leben in Märzdorf prägten. Lotte soll „Hassan" während einer Zirkusvorstellung in Leipzig gesehen haben und spontan der Idee verfallen sein, ihn in ihrem Haushalt zu beschäftigen. Erik-Ernst willigte ein, sicher im Wissen, dass

Abb. 3: Postkarten mit handschriftlicher Notiz von Elisabeth Wolff, mitgebracht nach dem gemeinsamen Besuch mit Kurt Wolff im Herbst 1913. Motive (im Uhrzeigersinn von oben links): Schlossansicht, Park, Rittersaal und Halle.

ein dunkelhäutiger Diener auf Besucher des Märchenschlosses in der niederschlesischen Provinz großen Eindruck machen würde.

Die Vorräte der zum Schloss gehörenden Landgüter sind nicht mehr so voll wie vor dem Krieg, „die Ställe sind recht leer, von den 50 Rindern muß jede Woche eins abgegeben werden. Autos gibt's natürlich auch nicht mehr. Am Essen merkt man den Krieg nicht, Sahne, Eier, Gemüse, Rahmkäse gibt's genug. Nur Fleisch kann ebenso schwer beschafft werden wie in der Stadt", beobachtet Elisabeth Wolff[73]. Es ist dann aber doch so viel da für die Gäste, dass sie noch an nahe Verwandte in Darmstadt Würste, einen Lendenbraten, eine Rinderzunge und Hühnchen schicken können.

Das prachtvolle, gleichsam entrückte Leben auf dem Schloss war dem Ehepaar Wolff bei seinem Besuch im Kriegsherbst 1916 nicht neu. Kurt und Elisabeth Wolff hatten den „königlichen Luxus" bereits 1913 und 1914 bei Besuchen genossen. Beide stammten ja selbst aus gutbürgerlichen Verhältnissen. Kurt Wolff, Sohn von Leonhard Wolff, „Städtischer und Universitätsmusikdirektor" in Bonn, hatte am 2. September 1909 Elisabeth Merck, aus der Darmstädter „Merck-Dynastie", geheiratet. Beide kannten Wohlstand. Vor allem die junge Gattin des Verlegers war mit allen Annehmlichkeiten eines reichen Hauses mit Bediensteten und Haushaltshilfen aufgewachsen.

Aber das Leben auf dem schlesischen Schloss muss noch einmal eine andere Kategorie gewesen sein, denn Elisabeth schwärmt in einem Brief an ihre Mutter: „Alles ist von Großväterzeiten ererbt und im ganzen Schloß kein geschmackloses Stück zu finden. Das Schloß und der Park sind fabelhaft und nur mit einem englischen Fürstensitz ist das Ganze zu vergleichen. Die Dienerschaft (ungefähr 20 Leute) ist fast alle vom Vater her noch da, der alte bucklige Castellan ist schon 60 Jahre hier. Von den einzelnen Zimmern, Gobelins, Sammlungen, Bibliotheken muß ich dir mündlich erzählen.“[74]

Erik-Ernst wuchs hauptsächlich bei seinen Großeltern mütterlicherseits Hermann und Henriette Herz in der Berliner Vossstraße 11 auf.[75] Hier hat er familiäre Liebe und Geborgenheit erfahren, die ihm die eigene Mutter und der Vater, den er in der Regel kaum zu Gesicht bekam, oft vorenthielten. Der frühe Tod beider Elternteile tat ein Übriges. Seine Mutter Flora starb schon im Juli 1906, da war er gerade 15 Jahre alt. Nur drei Jahre später, am zweiten Osterfeiertag des Jahres 1909, verstarb sein Vater mit nur 44 Jahren in seinem Berliner Palais an Syphilis. Erik-Ernst Schwabachs ererbtes Vermögen betrug, wie Elisabeth Wolff ein paar Jahre später notierte, 25 Millionen Goldmark (TB EW1, 2.4.1913).

Seine Großeltern mütterlicherseits waren für ihn Elternersatz. Beide führten eine sehr harmonische Ehe, ganz anders als es Erik-Ernst von den eigenen Eltern kannte. 54 Jahre lang waren Henriette und Heinrich miteinander verheiratet. Zu beiden hat Erik-Ernst immer ein inniges Verhältnis gepflegt. Als sein Großvater im April 1917 an einer Lungenentzündung starb, friedlich und ohne Schmerzen, schrieb Schwabach unmittelbar nach dessen Tod, er sei guter Teil von dem gewesen, was „mir zur Heimat wurde, als meine Mutter starb. Heimat, die mich nicht fesselte …, aber in der ich Liebe fühlte“ (TB2, 12.4.1917).

Eine seiner ersten gedruckten Publikationen, „Das Zaubertheater“, die er unter dem Pseudonym Sylvester neben Max Brod (Prokop) und Franz Blei (Medardus) 1915 geschrieben hatte, widmete er denn auch „in Liebe und Verehrung seinem lieben Grossvater“[76].

Im Berlin der Jahrhundertwende verbrachte Erik-Ernst auch seine Schul- und Jugendjahre. Er hatte in Martin Runze einen langjährigen Haus- und Privatlehrer, den er mit einer gedruckten Widmung in einem seiner ersten Bücher („Das Puppenspiel“) bedachte. Er besuchte das Französische Gymnasium am Reichstagsufer, eine vor allem von Diplomatenfamilien und Geschäftsleuten für ihre Kinder bevorzugte höhere Lehranstalt mit einem großen Anteil von Schülern jüdischer Herkunft (Mädchen wurden erst nach dem Ersten Weltkrieg aufgenommen).[77] Hier am Lycée Français wird Erik-Ernst auch seine Sprachkompetenz für das Französische erlernt und entwickelt haben, die für seine späteren Arbeiten als Übersetzer (unter anderem im Zusammenhang mit dem Gauguin-Manuskript und Baudelaire) und Autor bedeutsam wurde.[78]

Über ein eventuelles Studium in Leipzig oder Berlin ist nichts bekannt. Diese Phase seines Lebens bleibt deshalb dunkel. Wahrscheinlich ist, dass Schwabach in Berlin oder Leipzig Vorlesungen hörte, jedoch nicht studiert hat, jedenfalls

Abb. 4: Erik-Ernst, 1897, im Clownskostüm:
Das bunte Kleid passt gar nicht zum
schwermütigen, ernsten Blick des Jungen.

tritt er wenig später sehr jung, mit Anfang zwanzig, praktisch wie aus dem Nichts
auf die Berliner und die Leipziger Bühne.

Gesichert ist hingegen, dass Erik-Ernst knapp 21-jährig am 14. März 1912
Charlotte Schmidt heiratete, die Tochter des Zahnarztes Erich Schmidt und
seiner Frau Gertrude aus Berlin, die in der Nachbarschaft der Großeltern Herz
wohnte. Erik-Ernst muss schon in diesen jungen Jahren einen ausgeprägten
literarischen Impetus gespürt und gepflegt haben und eine genaue Vorstellung
davon gehabt haben, welchen Lebensweg er einschlagen wollte – nämlich den
eines Dichters. Kasimir Edschmid mokierte sich über diese Entscheidung: „Es
war also keine Extravaganz, daß Erik Ernst, nachdem so viele andere exklusive
Scherze in der Familie verbraucht waren, sich zur Literatur schlug, zu der er ein
mehr als dilettantisches Verhältnis hatte."[79]

Zur Verlobung hatte Erik-Ernst 1909 für Charlotte auf 114 handgeschriebenen (!) Seiten eine Liebesgeschichte unter dem Titel „Tristan von Lannois"
verfasst und das „Gesprächsspiel", wie er es im Untertitel nannte, auf feinstem,
schweren Büttenpapier im Berliner Verlag von Axel Juncker privat drucken
lassen. Es ist „Frl. Lotte Schmidt in Freundschaft zugeeignet". Seine kostspielige Liebe zu Büchern und ihrer Ausstattung, sein umwerfender Charme und
seine Wirkung auf Frauen werden an diesem frühen Beispiel schon sichtbar:
Das Buch hat er in dunkelbraunes Leder mit drei Bünden (zwei oben, ein Bund
unten) ungewöhnlich aufwändig binden lassen. Auf dem Umschlag prangt eine
rautenförmige Vignette aus Gold (sie „stammt von Prof. Kleukens", wie es im

ebenfalls handschriftlichen Druckvermerk heißt), die zwei Tauben zeigt, die inmitten einer Fülle von grünen Herzen sich eng gegenüber stehen – Symbole der Liebe und der Hoffnung. Fein säuberlich ist im Druckvermerk noch notiert, wieder von eigener Hand: „Vorzugsausgabe No II".[80]

Lotte jedenfalls führte er noch im Jahr 1912 zur neuen Wohnstatt Schloss Märzdorf. Das Schloss hatte in der Zeit seit dem Tode seines Vaters 1909 in einer Art Dornröschenschlaf gelegen. In der Rückschau des Dieners Toni Scherrer bleiben die Jahre von 1912 bis nach dem Ausbruch des Ersten Weltkrieges die schönsten: „Tage des Glück und der Freude".[81] Von einem großen, festlichen Empfang, den die Gemeinde Märzdorf mit Vorsteher und anderen Honoratioren dem jungen Paar und künftigen Schlossherrschaften beim Einzug gab, ist die Rede – mit Girlanden, Begrüßungsreden. Andertags trat dann früh die Musikkapelle zu einem Morgenständchen unter den herrschaftlichen Schlafzimmerfenstern an.[82]

Märzdorf wurde nun glanzvolles Zentrum der jungen Familie. Hier verlebten die drei Kinder die ersten Jahre: Ernst-Joachim, geboren am 20. Februar 1914, Brigitte, geboren am 16. November 1915, und Dorian-Erik, geboren am 22. August 1918. Frühe Fotografien zeigen Standesgemäßes: Brigitte (Gitta) im blütenweißen Kleidchen auf einem edlen braunen Reitpferd vor dem Schlossportal. Ein anderes Bild zeigt Lotte im langen Kleid mit dem knapp einjährigen Dorian-Erik auf dem Schoß und Gitta im weißen Kleidchen und weißen Schuhen als traute kleine Gemeinschaft – allerdings ohne den Ehemann und Vater.

Diese Schwarz-Weiß-Fotografie steht sinnbildlich für das bald schwierige Familienleben der Schwabachs: Der Vater kapselt sich zunehmend ab, konzentriert sich auf seine ersten Arbeiten als Dichter, als Miteigentümer des Leipziger Theaters und frönt regelmäßig einem familienfernen, durchaus ausschweifenden Leben, vor allem in der Hauptstadt Berlin. Ganz selten nur empfindet Schwabach Entspannung im Familienglück: „Interessanter und schöner Winter hier. Vier Tage in Märzdorf. Als Bürger, genoss die Stille. Eigene Scholle. Wundervolle Ruhe und vertrauter Geruch in den Zimmern. Breites Bett, liebe Frau. Wohltun und Frieden" (TB1, 14.2.1915). Das ist schon die Zeit, als Erik-Ernst Schwabach als Soldat eingezogen wird und Dienst in der Feindaufklärung versieht. Im Februar 1915, sein Sohn Ernst-Joachim wird ein Jahr alt, fährt er nach Travemünde, seinem Einsatzort.

Er erlebt Phasen längerer Trennungen von zu Hause, etwa wenn er nur wenig später am Bodensee stationiert ist, am „stumpfen Einerlei des Dienstes auf dem Boot" verzweifelt und starke Sehnsucht nach vertrauten Menschen hat – „wie freue ich mich auf Lotte" (TB1, 9.6.1915). Für kurze Momente genießt Schwabach dann seine Rolle als Familienoberhaupt. Beherrschend und belastender sind indes, übergreifend, die politischen Ereignisse im deutschen Reich und Europa.

Der Krieg ist allgegenwärtig und „lastet auf allen wie ein Albdruck. Sein Ende ist nicht abzusehen. Ein Winterfeldzug fast sicher" (TB1, 1.8.1915). Zwischen Flügen in einem „Grosskampfflugzeug" und feindlichen Fliegern, die Bomben werfen, kann er sich bei den seltenen Besuchen in Schlesien im Spätsommer 1915 am „Lachen der lieben Frau und der süssen Tolpatschigkeit" seines ersten Sohnes erfreuen (TB1, 23.8.1915). An anderer Stelle schreibt er, der eine eigene Vaterrolle kaum entwickeln wird, den bemerkenswerten Satz: „Kinder sind der einzig sichere Beweis der Unsterblichkeit" (TB1, 12.8.1916).

Aber zunehmende Streitigkeiten mit Charlotte belasten die Ruhe. Die mit Brigitte hochschwangere Frau entfremdet sich in seinen Augen mehr und mehr von ihm. Eine Erklärung für das Verhalten liefert er selbst: Es ist sein Hang zur Promiskuität, zu einer Reihe von außerehelichen Affären, die praktisch die gesamte Ehe über andauern. Hier ähnelt er stark seinem Vater. Playboy, Charmeur.[83]

Wenn Erik-Ernst die Familie allein lässt, um nach Leipzig oder Berlin zu fahren, dann wird das Leben für die, die im Schloss zurückbleiben, noch kälter. „Puffberlin" nennt seine Frau die Hauptstadt. Sie ahnt oder weiß von seiner Untreue. Kurz vor der Niederkunft, im September 1915, erreicht die erste Krise einen Höhepunkt: Charlotte ist über eine aktuelle Beziehung ihres Mannes im Bilde. Erik-Ernst hatte sich, wie er im Tagebuch schreibt, „in Leidenschaft in eine andere Frau verliebt", wovon Lotte durch eine „gemeine Indiskretion" erfährt. Was erwartet Schwabach? – „Ich darf Verständnis und Verzeihung fordern" (TB1, 30.9.1915). Er schreibt tatsächlich „fordern", nicht etwa „hoffen" oder „wünschen".

Charlotte macht ihm wie erwartet eine heftige Szene und droht mit Trennung: „Sie will sich, sagte sie mir, wenn sie das Kind bekommen hat, von mir scheiden lassen, da sie an meinem Untreuen zu sehr leidet … Kann ich ihr Treue schwören, um wieder meineidig zu werden? Wer kann sein Temperament ändern von Grund aus? Und trotzdem liebe ich sie so sehr. Wer bleibt mir, wenn sie geht? Vielleich wird noch alles gut. Aber ich sehe nicht wie" (TB1, 20.9.1915). Die nächsten Tage bringen weder Entspannung noch Versöhnung. Das Klima ist vergiftet, rau und fast schon von Handgreiflichkeiten geprägt. Entsetzliche Stunden sind das für beide, Charlotte beherrscht sich in ihrem Zorn kaum, man muss um ihre Gesundheit und die ihres Kindes, das wenige Wochen später zur Welt kommen wird, fürchten. Ende September zerreißt sie ein Gedicht, das Erik-Ernst ihr geschrieben hat, wirft ihm die Blätter aufs Sofa und klagt ihren Mann wegen der „ausgesuchten Kränkung" an: „Wie gemein!", schreit sie ihn an. Erik-Ernst hingegen tut so, als sei es ihre Schuld, dass er sich „entwöhnt" hat. Kurzerhand schiebt er ihr die Verantwortung für seinen Seitensprung zu, führt ihre schlechte Stimmung zurück auf die Schwangerschaft, auf ihren „Zustand, der Frauen immer schwermütig macht". Welchen Mann reizt eine Schwangere, fragt er (sich).

Dann wird Brigitte geboren, und Lotte harrt in ihrer Rolle aus; sie verlässt ihren Mann nicht wie angedroht, sondern bleibt. Beide versöhnen sich wieder. Das merkwürdig ambivalente Verhältnis, das er zu seinen Kindern hat, wird auch an dieser kleinen Episode deutlich: Am Tag der Geburt am 16. November ist er nicht bei seiner Frau, sondern schaut sich „Rigoletto" an. Er freut sich einerseits sehr über das Kind, besonders darüber, dass er nach dem Sohn nun auch eine Tochter hat. Er kann reizende Worte seinem Tagebuch anvertrauen, wenn er von den Kindern spricht („lieber Bengel", nennt er seinen Sohn). Er fragt sich, wie „plötzlich Liebe zu Wesen kommt, die noch kaum Menschen" seien. Aber andererseits ist da auch immer wieder eine spürbare Kälte, besser: eine Distanz, als wäre er bloß ein entfernter Verwandter der beiden Kinder, nicht der leibliche Vater. „Es ist merkwürdig, Vater zu sein!"

Seine außerehelichen Beziehungen, Eifersucht auf Seiten Lottes, temperamentvoller Streit zwischen den beiden Eheleuten, dann Verzeihen und Versöhnung – so geht das nicht nur einmal. Besonders bei dem ständigen Prozess der Amnestie, die er von Charlotte nach Aufdeckung so mancher „Untreue" zu erhalten hofft, offenbart sich ein großes Talent bei Erik-Ernst. Er charmiert, macht Geschenke und hat dann wohl etwas Unwiderstehliches, Versöhnliches an sich.

Was überreicht er seiner Frau etwa zu Weihnachten 1916? Er hat ein Buch drucken lassen, privat, wie er es schon einmal zur Verlobung getan hatte. Diesmal ist es jedoch kein eigener Text, sondern es handelt sich um „Clair de Lune" von Guy de Maupassant. Es ist nur ein schmaler Band, den er Lotte zum Fest überreicht, aber die Symbolik ist atemberaubend. Die Ausstattung des Buches spricht nämlich Bände: ein knallroter, kostbarer Ledereinband mit reichlich goldverzierter Schrift, schweres Van-Gelder-Büttenpapier, gestochen scharfer Druck des französischen Textes. Das Ganze ist versehen mit einer säuberlichen, handschriftlichen Widmung von Schwabach auf Französisch, die nach einer erneuten heftigen Auseinandersetzung, ein wenig surreal, ein wenig übertrieben erscheint:

Le premier exemplaire pour le premier et dernier amour de mon coeur. Noël 1916

Diese Widmung gilt nur Charlotte. Aber das Buch[84] selbst ist, anders als sein Verlobungsgeschenk sieben Jahre zuvor, nicht nur für sie (und ihn) exklusiv gedacht: Schwabach hat am 12. Dezember 1916 sieben Exemplare in Leipzig drucken lassen. Sie sind für sechs namentlich genannte Damen bestimmt. Im Druckvermerk (Justification du tirage) heißt es dazu:

M. Erik-Ernst Schwabach a fait imprimer ce livre en 6 exemplaires sur Hollande van
Geldern, numérotés à la presse et destinés pour les dames
Madame Charlotte Schwabach
Madame Elisabeth Wolff
Madame Helene Binder
Mademoiselle Léonie von Schwabach
Mademoiselle Maximiliane von Schoenebeck
Mademoiselle Marta Herz
Un septiéme exemplaire sera reservé pour M. Schwabach

Es sind Frauen, die Schwabach zu der Zeit wichtig waren. Dass Verwandte
darunter sind, ist nicht verwunderlich. Leonie von Schwabach zum Beispiel, die
Tochter Paul von Schwabachs, seine (Lieblings-)Cousine, die alle Lali nennen
und die Erik-Ernst aus der Familie seines Onkels am meisten schätzt; Maximiliane von Schoenebeck und Marta Herz, seine Cousine von der Familienseite
seiner Mutter Flora. Dass jedoch Elisabeth Wolff, die Frau von Kurt Wolff, als
Nummer zwei dort steht, sagt viel aus über das freundschaftliche Verhältnis
Schwabachs zum Ehepaar Wolff.[85]

Wie das ebenfalls in wertvolles Leder gebundene Buch „Tristan von Lannois"
handelt auch Maupassants kurze Erzählung vom zentralen Thema der Liebe
zwischen Mann und Frau. Form und Inhalt des Buches ergänzen sich hier in
vollkommener Weise. In einer von süßen Düften durchwehten, lauen Nacht
kommen zwei Liebende heimlich zusammen. Es sind die Nichte des streng-
gläubigen Abbé Marignan und ihr Freund. Sie treffen sich, ohne dass die Eltern
der jungen Frau, geschweige denn der Pastor, davon wissen. Der Geistliche, der
das in seinen Augen sündige Mädchen gerade noch voller Zorn überraschen
und zur Rede stellen wollte, besinnt sich dann aber beim Anblick der beiden
Liebenden im Mondschein und fragt sich, ob er wirklich gerade gegen Gottes
Willen handeln wollte. Denn ihn packt die Erkenntnis, dass Gott die Liebe
nicht nur zulässt, sondern sie als Ziel und Erfüllung eines Lebens sieht, wenn
er sie doch mit solch vielfältiger Schönheit umgibt.

Die Worte Maupassants passen in ihrer romantischen Verklärung gut zur
Strategie des Verzeihens, die Schwabach bei dieser Gelegenheit verfolgt. Aber
da ist noch ein Satz in dem kurzen französischen Prosastück, der das distanzierte
Verhältnis des Abbé zu Frauen beschreibt, und der, gewollt oder nicht, auch als
Charakterisierung von Schwabach selbst gelten kann:

Oft hatte er ihre (der Frauen) Zärtlichkeit gefühlt und obgleich er unnahbar war,
so setzte ihn doch dieses nimmer ruhende Bedürfnis nach Liebe in Verzweiflung.

Abb. 5: Ehepaar Charlotte und
Erik-Ernst Schwabach, um 1920.

Das prächtige und sehr individuelle Buchgeschenk zu Weihnachten hatte er bei
dem Druckhaus W. Drugulin in Auftrag gegeben. Schwabach kannte die Firma
gut; sie war in den ersten Jahren des Kurt Wolff Verlages dessen vorrangig beauf-
tragtes Unternehmen. Drugulin warb offensiv mit der Dienstleistung, Bücher
für private Zwecke auch in kleinen Auflagen und gleichsam für jedermann zu
produzieren: „Die Offizin W. Drugulin hält sich zur Anfertigung aller Privat-
drucke von der kleinsten Akzidenz bis zu den kompliziertesten auch fremd-
sprachlichen Werken aufs beste empfohlen", hieß es in einer frühen Anzeige
in der Zeitschrift für Bücherfreunde.[86]
    Der bibliophile Druck war aber nicht das einzige Präsent an seine Frau.
Schwabach präsentierte eine ganze Palette von weiteren Geschenken. Ein „hüb-
sches Frühstücksservice" sowie Seifen, Parfüms, eine kleine Gipsminiatur und
ein selbst geschriebenes Gedicht sorgten, wie erhofft, für häuslichen Frieden:
Das Weihnachtsfest verlief dann in trauter Gemeinschaft der Familie, mit der
„süssen Lo", mit Sohn Ernst-Joachim und dem Baby Brigitte – auch die Schwie-
gereltern waren in der Berliner Wohnung zugegen; „wundervoll – mit Lichtern,
Liebe und Kindern", schreibt Schwabach in sein Tagebuch. Erik-Ernst erhielt
von Lotte ein nicht weniger einzigartiges Präsent: Sie überreichte ihm ein Porträt von ihr, gezeichnet von Olaf Gulbransson. Einziger Makel: Ihm sagt das
Bild nicht richtig zu: „Ich finde es nicht sehr gut, da es irgend etwas Fremdes
hat, das ich in Lo nicht kenne" (TB1, 25.12.1916).

Es gibt noch einen weiteren Beleg für den Einsatz ungewöhnlicher Mittel der Liebesbezeugung an seine Frau in Zeiten des Streits vor der Versöhnung; wieder mit engem Bezug zu einem französischen Dichter. Diesmal ist es Paul Verlaine. Im Rowohlt Verlag erschien 1910 der Gedichtband „Vers", einer der frühen Drugulindrucke des gemeinsamen Verlages von Kurt Wolff und Ernst Rowohlt. Erik-Ernst hat hier auf dem Vorsatzblatt handschriftlich ein eigenes, ebenfalls französischsprachiges Gedicht eingetragen[87]:

Dans mon âme	In meiner Seele
Une Dame	Eine Dame
Est reine	ist Königin
Elle est –	Sie ist –
On le sait	man weiß es
Reine	Königin
Et le sait à peine.	Und weiß es kaum.
C'est pourquoi,	Darum,
Parfois,	Manchmal,
Je peux, son esclave,	Kann ich, ihr Sklave,
Moi, qui ne suis brave,	Ich, der ich nicht mutig bin,
M' éclipser	mich unscheinbar machen
Et la fâcher.	Und sie (damit) erzürnen.
Mais alors	Aber na ja
Quand j'ai tort,	Wenn ich im Unrecht bin,
Ça me fait de la peine	bereitet mir das Pein
Et à ma reine	Und Dir meiner Königin
Je donne un cadeau	gebe ich ein Geschenk
Bien beau,	ein sehr schönes,
Pourqu' elle sache	Damit sie weiß,
que je l'aime.	dass ich sie liebe.
Et que je tache	Und ich versuchen werde
De la contenter.	Sie zufrieden zu stellen.
Pour diminuer sa haine	Um ihren Hass zu mindern,
Je lui donne ce Verlaine.	Gebe ich ihr diesen Verlaine.
Et elle va m' embrasser	Und sie wird mich umarmen
Avec un gros baiser,	Mit einem dicken Kuss,
Erik.	Erik.

Aber trotz dieser Texte als Liebesbeweise, trotz dieser Bilder von Aussöhnungsversuchen, trotz inniger und ehrlich gemeinter Versöhnung im Kerzenlicht: Der eigentliche Lebensmittelpunkt von Erik-Ernst Schwabach bestand in diesen

Jahren nicht vorrangig im Familienleben, sondern eher in seiner Arbeit; in seinen Versuchen, sich als Theaterautor, als Herausgeber und als Autor zu etablieren. Die zahlreichen diesbezüglichen Tagebucheintragungen in der Zeit von 1914 bis Anfang 1917 resümiert Schwabach denn auch folgendermaßen: „Ich habe gelernt, gelesen und gedichtet" (TB1, 7.1.1917).

Das Schloss galt Erik-Ernst vor allem während seines Soldatendienstes in den Jahren 1915 bis 1917 als Sehnsuchtsort – eine Stätte des friedlichen Rückzuges, wenn er von dem Posten als Aufklärer bei der Marine in Rumänien zurückkam auf Heimaturlaub; wenn er, wie im Sommer 1917, nach endlos langer Bahnfahrt von Rustschuk über Budapest, an der Station Steinsdorf von Rupprecht mit dem Wagen abgeholt wurde und dann schließlich am Ziel war: „Und endlich Park, Schloss, taucht auf, und Lo, die Kinder an der Hand" (TB2, 17.8.1917). Es war für ihn ein stiller Ort, der vollkommen gegensätzlich zum lauten Großstadttreiben Berlins und Leipzigs stand: „Frieden (o Frieden!) der Umwelt genossen. Welch trauliche Augenblicke an denen lange zu zehren, blickte ich des Morgens aus meiner Bibliothek auf den morgenklaren Park, trat ich des Nachmittags nach dem Schlaf auf die Terasse" (TB1, 19.8.1916). Eine Märchenwelt, weit abseits vom Kriegsgeschehen, das sich viel weiter östlich an der Grenze abspielte. Es sei, so meint er, wenn er hierher kommt, als überquere er den Styx, jenen Fluss, der das Totenreich Hades von der Welt der Lebenden trennt: So versinkt im Gegenzug Berlin, die ganze Außenwelt „in tiefe Unwahrscheinlichkeit" (TB2, 27.3.1918).

Bei klarem Wetter erkennt man von Märzdorf aus in südwestlicher Richtung die schneebedeckten Gipfel des Riesengebirges, eine unwirklich schöne und weite Landschaft. Auf halber Strecke erhebt sich auf einem alleinstehenden Berg, einem inaktiven Vulkan, die Gröditzburg, von der aus man einen grandiosen Rundblick in die Ebenen und auf das nahe Gebirge mit der prägnanten Schneekoppe hat. Zwischen Märzdorf und den Bergen sind nichts als große Felder und Wälder. Eine fast menschenleere Landschaft. Stören durfte Erik-Ernst in diesen ruhigen Momenten keiner, weder seine Frau oder Kinder noch die Diener. Eremitengleich wollte er dann, oft stundenlang, niemanden sehen. Erik-Ernst genoss die ländliche Stille. Er sog die Farben, das Licht, im Sommer den schweren Duft der Blumen und des üppig wachsenden Getreides ein. Schwabach konnte sich in solchen Momenten, wenn er aus seinem Arbeitszimmer blickte, nicht sattsehen an den Wiesen und Feldern, die in klarer Luft hinter dem Schlosspark blaugrün schimmerten; an den Hecken und Sträuchern im Park selbst, schließlich an den Laubbäumen im Hintergrund, die für ihn wie eine „Landschaftsplastik" wirkten – ein übergroßes Bühnenbild, eine Naturkomposition, in der nur noch das Orchester fehlte.

„Die Weißen Blätter": erste verlegerische Tätigkeiten im Expressionismus

In Leipzig, der deutschen Bücherhauptstadt jener Zeit, und in Berlin knüpft der junge Erbe erste Kontakte zu Verlagen, Verlagsgeschäftsführern und Dichtern seiner Generation. Mit vielen der Autoren und Herausgeber wird er später zum Teil eng befreundet sein – wobei bei einigen nicht ganz klar wird, ob sie Schwabach wegen seines Charmes und seines literarischen beziehungsweise verlegerischen Wirkens oder nicht doch eher aufgrund seiner Freigiebigkeit und Großzügigkeit schätzten.

Auf den ersten Blick könnte Schwabach diese oder eine ähnliche Rolle gespielt haben: die eines reichen jungen Mannes, unsicher in der Entscheidung über seinen weiteren Lebensweg, der sich zum aufbegehrenden, alte Fesseln sprengenden Literaturbetrieb hingezogen fühlt, der „die Literatur als modischen Zeitvertreib pflegte"[88] gegen die Lethargie der Langeweile. Wohl aber spürte er auch, dass neue Stimmen laut werden, dass sich gerade ein dramatischer Wechsel vollzieht. Rilke und Hofmannsthal, Gerhart Hauptmann und Dauthendey sind zwar noch die führenden zeitgenössischen Dichter, ihre Werke werden gekauft, viel gelesen und bewundert. Gleichzeitig aber tut sich der Boden auf, und etwas Neues wächst, das großspurig, frech, mit Getöse und vor allem mit großem Selbstbewusstsein formuliert und Platz sowie Anerkennung nun dort zu beanspruchen beginnt, wo bislang jene „alten Federhelden"[89] standen.

Es ist die Zeit des Umbruchs; eine Zeit, in der das deutsche Kaiserreich noch auf seine Vormachtstellung in Europa setzte, während schon in Politik und Kunst Neues nach vorn drängte. Progressiv klingen die Stimmen, die eine klare Trennung zwischen Alt und Neu sehen, die in die Zukunft blicken und so wie Franz Werfel mit Blick auf die Literatur programmatisch fordern: „Der neue Dichter wird unbedingt sein, von vorn anfangen, für ihn gibt es keine Reminiszenz, denn er, wie kein anderer, wird fühlen, wie wesenlos die Retrospektive auf die Literatur ist, wie unnötig das Vergnügen am Tonfall. Er wird wissen, daß sein Gedicht nicht ein Satzbild im Buche ist, sondern ein Teil, ein schwacher, unsäglich feiner Tropfen seines großen, allerbarmenden, zugewandten, überall eingreifenden Lebens, ein Blitz seines Herzens, in dem sich allein die bebende Welt befindet. ... Die Welt fängt in jeder Sekunde neu an – laßt uns die Literatur vergessen!!"[90]

Auf Schwabach trifft in Teilen zu, was Franz Blei (ohne freilich Schwabach zu jener Zeit zu kennen) schon 1908 spöttisch formulierte: ein vermögender Mann, der mittellos nie auf die Idee gekommen wäre, Schriftsteller zu werden.

Der seine Wäsche aus Paris bezieht, abends im Club zu essen pflegt, alle neuen Bücher in Luxusausgaben liest und der offenbar Ratschläge nötig hat, um trotz geringen Talentes eine Berühmtheit zu werden.[91] Ernsthaft gesprochen muss man eher eine grundtiefe Skepsis bei Erik-Ernst konstatieren; die Unsicherheit eines jungen Mannes, dem der väterliche Rat und die mütterliche Zuneigung fehlten, der im Herbst 1914, kurz nach Ausbruch des Ersten Weltkrieges, über seine vergangene Jugend und seine Ziele im Leben räsoniert. Schon so früh sieht er sich selbst zwischen den beiden Polen „reicher Erbe" und „Dichter", die sein Leben bis zum wirtschaftlichen Niedergang bestimmen sollten, und fragt sich, für welche Rolle von beiden er denn eigentlich wirklich gemacht sei: „Weiss ich, ob ich nicht eine leicht lächerliche Figur bin, oder nur die Schiffre für Geld, das man haben müsste" (TB1, 18.9.1914).

Was er sicher weiß von sich: Dass er kein Geschäftsmann ist und nicht so sein will wie seine Vorfahren, seinen Vater ausgenommen, dass er nicht so werden möchte wie sein Onkel, der berühmte Bankier Paul von Schwabach, über dessen „feine" Familie er sich bei Gelegenheit spöttisch-süffisant im Tagebuch auslässt. Er weiß mit Zahlen nicht recht umzugehen beziehungsweise er hat keine Lust dazu. Auch der Beruf des Gutsherrn mit all seinen wirtschaftlichen und sozialen Verpflichtungen entspricht nicht den Vorstellungen Schwabachs, obwohl von ihm durch die Erbschaft genau dies erwartet wird. Er sieht sich nicht in der Rolle desjenigen, der als Eigentümer von Ländereien und landwirtschaftlichen Produkten, als Herr über Bedienstete und deren Familien für das materielle Wohl aller verantwortlich ist. Schwabach füllt damit nicht jenes Sinnbild eines Gutsherren aus, das Alfred Kubin lithografiert hat und das den Herrn mit einem Fernrohr von der Anhöhe seines hochherrschaftlichen Hauses aus über seinen Förster und seine Felder, ein beladenes Pferdefuhrwerk, die Produktionsanlagen und Häuser seines weiträumigen Gutes blicken lässt. Das ist Erik-Ernst nicht, das will er nicht sein. Dafür gibt es in seinem Leben andere, Mitarbeiter zum Beispiel, Gutsverwalter, Bedienstete.

Erik-Ernst Schwabachs großes literarisches Interesse zu jener Zeit ist hingegen bekannt und nachweisbar. In Berlin kommt er zunächst dem Kreis um Franz Pfemfert, dem Herausgeber (und einzigen Redakteur) der Zeitschrift „Die Aktion", nahe, für die er unter dem Kürzel EES 1913 und 1914 je eine kleine Rezension schreibt. Die Zeitschrift für „freiheitliche Politik und Literatur", wie sie sich im ersten Jahrgang 1911 bis zum Ende des zweiten Jahrgangs nannte (danach hieß sie bis zu ihrem Ende im Jahr 1932 „Wochenschrift für Politik, Literatur, Kunst"), bildete „eine der wesentlichen Taten und Zentren des Expressionismus" und war „Vorbild für viele spätere Zeitschriften des Expressionismus"[92]; eine Bewertung, die sich auf die Frühphase des Wirkens bezog. Später, nach 1920, brachte Franz Pfemfert erst immer weniger, dann kaum noch literarische

Texte heraus, sondern vollzog den Schwenk der „Aktion" hin zu einem radikal politisch-sozialistischen Blatt, in dem lediglich ein paar Dichter, unter ihnen Carl Sternheim oder Max Herrmann-Neiße, nur noch gelegentlich mit Beiträgen für die einst literarisch geprägten Anfänge der Zeitschrift standen.

Der Wiener Franz Blei war es dann ironischerweise auch, der Schwabach mit Kurt Wolff zusammenbrachte. Eine erste Begegnung fand Anfang 1913 in Leipzig statt. Wolff hatte dort gemeinsam mit Ernst Rowohlt seit 1910 (Eintragung im Handelsregister) als stiller Teilhaber den Rowohlt Verlag mit geführt, eine Verbindung, der unter anderem im November 1912 Franz Kafkas erstes Buch „Betrachtung" entsprang. In jenem Monat trennten sich dann Rowohlt und Wolff – der „Zwiebelfisch", eine satirische Publikation des Hyperionverlages, skizzierte in einem der „boshaften Porträten von E.(mil) Preetorius", wie es in einer Anzeige in der „Aktion" vom 21. Mai 1913 hieß, die „Sectio Siamesica" der beiden Verleger als dreiteiligen Cartoon. Während Rowohlt aus der gemeinsamen Verbindung weder Rechte noch Autoren in seine spätere Neugründung des Rowohlt Verlages mitnahm, behielt Kurt Wolff in seinem neuen Verlag die Rechte an den Autoren, die bislang gemeinsam verlegt worden waren.[93] So konnte Wolff 1914 in der ersten größeren Übersicht über seine Verlagsprodukte auch ältere Bücher erwähnen, die vor November 1912 noch unter dem Rowohlt-Signum herausgekommen waren.[94]

Im Frühjahr 1913 tritt Schwabach erstmals in Leipzig auf Wolff und dessen Kreis mit dem „Drillingsgestirn", wie Elisabeth Wolff die Mitarbeiter ihres Mannes Franz Werfel, Kurt Pinthus und Walter Hasenclever bezeichnet. Der Verlag veröffentlicht gerade die ersten sechs Hefte seiner neuen Buchreihe „Der Jüngste Tag" (die ersten Autoren waren Franz Werfel, Walter Hasenclever und Franz Kafka, Ferdinand Hardekopf, Emmy Hennings und Carl Ehrenstein). Schwabach macht Anfang April dem Verleger ein verlockendes Angebot: Er habe „die Absicht, mit dem Verlag in Beziehung zu treten, er hat 25 Millionen!", notiert Wolffs Frau in ihr Tagebuch am 2. April.[95] Elisabeth Wolff beschreibt den 22-jährigen Junginvestor nach dem ersten Kennenlernen als naiv, gutmütig und ungewandt. Diese Einschätzung wird Kurt Wolf zu Beginn ihrer Beziehung geteilt haben, denn auch er hat sich in der Erinnerung an diese frühe Zeit der Bekanntschaft eher gönnerhaft über den unverhofft auftretenden Geldgeber mit eigenen verlegerischen Ambitionen geäußert.

Wolff sah in dem vier Jahre jüngeren Schwabach, der mit großen Plänen daherkam, in erster Linie den reichen Sprössling einer Bankiersfamilie, der „viel zu viel Geld" hatte und „davon, was ich sehr richtig und begrüßenswert fand, ein bißchen wenigstens in der Literatur verlieren" wollte. Das sei Erik-Ernst, der kurz darauf den Verlag der Weißen Bücher gründete und finanzierte, vor allem mit der Zeitschrift „Die Weißen Blätter" auch „prächtig gelungen"[96]. Franz Blei teilte diesen Eindruck. So mokierte er sich darüber, dass Schwabachs Großmutter „dem Verlagsgründer zu seinen bisherigen 7 Millionen noch weitere elf hinterlassen" habe und schlussfolgerte: „Es ist hohe Zeit, dass das Erben abgeschafft wird."[97]

Nur wenige Tage und kaum eine Verhandlungsrunde später ist im April 1913 die Verabredung getroffen, die für beide, Wolff und Schwabach, einen entscheidenden Schritt darstellte: die Investition des Bankerben in den noch jungen Verlag. Wolff hat den „Vertrag mit Sch. perfect gemacht, 300.000 M. für 15 Jahre", schreibt Elisabeth Wolff, und fügt an, dass Kurt „10 Mille Gehalt" bekommen soll (TB EW1, 6.4.1913).

In seiner Monografie über den Kurt Wolff Verlag zitiert Göbel für den entscheidenden formalen Schritt, der zunächst die Kooperation, später auch darüber hinaus die Freundschaft zwischen Wolff und Schwabach begründete, ein Schreiben Wolffs an seine Schwiegermutter Clara Merck. Ein sehr reicher, junger Mann habe sich an ihn gewandt und angefragt, ob er sich am Verlag beteiligen könne: „Ich habe ihm gesagt, daß ich einen Associé jetzt nicht aufnehmen wolle, sondern daß er höchstens als stiller Teilhaber (der garnichts zu sagen hat) beteiligen könne. Damit war er einverstanden und hat sich unter den für mich allergünstigsten Bedingungen mit 300.000 Mark beteiligt."[98]

Die außergewöhnlich hohe finanzielle Beteiligung von Schwabach am Wolff Verlag war nichts weniger als eine Sensation im Leipziger Verlegermilieu. Die Nachricht machte im kleinen Kreis schnell ihre Runde, sie bildete Gesprächsstoff in den Büros und jenen Bars und Cafés der Stadt, in denen Autoren, Lektoren und Publizisten verkehrten. Selbst Künstlern, die nicht im direkten „Dunstkreis" des Verlags tätig waren, wie etwa Hugo Ball, bot die Investition Anlass für Kommentierungen: Er schätzte Schwabachs Besitz auf 16 Millionen Mark.[99]

Die Neuigkeit erreichte auch das Verlagshaus von Samuel Fischer in Berlin, wo Ernst Rowohlt mittlerweile tätig war – der immer noch über gute Kontakte in Leipzig verfügte. Walter Hasenclever hatte im April 1913, einem Spion gleich und deshalb um Quellenschutz bei Kurt Wolff nachsuchend, diesem einige Einschätzungen des früheren Geschäftspartners Rowohlt mitgeteilt („Bitte Sie nun herzlich, … den Brief zu zerreißen"): Rowohlt habe gesagt, Wolffs Verlag habe keine Zukunft, weil er (Wolff) „keine Nase für Literatur" hätte. Dabei habe Rowohlt auch den „Fall Schwabach" erwähnt.[100]

Ausgerechnet Franz Blei spielt dann eine wichtige Rolle bei der Gründung des Verlags der Weißen Bücher und der Zeitschrift „Die Weißen Blätter". Jener Blei mithin, der sich so schön beißend über vermögende junge Männer, die Schriftsteller werden wollten, mokieren konnte, diese Wertung aber wahrscheinlich zur Zeit der Zusammenkunft beider nicht auf Schwabach persönlich bezogen hat. Schwabach jedenfalls notierte in seinem Tagebuch, dass Blei ihm Talent zum

Schreiben zumaß (TB1, 18.9.1914). Das war eine ermunternde Ansage: Blei, der in der Literaturgeschichte als Bücher-Universalgenie beschrieben wird, weil er als Autor, Herausgeber und Übersetzer sowie „im Vorkriegseuropa der Vermittler französischen Geistes in Deutschland … einen nicht zu unterschätzenden Einfluß auf das literarische Leben der Zeit"[101] ausübte, und bereits die Zeitschriften „Der lose Vogel", „Amethyst" und den erwähnten „Hyperion" herausgab, war eine Institution; sein Wort galt etwas. Er wurde so eine wichtige Hilfe bei Schwabachs ersten „Gehversuchen" als Verlagsinhaber und Redakteur.

Das bedeutet auch, dass Schwabach nicht allein aus mäzenatischen Gründen den Verlag und die Zeitschrift finanzierte, sondern weil er sie grundsätzlich als ein programmatisch literarisches Blatt sah, das sich modernen Strömungen öffnete und ihren Autoren eine Bühne bot.

Der fast genau zehn Jahre ältere Blei hatte auf Schwabach mit Sicherheit einen ähnlich tiefen Eindruck gemacht wie auf andere neue Autoren der damaligen Zeit. Franz Kafka zum Beispiel, der unter Bleis und Carl Sternheims Herausgeberschaft seine allerersten Publikationen (acht kurze Prosastücke unter dem Titel „Betrachtungen") im ersten Heft der Zeitschrift Hyperion 1908 veröffentlichen konnte, hatte seine Sympathien für Blei und dessen speziellen Humor in geradezu emphatische Worte gefasst: „Blei ist riesig gescheit und witzig. Es ist immer lustig, wenn wir mit ihm zusammenkommen. Die Weltliteratur defiliert in Unterhosen an unserem Tisch vorbei…. Franz Blei ist ein nach Deutschland verirrter orientalischer Anekdotenerzähler."[102]

Zunächst hatte bei der Suche nach einem schon bestehenden Verlagshaus, unter dessen Ägide die neue Zeitschrift gegründet werden sollte, ein Zusammengehen mit dem Berliner Verlag von Axel Juncker im Raum gestanden, wofür sich Otto Flake stark gemacht hatte. Otto Flake (1880–1963) hatte schon vor Blei und Wolff Kontakt zu Schwabach in Sachen „Weiße Blätter" und stand bereits mit Juncker im Gespräch. Wie kam Flake dazu?

Er hatte den Vorschlag zur Schaffung eines Literaturpreises in einem Aufsatz für die national-liberale Zeitschrift „Der Panther" (Herausgeber war Axel Ripke) argumentativ begründet. Schwabach hatte daraufhin brieflich Flake um einen Besuch gebeten. In der Berliner Wohnung Schwabachs in der Tiergartenstraße erzielten beide anschließend schnell einen Kompromiss sowohl über den Preis (Fontane-Preis) als auch über einen seriösen Verlag sowie eine neue Zeitschrift, die in dem Verlag erscheinen sollte.[103] Flake sei danach als Herausgeber dieser neuen Zeitschrift im Junckerschen Verlag vorgesehen gewesen. Das ergab auf den ersten Blick durchaus Sinn; Schwabach war auch zunächst damit einverstanden. Denn mit Juncker hatten beide einen zwar noch jungen, aber doch bereits bekannten Verlag im Blick, der sicherlich bei entsprechendem Kapitalzufluss (von Schwabach) die neue, ambitionierte Aufgabe würde schultern können. Außerdem: Mit Juncker hatte Schwabach bereits – auf privater Ebene – zu tun gehabt, als er, wie beschrieben, bei ihm sein handschriftliches Manuskript „Tristan von Lannois" als Verlobungsgeschenk für seine spätere Frau Lotte drucken ließ.

Doch dann der abrupte Wechsel: Göbel beschreibt, wie der „gewandte" Blei anschließend Schwabach überzeugte, dass Kurt Wolff für die Absichten, einen Verlag und eine Zeitschrift zu gründen und zu betreiben, der viel geeignetere Partner sei.[104] Der Plan sah nun vor, dass unter dem Dach des Kurt Wolff Verlages die eigentlichen verlegerischen Arbeiten erledigt werden sollten, und nicht bei Juncker. „Flake ist ein großer Tor, der weder aus noch ein weiß und in Schwabachs eigenem Verlag deroutierend wirken wird. Wie Sie Schwabach, wenn Sie für seinen Verlag das Buchführende übernehmen, ihm nach einem und zwei Jahren ja an den Ziffern werden zeigen können. Bliebe es bei nur Schwabach plus Flake so würde Schw. nach kurzer Zeit genug von den Sachen haben, eine Menge Geld wäre zwecklos vergeudet und ein Mensch mit den besten Absichten und sehr vielem Gelde (etwa 12 Millionen) wäre für das Gute verloren, das ein Verlag sein kann, der Geld zum Warten hat."[105]

Franz Blei spielte also eigentlich Flake und damit Juncker aus – zugunsten von Kurt Wolff, der einverstanden mit diesem Plan war. Es gelang Blei, sich neben Flake als Redakteur der neuen Zeitschrift gleichsam einzusetzen. Flake selbst hatte zuvor, vielleicht einer bösen Ahnung oder einem Anflug sich selbst erfüllender Prophetie folgend, gemutmaßt, Franz Blei nehme es wohl übel auf, dass er „ihm bei Schwabach zuvorgekommen war".[106] Der Eklat war jedenfalls da, denn Blei war nun tatsächlich Otto Flake zuvorgekommen, hatte ihn regelrecht düpiert. „Kaum war ich abgereist", erinnert sich Flake an seinen Besuch auf Schwabachs Gut in Märzdorf Anfang Mai 1913, „so traf Blei ein und trug Schwabach ganz andere Ideen vor. Als ich … in Berlin ankam, erreichte mich ein Brief Schwabachs, der anfragte, ob ich bereit sei, die ‚Weißen Blätter' mit Blei zusammen herauszugeben. Ich wies den unerwarteten Vorschlag zurück. Im Verlauf der Auseinandersetzung bot ich den Rücktritt an."[107]

Schwabach selbst kommt in seinem Tagebuch auf die Rolle Flakes zu sprechen, und er zögert nicht, seine Vorbehalte und seine Kritik an jenem deutlich zu machen. Von ihm, Flake, stamme zwar die Idee, die Zeitschrift zu gründen, „die ich mit ihm machen wollte", schreibt er am 24. Juni 1915. Doch dann kommt er auf Flakes „Unfähigkeit" (TB1, 24.6.1915) zu sprechen. Ausgiebig begründet Schwabach an dieser Stelle, weit nach dem eigentlichen Disput – Anlass ist hier die Besprechung von Flakes neuem Novellenband „Prophezeiung" –, warum er ihn als Zeitschriftenredakteur, aber auch als Prosaist nicht schätzt. Das Buch „Freitagskind" sei langweilig, „Der schwarze Ring" gar unlesbar. „Flake kann es nicht versagen, uns (ohne wenigstens bemerkbaren inneren Drang) feldgrau zu kommen. ... Mäßige Journalistik. Für eine Zeitung oder Zeitschrift noch eben nicht störend. Für ein Buch ungenügsam."[108] Er nennt es (TB1, 8.6.1916) ein im wahrsten Sinne überflüssiges Buch.

Blei war da ein ganz anderes Kaliber, nicht grau, sondern ein schillerndes Talent. Seine Texte finden Lob und Anerkennung bei dem Geldgeber. Otto Flake dagegen erhielt noch eine Abfindung, ein sogenanntes Abstandsgeld, und „Die Weißen Blätter" erschienen ab September 1913 unter der Herausgeberschaft Erik-Ernst Schwabachs und der (nun alleinigen) Redaktion Franz Bleis.

Die Rolle Bleis ist mit „Redakteur" allerdings nicht ganz korrekt beschrieben. Blei taucht nämlich in dieser Funktion weder in der in wenigen Exemplaren gedruckten Probenummer noch im eigentlichen ersten Heft namentlich auf. Für die Redaktion ist laut Impressum nur Erik Ernst (ohne Bindestrich) Schwabach „verantwortlich"; in Österreich-Ungarn, so heißt es dort weiter, war Herausgeber und verantwortlicher Redakteur Hugo Heller in Wien.[109] Ein weiteres Indiz für die eigene Rollendefinition liefern die verschiedenen Angaben zum Sitz der Redaktion. Einmal nennen die Blätter als Anschrift Sybelstraße 22 in Berlin-Charlottenburg[110]. Schwabach hatte sich dort sein eigenes „Schriftstellerbüro eingerichtet"[111], das er bis in die unruhige Zeit der Nachkriegsrevolution unterhielt. Eine bewegte Zeitspanne von insgesamt sechs, sieben Jahren, von der Schwabachs Diener Toni Scherrer später das idyllische Bild eines romantisch verklärten Familienlebens mit Arbeitsteilung zeichnete: „Papa ging in das Büro, Mama ritt im Tiergarten, mit Reitlehrer Happe, Kinder machten Spaziergänge oder im Kinderwagen die Tiergartenrunde. Es waren wohl doch mit die schönsten Jahre seit Anfang des Ehebundes."[112]

Eine zweite Redaktionsanschrift nennt 1914 der frühe Briefkopf des Leipziger Unternehmens: In einem Kasten gedruckt steht dort: „Antwort/erbeten an:/ E.E. Schwabach/Märzdorf/Kreis/ Goldberg-/Haynau in/Schlesien". Jedoch wird Blei als Mentor, erfahrener Autor und Zeitschriftenverleger sowie als „Netzwerker" des zeitgenössischen Literaturbetriebs der strategische Kopf im Hintergrund gewesen sein, ohne den der Verlag kaum hätte existieren können.

Im Ergebnis war Schwabach jetzt an den Kurt Wolff Verlag und der Verlag umgekehrt an ihn gebunden, beide am gleichen Ort. Das Verlagshaus Wolff bildete für Schwabach und dessen verlegerischen Aktivitäten gleichsam das „organisatorische Dach"[113] und teilte mit diesem auch die Postanschrift in der Leipziger Kreuzstraße 3b, dem ersten Verlagssitz. Wolff selbst sagte später, der Verlag von Schwabach „wurde von mir besorgt".[114] Das kam Erik-Ernst Schwabach mit seiner großen Abneigung gegen Verwaltungs- und Geschäftsführungsarbeiten sehr entgegen. Denn er wollte stets eindeutig mehr sein als ein Teilhaber respektive Inhaber mit Geld, aber ohne Einfluss. Dieses Ziel hatte der erst 22-jährige Schwabach jetzt erreicht: Der Verlag, der neben Büchern die neue expressionistische Kulturzeitschrift herausbrachte und damit weit über die eigentliche Schaffenszeit hinaus bekannt wurde, gehörte nun faktisch ihm.

Alle, die damals Kontakt zu Erik-Ernst Schwabach aufnahmen oder besser: zu denen Schwabach Kontakte aufbaute, hoben in Erinnerungen, unmittelbaren Einschätzungen oder späteren Bewertungen die Wankelmütigkeit, das eigentlich Orientierungslose Schwabachs hervor. Blei selbst hatte dabei auf die Unsicherheit rekurriert, als er notierte, ihm werde „ein bißchen bang"; Schwabach sei „sehr haltlos".[115] Vor allem der Begriff „Spielladen" hallt nach, mit dem Else Lasker-Schüler die Verlagsaktivitäten Schwabachs bezeichnete: „Hinter dem Kinderstuhl seines blutjungen Papstes, dem damaligen Erik Ernst Schwabach, flüsterte der Dr. Franz Blei".[116] Der Wolff-Autor Edschmid sprach davon, dass Blei Schwabach „die fulminanten literarischen Tips gegeben hatte".[117]

Stach schreibt, Schwabach sei zu der Zeit leicht zu entflammen und ebenso leicht zu verunsichern gewesen.[118] Auch Edschmid erinnerte sich viel später an Schwabach und beschrieb ihn als einen sehr vermögenden Mann, der die Zeitschrift „wahrscheinlich rein mäzenatisch" finanzierte.[119]

Von Verunsicherung, vom Suchen, von einem Herantasten ist jedoch dann beim ersten „Produkt", dessen sich Schwabach persönlich in seinem Verlag annahm, nach außen hin gar nichts zu spüren. Jedenfalls sieht sich das künftig monatlich erscheinende Magazin „Die Weißen Blätter", das Schwabach als erster Redakteur ab Herbst 1913 betreut und verantwortet, als ein zentrales Sprachrohr der neuen Literaturströmung, des Expressionismus; und das eben durchaus selbstbewusst.

Diese Überzeugung kommt auch in den Werbekampagnen zum Ausdruck, mit denen der Kurt Wolff Verlag und der Verlag der Weißen Bücher ab 1913 für Aufruhr auf dem deutschen Büchermarkt sorgten. Das Instrument des gezielten Marketings steckte erst in den Anfängen und war nur sporadisch erkennbar bei den Buchverlagen jener Zeit. 1913 aber setzte vor allem der Kurt Wolff Verlag nun offenbar mit geradezu strategischem Kalkül PR-Maßnahmen durch, um Bücher und Reihen zu bewerben. In der „Aktion", in der „Neuen Rundschau", in der „Zeitschrift für Bücherfreunde" erschienen große Anzeigen; neu gedruckten Büchern folgten Rezensionen. Beide Instrumente kombinierte der Kurt Wolff Verlag in geschickter Eigenwerbung mit teilweise manipulatorischem Charakter.

Ein Beispiel liefern die Maßnahmen des Verlages aus Anlass der im Mai 1913 gestarteten neuen Reihe „Der Jüngste Tag", die mit ihren ungemein preiswerten kleinen Bänden (jeder Band geheftet 80 Pfennige, Doppelbände geheftet 1,60 Mark) zeitgenössische „neue" Autoren brachte: „Der jüngste Tag soll mehr als ein Buch sein und weniger als eine Bücherei, er ist die Reihenfolge von Schöpfungen der jüngsten Dichter, hervorgebracht durch das gemeinsame Erlebnis unserer Zeit", wie es in dem Klappentext der Bände heißt.

In einer längeren, differenzierten Besprechung der ersten sechs Bücher (der ersten Reihe also) spricht in der Zeitschrift für Bücherfreunde der Autor G.W. (d.i. Georg Witkowski, der Herausgeber) im Frühsommer 1913, also kurz nach Erscheinen der Bücher, zwar von einem neuen, „verheißungsvollen Unternehmen" und vom Gesamteindruck „einer kultivierten, nach starkem Leben verlangenden Dichterjugend".[120] Er zitiert aus dem Verlags-Werbeprospekt unter anderem die berühmte letzte (Werfel'sche) Satzzeile „Die Welt fängt in jeder Sekunde neu an – laßt uns die Literatur vergessen!!" Er hält Franz Werfel hoch in Ehren, dessen Stück „Die Versuchung" als Band 1 im Mai 1913 erschienen war; er bemerkt mit positivem Unterton die „novellistischen Stücke" von Franz Kafka („Der Heizer") und Carl Ehrenstein („Klagen eines Knaben") als „Mitteldinge von Lyrik und Drama"[121], wenn er auch bei Ehrenstein vom „abgebrauchten Thema der Schul- und Pubertätsleiden" redet. Aber Witkowski zerpflückt geradezu Walter Hasenclevers „Unendliches Gespräch" als eine „Auffärbung jener verbrauchten Kneipenatmosphäre, die schon die deutschen Naturalisten der achtziger Jahre als die Lebensluft ihrer unerfahrenen Jugend atmeten". Er kritisiert Emmy Hennings kleine Gedichtsammlung „Die letzte Freude" als „dilettantisches Nachklingen fremder Töne" – und er wagt abschließend als Fazit eine eher skeptisch-ernüchternde Prognose für die neue Verlagsreihe: „Hätte man es nicht zu oft erlebt, daß auf solchen Frühling kein Sommer folgte, so wäre man versucht, unter diesen Poeten die Männer der Zukunft zu suchen."[122]

Wie reagiert jetzt der Verlag? Aus dieser einen Besprechung macht er für den ersten großen Verlagsalmanach mit dem Titel „Das bunte Buch" flugs zwei und lässt einmal „Professor Witkowski" und zum Zweiten separat „Die Zeitschrift für Bücherfreunde" als Kronzeugen einer durch und durch neuen und strahlenden Idee zu Wort kommen, in dem nur die wenigen positiven Aussagen, die im ursprünglichen Text standen, kombiniert werden.[123]

„Der Jüngste Tag" wurde jedenfalls zu einem der großen publizistischen und ökonomischen Erfolge des noch jungen Kurt Wolff Verlages und begründete oder verstärkte literarische Karrieren von Autoren wie Kafka, Trakl, Sternheim, Brod oder Werfel und vielen anderen. Franz Werfel, der zu der Zeit schon als junges Genie seiner Epoche galt, machte im November 1913 in Prag eine Beobachtung zum Gelingen dieser Buchreihe und der anderen Erzeugnisse aus dem Leipziger Verlag: „Das bunte Buch trägt hier jeder Gymnasiast in der Schultasche", schreibt er auf einer Postkarte an Kurt Wolff[124]. Und Walter Hasenclever berichtet, man habe für jenes bunte Buch einen ganz anderen Titel vorgeschlagen: „‚Der Wolf am Schwabach', worauf Werfel meinte, dann lieber ‚Lupus in fabula'".[125]

Werbeschaltungen in Form ganzseitiger Anzeigen kennt auch Schwabach. In der seinerzeit schon lange etablierten „Zeitschrift für Bücherfreunde" etwa kündigt er programmatische Schwerpunkte der „Weißen Blätter" sowie Einzelheiten zum Bezug an. Aber er nennt eben auch völlig eindeutig die Rolle, die er selbst spielt: „Das erste Heft dieser neuen Zeitschrift, welche Erik-Ernst Schwabach verantwortlich herausgibt, erscheint im September".[126] Sein Name steht unübersehbar in der ersten Zeile dieses Ankündigungstextes. Damit ist wahrscheinlich zum ersten Mal Schwabach öffentlich präsent. Ganz plötzlich, ohne Vorankündigung.

Im Ankündigungsprospekt, den der Verlag zu der Zeit herausgibt und als Beilage vertreibt, heißt es zur programmatischen Richtung[127]: „Wie sich die ältere Generation in der Neuen Rundschau ausspricht, so sollen ‚Die Weißen Blätter' das Organ der jüngeren Generation sein, zu denen noch einige von denen zu zählen sind, die zuerst in der Insel oder dem Hyperion auftraten. ‚Die Weißen Blätter' werden bei aller Lebendigkeit und Aufmerksamkeit auf das, was unserer Zeit eigentümlich ist, ihre Leser doch nur mit dem Fertigen und Gelungenen bekannt machen. ‚Die Weißen Blätter' werden an keinem Gebiete des heutigen Lebens ohne Stellungnahme vorbeigehen. Sie wollen nicht nur der künstlerische Ausdruck der neuen Generation sein, sondern auch ihr sittlicher und politischer."

Wie im Kurt Wolff Verlag bei der Reihe „Der Jüngste Tag" so wird damit auch im herausgebenden Verlag der Weißen Bücher die Abgrenzung zum „Alten" deutlich formuliert, nicht nur in dem erwähnten Werbeprospekt und nicht nur in Anzeigen. Auch in der ersten Ausgabe der neuen Zeitschrift „Die Weißen Blätter" macht im September, wie schon im Ankündigungsprospekt zum „Jüngsten Tag", ein Anonymus den programmatischen Aufschlag.[128]

Als Autor dieses Beitrags mit dem Titel „Von dem Charakter der kommenden Literatur" gilt Franz Blei, nicht Erik-Ernst Schwabach. In diesem allerersten Text in den „Weißen Blättern" heißt es: „Nach dreißig Jahren neuer Literatur stehen wir nun vor der Tatsache vieler Bücher, aber keines Werkes. Vieles wurde versucht, nichts gelöst; vieles angefangen, nichts endgültig gemacht."[129] Eine „drückende Enge" wird in all diesen Versuchen beklagt und ein „Altern über Nacht": „Wie schnell ist das alles historisch geworden, da es nichts als zeitlos war."[130] Die jungen, neuen Dichter haben Achtung, aber keine Leidenschaft für die hier namentlich genannten alten Autoren wie Hermann Bahr, Gerhard Hauptmann, Frank Wedekind, Richard Dehmel, Stefan George und Peter Altenberg. Die neuen Dichter schreiben ab jetzt „unsere moderne Literatur", die „deutlich und einfach" ist: „Zorn wird Zorn sein …Haß wird Haß sein".[131] Dieser Text mit seinen im Stakkato formulierten Forderungen macht Furore; die Anonymität des Autors verstärkt das Rätselhafte. Walter Hasenclever ist nur einer von vielen Lesern, die fragen: „Wer hat den Aufsatz (Leitartikel) in Nr. 1 der W.Bl. geschrieben? Ich sags nicht weiter, möchte aber gerne es wissen."[132]

Schwabach selbst hatte in jener ersten Ausgabe der „Weißen Blätter" unter dem Kürzel E. E. S. den Abschlusstext geschrieben, ebenfalls mit ganz programmatischem Anspruch, und darin den „Beruf des Dichters" vorgestellt und „den in jeder Bedeutung unbestochenen"[133] neuen Dichter für eine neue Zeit gefordert.

Diese Aussagen besitzen auch Gültigkeit für die Ausrichtung der anderen neuen Zeitschriften, die in dieser Zeit unmittelbar vor dem Ersten Weltkrieg entstanden, etwa für „Die Aktion" (von Franz Pfemfert), den „Kondor" (Herausgeber: Kurt Hiller), die „Fackel" (Herausgeber: Karl Kraus), den „Brenner" (Herausgeber: Ludwig von Ficker). Die Titel spiegelten ihren Inhalt wider, die Dichtung darin war anklagend, ausrufend, bestimmend.[134]

Exkurs: Expressionismus als neue Literaturrichtung

Die neue expressionistische Dichtung begann damit den Naturalismus abzulösen. Diese Richtung war individualistisch und stellte das innere Erlebnis über das äußere Leben, ihre Dichter sollten „Künder", nicht bloß Erzähler sein. Die Dichtung, wie Kurt Hiller im „Kondor" schrieb, sollte dieser einen Maxime folgen: Jemand gestaltet sein Erleben – und andere schöpfen aus der Gestaltung ein Erleben.[135] Und Kurt Pinthus, ebenso wie Hiller (und Schwabach) zu der Zeit im Umfeld von Kurt Wolff tätig, als Lektor und Berater, als Dichter und überaus fleißiger Rezensent von Neuerscheinungen, schrieb, dass in der Kunst der Verwirklichungsprozess nicht von außen nach innen, sondern von innen nach außen geschehen solle, dass es gelte, der inneren Wirklichkeit durch die Mittel des Geistes zur Verwirklichung zu helfen: „Niemals war eine Kunst ferner dem Prinzip des l'art pour l'art. Sie stellen den Menschen nicht dar, damit er sich an seinem Abbild ergötze, beruhige, unterhalte, sondern um ihn gegen sich selbst aufzuwiegeln und ihm die Gewißheit eines geistverwirklichten, besseren Daseins zu geben".[136]

Was Not tat, war also nicht weniger als ein neues Weltbild, wie es Kasimir Edschmid, der mit seinen fulminanten expressionistischen Novellen („Die sechs Mündungen", Kurt Wolff Verlag) 1915 schlagartig berühmt wurde, forderte: „So wird der ganze Raum des expressionistischen Künstlers Vision. Er sieht nicht, er schaut. Er schildert nicht, er erlebt. Er gibt nicht wieder, er gestaltet. Er nimmt nicht, er sucht. Nun gibt es nicht mehr die Kette der Tatsachen: Fabriken, Häuser, Krankheit, Huren, Geschrei und Hunger. Nun gibt es ihre Vision."[137] Schwabach macht übrigens geltend, dass er es war, der Edschmid beziehungsweise dessen neue Prosastücke „entdeckt" habe. „Edschmids Novellen (6 Mündungen) erschienen bei Wolff. Wie sollt ich diese meine ‚Entdeckung' nicht erwähnen. Hier ist der Dichter bescheiden, und die Dichtung spricht allein zu mir, ohne dass er zwischen der Zeile sein Können uns beweisen will" (TB1, 12.6.1915).

Schwabach selbst war mehrfach unmittelbarer Zeuge jener Richtungsdebatten in der Literatur, wenn auch ein distanzierter. Als am 14. Dezember 1917 Edschmid in einem Vortrag in der Deutschen Gesellschaft in Berlin über Expressionismus in der Literatur sprach, saß Erik-Ernst neben Theodor Däubler und Ernst Blass[138] im Publikum. Er reportiert die Definition Edschmids wie folgt: Jener verstehe unter Expressionismus den „Wunsch zur Unmittelbarkeit, Steigerung, den kosmischen Willen. Unter diese Maske kann man sehr viel nehmen, und es war auch einigermaßen erstaunlich, ihn von Boccacio und Flaubert als Expressionisten sprechen zu hören" (TB2, 14.12.1917). Skepsis, ein leichtes Unverständnis über die gerade stattfindenden Versuche der Einordnung, der Klassifizierung, der künstlerischen Bewertung werden bei diesen Gedanken deutlich, und man spürt bei Schwabach ein Befremden darüber, dass ein anderer jemanden wie den von ihm geliebten Flaubert auf diese Art und Weise einordnet. Flaubert und andere französische Dichter – Baudelaire könnte man nennen – schätzte Schwabach, weil er mit deren Dichtung aufgewachsen, gleichsam sozialisiert worden war. Es wäre ihm gar nicht in den Sinn gekommen, sie literaturgeschichtlich zu verorten: Drei Jahre zuvor, in den ersten Monaten des Weltkriegs, hatte Schwabach angemerkt (TB1, 15.10.1914): „Trotz aller Liebe zu dem, was Deutsch ist und schafft, möchte ich niemals z. B. Dostojewsky, Flaubert missen."

Wer nicht wie Werfel, Hasenclever und andere in ihrer Dichtung das Expressionistische „lebte", indem er es in Gedicht-, Prosa- oder in dramatische Zeilen goss, definierte die neue Richtung erläuternd und ordnete sie entsprechend ein. So formulierte etwa Hans Reimann, zu jener Zeit Autor im Wolff Verlag: „Wir lesen und fabrizieren Literatur, die an Intensität und Gesteigertheit nichts zu wünschen übrig lässt."[139] Eine willkürliche oder auch absichtliche Übersteigerung von Sinneseindrücken – darum ging es in der neuen Dichtung.

Den Unterschied zum literarischen Naturalismus hat Karl Otten mit am prägnantesten zusammengefasst. Otten hatte 1918 selbst in der Reihe „Der Jüngste Tag" vier seiner frühen kurzen Erzählungen unter dem Titel „Der Sprung aus dem Fenster" publiziert und sich knapp vierzig Jahre später an einer differenzierten Würdigung seiner damaligen Weggenossen und Freunde und deren dichterischer Arbeit versucht: „Anstelle der Beschreibung dessen, was jeder Leser schon wußte, tagtäglich erlebte, tausendmal gelesen hatte, trat der Dichter selbst inmitten seiner Handlung auf, der von dem Liebgewonnenen absah, es verwarf und sich, seine Existenz, als Grund des Schreibens überhaupt, des Verlangens gehört zu werden, setzte. …Er brach mit dem Herkömmlichen, mit den Gleichnissen, den Tugenden aller Religionen, der Psychologie, der Überlieferung, zugunsten der Kontinuität und der schöpferischen Phantasie, brach mit den Formgesetzen der Klassik, namentlich dem Epigonentum des Naturalismus."[140]

Die neue Richtung, der neue Stil lassen sich in ihrer typischen freien Formensprache exemplarisch für die drei Literaturgattungen Lyrik, Epik, Dramatik an diesen Beispielen[141] verdeutlichen:

Lyrik:

Dem Bürger fliegt vom spitzen Kopf der Hut, / In allen Lüften hallt es wie Geschrei. / Dachdecker stürzen ab und gehn entzwei, / Und an den Küsten – liest man – steigt die Flut. / Der Sturm ist da, die wilden Meere hupfen / An Land, um dicke Dämme zu zerdrücken. / Die meisten Menschen haben einen Schnupfen. / Die Eisenbahnen fallen von den Brücken.

Epik:

Er verhielt auf einem Platz, sank auf eine Mauer, schloß die Augen, spürte mit den Händen durch die Luft wie durch Wasser und drängte: Liebe Stadt, laß Dich doch besetzen! Beheimate mich! Nimm mich auf in die Gemeinschaft! Du wächst nicht auf, Du schwillst oben nicht an, alles das ermüdet so. Du bist so südlich; Deine Kirche betet in den Abend, ihr Stein ist weiß, der Himmel blau. Du irrst so an das Ufer der Ferne, Du wirst Dich erbarmen, schon umschweifst Du mich.

Dramatik:

Der Sohn: Papa, du wirst nichts mehr zerreißen. Ob so oder so auf deinem Totenbette – mich rührst du nicht mehr. Überlasse mich nur den Furien: sorge du, daß du in Ruhe sterben kannst. Deshalb höre und glaube, was ich dir sage: gib mich frei. Ich steh in fruchtbarem Ernst vor dir!
Der Vater: Ich lache über deinen Ernst. Ein Irrer steht vor mir.
Der Sohn: Papa – laß uns alles vergessen. Aber hör diese Pose auf! Es geht um dein Leben!! Alles sei ungeschehen, Qual und Rache und Hinterlist. Streiche mich aus deinem Herzen als Sohn. Und laß mich jetzt gehen!
Der Vater höhnisch: Noch nicht, mein Sohn.

***

Zwischen dem Kurt Wolff Verlag und dem Verlag der Weißen Bücher mit dem Monatsmagazin „Die Weißen Blätter" entstand eine fruchtbringende Synergie. Die neuen, von Wolff maßgeblich entdeckten beziehungsweise geförderten Autoren wie Kafka, Hasenclever, Sternheim und andere nutzen zum großen Teil die Zeitschrift als eine Art Forum, um dort mit kürzeren Erzählungen, Lyrik und Auszügen aus dramatischen Werken auf sich aufmerksam zu machen. Wer das ganze Stück, weitere Gedichte oder einen Roman einer der Autoren und Autorinnen lesen wollte, musste dann zum Sortiment des Kurt Wolff Verlages greifen.

Synergetische Effekte entstanden auch durch die wechselseitige Werbung: Umfangreiche Reklametexte sollten dem geneigten Leser Lust machen auf die Produkte des jeweils anderen Verlags. In den „Weißen Blättern" erschienen nur wenige Anzeigen für andere Verlage[142], dafür in einem beträchtlichen Ausmaß Anzeigen für Bücher und Hefte des Wolff Verlages, zum Teil zeitlich geschickt verknüpft mit Neuerscheinungen des anderen Hauses.

So transportierten „Die Weißen Blätter" im Dezemberheft des Jahres 1915 zum Beispiel eine zweiseitige, prominent platzierte Anzeige zu den Büchern „Der Heizer", „Die Verwandlung" und „Betrachtung" von Franz Kafka, dem Carl Sternheim, seinerzeit Träger des Fontane-Preises, die mit dem Preis verbundene Preissumme „als ein Zeichen seiner Anerkennung", wie es hieß, weitergab. Eine eigentlich generöse Tat, die bekanntlich beim Empfänger, nämlich Kafka, zu einer einigermaßen großen Irritation führte, kannte er doch Sternheim gar nicht persönlich. „So wichtig natürlich auch der Preis oder ein Anteil am Preis für mich wäre – das Geld allein ohne jeden Anteil am Preis dürfte ich wohl gar nicht annehmen", schrieb Kafka leicht verunsichert am 15. Oktober 1915 an den Geschäftsführer des Kurt Wolff Verlages, Georg Heinrich Meyer.[143] Auch hier die schon erprobte Synergie: Der Umstand des ungewöhnlichen Preisprocedere (nämlich die Weitergabe der Preissumme von Sternheim an Kafka) resultierte „monatelang in unverhohlener Reklame für beide auf dem Umschlag der ‚Weißen Blätter'".[144]

In Publikationen des Wolff Verlages wurden im Gegenzug Produkte des Verlags der Weißen Bücher annonciert. „Die Weißen Blätter" gehörten neben der „Aktion" und der Zeitschrift „Der Sturm" „bald zu den führenden Zeitschriften der expressionistischen Generation".[145] Hermann Hesse urteilte früh in der Neuen Zürcher Zeitung: „Wer die Gedanken der wertvollsten deutschen Jugend kennen lernen will, kann an ihrer Literatur nicht vorübergehen. Darum seien Suchende auf die ‚Weißen Blätter' verwiesen."[146]

Die Werbemaßnahmen waren nicht allein verantwortlich für den Erfolg, aber sie beförderten ihn zusätzlich. Vor allem die Texte von bereits bekannten Größen des damaligen deutschsprachigen Literaturbetriebes sorgten für die Aufmerksamkeit bei literarisch Interessierten der Zeit: Heinrich Mann etwa und Max Brod, die zum Teil Fortsetzungsromane in der Zeitschrift veröffentlichten (Brod etwa mit „Tycho Brahes Weg zu Gott" ab dem Januarheft 1915), deren „Hausverlag" zu der Zeit aber der Kurt Wolff Verlag war – und der mit diesen und anderen erfolgreichen Autoren glänzend dastand. Ein weiteres Beispiel: Carl Sternheims Schauspiel „1913" wird vom Verlag der Weißen Bücher in der Februarausgabe 1915 der Zeitschrift vollständig publiziert.

Auch Franz Werfel muss in diesem Zusammenhang genannt werden; das junge Dichtergenie, wie ihn Max Brod einmal genannt hatte und als das Werfel

schon zu jener Zeit galt[147], als er seine ersten Bücher – vor allem den Gedichtband „Wir sind" – veröffentlichte; jener Werfel, den die „Zeit" in Wien sogar
mit Goethe verglich[148]; jener Werfel, der nur wenige Monate älter als Schwabach
war, und dessen Verlagsverträge mit Kurt Wolff zunächst noch sein Vater Rudolf
für ihn hatte unterschreiben müssen – weil er selbst noch nicht im geschäfts-
fähigen Alter war.[149]

Aber auch Stücke anderer Autoren wurden zuerst in den „Weißen Blättern"
gedruckt: Das gilt für das schon erwähnte Theaterstück „Der Sohn" von Hasenclever. Es wurde in den Ausgaben April, Mai und Juni 1914 publiziert. Als Buch
folgte es im gleichen Jahr im Kurt Wolff Verlag. Auch Gustav Meyrinks Roman
„Der Golem" erschien erst nach dem Erstdruck in den „Blättern" als Buchausgabe des Wolff Verlages und erzielte Auflagenrekorde, die Meyrink zeitweilig
zu einem der erfolgreichsten Autoren von Kurt Wolff machten. Ebenso veröffentlichte Werfel die „Troerinnen" auszugsweise vor der eigentlichen Buch
ausgabe 1915.

Die noch unbekannten Dichter waren in diese Strategie ebenfalls eingebun-
den. Kafkas Erzählung „Die Verwandlung" ist ein gutes Beispiel hierfür. Sie
wurde komplett in der Oktober-Ausgabe der „Weißen Blätter" im Jahr 1915
gedruckt, während die erste eigenständige Buchausgabe erst einen Monat später
als Doppelband Nummer 22/23 im „Jüngsten Tag" erschien.

Schwabachs Rolle als „Zulieferer" von eigenen Texten für die „Weißen Blätter"
ist dagegen überschaubar: Neben den Texten über die neue Literatur und über
den Beruf des Dichters im allerersten Heft sind von ihm später lediglich die
Erzählung „Peter van Pier, der Prophet" (in den Blättern allerdings anonym; erst
die späteren Buchfassungen tragen als Autorenbezeichnung sein Pseudonym
Ernst Sylvester) und „Das Puppenspiel der Liebe. Ein Akt" erschienen; letzte-
res 1917 auch als Buch, ebenfalls unter Schwabachs in der Frühzeit benutztem
Pseudonym.

Der Beginn des Ersten Weltkrieges brachte dann eine große Zäsur. Im September 1914 stellte Schwabach, der zumindest in der ersten Zeit von der allgemeinen Begeisterung für den Krieg angesteckt war, die Herausgabe und den
Druck der Zeitschrift vorübergehend ein. Mit seinem Eifer für den Krieg stand
er nicht allein da. „Weihnachten sind wir wieder zu Hause" galt für die Soldaten, die die Züge Richtung Westen bestiegen, als Losung; und kaum jemand
in Deutschland zweifelte zu der Zeit an einem schnellen (und siegreichen) Ende.

In seinem Tagebuch notiert Schwabach: „Die ersten Tage waren ungeheuer. …
Das Leben früher erscheint einem traumhaft. … Man wollte hinaus kämpfen.
Sonst nichts" (TB1, 15.10.1914). Das war die Zeit, in der – achteinhalb Wochen
nach Kriegsausbruch, der vom Rausch der Deutschen begleitet war – selbst
pazifistisch gesinnte Autoren wie Hasenclever, als untauglich ausgemustert,

Abb. 6: Die Turnhalle, etwas abseits vom Schloss gelegen, hat als einziges Gebäude des weiträumigen Gutes die Zeiten überstanden. Foto aus dem Frühjahr 2015.

angesteckt waren von der Aufregung über den begonnenen Waffengang gegen Belgien und Frankreich. Das ging so weit, dass Hasenclever Schwabach Anfang Oktober einlädt[150], mit ihm gemeinsam „dem Kriege näher zu kommen": „Es ginge doch sehr einfach, wenn Sie sich entschließen könnten, mit dem Auto vollgepackt mit Liebesgaben hierher nach Aachen zu kommen, und dann können wir leicht an die Front! … Ich würde Sie, wenn es Ihnen recht wäre, begleiten und wir fahren los bis an die kämpfenden Reihen, soweit wir kommen. Freilich kann es uns schlecht gehn, aber ich bin seit Belgien trainiert (wo Granaten dicht über unserem Zug explodierten) und fürchte den Teufel nicht mehr. Hätten Sie nicht Lust? Wir könnten Kurt Wolff aufsuchen" – Schwabach ist nicht gefahren. Er war mit den Vorbereitungen zur Eröffnung des Leipziger Schauspielhauses beschäftigt und insoweit unabkömmlich. Hasenclever jedoch hat seinen Plan ohne Schwabach realisiert und fuhr mit der Bahn von Aachen durch Belgien bis nach Brüssel und setzte Reise- und Kriegsberichte als Reporter für reichs-deutsche Zeitungen ab: „Dumpfer Kanonendonner von Antwerpen her. Da erscheint, fast unsichtbar in der Höhe, der Aeroplan eines feindlichen Fliegers. Im gleichen Augenblick erdröhnt die Erde – sechs Schüsse brüllen kurz auf hin-tereinander, am blauen Himmel erscheinen sechs weiße Wölkchen: Granaten über Brüssel!"[151]

Schon bald, knapp zweieinhalb Monate nach Kriegsbeginn, beschleicht Schwabach trotz des ihn umgebenden Kriegstaumels die Ahnung, es werde grässliche Rückschläge geben und vieles Geistige werde vernichtet sein (TB1, 15.10.1914). Zwei Wochen später kritisiert er die Zeitungsberichterstattung der

„Leipziger Neuesten Nachrichten" wegen der Kriegseuphorie: „Zum Kotzen ist das. Ekelhaft, wenn Leute wie Meier-Gräfe lächerliche Artikel gegen Frankreich schreiben …, dessen Gastfreundschaft sie oft und gern empfangen" (TB1, 28.10.1914). Er kritisiert nach einem Besuch bei Gerhart Hauptmann im von Schloss Märzdorf nicht allzu weit entfernten Agnetendorf am Rande des Riesengebirges dessen patriotische Auslassungen und „wäre jeden Tag mit dem Frieden einverstanden" (TB1, 2.2. 1915). Zu dieser Zeit ist er schon, obwohl zunächst untauglich geschrieben und erst später als Soldat zu Aufklärungsdiensten verpflichtet, unmittelbarer Zeuge der Folgen des Krieges: Die schlosseigene Turnhalle in Märzdorf, in der auch der Boxring stand, fungiert ab Februar 1915 und bis zum Kriegsende als Lazarett für rund 50 Kriegsversehrte: „Ich habe eine innere Abneigung und Ablehnung gegen diese bleichen Verwundeten" (TB1, 14.2.1915).

Die Euphorie für den Krieg hielt bei Schwabach also nicht allzu lang an. Zu Beginn des Augusts 1915 notierte er bei einem Besuch des Verlagsgeschäftsführers Georg Heinrich Meyer bei ihm auf Schloss Märzdorf: „Deshalb finde ich Blätter wie eben Aktion und Forum so schlecht, falsch und widerlich, weil sie mit billigen Mitteln den armen Menschen, die den Krieg führen müssen, den Krieg verekeln!" (TB1, 1.8.1915)

Ende 1916 fühlte er sich stärker als zuvor dem Frieden verpflichtet. Nun ekelt auch er sich geradezu. Er schreibt davon, wie sich seine ursprüngliche Begeisterung, die er mit vielen teilte (auch mit vielen der zeitgenössischen Dichter, von denen zum Beispiel Ernst Stadler oder Georg Trakl früh im Krieg gestorben waren), nun ins Gegenteil verkehrt hatte: „Es war in den Tagen, wo ich anstatt der Septembernummer der W.B. einen Zettel versandte, der ‚Die Weißen Blätter' durch das Argument: ‚Jetzt nicht schreiben sondern handeln' im Erscheinen unterband" (TB1, 4.12.1916). Der pazifistische Autor Leonhard Frank hatte in der Erzählung „Der Kellner" eine, wie Schwabach fand, eindrucksvolle Friedensrede gehalten. Doch damals, unmittelbar nach Beginn des Krieges im Herbst 1914, hatte ihm derselbe Frank noch beigepflichtet und gesagt: ‚Für Worte nun Taten!' Heute schämen wir uns fast solcher Worte!" (TB1, 4.12.1916)

In den „Weißen Blättern" liest sich das so: „Beim Ausbruch des Krieges hatten die Zeitschrift und ihre Freunde vier Monate lang einander den gewaltsam anstürmenden Ereignissen des Krieges überlassen. Sie haben dann im Januar (1915; der Verf.) den unterbrochenen Weg wieder aufgenommen, der, wenn auch durch Schrecken, dennoch, und vielleicht sogar klarer, als vorher zu sehen war, in ein neues Deutschland führt" (WB 12/1915).

Das Interesse von Erik-Ernst Schwabach an der redaktionellen Gestaltung der Zeitschrift und dem Verlag ließ Ende 1914 spürbar nach. Seine Theaterambitionen und andere Tätigkeiten als Schriftsteller (und sein Soldatendienst) nahmen ihn immer stärker in Beschlag. Das war die Zeit, als er die Kontakte zu René Schickele intensivierte, dessen Rolle und Beziehung zu Kurt Wolff er damals nicht einordnen konnte (TB1, 21.11.1914): „Ich trete näher zu Schickele. Er scheint nicht zur G.m.b.H. zu gehören. Vielleicht einer, der mich nicht enttäuschen wird. Gebe das Gott."

Wenig später, kurz bevor die Leitung der „Weißen Blätter" in die Hände von Schickele übergeht, notiert er: „Ich habe kaum Zeit zur Literatur, die ich nun nicht mehr als Arbeit, sondern alleinig als Erholung in Abendstunden betreibe", vertraut Schwabach am 27. Dezember 1914 seinem Tagebuch an. Seine Geldflüsse an den Verlag wurden nun knapp, neue Unterstützer wurden deshalb gesucht. Meyer wandte sich mit der Bitte um Unterstützung unter anderem an Carl Sternheim, von Hause aus vermögend, allerdings vergebens. Meyer sprach auch Schwabach, der die Blätter eine Zeitlang noch finanziell unterstützte, noch einmal intensiv an mit dem Ziel, ihn weiterhin als Geldgeber zu halten, doch ebenfalls ohne ein Ergebnis, das langfristig trug. „Meyer war mit wenig erfreulichen Dingen hier", schreibt Schwabach in seinem Tagebuch. „Er wollte wieder Geld, wo soll das hin?, sagte, dass Wolff die W.B. im Verhältnis zu Aktion & Forum zu matt fände" (TB1, 1.8.1915).

Auch das Engagement von Schwabachs Ehefrau Charlotte, die sich später während der kriegsbedingten Abwesenheit ihres Mannes im Sommer 1915 um die Verwaltung des Verlags neben Meyer zu kümmern begann, reichte nicht aus. Dem Verlag fehlte zunehmend „frisches" Geld.

Der nächste Schritt war eigentlich durch die mittlerweile schon sehr reservierte Haltung (und Sprunghaftigkeit) Schwabachs zu seinem Unternehmen vorgeprägt, sein Urteil eindeutig: Schlecht fand er es, „zu schade darum", schrieb er später (TB1, 2.4.1916). Ein weiterer Grund für das beginnende Desinteresse an den Verlagsgeschäften in Leipzig bestand in den Aktivitäten Schwabachs mit Blick auf seine eigene Karriere als Schriftsteller beziehungsweise in seinem zumindest am Anfang großen Engagement für das gemeinsam mit Kurt Wolff erworbene Theater in Leipzig, und dann in seiner Einberufung als Soldat. Auf diese Doppel- oder gar Dreifachbelastung, rechnet man noch die Versuche Schwabachs ein, selbst schriftstellerisch tätig zu sein, hatte Schickele in Sorgen um die Zukunft der Zeitschrift und des Verlages aufmerksam gemacht und im Herbst 1914 vorgeschlagen, Schwabach müsse ihn (Schickele) zu seinem „Sekretär" machen und ihm das Mandat geben („ich kann nichts halb tun"), mit Autoren in Kontakt zu treten, Manuskripte zu bearbeiten und ihm als Verleger dann vorzulegen: „…mein Bedenken ist gerade auch, daß Herr Schwabach gar nicht die Zeit hat, diese Arbeit ganz zu tun. Besonders jetzt, wo das Theater, für das er immer eine besondere Vorliebe hatte, ihn derart in Anspruch nimmt."[152]

Die Entscheidung fällt: Zu Beginn des Jahres 1915 wird René Schickele als Nachfolger von Franz Blei verantwortlicher Redakteur und in Personalunion

Herausgeber der „Weißen Blätter" – Schwabach hatte den Kontakt in den
letzten Wochen zu ihm und dessen Frau Anna intensiviert. Beide seien nette
Menschen, schrieb er an jenem Tag, als er auch die neue formale Arbeitsauf-
teilung mit Blick auf die Zeitschrift festhielt: „Die Weißen Blätter' erscheinen
unter Schickele" (TB1, 2.2.1915). Schwabach selbst blieb jedoch formal Inhaber
des Verlags.

Schickele, aus dem Elsass stammend, hatte im Verlag der Weißen Bücher
bereits eine Reihe von Büchern publiziert und war in dieser Zeitspanne der
wichtigste Verlagsautor. Der erste Prospekt des Verlags von 1913 kündigt allein
fünf (!) Werke von ihm an und stellt ihn ins Zentrum der Werbung. Ein weiterer
Prospekt des Verlages ist dann sogar nur ihm gewidmet.[153] Göbel zufolge hatte
Verlagsleiter Georg Heinrich Meyer zwischen Schwabach, Blei und ihm eine
entsprechende Neuregelung, was die allein verantwortliche Herausgeberfunk-
tion von Schickele betrifft, vermittelt.[154]

Zum neuen Jahrgang unter neuer Ägide hieß es im Januarheft 1915 in einer
Mischung aus sachlicher Information und imperialer Kriegsrhetorik: „Die Weißen Blätter' beginnen mit dem Januarheft ihren zweiten Jahrgang. Vier Monate
lang überließen die Zeitschrift und ihre Freunde einander den gewaltsam anstürmenden Ereignissen des Krieges. Sie wollen nun den unterbrochenen Weg wieder
aufnehmen ... und helfen, den geistigen Sieg vorzubereiten [...] Wir treten ein
für einen Imperialismus des Geistes ... Die ‚Weißen Blätter' wenden sich an
Leser, denen ein starkes Gefühl der Verantwortung und der opferheischenden
Pflicht innewohnt." (WB 1/1915)

Schickele und Schwabach trafen sich mehrfach in diesem Jahr; die gegenseitige Wertschätzung nahm zu. Der Krieg zeigte deutliche Spuren bei Schwabach, dessen Stimmung wechselhaft war, aber auch bei Schickele; er sehe elend
aus, der Krieg mache ihn kaputt, notierte Schwabach im Mai 1915 nach einem
gemeinsamen Frühstück in Berlin, bei dem auch Schwabachs Bekannter und
spätere Freund, der Künstler Theo von Brockhusen zugegen war.

Etwas später, im August 1915, besuchte Schickele für zwei Tage Märzdorf und
besprach mit Schwabach den Plan, aufgrund seiner pazifistischen Einstellung in
die neutrale Schweiz zu gehen, um einer drohenden Einberufung zum Militärdienst zu entgehen. Diese Idee setzte Schickele auch Ende 1915 um.

Zu Beginn des Jahres 1916 hatte sich Schwabach dann ganz von den „Weißen
Blättern" gelöst: „Die W.B. verkaufte ich an Schickele" (TB1, 21.1.1916), notierte
er.[155] Seine Erzählung „Peter van Pier, der Prophet" war gerade, im Dezemberheft der „Weißen Blätter", erschienen.

Die Redaktion der Zeitschrift führte dann zeitweilig laut Impressumsangaben
(vgl. z.B. WB 12/1915) in seiner, Schickeles, Vertretung Eugen Lohmann, ein
Mitarbeiter Kurt Wolffs. „Das erste Quartal des 3. Jahrgangs erschien noch im

‚Verlag der Weißen Bücher', ab April 1916 übernahm der Verlag Rascher & Cie. in Zürich, an dem der ebenfalls in die Schweiz geflüchtete Paul Cassirer beteiligt war, ‚Die Weißen Blätter'".[156]

Eingefädelt hatte den Wechsel Leo Kestenberg, der zu der Zeit Mitarbeiter von Paul Cassirer war.[157] Ihn empfing Schwabach Anfang Februar 1918. Kestenberg, als Emissär von Cassirer beauftragt, schlug bei der Gelegenheit die geschäftliche Verbindung zu Cassirer in Sachen „Weiße Blätter" vor. Die Entscheidung Cassirers zum Einstieg und letztlich zur Übernahme beurteilte Schwabach, lange nachdem der Verkauf perfekt war, skeptisch. Schwabach schrieb, als er sich nach dem Besuch Kestenbergs intensiv mit dem Vorschlag auseinandersetzt, die „Weißen Blätter" an Cassirer zu verkaufen, bei ihm, Cassirer, müsse „man sehr auf der Hut sein", weil bei ihm „irgendwo immer der Teufelsfuss sitzt" (TB2, 5.2.1918).

Im Mai 1918 verkauft Schwabach „Die Weißen Blätter" dann tatsächlich an Paul Cassirer. Die Entscheidung trifft er wohlüberlegt. Er engagiert sich ja seit langem überhaupt nicht mehr, so dass er nüchtern bilanzieren kann: Würde er sie weiter als Inhaber behalten und sie nach dem Kriege mit neuem Schwung selbst weiterführen, würden sie ihn – so rechnet er sich vor – so viel wie eine ganz neue Zeitschrift kosten. Schickele, nach wie vor Redakteur, erfährt vom Eigentümerwechsel von Schwabach selbst. Es folgen, so bemerkt Schwabach (TB2, 27.4.1918), „schwierige Auseinandersetzungen mit Schickele, den ich als Redakteur nicht geeignet finde, so sehr ich ihn sonst schätze. So überwinde ich die Sentimentalität, die an den Namen sich knüpft".

Knapp vier Monate später, am 3. September, erhält Schwabach mit der Morgenpost das erste Heft der „Weißen Blätter" unter neuer Regie. Auf seinem Ankleidetisch in der Wohnung in Berlin liegt es, und ihn überfällt beim Blättern und Lesen des auffällig und kriegsbedingt sehr dünnen Blattes ein leichtes Gefühl von Melancholie und Rührung (TB2, 3.9.1918): „Cela fait un peu saigner mon coeur. Als träfe man zum ersten Male auf der Straße seine geschiedene Frau."[158]

Dieses Empfinden von Verlust und Schwermut verstärkt sich wenig später: Nach Ende des Krieges und den politischen und gesellschaftlichen Wirren unmittelbar danach zum Jahreswechsel 1918/1919, mit bürgerkriegsähnlichen Zuständen in der Hauptstadt und anderswo, der Ermordung von Karl Liebknecht und Rosa Luxemburg, der Anarchie und Kämpfen auf den Straßen, bekommt Schwabach erneut ein Buchpaket mit der aktuellen Ausgabe. Sie gefällt ihm wesentlich besser. Er lobt Schickele und blickt versonnen und doch wieder etwas schwermütig zurück: „Überdenke ich die Jahrgänge unter meiner Ägide, so brachten sie sehr viel Schönes. Schade doch, dass ich diese Blätter fortgab: Es hat ein Gutes trotzdem. Den Zwang, meinem Namen nun ausschliesslich durch eigene Kraft Geltung zu verschaffen" (TB2, 9.2.1919). Und eben nicht allein durch die Geldmittel.

Der Verlag der Weißen Bücher war von der Transaktion nicht betroffen. Zum Verkauf stand nur die Zeitschrift. Aber auch für den Verlag suchte Schwabach eine Lösung; einen kompletten Verkauf oder die Übernahme von Geschäftsanteilen durch Dritte. Eine angedachte Beteiligung von Peter Reinhold[159] kam offenbar nicht mehr zustande. Kurt Wolff selbst sagte sehr viel später, er habe den Verlag „nach einer Reihe von Jahren, ich weiß nicht mehr, vielleicht nach fünf, sechs Jahren, auf seinen (gemeint ist Schwabachs) Wunsch übernommen".[160]

Einige Jahre später, 1921, wurde die Zeitschrift „Die Weißen Blätter" schließlich ganz eingestellt. Eine „gediegene" Zeitschrift seien die Blätter gewesen, urteilt Salzmann zu Beginn der fünfziger Jahre in der „Imprimatur"[161] im Rückblick. Ein Urteil, das aber deutlich zu kurz greift und ihre Bedeutung wohl als zu gering einschätzt.

In der Rückbetrachtung hatte nämlich vor allem diese Zeitschrift eine zentrale Rolle für die Entwicklung des neuen literarischen Lebens in Deutschland gespielt. Kasimir Edschmid, ein alter Wegbegleiter von Schickele und Schwabach, hatte nach dem Zweiten Weltkrieg über die Zeitschrift geschrieben, sie sei gar die hervorragendste in Deutschland gewesen und habe mit ihrer Leserschaft, die sich aus der Elite der geistig interessierten Menschen zusammensetzte, auch Fischers „Neue Rundschau" weit überflügelt.[162] Welchen Eindruck das erste Heft auf ihn machte, hat Edschmid in großer Begeisterung geschildert: „Ich habe Hunderte von Zeitschriften gesehen und erinnere mich nicht an ihr Aussehen. Hier aber weiß ich heute noch jedes Detail des Umschlags: Weiß, der Titel in großen kursiven roten Buchstaben ... Es ging eine Faszination, eine Magie von diesen Blättern aus, die mich heute noch berührt. Ich wußte nichts vom Verlag. ... Als Herausgeber zeichnete Erik Ernst Schwabach. Ich wußte nichts von ihm. Ich sandte ihm eine spanische Erzählung ... und ein Stück Landschaftsprosa aus den Südvogesen. Er antwortete mir sofort. Er schrieb mir, ich solle ihn in seinem schlesischen Schloß Märzdorf oder in seiner Berliner Wohnung besuchen und dort lesen. Offenbar bedeutete dies den Eintritt in die literarische Welt."[163]

Diese Entwicklung war erst durch Schwabach ermöglicht worden; es war sein Geld, das er in das Unternehmen steckte und womit er die Verlagsaktivitäten ermöglichte. Auch seine Entscheidung, die Publikation nach der kriegsbedingten Pause Anfang 1915 erneut erscheinen zu lassen, gehört in diesen würdigenden Kontext. Ebenso muss die früh erkennbare differenzierte und zunehmend kritische Beurteilung der Kriegsgeschehnisse genannt werden, die die Zeitschrift auszeichnete und sie so als „Gegenpol" etwa zu der „Neuen Rundschau" von S. Fischer zeigte. Hasenclever hatte dies im Sinn, als er Schwabach zu dem

ERIK-ERNST SCHWABACH
FÜR DIE AKTION GEZ. VON MAX OPPENHEIMER

Abb. 7: Postkarte Erik-Ernst Schwabach,
für „Die Aktion" gezeichnet von MOPP
(Max Oppenheimer), 1915.

Entschluss beglückwünschte, die Blätter nach der Pause „wieder erscheinen zu
lassen und zwar ohne Bleikanülen, mit hoffentlich deutlich mehr Angriffslust
und Selbstvertrauen!".[164] Diese pazifisch orientierte Ausrichtung ist später unter
der Redaktion von Schickele noch verstärkt worden.

Walter Hasenclever würdigte diese politisch-publizistische Leistung von
Schwabach und Schickele ausdrücklich, wenn er bemerkt, erfreulich müsse
konstatiert werden, dass „keiner Ihrer bisherigen Mitarbeiter einen annähernd
solchen Kriegs-Kitsch von sich gelassen haben wie die Herren Dehmel und
Hauptmann."[165] Hasenclever bezieht sich in dem Brief, datiert 1. Oktober 1914,
auf das Manifest „Aufruf an die Kulturwelt", das 93 deutsche Künstler kurz zuvor
verfasst hatten und das sich gegen die sogenannte „Feindpropaganda" richtete.
Sie wehrten sich damit gegen den Vorwurf deutscher Gräueltaten in Belgien.
Zu den Unterzeichnern gehörten unter anderen Gerhart und Carl Hauptmann,
Richard Dehmel, Herbert Eulenberg und Max Liebermann.

Auch das Zusammenspiel Schwabachs mit einigen wenigen, im Literaturbetrieb jedoch weitaus versierteren Köpfen (wie Franz Blei, Kurt Wolff und
eben Schickele), ob strategisch vorgedacht oder als eine eher zufällig sich erge-
bende Konstellation, gehört in diesen Kontext: Schwabach nutzte zu Beginn die
Kooperation mit Blei und bediente sich dessen Kontakte und Fähigkeiten zur
prononcierten, programmatischen Formulierung des Anspruchs, den die Zeit-

schrift verkörperte. Er bediente sich des Kurt Wolff Verlages, indem er Verwaltung und geschäftliche Angelegenheiten von jenem übernehmen ließ – so dass ihm Zeit und Muße für die eigentlichen Interessen blieb. Schwabach übergab rechtzeitig an René Schickele, der „als souveräner Präzeptor die Zeitschrift im Kriege, nach 1916 von der Schweiz aus, fortführte"[166]; nämlich als er zu spüren begann, dass seine eigene Energie für die erfolgreiche Fortsetzung nicht ausreichte, was ja zu Lasten seiner Ambitionen als Schriftsteller beziehungsweise seines Leipziger Theaterengagements gegangen wäre, oder weil er nicht weiter in den Betrieb investieren wollte. Für Kurt Wolff jedoch lag die spezifische Bedeutung der Zeitschrift darin, dass „der nachherige Alleinherausgeber René Schickele sie in die Schweiz rübernahm im Krieg, so daß sie die einzige deutschsprachige aus Deutschland stammende Zeitschrift war, die zensurfrei im Sinne ihrer ursprünglichen Idee weiterarbeiten konnte."[167]

Schwabach gab also den Anstoß, ungelenk und vielleicht auch naiv zu Beginn, aber doch auch äußerst zielstrebig. Denn durch seine Verlegertätigkeit in den Jahren 1913 und 1914 sowie durch seine in dieser Zeit entstandenen kurzen eigenen Arbeiten wie die ersten Rezensionen in der „Aktion" von Pfemfert oder die programmatischen Stücke in den „Weißen Blättern" war er zumindest einem kleinen, engen Kreis von Autoren und Verlegern bekannt geworden. Die Unsicherheit über seinen Ruf und sein Image beherrschte und begleitete Schwabach länger. Sie bestand in der Frage, ob sich sein Ansehen auf die eigene, überschaubare schriftstellerische beziehungsweise herausgeberische Leistung bezog oder auf die Tatsache, dass hier ein junger Mann mit Geld und Großzügigkeit Einfluss auf die Literatur und ihre Dichter zu nehmen begann.

Folgende Beobachtung ist dabei bemerkenswert: Max Oppenheimer hat auch von Schwabach ein Porträt gezeichnet, wie er das im Falle vieler anderer Mitarbeiter der „Aktion" getan hat. Diese Porträts in Schwarz-Weiß dienten als Illustrationen für die Zeitschrift und wurden separat als Postkarten für Werbezwecke genutzt. Während Dichterporträts etwa von Franz Werfel, Heinrich Mann, Carl Einstein oder Salomo Friedländer (Mynona), von MOPP (d. i. Max Oppenheimer) für die „Aktion" gezeichnet und mit ihrem Vor- und Nachnamen in der „Aktion" publiziert wurden, steht unter dem Porträt von Erik-Ernst Schwabach, das abgedruckt in der Zeitschrift erschien, „Herr E.E.S."[168]

Deutet Franz Pfemfert, der Verleger und Herausgeber der „Aktion", damit eine ironische Distanzierung zur Person Schwabachs an? Es klingt ganz so, als sei Schwabach für ihn (und die Künstlerwelt) kein ebenbürtiger Dichter, sondern ein schlichter „Herr", eine Bezeichnung, die in ihrer Unbestimmtheit viel aussagt, ganz so, als benutze er „Herr" als Mittel der Abgrenzung. Erst die Postkarte, die der Verlag drucken und vertreiben ließ, trägt Schwabachs vollen Namen ohne Zusatz.

Mäzen im Kaiserreich, Geldmann der „Republik"

„Er konnte nie nein sagen" – mit diesen Worten erinnerte sich der langjährige
Diener auf Schloss Märzdorf, Toni Scherrer, an die Familie Schwabach und
im Besonderen an die Generosität, durch die sich Erik-Ernst Schwabach auszeichnete. Aktueller Anlass für jene Aussage[170] war in diesem Fall nicht die
Unterstützung notleidender Dichterkollegen beziehungsweise Künstlerfreunde,
wegen der er später zu einem in Leipziger und Berliner Schriftstellerkreisen
gesuchten Ansprechpartner wurde, sondern die Tatsache, dass Schwabach die
Kosten für den Ausbau des Weges von der Chaussee zwischen Hedwigsdorf
und Modelsdorf bis nach Märzdorf-Oberdorf zum Schloss selbst zahlte und
gar nicht erst mit der Gemeindeverwaltung darüber verhandelte.

Dem Satz „Er konnte nie nein sagen" kommt aber auch weit über diesen
profanen Einzelfall hinaus große Bedeutung zu. Er steht nämlich gleichsam
für die großzügige Haltung, die Schwabach junior als Bankerbe immer dann
an den Tag legte, wenn er Not spürte oder auf sie aufmerksam gemacht wurde,
vor allem aber, wenn er vom eigenen Handeln überzeugt war – durchaus auch
zum eigenen Vorteil. Dies sind die beiden Motivpole, die ihn leiteten: Altruismus, Hilfsbereitschaft auf der einen Seite; klares, berechnendes Kalkül auf der
anderen: „Warum nur für andere Geld geben, verschwenden, keine Ehre haben.
Nicht einmal Dank. Man muss sich selbst inszenieren ... Man muss, wenn man
vorwärts will. Und ich will und bin kein Idiot", weiß er früh (TB1, 14.10.1914)
und sehr bestimmt.

Die Großzügigkeit von Erik-Ernst in den nächsten Jahren zeigte sich unter
anderem gegenüber (persönlich bekannten) Dichtern, in der Finanzierung von
Preisen (wie dem Fontane-Preis), in seiner freigiebigen Rolle als charmanter
Gastgeber literarischer Salons (in der Berliner Wohnung) und Festen auf Schloss
Märzdorf sowie in der Bereitstellung von Geldbeträgen zum Beispiel bei dem
mit Kurt Wolff erörterten und dann realisierten Plan, das Leipziger Schauspielhaus zu kaufen und zu betreiben.

Eine der ersten nachweisbaren Aktionen als Mäzen unternahm Schwabach
neben anderen Geldgebern wie zum Beispiel Carl Sternheim bei der finanziellen
Unterstützung der Zeitschrift „Der Lose Vogel"[171], die von Franz Blei ab dem
Jahresbeginn 1912 in Leipzig herausgegeben wurde. Sie wurde anderthalb Jahre
später eingestellt. Blei hatte die Redaktion und Herausgeberschaft niedergelegt

zugunsten des redaktionellen Engagements der neuen Zeitschrift „Die Weißen Blätter", die er mit Schwabach als Herausgeber begann.

Schon früh hatte Erik-Ernst Schwabach über die Beziehung von Geld und Dichterberuf nachgedacht und die Überlegung für abwegig erklärt, Dichten sei eine Tätigkeit, der eine ökonomisch nutzbringende Komponente innewohne. Wie ein Denker oder wie ein Priester stellte sich der Beruf des Dichters für Schwabach dar (WB 9/1913, 31): eine Tätigkeit der inneren Reflexion ohne eine wirtschaftliche Ausrichtung. Als Ziel forderte Schwabach die geistige Unabhängigkeit eines Schriftstellers, die deshalb jedoch ohne Mäzenatentum, ohne Förderung des Dichters „von außen" oder ohne einen „richtigen" Beruf nicht denkbar sei. „Not", so schrieb er jedenfalls auch, „ist nicht Bedingung seiner geistigen Existenz". Und man möchte hinzufügen, Not müsse nicht zwingend Grundlage der schöpferischen Tätigkeit sein. Das jedoch heißt, dass ein Autor über ein Minimum an Auskommen verfügen muss, vielmehr, wie Schwabach mit Bezug auf seinen frühen Text in den „Weißen Blättern" elf Jahre später notierte, „einen Beruf ergreifen müsse, in dem er wirtschaftlich nutzbringende Arbeit leistet, für die er bezahlt wird, und die ihn instand setzt, seine Kunst abseits vom Markte zu verrichten" (ZfB 1924, 33). Als Konsequenz ergibt sich: Wenn er also nicht von vornherein von seinen Tantiemen und Honoraren leben kann, wenn er keinen Beruf ausüben kann, so muss dem Schriftsteller geholfen werden. Vor der praktizierten Unterstützung durch Geld allein sollten, folgt man Schwabachs Gedanken zur Förderung zeitgenössischer Literatur weiter, alternative Optionen geprüft werden.

Schwabach offeriert zum Teil drastische Ideen, die in der Realität kaum verwirklichbar sind, die aber sein Engagement als beobachtender und helfender Literatur- und Kunstliebhaber unterstreichen. Zum Beispiel könnte, so meint er, auf die Drucklegung von einzelnen Dichtungen jener Schriftsteller verzichtet werden, die ihren schöpferischen Höhepunkt überschritten hätten – stattdessen könnten „zwei oder drei junge aufs Podium" gehoben werden, die „ihrem Höhepunkt erst zustreben" (ZfB 1924, 33). Er sieht hier vor allem die Bibliophilenvereinigungen wie die Maximilian-Gesellschaft und die Gesellschaft der Bibliophilen in der Pflicht, für Möglichkeiten zu sorgen, etwa im Rahmen der sogenannten Jahresgaben: „Könnte nicht auch in ihnen ein Junger mit wenigstens einigen Versen zu Gehör kommen? Könnte man in dieser Zeitschrift (für Bücherfreunde) selbst nicht vielleicht vier Seiten der lebendigen Produktion opfern"? (ZfB 1924, 34). Eine Frage, die der Herausgeber in einer Anmerkung beantwortet: Diese Anregung sei gleich mit Dank aufgenommen worden – im Heft sind denn auch einige Seiten dem zeitgenössischen Buchkünstler und Grafiker Georg Alexander Mathéy gewidmet.

Wenn aber all dies nichts hilft, dann müsse der Förderer direkt helfen – im Einzelfall als Mäzen, wie sich Schwabach selbst verstand. Diese Ansicht vertrat und „lebte" er, solange es seine finanziellen Mittel erlaubten. Die Möglichkeiten des jungen Bankerben waren zeitweise enorm: Doch abgesehen von seiner Leidenschaft für Bücher, für die er keinerlei Kosten scheute, und gelegentliche Bilderkäufe hat er auf manche Zeitgenossen und Zeitgenossinnen wie zum Beispiel Else Lasker-Schüler persönlich durchaus bescheiden gewirkt.[172]

Dass notleidende Autoren reiche Gönner um Geld oder anderweitige Förderung und Unterstützung angingen, war keine überraschende Erkenntnis der Neuzeit. Immer schon waren Künstler von Geldgebern abhängig gewesen. Gaius Cilnius Maecenas hatte im Zeitalter von Kaiser Augustus Dichter wie Vergil und Horaz gefördert. Im Mittelalter ermöglichten Fürsten und Ritter als Wohltäter und Auftraggeber von Dichtern das Aufblühen der höfischen Literatur. Zu Beginn der literarischen Moderne übernahmen diese Rolle dann, neben anderen, Adlige wie etwa der Großherzog Ernst Ludwig von Hessen und bei Rhein.

Von Georg Heym, dem großen expressionistischen Lyriker, wissen wir, wie er, der noch überhaupt kein Buch veröffentlicht hatte, sondern nur einige erste Gedichte (in der „Aktion"), hartnäckig und mit einem auf den ersten Blick irritierenden Selbstbewusstsein mehrfach seinen künftigen Verleger Ernst Rowohlt um Geld bat. In den Briefen und Karten, die Heym von Berlin nach Leipzig schrieb, wird seine Notlage deutlich. Der junger Autor wollte von Rowohlt nicht nur – fast flehentlich – wissen, wann denn nun endlich sein Erstling („Der ewige Tag") gedruckt werde, sondern es finden sich im Schriftverkehr auch klar formulierte Bitten um Geld; Geld, das Heym brauchte, um neue Gedichte mit der Schreibmaschine schreiben zu lassen; so etwa in einem handschriftlichen Brief von Anfang Juni 1911. Da lag sein erstes Buch gerade seit zwei Monaten in den Buchhandlungen. Heym schreibt an Rowohlt, er habe noch vier Novellen beendet, mit „ausserordentlich wirksamen Themen": die Pest auf einem Schiff, die Bergleute, die Südpolfahrer, ein Brief an eine Frau. „Aber ich bin wieder nicht in der Lage, sie tippen zu lassen. Denn mein lumpiges Taschengeld wird immer zur Hälfte von meinen Gläubigern aufgefressen … Wahrhaftiger Gott, für Sie sind 1000 M. dasselbe wie für mich 10 M. Ich wollte Sie nur bitten, können Sie mir nicht 100 M. schicken, als Vorschuß auf Ewigen Tag und Novellen? Soviel werden Sie sicher posthumum ad mortem aus meinen Werken herausschlagen".[173] Es ist nicht bekannt, ob der junge Verleger Rowohlt oder sein Partner im Verlag, Kurt Wolff, tatsächlich 100 Mark anwiesen, aber völlig unabhängig hiervon mutet der letzte Satz, ein knappes halbes Jahr vor dem Tod des damals erst 24-jährigen Georg Heym, wie eine makabre, sich selbst erfüllende tragische Prophezeiung an.

Auch in einem der letzten Briefe an Rowohlt, in seinem Todesmonat Januar 1912, unter dem Briefkopf und Wappen des „Kaufhauses des Westens", Anschrift

Berlin.W.50 Tauentzienstr. („Schreibzimmer"), ist das Bemühen Georg Heyms erkennbar, neue Käufer und Leser für sein Buch zu bekommen.[174]

Andere Autoren von Wolff, die nicht unbedingt unter akutem Geldmangel litten, stellten zuweilen dreiste Forderungen. „Diese Ehrensteine sind doch wirklich ein rührendes Geschlecht", schreibt Kurt Wolff im Mai 1913 an Walter Hasenclever und meint die beiden Brüder Albert und hier speziell Carl Ehrenstein, dessen schmales Bändchen „Klagen eines Knaben" er soeben im „Jüngsten Tag" in einer Auflage von vermutlich nur 1000 Exemplaren publiziert hatte. „Wie finden Sie den bescheidenen Wunsch von Carl, der mir eine Liste schickt mit 174 Adressen, an die ich Frei-Exemplare seines Buches zu schicken hätte."[175]

Eine zeitgenössische, unterhaltende Darstellung eines „Mäcens" lieferte Franz Blei, dessen gleichnamige Komödie in zwei Akten 1913 erschien. Darin erläutert ein erfolgloser Maler mit dem klingenden Namen Hans Heinz Hobelstroh seinem künftigen Gönner, dem Kaufmann Schatte gegenüber, ein echter Mäzen, eine selten gewordene Spezies, sei ein Mann, der sein Vermögen der Kunst opfert, der aber doch genau erkennen könne, was sich zu kaufen lohne.

Schwabachs Haltung mit Blick auf seine Rolle als Mäzen war absolut unspektakulär; sie ergab sich aus seinen in den Jahren vor und während des Ersten Weltkrieges nahezu unerschöpflichen Geldmitteln, mit denen er unter anderem sein Entree bei Kurt Wolff finanzierte. Er geizte auch nicht, wenn es um Notlinderung von Autoren ging. „Wenn ein armer Hascherl von Literat mich um 50 Mk anpumpt, wie soll ich nein sagen, und esse vielleicht am Abend mit Freunden für 100" (TB1, 18.9.1914). Hierzu passen ja auch seine mitunter sehr großzügigen Honorarzusagen an die Autoren seines eigenen Verlages wie zum Beispiel an Paul Zech, die er offenkundig ohne Rücksprache mit der Geschäftsführung und ohne genaue Kenntnis der wirtschaftlichen Konsequenzen gern versprach und anweisen ließ.[176] Auch Else Lasker-Schüler erinnerte sich mit Dankbarkeit an die Zeit, als dort ihr Geschichtenbuch „Der Prinz von Theben" 1914 und die „Gesammelten Gedichte" 1917 erschienen: „Was mich, offen gesagt, zu Erik Ernst einnahm. Die Liebe zu meinen Zeichnungen. Für die 200 Mark, die mir monatlich vom Verlag in einem hellrosanen Kontrakt zustanden, mietete ich mir eine Wohnung in Halensee".[177]

Seine in Literatenkreisen schon früh bekannte Rolle als großbürgerlicher Mäzen führte dazu, dass er – gelegentlich durch Franz Blei, den begnadeten „Networker" und Förderer junger Autoren vermittelt – offenbar gezielt um Geldspenden angegangen wurde. Hugo Ball wurde etwa durch Blei bei Schwabach eingeführt, als er Ende 1913 einen Zusammenschluss von Dichtern organisierte, der als „Gegenverein gegen den Neuen Verein" geplant und als Sammelbecken von vor allem jungen Dichtern gedacht war[179], die sich neu zu sammeln suchten.

Dass sehr viel später, im Herbst 1920, ein Dichter wie Carl Hauptmann ihn gezielt anspricht mit der Bitte, dem notleidenden Autorenkollegen Max Herrmann-Neiße durch ein Mäzenat zu helfen[179], spricht ebenfalls für diese Stellung, die Schwabach offenbar bis in die Revolutionsjahre hatte. Herrmann-Neiße, wie Schwabach Schlesier, hatte zuvor die „Weißen Blätter" ebenfalls als eine neue und attraktive „Absatzquelle" eigener Gedichte definiert: „Die sollen auch gut zahlen, da Schwabach sehr reich ist, und ein vornehmes Blatt ist es sonst auch".[180] Durch Vermittlung von Carl Hauptmann erklärte sich Schwabach 1920 bereit, Herrmann-Neiße finanziell zu unterstützen. Hauptmann schrieb nach Erhalt einer ersten Antwort von Schwabach an Herrmann-Neiße: „Heute habe ich von Schwabach Nachricht, daß er nicht in vollem Sinne, wie vorgeschlagen, helfen könne. Gerade, weil er sich für literarische Hilfen vielfältig verbindlich gemacht hat. Auch dieserseits heuer zu großen Verlusten gekommen ist. Er erklärt sich nur bereit, 100 Mark an Sie zur Beihilfe zu senden. Ich will ihm aber noch einmal schreiben. In der Hoffnung, daß vielleicht doch noch ein Unterhalt wenigstens von einem halben Jahr gesichert werden könnte."[181]

Der Versuch war von Erfolg gekrönt, Schwabach zahlte tatsächlich 1000 Mark, war „aber zu weiteren Zahlungen nicht zu bewegen oder nicht imstande".[182] Herrmann-Neiße schrieb daraufhin beglückt an den Vermittler Hauptmann: „Und wie innigst wir Ihnen, Sie unser liebster, bester Schutzengel, dankbar sind … ach, liebster, fürsorglichster Herr Dr. Carl Hauptmann, wir möchten Ihnen ja am liebsten um den Hals fallen und einen Kuß geben unter Freudentränen! Auch die 1000 M von Herrn Schwabach kamen inzwischen an, mit wieviel Guttat haben Sie uns nun immerzu überhäuft".[183] Hauptmann hatte zudem angeregt, mit Bezug auf die Zusage Schwabachs einen entsprechenden Brief an Alfred Kerr zu schreiben, was Herrmann-Neiße auch tat. Seine Bitte um finanzielle Zuwendung durch den Kritiker blieb allerdings ohne Erfolg. Kerr lehnte es rundheraus und unmissverständlich ab, Geld zu geben: „Lieber Max Herrmann", schrieb Kerr etwas schroff, „auch dann leider unmöglich, wenn ich Herrn Schwabach näher stünde. Mir widerstrebt etwas daran. Seien Sie mir nicht böse. Das Wirtschaftliche muß halt jeder irgendwie bewältigen. Wir alle schleifen Brillen, neben der Philosophie".[184]

Schwabach selbst war grundsätzlich völlig klar, dass er, der schon aufgrund seiner Vita und seines Reichtums ein Unikum im Leipziger Dichter- und Verlegermilieu und in der Berliner Gesellschaft darstellte, sich bestens als Ziel von Wunschprojektionen oder klar formulierter Ansprüche anderer eignete und er gar Mechanismen lernen musste, „sich Schmarotzer und Beutelschneider vom Halse" zu halten, wie die dichterisch positiv gezeichnete Figur Valerius in seiner Erzählung Peter van Pier.

Schwabachs Vermögen öffnete ihm einerseits Türen, brachte ihn andererseits auch in Kreise, die „ihm wohl oft schmeichelten und ihres eigenen Vorteils bedacht waren", schrieb seine Tochter Brigitte.[185] Schwabach selbst hatte ja mehrfach über seine Rolle nachgedacht und sie in deutlicher Unsicherheit markiert zwischen den Polen einer „leicht lächerlichen Figur" und der „Schiffre für Geld".

Walter Hasenclever

Als solch eine Chiffre, als Code für eine Quelle, die man anzapfen konnte, stand Schwabach sicher für Walter Hasenclever. Dessen Gedicht „Todesanzeige" hatte Schwabach im August 1913 für die erste Ausgabe der „Weißen Blätter" angenommen. Hasenclever selbst stammte aus einem gutbürgerlichen Hause: Sein Vater war wohlhabender Sanitätsrat in Aachen, seine Mutter die Tochter des Frankfurter Großkaufmanns Alfred Reiß. Hasenclever war, wie Max Herrmann-Neiße auch, zunächst froh, in den „Weißen Blättern" von Schwabach eine weitere Publikationsoption zu haben. „Ich selbst würde sehr gerne mitarbeiten", schrieb er an Schwabach im Oktober 1914.[186]

Erste Kontakte zu Kurt Wolff hatte es bereits 1911 gegeben. Hasenclever wurde später Wolffs Lektor neben Franz Werfel. Als Band 2 der Reihe „Der Jüngste Tag" erschien im Frühjahr 1913 „Das nächtliche Gespräch", eine kurze dramatische Szene Hasenclevers. Sein Lyrikband „Der Jüngling" – ein „ovidisch durchgeistigtes, rokokofernes, kraftqualmendes Lehrgedicht", wie es der „Berliner Börsencourier" in einer Besprechung nannte[187] –, ebenfalls erschienen bei Wolff, hatte ihn unmittelbar zuvor einem breiteren Publikum bekannt gemacht.

Poetisch versuchte Hasenclever die Verbindung zwischen Kapital und Dichtkunst, wie sie Schwabach und er ansatzweise pflegten, in seinem Dialog „Der Bankier und der Dichter" zu fassen: Die beiden Protagonisten des „Gesprächs über Dichtung"[188] bemühen sich, einander über ihre jeweiligen Ansichten näher zu kommen. Der idealistische Dichter träumt von einem harmonischen Zustand der Welt und strebt die Aussöhnung von Kapital und Kunst in einer „Gemeinsamkeit in einer Dichtung" an. Dann werde es möglich sein, sich trotz unterschiedlicher Auffassungen und Rollen souverän und selbstbewusst zu verständigen: „Wir werden den Mut haben, Vieles zu sagen und dennoch einander Freund zu sein. Wenn auch die Extase der Lokomotive und Aktien von uns schwinden wird, so werden wir doch in Ihrer Seele lesen und in der Ihres ärmsten Bürodieners. In dieser Menschlichkeit werden wir Ihnen und Gott näher sein!"[189] Diesen Idealismus teilt der nüchtern denkende Bankier noch nicht, hat aber den „guten Willen, alles zu glauben". Er wird nicht nur das Buch des Dichters an alle Angestellten seines Unternehmens verteilen lassen, sondern lädt ihn abends zu sich ein. Trotz der angestrebten Verbindung von Kunst und Ökonomie als Idealzustand – der Schriftsteller bleibt, weil ohne Mittel, leider doch abhängig. Die beiden sind eben nicht ebenbürtig. Damit wird die Behauptung Schwabachs gestärkt, der geschrieben hatte, eine geistige Unabhängigkeit des Schriftstellers ohne Unterstützung sei nicht möglich.

Sein eigenes, schwieriges Verhältnis zu dem tyrannischen Vater („der Alte", nennt Hasenclever ihn Freunden wie Kurt Wolff gegenüber) ist bekannt. Der Wunsch nach Freiheit, nach Unabhängigkeit, das Verlangen, selbst über das eigene Leben zu entscheiden, sind die Konstanten. Es sind auch jene Motive, die Hasenclever immer wieder in seinem Werk verwendete, etwa in einem seiner erfolgreichsten Stücke, „Der Sohn":

> *Der Sohn:* Vergebens klopf ich an dem bronzenen Tore, / Das mein Gefängnis von den Gärten trennt, / Musikkapellen und den Tanz im Ohre, / Ein armer Körper, der am Staub noch brennt.[190]

Später, im fünften und letzten Akt des Dramas, richtet der Sohn sogar eine Pistole auf den Vater, um seinem Drang nach Freiheit Nachdruck zu verleihen:

> *Der Sohn:* Läßt du mich frei? Ich will dein Geld nicht. Ich schenke es den Armen. Du darfst mich enterben. Ich will nur mein Leben, das Ärmste und Höchste! Ich habe noch viel zu tun auf der Welt. Ich will nicht verbluten an diesen Sekunden …
> *Der Vater:* Ich bin dein Vater nicht mehr.[191]

Schwabach und Hasenclever hatten ein recht oberflächliches Verhältnis zueinander. Aus den Briefen, die von dem Aachener Dichter aus dieser Zeit erhalten sind, spricht nur vereinzelt Respekt des lediglich ein Jahr älteren Hasenclever. Nur aufgrund der für ihn attraktiven Möglichkeit, die Hasenclever in der Mitarbeit an den „Weißen Blättern" sah, sprach er den Heraus- und den Geldgeber mit anerkennenden Worten an; etwa, wenn er während der Erscheinungspause unmittelbar nach Kriegsbeginn im Herbst 1914 „an die erste Nummer der ‚W.Bl.' zur gleichen Zeit im vorigen Jahre" denkt, und „an manches Prachtvolle, das Sie im Umlaufe gebracht, so habe ich guten Mut, daß die Zeitschrift nun unter Ihrer mehr persönlichen Leitung etwas notwendiges und endgültiges wird – die Perspektive ist ja bereits durch den ersten Jahrgang geschaffen."[192]

Persönliche Begegnungen zwischen dem Autor und dem Herausgeber sind allerdings spärlich: Dokumentiert ist etwa eine gemeinsame Tour mit anderen Bekannten, unter ihnen Franz Werfel und Schwabachs Schwager, durch das Leipziger Nachtleben; zum Tanz, ein Besuch im „Trokadero", anschließend in der „Intimen Bar". Viel, so schreibt Hasenclever anschließend an seinen Mentor und Freund Kurt Wolff, sei über Schwabach nicht zu berichten. Immerhin aber hat er „den Eindruck eines sehr sympathischen Menschen" von ihm, er habe „aber an diesem Abend zu wenig mit ihm geredet und von ihm gesehen, als daß ich vorläufig ein tieferes Urteil hätte und haben könnte".[193]

Oft genug liegen jedoch in seinen Worten Spott, Überheblichkeit und sogar Zorn. Zum Beispiel, als er Schwabach im August 1915 als den „Don Quichote am Bodensee", gar als „Trottel" bezeichnet.[194] Der Auslöser für die regelrechte Schimpfkanonade war, dass Schwabach Hasenclevers neues Drama „Der Retter" negativ beurteilte, als es im Kreis um Kurt Wolff um die Frage ging, ob der „Retter" gedruckt werden solle.[195]

Hasenclever, der sich lange Zeit der angedrohten Enterbung ausgesetzt sah, wollte als junger Dichter aus der Abhängigkeit von finanziellen Zuwendungen seines Vaters entkommen. In dieser Phase der beruflichen und gesellschaftlichen Orientierung bot jener Schwabach, den er wohl auch in Märzdorf besucht hat, manche Verheißungen. In einigen Briefen, die unter anderem in der Yale University liegen, lästert Hasenclever aber unverhohlen gegen den reichen Erben. Den Besuch des Ehepaares Wolff auf dem schlesischen Gut Schwabachs im September 1913 kommentiert er in einem handschriftlichen Brief vom 3. Oktober 1913 an seinen Verleger Kurt Wolff. Hasenclever begeistert sich darin über die billigst gemietete Villa an der Meerpromenade im belgischen Heyst sur Mer, die er mit seiner Freundin Ottilie Bennewitz (Hasenclever nennt sie gegenüber Dritten wie Werfel, Hiller oder eben Wolff „meine Frau") bis zur Jahreswende 1913/14 bewohnte: „Wir sind in unsrer Villa. Sie ist doux comme soixante-neuf. Veranda – Meer! Sogar Bidet! Elektrisches Licht. Und meine Frau kocht! Alles was Sie wollen. Kostet summa 5–6 Frs. den Tag. … Sie waren bei Schwabach. Schönes Schloß!"[196]

Der Satz „Schwabach muss es tragen"[197], den Kurt Wolff wohl zuerst prägte und der dann zu einer Art geflügeltem Wort wurde – wenn es um zusätzliche finanzielle Zuwendungen ging, die aus dem Betrieb der „Weißen Blätter" notwendig waren oder wurden –, spiegelt das ebenfalls eindrucksvoll wieder. Auch Äußerungen von Hasenclever wie jene, ob Schwabach nicht für eine Seite Lyrik in den „Weißen Blättern" den sogenannten „Werfelsatz", also 20 Mark zahlen könne, gehören dazu.

Hasenclever hatte zudem Kurt Wolff euphorisch beglückwünscht, als dieser den noch unbekannten und geheimnisvollen Mäzen gerade zum Geschäftspartner gemacht hatte und dadurch dem Wolff Verlag eine breitere finanzielle Grundlage bescherte – „Ich bewundere noch immer maßlos Ihren Coup mit Schwabach und überhaupt Vieles, was Sie angestellt haben".[198]

Auch andere Äußerungen mit Blick auf Schwabach sind von ihm verbürgt: „Wenn wir beide mal was an der Literatur verdienen," schrieb Walter Hasenclever und redete Kurt Wolff, dessen Verlag zu der Zeit noch in der Leipziger Königstraße residierte, genau wie es auch Franz Werfel gelegentlich tat, mit „lieber König" an, als er noch um finanzielle Unabhängigkeit kämpfte und die ersten Autorenhonorare dafür bei weitem nicht ausreichten. An anderer Stelle, als Hasenclever von Wolffs Magenproblemen erfuhr und sich um die Gesundheit seines geschätzten und bewunderten Verlegers sorgte, rief er mit seinem großen Talent zum Drama aus, Wolff möge bitte noch nicht sterben, denn: „Was sollte sonst aus uns armen Schweinen werden und aus Herrn Schwabach!"[199]

Ein eindrucksvolles Beispiel für die Rolle Schwabachs als eine Art „Goldesel", als der er gesehen wurde, stellt der Brief Hasenclevers vom 3. April 1914 dar, der ebenfalls an Wolff adressiert ist.[200] Anlass des Briefes ist der geplante Vorabdruck seines Dramas in den von Schwabach verantworteten „Weißen Blättern" über den Sohn, der sich aus dem Gefängnis des elterlichen Hauses befreit und sich im dramatischen Höhepunkt endlich vom herrischen Vater löst. Hasenclever schreibt aus Malcesine am Gardasee:

> Nun betr. Schwabach dies: wir hatten ja eigentlich auf 6–7 Bogen gerechnet, und so hatte ich vereinbart pro Seite 10 M; nach Schwab's Kalkulation[201] ergab sich die kolossale Summe von 1060 M! Jetzt aber ist die Sache eng zusammengerückt und da kommen nur 5 Bogen heraus (die Personen werden eingerückt, nicht auf eine Zeile für sich!), sodaß jetzt bei dem Satz 10 M pro Seite Summe 800 M. herauskommt. Nun ist das ja auch schon recht viel – aber könnte Schwabach nicht unter diesen (zusammengerückten) Umständen ruhig die Pauschale von 1000 M bezahlen? Von der Abmachung 10 M pro Seite mit Schwab und mir weiß er noch nichts!

Gegenüber Jean Schwab hatte Hasenclever wenige Tage zuvor dieses offenkundig dramatische Geld-Dilemma mit deutlich drastischeren Worten beschrieben, wenn auch – wie er auf der Fahrt zum Gardasee bei einem Zwischenstopp aus dem Bozener Hotel Feigl notiert – in betrunkenem Zustand[202]: „Ich bin ganz verzweifelt! Das sind 800 Mark und ich armes Schwein hatte auf 1000 gerechnet. Ich muss meine Reise abbrechen und zu Fuss nach Deutschland zurückkehren, um dort Orgelspieler auf der Gasse zu werden. (Oder ein Bordell eröffnen!) Wissen Sie einen Ausweg? Schwabach kann doch ruhig 1000 M. für … ein so – gutes Drama zahlen. Schreiben Sie ihm ein Wort. Sie sind meine Zuversicht!"

Dass Schwabach in seiner Funktion als Mäzen ihn zumindest mittelbar unterstützte, hinderte Hasenclever aber nicht daran, die Rolle seines Herausgebers und Förderers allzu ernst zu nehmen. Bei Schwierigkeiten bei der Druckgestaltung seines neuen Stückes „Der Sohn" in den „Weißen Blättern" reagiert der Autor mit Wutausbrüchen: „Wie hat Pöschel (Druckhaus in Leipzig) die Titelseite gedruckt!! Schauderhaft!!! Mache ich die Anordnung meiner Personen, oder macht sie Pöschel? Was zum Teufel fällt den Leuten ein, die Personen nebeneinander zu setzen und willkürlich die Reihenfolge zu verändern? Ich protestiere gegen den Druck".[203] Dabei ist Schwabach selbst gar nicht verantwortlich für Fehler in der Kommunikation zwischen Verlagshaus und Druckereibetrieb. Doch diese überhebliche Haltung spielt Hasenclever gegenüber dem Herausgeber weiter aus: „An welche Riviera ist Schwabach gefahren? Erholt er sich dort vom Redigieren oder vom Theatersektor? Womöglich schreibt er ein Trauerspiel."[204]

Die Haltung Hasenclevers Schwabach gegenüber ist von gelegentlicher Verachtung und von Anmaßung geprägt; von höflicher, professioneller Beziehung auf Augenhöhe ist in der Regel keine Spur. Auch den Respekt, den sich Schwabach aufgrund seiner eigenen dichterischen Arbeiten bei seinen Zeitgenossen ersehnte, sucht man im Verhältnis mit Hasenclever vergebens. Er war und blieb hier nur die Chiffre für Geld.

Tempelverlag

Der Tempelverlag, bei dem ebenfalls zumindest ein mäzenatischer Impuls, vielleicht noch eher aber ein Teil von Schwabachs Strategie sichtbar wurde, sich mit Geld eine wichtige Einflussposition zu sichern, wurde im Juli 1909 gegründet. Er war anfangs ein gemeinsames Unterfangen der Verleger Samuel Fischer, Hans von Weber, Julius Zeitler und Eugen Diederichs, des Druckers und Verlegers Carl Ernst Poeschel sowie des Schriftgießers Georg Hartmann, wobei die Initiative zur Gründung wohl von Poeschel ausging. Diese neue Verlagsgemeinschaft hatte die Herausgabe deutscher Klassiker zum Ziel und firmierte unter dem Namen „Der Tempel. Bund Deutscher Verleger GmbH". Der Zusammenschluss dieser namhaften Verlagspersönlichkeiten zu einem neuen Unternehmen sollte vor allem helfen, „Doubletten" und damit unnötige Mehrkosten zu vermeiden: Denn im Frühjahr 1909 hatten, unabhängig voneinander, „vier Verleger neue große Klassikerausgaben"[205] geplant. Energien sollten also nicht in einen Konkurrenzkampf gesteckt werden. Stattdessen bündelten diese Verleger Anstrengungen in einer Gesellschaft mit dem Geschäftszweck, buchkünstlerisch vorbildliche, einheitlich ausgestattete Reihen von Klassikern zu moderaten Preisen gemeinsam herauszubringen. Oberstes Ziel ist dabei das „schöne" Buch mit ambitionierter Gestaltung. Nicht ohne Grund waren die Gründungspersönlichkeiten des Tempelverlags und Erik-Ernst Schwabach, der kurze Zeit später hinzustieß, ebenfalls Mitglieder von Bibliophilenvereinigungen.[206]

Als der Inselverlag in Leipzig drei Jahre später mit seiner neuen Reihe „Insel-Bücherei" startete, versuchte er sich programmatisch deutlich von Unternehmen wie dem Tempelverlag abzugrenzen. Anton Kippenberg, Verleger der Insel-bücherei (und kein Mitglied der Tempelgemeinschaft), hatte in der öffentlichen Annoncierung der neuen Sammlung der „freundlich ausgestatteten, gebundenen Bändchen, die jedes fünfzig Pfennig kosten" sollten, 1912 verkünden lassen: „Wir wollen nicht mit bestehenden verdienstvollen Sammlungen in Wettbewerb treten und nicht zum hundertsten Male den Faust, den Tell, Iphigenie, Hermann und Dorothea oder Minna von Barnhelm drucken."[207]

Zur Umsetzung der ästhetischen Vorgaben für die Tempel-Klassiker konnte der Maler, Buch- und Schriftkünstler Emil Rudolf Weiß gewonnen werden, dessen Frakturschrift der Verlag in der Anfangszeit exklusiv nutzte. Die Bücher sollten damit auch als eine eigenständige „Marke" mit klarer Profilierung wahr-genommen werden können. „Sie bieten damit den vollkommensten Inhalt in einer buchästhetischen und technischen Gestaltung, wie sie den künstlerischen Forderungen der Zeit allein angemessen ist. In Druck, Papier und Einbänden sind die Tempel-Klassiker vor allem berufen, höchste Qualität zu bringen und unsern kostbarsten Literaturwerken, unsern Klassikern, die künstlerisch tüch-tigste Form und das würdigste Gewand zu geben."[208]

Die Reihe „Tempel-Klassiker" wurde im Herbst 1909 eröffnet mit einer drei-ßigbändigen Goethe-Ausgabe und einer Kleist- und einer Heine-Edition. Später folgten unter anderem Schiller, Lessing, Mörike, Hebel, Eckermann, Uhland, Körner, das Nibelungenlied und Shakespeare – in einheitlichem Gewand. Die Bücher zeichneten sich durch einen reichhaltigen Buchschmuck aus: üppige ornamentale Rückenvergoldung, ein goldgeprägtes ovales Reihensignet etwa. Sie waren gleichwohl auch für die breite Masse erschwinglich. So kosteten die Goethe-Bände in „modernem englischen Leinenband Mk. 3, als Halblederband im Stil der Zeit Mk. 3.75, als Einzelausgabe in Halblederband Mk. 3.75 und in der Vorzugsausgabe auf bestem Papier in Ganzleder Mk. 12".[209]

Ein separater Herausgeberkreis, eine Art Beirat, dem unter anderem Moritz Heimann, Friedrich von der Leyen, Georg Witkowski und Rudolf Fürst ange-hörten, sollte über die Auswahl von Texten und Werken und über die Druck-legung wachen. Zur Auswahl sollten reine Dichtertexte in den „lebensvolleren früheren Formen in möglichster Quellfrische, Unverfälschtheit und Unabge-schwächtheit" kommen und „von Buchdeckel zu Buchdeckel" nichts als das Wort des Dichters enthalten[210] – also frei sein von Anmerkungen, Kommentaren sowie Vor- und Nachworten der Herausgeber.

Die Zeitspanne zwischen erstem Entwurf und verkaufsfertigem Exemplar im Buchladen, die wegen des Perfektionismus der Beteiligten allerdings mehr und mehr wächst, veranlasste Hans von Weber zu dem überlieferten Bonmot, der Verlag müsse eigentlich „Gesellschaft mit beschränkter Haftung zur Ver-hinderung von Klassiker-Ausgaben" heißen. Auf den Initiator Poeschel folgte später Alfred Druckenmüller in den Gesellschafterkreis, mit dem Schwabach dann auch Kontakt hat – er bezeichnet ihn im Tagebuch als „Druckmüller". Druckenmüller jedenfalls hatte nach dem Studium ein Volontariat bei Poeschel in dessen Offizin absolviert. 1919 übernahm er den Poeschelverlag.

Der große publizistische und wirtschaftliche Erfolg ist dem Verlag der Tempelbücher versagt geblieben – trotz der vielen Gesamtausgaben klassischer Dichter und einer doch bemerkenswerten Popularität bei der Leserschaft. Fest steht, dass der Verlag auf Gesellschafterseite nicht zur Ruhe kam, dass eine besonnene, Kräfte bündelnde Geschäftsführung kaum zu erkennen war.

Unklar ist dabei, welche Rolle genau Erik-Ernst Schwabach im Umfeld des Tempelverlags beziehungsweise in Bezug auf die Eigentümer respektive Gesellschafter spielte und wieviel Geld er tatsächlich investierte. Göbel vermerkt für das Jahr 1914 das Ausscheiden von Hans von Weber als Gesellschafter und den Eintritt Schwabachs in den Gesellschafterkreis. Dieser sei auch als persönlicher Gesellschafter am Tempelverlag beteiligt geblieben, als er seinen eigenen Verlag der Weißen Bücher 1917 an Kurt Wolff verkaufte.[211]

Bachmair setzt den Wechsel von Weber zu Schwabach jedoch ein Jahr früher an: „Vielleicht lag es unter anderem auch daran, daß der Verlag bald einige seiner Gesellschafter wechselte. Hans von Weber und Julius Zeitler schieden 1913 aus. Ihre Anteile hatte eine Zeitlang der Kurt Wolff Verlag inne".[212] Da Zeitler aber weiterhin als Gesellschafter öffentlich genannt wird – etwa in Werbeanzeigen – mag die Information über dessen Ausscheiden falsch sein. Klar scheint zu sein: Die Anteile von Hans von Weber hat Ende 1913 demnach Erik-Ernst Schwabach als neuer Mitgesellschafter der Verlags-GmbH gezeichnet.[213] Damit vollzog sich Schwabachs Eintritt in den Gesellschafterkreis also genau zu jener Zeit, als er sich intensiv um seinen eigenen, neuen Verlag der Weißen Bücher kümmerte und er sich überlegt hatte, wie er sein Geld am besten einsetzen sollte. Von der Zeitschrift „Die Weißen Blätter" waren gerade die ersten Ausgaben erschienen. Mit dem zusätzlichen Engagement versuchte er offenbar, seinen Wirkungskreis als Verlagsinhaber in Leipzig zu vergrößern – und damit gleichzeitig Kontakte zu anderen, bekannten Verlegern zu intensivieren. Schwabach nutzte also die erste Gelegenheit, um sich als Neuling auf dem Leipziger Verlagsparkett durch die Nähe und die geschäftliche Beziehung zu „Verlegernamen von Klang und Ansehen"[214] zu etablieren. Für den Tempelverlag bedeutete Schwabachs Aufnahme in das Konsortium, das damit nicht eigentlich und ausschließlich mäzenatisch war, eine Stärkung, gar einen „entscheidenden Kapitalzufluss".[215]

Schwabachs Ziel war hier sicher vergleichbar mit jenem, das er etwa bei der Unterstützung Hasenclevers verfolgt hatte: Er wollte, auch wenn er eine deutlich jüngere Generation verkörperte als Samuel Fischer und die anderen bereits lange etablierten Verlegerkönige, möglichst gleichberechtigt sein und vor allem aber (von ihnen und der literarischen Öffentlichkeit) anerkannt werden. Dieses Ziel erreicht Schwabach mit seinem finanziellen Engagement schon bald in ersten Ansätzen: In einer Anzeige vom Februar 1914 wird er nämlich das erste Mal öffentlich in der prominenten Namenreihe neben Fischer und den anderen Verlegern genannt.[216]

Ein programmatisches Wirken Schwabachs für den Tempelverlag ist nicht bekannt. Dafür war wohl einerseits die Zielrichtung des Hauses eindeutig und (zu) eindimensional: nämlich Klassikerausgaben in überzeugender, gleichwohl bezahlbarer Qualität zu drucken. Andererseits war Schwabach selbst gebunden in den eigenen Geschäften und in seinen Ambitionen als Autor. Hinzu kam ab 1915 sein Dienst als Soldat.

Die wirtschaftliche Entwicklung des Tempelverlages korrespondierte nicht mit den Erwartungen und positiven Aussichten, die die beteiligten Herren anfangs so optimistisch gestimmt und überhaupt erst den Ausschlag zur Gründung gegeben hatten. Die Reihe, obwohl bei vielen Lesern populär, konnte die Erwartungen in geschäftlicher Hinsicht nicht erfüllen. Der Verlag geriet im Herbst 1915 sogar in ernste Schwierigkeiten. Schwabach, der gerade seinen Dienst in der Aufklärer-Einheit in Friedrichshafen beendet hatte und sich abwechselnd in Berlin, Märzdorf und Leipzig aufhielt, und seine Frau sahen sich zu der Zeit, kurz vor der Geburt ihrer Tochter, mit einer ihrer schwereren Ehekrisen konfrontiert: berechtigte Untreuevorwürfe gegen Erik-Ernst, leidenschaftlicher Streit, der in Lottes Drohung mündet, sich scheiden zu lassen; stürmische Aussprachen, die „hoffentlich nun endgültig wieder Klarheit und Verständigung" (TB1, 1.10.1915) schaffen, Ruhetage in Märzdorf auf dem Schloss, schließlich die Aussöhnung, die aber nicht von Dauer ist. Sein Wunsch nach einem besseren Verhältnis zu Lotte erfüllte sich nicht. „Sie hat sich von mir abgewendet", schreibt er wenig später. „Ich pralle ab, wie Brandung an einer Mauer" (TB1, 19.11.1915).

Einige Wochen zuvor, am 26. September 1915, einem Samstag, fand in Leipzig eine Gesellschafterversammlung des Tempelverlages statt. Hier beratschlagten Diederichs, Zeitler, Druckenmüller und Schwabach über die weitere geschäftliche Entwicklung ihres gemeinsamen Unternehmens, die zu diesem Zeitpunkt offenkundig schon prekär war. „Ich persönlich halte den Tempel für reichlich verfahren. Was schade ist. Denn es war eine gute und, wie es schien, entwicklungsfähige, geschmackvolle Angelegenheit", meint er (TB1, 29.9.1915). Bei dem Treffen der Herren ging es vor allem darum, angesichts der wirtschaftlichen Schieflage neue Förderer und Investoren zu finden. Die Teilnehmer entschlossen sich, für den Fall, dass die Kapitalbasis nicht deutlich verstärkt werden könne, den Verlag zu verkaufen. Sicher werden die Blicke der übrigen Teilnehmer bei diesem Tagesordnungspunkt erwartungsvoll auf Erik-Ernst Schwabach gerichtet gewesen sein. Hier saß ja jemand, dessen Reichtum bekannt war und der als

Mäzen und Kapitalgeber auftrat. Wird Schwabach es richten? Wird er erneut Geld in das Unternehmen pumpen aus seinen schier unerschöpflichen Mitteln aus seinen Bankanteilen?

Doch Schwabach ziert sich. Er will nicht weiter investieren. Die Phase seiner Begeisterungsfähigkeit für den Verlag ist im Herbst 1915 offenbar bereits schon wieder zu Ende. Schwabach notiert dazu: „Neue Gelder indessen (und man brauchte Summa Summarum mindes 200000 Mk) hineinzustecken, liegt mir nicht. Denn abgesehen von meiner allgemeinen Pleite, will ich auch nur Geld zu Dingen geben, die mich persönlich interessieren" (TB1, 29.9.1915).

Das Wort Schwabachs von der Pleite in diesem Zusammenhang kann eigentlich nur ironisch gemeint sein, denn in Geldnöten steckte er zu dieser Zeit, rund acht Jahre vor Beginn der großen Inflation, noch nicht. Im Gegenteil. Die Mittel flossen als Dividende aus den Gewinnen des Bankhauses nach wie vor reichlich. Aber er wusste auch, dass seine Geschäftsführung im eigenen Verlag der Weißen Bücher nicht gut genug war.

Wichtiger ist die Bemerkung, er wolle nur Geld investieren in Dinge, die ihn interessieren. Hier zeigt sich eine Parallele zur Entwicklung bei der Zeitschrift „Die Weißen Blätter" und seine dort ebenfalls nachlassende Begeisterung. Auch bei jenem Engagement erlahmte Schwabachs Interesse nachhaltig nach einer ersten Phase der Euphorie. Dann übergab er die Leitung der Redaktion an andere, in jenem Fall an René Schickele. Als sprunghaft, wankelmütig, inkonsistent könnte man diese Eigenschaft bezeichnen.

Vielleicht war Schwabach aber auch nur berechnend. Das Epigramm auf einem seiner Exlibris, das als Schwarz-Weiß-Grafik einen Bauern auf einem Acker zeigt, der Korn aussät, deutet ja genau in diese Richtung und hat überhaupt nichts Altruistisches an sich: „Ce que je donne – je le demande".[217] Er war offenbar stets sehr impulsiv, wenn er ein für ihn lohnenswertes Ziel markiert hatte. Er konnte, wenn er etwas wollte, sich mit aller kreativen und vor allem finanziellen Kraft bemühen, aber stets nur so lange, wie der Reiz für ihn anhielt. Dabei musste die „Reizauslösung" nicht unbedingt ökonomisch sinnvoll oder gar vernünftig begründet sein. Es genügte offenbar, wenn Schwabach erwarten konnte, mit seiner Unterstützung seinem Ziel, nämlich im Autoren- und Verlegermilieu anerkannt und respektiert zu werden, näher zu kommen. Und dieses Ziel hatte er hier offenbar erreicht.

Der Tempelverlag selbst ging später, 1925, in der ein Jahr zuvor gegründeten Deutschen Buch-Gemeinschaft GmbH auf; eine insofern logische Konsequenz, als auch die Buchgemeinschaft Bücher zu erschwinglichen Preisen vertrieb beziehungsweise die Mitgliedschaft in dem „Buchclub", als der sich die Buch-Gemeinschaft verstand, preiswert zu haben war – so kostete die einfachste Form der Mitgliedschaft 3,90 Reichsmark im Quartal, wofür ein Buch geliefert wurde. Durch das übernommene Tempel-Sortiment an Klassikerausgaben konnte die Buch-Gemeinschaft auch das eigene Angebot vervollständigen.

Fontane-Preis

Für Franz Kafka, der im Herbst 1915 nach der Veröffentlichung seiner Erzählung „Die Verwandlung" mittelbar vom Fontane-Preis profitierte, stellte sich die Sache anfangs kompliziert dar: „Wenn ich wüßte", schrieb er an den Kurt Wolff Verlag[218], „wie es sich mit dem Fontane-Preis verhält". Er reagierte mit dieser Frage zunächst abwartend und auch ein wenig irritiert auf die Nachricht von Georg Heinrich Meyer, der die Geschäfte des Verlages für den als Soldat im Felde befindlichen Kurt Wolff erledigte, dass er, Kafka, die Preissumme für den Fontane-Preis erhalten solle, obwohl er selbst gar nicht Preisträger war. Den Fontane-Preis für den besten Erzähler im Jahr 1915 erhielt nämlich ein anderer, der populäre Carl Sternheim. Franz Blei, der den Preis allein vergeben konnte, hatte den erfolgreichen Bühnenautor und Erzähler, den er schon aus Zeiten der gemeinsamen Editionsarbeit für den „Hyperion" kannte, dafür bestimmt.[219]

Sternheim selbst war mit der Idee einverstanden, den Betrag an den „jungen Prager Erzähler weiterzugeben als ein Zeichen seiner Anerkennung". Eine Premiere der ganz besonderen Art: Kafka sollte nämlich, da Sternheim Millionär war und „man einem Millionär nicht gut einen Geldpreis geben kann", wie Meyer nonchalant in einem Brief an Kafka schrieb[220], mit der Summe des Preisgeldes in Höhe von 800 Mark bedacht werden. Diese ungewöhnliche Geste versteht Kafka grundsätzlich zwar, deutet sie aber für sich als widersprüchlich, denn: Eine wirtschaftliche Bedürftigkeit bestehe zurzeit bei ihm ja gar nicht, wie er meinte. Und deshalb bittet er Meyer von Prag aus um Aufklärung. Hinzu kam, dass es eben nicht Sternheim selbst war, der ihn über die generöse Schenkung informierte, sondern (nur) der Verlagsgeschäftsführer. Kafka musste geradezu überredet werden, das Geld anzunehmen. Er akzeptiert jedoch den Marketinggedanken, den ihm der in „Propagandafragen" unermüdliche und findige Meyer vorgetragen hat: dass nämlich bei unverzüglicher Drucklegung der „Verwandlung" als eigenständiges Büchlein (für den „Jüngsten Tag") der Fontane-Preis ein wirksames Reklamemittel sein könne, die allgemeine Aufmerksamkeit auf beide, auf den bereits etablierten Sternheim und auf den noch weitgehend unbekannten Kafka, zu lenken.

Die Auslobung eines Preises für den besten (modernen) Erzähler geht auf den Schutzverband deutscher Schriftsteller zurück. Erik-Ernst Schwabach war dort Mitglied.[221] Otto Flake machte in der Zeitschrift „Der Panther" und in einer Zuschrift an den Schutzverband[222] den Vorschlag zur Gründung eines Literatur-

Abb. 8: Sternheims Erzählung „Schuhlin"
wurde im Oktober 1915 gedruckt. Das Bild
zeigt den Band aus der Reihe „Der Jüngste
Tag" mit der für Werbezwecke gestalteten
Bauchbinde zum Fontane-Preis 1915 mit dem
Verlagstext, der die Verbindung zwischen
Sternheim und Kafka deutlich macht.

preises, besser: den Vorschlag, einen Preis in Verbindung mit einer Geldsumme
zu stiften. „Es war mehr als unwahrscheinlich, daß der Vorschlag Widerhall
finden werde, aber ich irrte mich. Ein Freund des Herausgebers schrieb mir, er
sei bereit, den Fundus zu stiften, und bat um meinen Besuch."[223]

Jener „Freund des (‚Panther'-)Herausgebers" Axel Ripke war Schwabach. Er
und Otto Flake verständigten sich bei einem Treffen schnell über die Stiftung des Preises, der zusammen mit einem von Schwabach zu finanzierenden
Geldbetrag dem jeweiligen Preisträger beziehungsweise der Preisträgerin vom
Schutzverband überreicht werden sollte. Für die nächsten zehn Jahre sollte für
den Fontane-Preis danach ein „Grundstock von je 600 Mark zur Verfügung"[224]
gestellt werden. Auch ein Preisrichterkomitee war vorgesehen. Der Verband
rückte jedoch von dieser Idee ab. Stattdessen organisierten Schwabach und
Franz Blei, gleichsam in Eigenregie, die Belobigung durch die Auszeichnung.
Sie ging 1914 erstmals an einen Dichter, an Leonhard Frank für dessen Werk
„Die Räuberbande", ein Jahr später an Sternheim.

Obwohl der Namensgeber des Preises als poetischer Realist des 19. Jahrhunderts mit den neuen, expressiven Strömungen der deutschen Literatur kaum
etwas gemein hatte, obwohl er eine ganz andere, ältere (und verstorbene) Generation verkörperte, passte er doch ungemein gut in die Rolle des Preispatrons:
Theodor Fontane (1819–1898), „diese unmoderne Persönlichkeit", hatte nämlich
„unglaublich moderne Ansichten" – so charakterisierte Alfred Kerr (1876–1948)
den Autor von „Irrungen und Wirrungen", „Frau Jenny Treibel" und den vielen
anderen Romanen und Erzählungen und attestierte ihm 1895, da war Fontane

bereits sechsundsiebzig, er sei als der „Älteste unter den deutschen Literaten zugleich der entschlossenste Parteigänger der jüngsten" und „spende in jugendlicher Herzlichkeit sein Lob".[225]

Das passte sehr gut zum Anliegen des Preises zwanzig Jahre später. Hinzu kam, dass Schwabach selbst seit früher Zeit ein glühender Anhänger Fontanes und dessen Werken war. In einem Tagebucheintrag bezeichnet er ihn gar als seine „Jugendliebe" (TB1, 7.11.1916). Die Begeisterung für den Autor hatte Schwabach im Übrigen mit seinem Freund Kurt Wolff – „Einer der von mir geliebtesten und bewundertsten deutschen Romanciers ist Theodor Fontane"[226] – gemeinsam.

Über den Preisträger des Jahres 1916, Alfred Döblin, der den Preis für seinen „chinesischen" Roman „Die drei Sprünge des Wang-Lun" erhielt, hatte sich Erik-Ernst Schwabach Anfang August in Märzdorf zustimmend, aber doch mit verhaltenem Ton geäußert: „Anständiges, flüssiges Buch, der Belohnung wert, obschon diese chinesische Geschichte lang und oft langweilig ist. Aber weil heute – auch von den Besten – so ungeheuer viel gesudelt wird, ist solch Buch grossen Fleisses, das bei genialem Dichter grösstes schaffte – eines Preises wohl würdig" (TB1, 2.8.1916). In einem nur wenig später erschienen Zeitungsbeitrag wird Schwabach zitiert, der in diesem Jahr selbst als Preisrichter fungierte: „Döblin hat mit bewundernswerter Phantasie eine jener stürmischen religiösen Bewegungen, die von Zeit zu Zeit das chinesische Volk erschüttern, in seinem Werke sichtbar vor uns erstehen lassen."[227]

In jenem kurzen Zeitungsbericht schwingt Kritik mit: Man erinnere sich noch sehr genau, so schreibt der unbekannte Verfasser, an die „unverhohlene Reklame" für den Vorjahrespreisträger Carl Sternheim und für Franz Kafka in den „Weißen Blättern". Das „Erstaunen über die neue Preisverteilung" halte sich deshalb im Rahmen: „Man dürfte immerhin gut tun, den Wert dieser etwas willkürlich anmutenden Auszeichnung jedenfalls nicht in eine allzu enge Verbindung mit dem ehrwürdigen Namen Theodor Fontanes zu bringen".[228]

Der neue Fontane-Preisträger Döblin, der zu jener Zeit erst einige kürzere Prosaarbeiten veröffentlicht hatte und als Arzt in einem Feldlazarett tätig war, bedankt sich wenige Wochen später bei dem Preisrichter und -financier Schwabach mit einer Widmung in eben diesem preisgekrönten Buch. Mit einem Anflug von Stolz und Befriedigung notiert Schwabach in seinem Tagebuch den Schluss der „langen und schönen Dedikation" Döblins (TB1, 29.8.1916): „,Ich bin kein Luder', schließt sie, ,ein Epiker darf kein Luder sein'. Das ist sehr hübsch."

Dass ein Einzelner, etwa ein bekannter Dichter, in Eigenregie den jeweiligen Preisträger oder die Preisträgerin bestimmen durfte, scheint ein Prinzip des von Schwabach bestimmten Vergabeverfahrens gewesen zu sein. So hat auch im Jahr 1917 wieder Franz Blei dabei die Regie geführt und Schwabach vorgeschlagen, den Preis diesmal an den jüdischen Autor Paul Adler (1878–1946) für dessen ein Jahr zuvor erschienenen Roman „Die Zauberflöte" zu geben. Das Werk, das beim Publikum wegen der überbordenden Formenvielfalt und der daraus resultierenden Verständnisschwierigkeiten auf eine schwierige Rezeption trifft, hält nach seiner Lektüre (auch) Schwabach für sehr abstrakt. Zwar sei es voll mit schönen, beachtenswerten, aber letztlich zu „mystischen Sätzen", wie er meint. Begeisterung für einen neuen „besten deutschen Erzähler" sieht anders aus. Und noch etwas kommt hinzu, dass Schwabachs Zustimmung verzögert. Paul Adler ist bereits knapp vierzig Jahre alt. Ein wenig alt, meint er (TB2, 25.10.1917), soll doch der Fontane-Preis die Arbeit junger Erzähler würdigen. Doch schließlich willigt er ein.

Offensiv hat Schwabach selbst (neben Blei) prominente potentielle Preisrichter angesprochen; einer war sogar Alfred Kerr selbst, später aus Deutschland geflohen, nachdem auch seine Schriften bei der Bücherverbrennung am 10. Mai 1933 in Flammen aufgingen – wegen „dünkelhafter Verhunzung der deutschen Sprache", wie der sogenannte „Feuerspruch" der Studenten in Berlin lautete. Kerr schrieb Jahre später aus dem englischen Exil über Schwabach: „Vor Jahren hat er für deutsche junge Dichter einen Preis ausgesetzt. Er bat mich um das Richteramt, so lernten wir uns kennen."[229]

Die Rolle Otto Flakes, der als Erster den Gedanken eines Preises für moderne Literatur formuliert hatte, bestand demnach in der des Ideengebers, er war für den Fontane-Preis der Initiator. Flake hatte jedoch, nachdem es wegen unterschiedlicher Auffassungen bei der Gründung des Verlages und der Zeitschrift „Die Weißen Blätter" zum Bruch mit Schwabach gekommen war, nichts weiter damit zu tun.

Mit dem Fontane-Preis wurden bis 1922 in unregelmäßigen Abständen unter anderem Annette Kolb und Max Brod ausgezeichnet. Nach einer längeren kriegsbedingten Unterbrechung ging er 1948 neben dem „Dramatiker-Preis" und dem „Berliner-Literatur-Preis" im Berliner „Preis der Literatur" auf und wird seither regelmäßig vergeben. Am Todestag des Dichters, jeweils am 20. September, erhält ihn die Autorin oder der Autor des besten Romans, „der die demokratischen Ideale der Freiheit und Humanität in künstlerisch besonders überzeugender Weise zur Geltung bringt".[230]

Der Maler Theo von Brockhusen

Ein mäzenatisches Tun Schwabachs lässt sich auch im Fall des Malers Theo von Brockhusen nachweisen. Von Brockhusen wurde 1882 in Ostpreußen geboren und studierte an der Akademie in Königsberg.[231] Hoch aufgeschossen, elegant, von ähnlicher Statur wie Schwabach, machte sich der Künstler zunächst mit

Bildern in Königsberg, später dann, nach seinem Umzug nach Berlin im Jahr 1904, in der Hauptstadt Kunstinteressierten bekannt. Bereits bei der zweiten Ausstellung des Deutschen Künstlerbundes 1905 ist er mit einem Ölgemälde („Landschaft") in Berlin vertreten.

Mit dem Galeristen und Verleger Paul Cassirer verabredete er eine Zusammenarbeit, über die der Bildhauer Fritz Klimsch, ein enger Freund des Malers, später berichtete: „Arm wie eine Kirchenmaus nach Berlin gekommen, wurde er wegen seines großen Talentes von Cassirer pekuniär unterstützt und später auf den üblichen Vertrag festgelegt, seine gesamte Produktion Cassirer zu überlassen. Da jedoch Brockhusen …eine zu starke und selbständige Natur war, um zu allem, was Cassirer wollte, Ja und Amen zu sagen, kam es später zu einer Trennung von Brockhusens Seite aus"[232] Die Zusammenarbeit mit der Galerie Cassirer dauerte schließlich bis 1916.

Von Brockhusen, der „lange Theo", wie er genannt wird, schließt sich der Künstlervereinigung „Berliner Secession" an, zunächst ab 1907 als ordentliches Mitglied. In seiner ersten Secessions-Ausstellung in jenem Jahr ist er schon mit vier Landschaftsbildern vertreten, für die Jahre 1908 und 1909 sind keine ausgestellten Werke in der Secession bekannt.[233]

1910 und 1911 ist der Künstler mit je fünf Werken vertreten, unter anderem mit „Gutshof in Seelow" und „Hafeneinfahrt in Nienport". Ab 1912 steigt von Brockhusen in die sogenannte „Ausstellungsleitung" unter Max Liebermanns Ehrenpräsidentschaft und des Vorsitzes durch Lovis Corinth auf. 1913 wird er dann Vorstandsmitglied. Zu dieser Zeit ist sein Galerist Paul Cassirer Erster Vorsitzender. In der großen Secession-Ausstellung von 1913 ist von Brockhusen mit drei Werken vertreten.[234]

Von Brockhusen verbringt immer wieder, teils längere Arbeitsintervalle an der Ostsee und an der belgischen Küste, und reist 1913, ausgestattet mit einem Künstlerstipendium, für ein halbes Jahr in die Villa Romana nach Florenz. Später wird er noch einmal in Italien leben und arbeiten. Der Künstler macht sich mit zum Teil großflächigen Bildern schnell einen Namen. Er schenkte als „überragende Künstlerpersönlichkeit", wie ihn der Schwager von Schwabach nannte, dem „deutschen Bildermarkt eine ungeheure Fülle von Landschaften".[235] Seine Werke zeigen vorrangig Motive der Umgebung der Hauptstadt (neben den bereits genannten zum Beispiel den Schwielowsee, Dorfstraßen im Sommer, Gartenlokale am Rande von Berlin) oder seiner auswärtigen Aufenthalte (das Meer bei Knokke, Olivengärten in der Toskana, Gutshöfe in Pommern). Helle, kräftige Farben dominieren. Sein Stil ist markant. Vielen seiner Bilder wohnte eine eigenartig entspannte, ruhige Stimmung inne. Dicke Pinselstriche, oft wellenförmig, sorgen für klare, kräftige Konturen. Bildmotive wie Wege und Straßen, Baumreihen oder den Himmel gestaltet er auf diese Weise.

Ein zeitgenössischer Rezensent der Ausstellung von 1918 kommentiert seine Bilder so: „Theo von Brockhusen zeigt wieder weite und tiefe Landschaften, deren wuchtiges Liniengefüge durch darüber hinstürzende helle Lichtströme aufgelockert wird. Es sind ein paar sehr schöne Bilder darunter, die bei aller leidenschaftlichen Erregtheit der Malerei ruhevoll wirken und deren starke Farbigkeit zu einer gesättigten Harmonie zusammenklingt."[236]

Nicht von ungefähr wird er häufig mit van Gogh verglichen. „Van Goghhusen", wie er gelegentlich genannt wird, ist jedoch ein Vergleich, der ihm gar nicht behagt, und über den sich noch Jahre später und noch lange nach seinem Tod seine Tochter Sigwina aufregen kann – sie verbittet sich energisch den Vergleich bei vielen Gelegenheiten.

„Die Bilder von ihm erinnern mich an van Gogh." –
„Um Gottes Willen, erwähne das bloß nicht, wenn Sigwina dabei ist!"

Dieser Kurzdialog zwischen einer Betrachterin und Brigitte, der Tochter von Erik-Ernst, zeugt von dieser Spannung.[237]

Der Schriftsteller Otto Flake erinnerte sich, als er 1913 in Märzdorf zehn Tage lang Gast von Schwabach auf dessen Schloss war, an einen Ausflug in die Umgebung nach Zobten und an die ungewohnten Farben der Landschaft. Die „Getreidefelder wogten zwischen Horizont und Horizont; ich fragte mich, welche Farbe ein Maler wohl mischen müsse, um die blaugrünen Töne dieser See zu treffen."[238] Die Antwort darauf liefert einige Jahre später Brockhusen. Die schlesischen Landschaften mit weiten Feldern und blau gewölbtem Himmel sind typische Motive seiner letzten Schaffensperiode geworden.

Die formale Nähe zu Werken van Goghs ist tatsächlich gelegentliches Thema der zeitgenössischen Kritik und in Nachbetrachtungen nach Brockhusens Tod. Sie ist bei einzelnen Bildern auf den ersten Blick in der Tat frappierend, vor allem bei den Landschaftsmotiven, bestimmt aber nur eine kurze Periode seines Schaffens und erklärt sich wohl zum Teil mit der großen Resonanz, auf die die Bilder des Niederländers in den Jahren 1909/1910 und später vor allem auch in Deutschland stießen.[239]

Von Carl Sternheim wissen wir, dass er mit seiner Frau Thea zehn Gemälde von van Gogh besaß, die er aber später wieder verkaufte. Einen ebenfalls großen Anteil des Œuvres von Brockhusen nehmen daneben Kohlezeichnungen, Radierungen und Lithografien ein. Sie verwendet er bei Skizzen, die etwa Straßenszenen in Berlin zeigen.

Erik-Ernst Schwabach lernte Theo von Brockhusen im Winter 1914 in Berlin näher kennen. Das war zu der Zeit, als er mit Schickele über den Fortgang seiner Zeitschrift „Die Weißen Blätter" sprach. Brockhusen und Schwabach

freundeten sich rasch an, trafen sich auf zahllosen Gesellschaftsabenden in
Berlin und später in Märzdorf. Auch gegenseitige Besuche jeweils zu Hause
in Berlin, gemeinsame Frühstücke und Diners zu zweit oder mit den Ehefrauen, vor allem viele gemeinsam verbrachte Theaterabende, stehen fortan
regelmäßig an.

Die Kunst von Brockhusens nehmen beide Schwabachs für sich in zweierlei Hinsicht in Anspruch. Lotte und Erik-Ernst finden großen Gefallen an
dem leicht verständlichen künstlerischen Ausdruck, der den Bildern innewohnt.
Mit den eingängigen Landschaftsbildern und klaren Farben unterscheidet sich
von Brockhusens Kunst ganz grundsätzlich von jener expressiven Malerei, die
eigentlich für die vorherrschende Kunstrichtung steht und mit der das Ehepaar offenbar nicht viel verbinden kann. Die Rezeption dieses Werkes ist jedoch
leicht. Zum zweiten nutzen beide ganz unverkrampft die Kompetenz und das
künstlerische Verständnis des neuen Freundes: Lotte lässt sich sogar von von
Brockhusen malen, Erik-Ernst notiert bei dieser Gelegenheit Anfang 1915, der
Künstler „gewinnt bei näherer Kenntnis stark" (TB1, 2.2.1915). Und er kann der
Freundschaft noch mehr abgewinnen.

Schwabach kauft bei verschiedenen Gelegenheiten eine Reihe von Bildern,
er reist sogar zu von Brockhusen, als dieser einen weiteren Aufenthalt im Süden
verbringt: „Besuchte Brockhusen in Italien. Zeigte mir neue Bilder. Sehr lichte
Landschaften. Seine Versuche, oder neues Problem die Sonne auf das Bild zu
bringen ist dem Auge sehr ungewohnt. Es kommen freilich schöne Lichtwir-
kungen" (TB1, 18.12.1915).

Schwabach zieht, überraschend wohl auch für ihn selbst, eine unerwartete und
zunehmende Freude und Begeisterung aus der Malerei. Er beobachtet genau die
Arbeiten seines Freundes an der Leinwand; er macht sogar selbst Skizzen und
führt Bildmotive aus. Er reflektiert über Farbgestaltung. Er fragt sich, wie etwa
auf diesem Bild das Sonnenlicht gemalt werden müsse, ohne den Betrachter
übermäßig zu blenden und ohne von anderen Details des Bildes abzulenken;
er räsoniert darüber, wie auf jenem Bild die Sonnenstrahlen aus einer den ganzen Himmel bedeckenden Sonne fallen und wie die Berglandschaft darunter
angedeutet werden könnte.

Auf die zunächst gelegentlichen, später regelmäßigen Besuche des Ehepaares
von Brockhusen auf Schloss Märzdorf im Sommer und Herbst 1915 freuen sich
Erik-Ernst und seine Frau. Lotte Schwabach hatte sich mit Frau von Brockhusen angefreundet. Beide Frauen verbindet in dieser Zeit etwas sehr Spezielles:
Hildegard von Brockhusen wird am 27. September in Berlin-Charlottenburg
Mutter von Sigwina, es ist ihr erstes Kind. Und auch Charlotte Schwabach
ist schwanger – bis zur Geburt ihrer Tochter Brigitte im November dauert es
nicht mehr lange.

Es ist dies die Zeit der Versöhnung des Ehepaares Schwabach nach dem turbulenten zweiten Halbjahr 1915. Diese sechs Monate sind einerseits vom Kriegsdienst Erik-Ernsts geprägt, andererseits von Unsicherheiten, was den Fortgang seines Verlages, seiner Zeitschrift und der eigenen Autorenkarriere betrifft. Vor allem aber bestimmt die Schwangerschaft seiner Frau beider Leben immens. Anfang November, kurz bevor Brigitte geboren wird, ist der Streit, der auch auf dem zumindest zeitweise destruktivem Verhalten Erik-Ernsts beruht (auf seiner kaum vorhandenen Empathie seiner Frau gegenüber, seiner oft latenten, hier jedoch offen zu Tage tretenden Untreue), auf dem Höhepunkt. Ein endgültiges Zerwürfnis droht, doch nach der Niederkunft des Mädchens am 16. November legt sich die Spannung wieder. Das Verhältnis der beiden Eheleute zueinander verbessert sich spürbar. Von Trennung – das Wort hatte Lotte zuvor während einer heftigen Szene gebraucht – ist jetzt nicht mehr die Rede. Die Geburt des zweiten Kindes und die beginnende und sich weiter entwickelnde Freundschaft mit den Brockhusens wirken lindernd auf den ehelichen Zwist. Deutliches Zeichen der engen Verbindung der beiden Paare ist die Namenswahl ihrer Töchter, die sie verabreden: Sie beschließen, dass der Anfangsbuchstabe des Nachnamens der jeweils anderen Familie zum Anfangsbuchstaben des Vornamens des eigenen Kindes wird: Sigwina von Brockhusen (nach Schwabach), Brigitte Schwabach (nach Brockhusen).

Im Frühjahr 1916 stehen dann mehrere der Aufenthalte des Malerpaares in Schlesien auf Einladung von Schwabach an. Bei einem dieser Besuche bietet Schwabach den von Brockhusens an, doch nach Märzdorf zu ziehen. Er offeriert ihnen in Kaiserswaldau, einem Gut, das Schwabach gekauft hatte und das zum Schlossbezirk gehörte und nur wenige Kilometer entfernt liegt, ohne weitere Gegenleistung eine große Wohnung. Alfred Kerr ist diese generöse Tat noch Jahre später in seinem englischen Exil genau erinnerlich, auch wenn er aus Märzdorf irrigerweise Jannowitz macht.[240] Von Brockhusen und seine Frau Hildegard, die er 1909 geheiratet hatte, nehmen das Angebot gern an. Hier, in der Abgeschiedenheit Schlesiens, kommt die dreiköpfige Malerfamilie unter. Sie behält jedoch noch eine deutlich kleinere Wohnung in Charlottenburg. Theo richtet sich auf dem Land sein eigenes Atelier ein.

Es sind glückliche Tage für die Künstlerfamilie mit dem kleinen Kind; weitab vom Kriegsgeschehen, das in der Hauptstadt zunehmend zu Not und Elend führt; erkennbar in den mehr und mehr auf den Straßen und Plätzen Berlins sichtbaren kriegsversehrten Soldaten und Krüppeln, ein Bild, das die Begeisterung der frühen Kriegstage im Spätsommer 1914 als längst vergangenes Gefühl vergessen lässt; spürbar im zunehmenden Mangel an Nahrungsmitteln. Hier jedoch, in Schlesien, ist dank der guten Versorgung mit Lebensmitteln vom großen Gut kaum etwas davon zu merken. Doch auch wenn Eier, Milch, Brot und Geflügel die tägliche Versorgung mit Nahrungsmitteln leicht machen, ein Umstand, den Besucher wie Kurt und Elisabeth Wolff bei ihrem Besuch im September 1916 ja auch freudig und dankbar angemerkt hatten, und nur Fleisch etwas knapp wird, ein für den Künstler notwendiges Malutensil gibt es an keinem der beiden Orte, weder in Berlin noch hier in der ländlichen Abgeschiedenheit, etwa in Liegnitz oder – weiter entfernt – in Breslau, mehr zu kaufen: Leinwand zum Malen. Doch Schwabachs können auch hier aushelfen: Lotte Schwabach gibt Stücke jener Leinwand her, die „ursprünglich als Sichtschutz um ihren Tennisplatz gespannt war".[241]

Von Brockhusen, obwohl durch seine Tätigkeit in der Secession und durch verschiedene, auch größere Ausstellungen, die Cassirer veranstaltet hatte, zumindest ein regional bekannter Name, konnte vom Verkauf seiner Bilder allein nicht leben. Er musste verschiedentlich auf die Unterstützung von Freunden und Gönnern setzen. Von Hause aus nicht sonderlich begütert, pflegte Theo von Brockhusen jedoch einen gutbürgerlichen, teils auch opulenten Lebensstil mit teuren Zigaretten („Chicago Life"), guter Kleidung, modernen Hüten und vornehmer Kleidung.[242] Schon zehn Jahre früher, 1906, hatte er gerne regelmäßige Zuwendungen von Curt Herrmann, einem anderen Maler, dankbar angenommen. In Herrmann „hatte Brockhusen einen Fürsprecher und einen gutwilligen Mäzen, was dafür spricht, dass Brockhusens Salär bei Cassirer nicht eben üppig war".[243]

Nun, nach dem Bezug des schlesischen Quartiers, ist das Organisieren von gegenseitigen Besuchen mit den Schwabachs noch leichter als zuvor. Erik-Ernst und sein Freund sehen sich häufig: „Reizender Abend bei Brockhusens – deren Wohnung voll bunten Charme ist." Eine friedliche Stimmung liegt über Märzdorf. Erik-Ernst fühlt sich beglückt und zufrieden und tatendurstig: „Vor mir liegt treffliche Zeit zur Arbeit. Nutzen wir sie", schreibt er (TB1, 8.3.1916).

Wenn Brockhusen – „Er ist solch wertvoller Mensch" – aus Kaiserswaldau nach Berlin in seine Wohnung zurückkehrt, ist Schwabach traurig. Dann vermisst er etwas und hofft auf ein schnelles Wiedersehen. Sentimentale Erinnerungen an diese Zeit mit der Familie Brockhusen hat noch viele Jahre später auch der damalige Diener Scherrer notiert: „Wie schön war es immer, wenn sie immer mit dem Kutscher um die Ecke beim Inspektor gefahren kamen zum Kaffee oder zum Abendessen. Wie oft bin ich an die Tür gelaufen, um die Ankunft nicht zu verpassen, manchmal hatte ich auch Pech."[244]

Als der Sommer in jenem Jahr nach langen, heißen Wochen zu Ende geht, verstärken sich die schmerzlichen Gefühle des Abschieds: „Mein letzter Ferientag, der sich dem Ende zuneigt. In mir alle traurige Nervosität … Mit Brockhusen hatte ich heute früh eine Partie Schach. Wir spielen beide gleich stark (oder gleich schlecht). So hat dies Spiel tausend Reize", notiert er (TB1, 13.8.1916). Und wenig später, Mitte Oktober, als das Personal um den Diener Toni Scherrer das Schloss winterfest zu machen beginnt und sich die Schwabachs wie üblich mit ihrem Sohn Ernst-Joachim und der nun fast einjährigen Tochter Brigitte wie in den Vorjahren auf einen längeren Herbst- und Winteraufenthalt in der Berliner Wohnung vorbereiten, ist diese glückliche Zeit endgültig vorbei: „Sommer Ende … Waren gestern noch in K'waldau bei Brockhusens … Habe einige Bilder: Ährenfeld, Schloss, und Studien gekauft" (TB1, 13.10.1916).

Den Schwung des neu entfachten Interesses für die Malerei, das er bei sich entdeckt, nimmt Schwabach mit in die Hauptstadt. Diese Beschäftigung kann, davon ist er überzeugt, das Kalte und das Graue des Berliner Winters erträglicher machen. Angeleitet vom Freund versucht er sich im Aktmalen (TB1, 14.11.1916): „Gestern mit Brockhusen Aktzeichnen in einem Aktsaal. Ich bekam (natürlich) ohne Anleitung nichts fertig. Die Situation selbst unglaublich komisch. Heiss stinkend. … Man hat (dies interessierte mich) keinerlei persönliches Gefühl für die Nacktheit des Modells."

Beide diskutieren verschiedentlich über die erotische Dimension künstlerischen Schaffens. Für Erik-Ernst hat diese Seite des individuellen Ausdrucks große Bedeutung – seine Eskapaden, die Seitensprünge, die seine Ehe mehrfach, besonders aber zu genau dieser Zeit im Sommer und Herbst 1916 so stark gefährden, stehen in eigentümlicher, fast zwingender Verbindung hierzu. Anders gesagt: Nicht von ungefähr begeistert er sich für Aktporträts und lässt sich von Theo anleiten. Später, nach dem Tode seines Freundes, wird Schwabach ihn sogar als „seine Resonanz" bezeichnen (TB2, 24.4.1919). Zumindest Erik-Ernst kann man sich angesichts der mehrfach dokumentierten Untreue nur schlecht mit Pinsel und Staffage in den Feldern der schlesischen Umgebung vorstellen und (nur) Baumreihen, Hügel und Felder unter dem weiten Himmel malend. Er geht so weit und setzt die Erotik „als Notwendigkeit zum künstlerischen Schaffen" (TB1, 29. 8.1916) voraus. Er malt dann tatsächlich nicht nur im „Aktsaal", sondern auch in freier Landschaft einen Frauenakt!

Auch hier jedoch versucht Schwabach, die neue ästhetische Ausdrucksweise für seine anderen Ambitionen zu nutzen – etwa, wenn er vor sich begründet, warum dieser Akt künstlerisch betrachtet nur zweitrangig sei – das Bild „wurde besser als ich vermutete. Schlecht, weil keine Auffassung darin und Alles aus zweiter Hand" (TB1, 20.7.1916). Schwabach braucht diese Erfahrung aber, um Bühnenbilder für das Theater skizzieren zu können. Er ist in diesem Fall selbstkritisch genug, sich nicht zu überhöhen. Erik-Ernst bleibt realistisch ob seines Maltalents: „Denn es wäre Selbstbetrug", so schreibt er, „wollte ich die kleine Fertigkeit, die ich Dank Br. Hilfe im Zeichnen erwarb, als allzuhohen Gewinn einschätzen" (TB1, 19.8.1916).

Etwas später im Herbst reflektieren die Freunde über Bilder und deren Wirkungen auf den Betrachter oder die Betrachterin. Muss ein Bild nicht aus seinem Entstehungsprozess heraus gedeutet werden, müssen nicht der Künstler und dessen Umgebung und seine Kompetenz mit berücksichtigt werden bei der Rezeption oder sollte es allein und ohne jenes Wissen gedeutet, interpretiert und beurteilt werden, gleichsam losgelöst von Ort und Zeit? Schwabach blickt bei einem Besuch im November 1916 im Atelier des Freundes auf dessen „Frühlingsbilder" und konzediert künstlerische Fortschritte, die von Brockhusen in seiner Kaiserswaldauer Zeit gemacht habe, und notiert aufgeklärt entschieden (TB1, 20.11.1916): „Man muss Kunstwerke von ihrer Umgebung loslösen. Sonst gilt der Prophet nichts in seinem Vaterland."

Zu von Brockhusen hat Schwabach ein besonders enges Vertrauensverhältnis. Freundschaftlich verbunden über verschiedene Interessen – bei ihm spürt Schwabach, das lassen seine Notizen erkennen, nicht den Verdacht, jener wolle sich auf seine Kosten profilieren, ihn gar ausnutzen. Beide verbindet etwas Suchendes in ihrer jeweiligen künstlerischen Betätigung. Doch nicht nur dort: Auch bei anderen Anlässen wird das eigentümliche Verhältnis beider Männer deutlich; etwa wenn sie in Berlin flanieren, die Vossstraße vom Hause Herz, der Großeltern Schwabachs, hinunter, dabei zusammen in „Raumgeschäften" nach Brauchbarem und Schönem suchen. In einem Laden an der Potsdamer Brücke findet Schwabach mit dem Malerfreund „ein Porzellanfigürchen aus der Goethezeit, eine japanische Teracotta und einen entzückenden zierlichen Buddha aus Speckstein – für Spottgeld" (TB1, 26.11.1916). Oder sie gehen gemeinsam ins Kaiser-Friedrich-Museum oder in das alte und neue Museum in Berlin, um sich Plastiken, Bilder und in der ägyptischen Abteilung, die Schwabach besonders liebt, Artefakte anzusehen. Auch zu den Veranstaltungen und Vorträgen in der Deutschen Gesellschaft gehen beide oft gemeinsam.

Äußeres Zeichen der freundschaftlichen Verbindung wird 1916 die gedruckte Widmung, mit der Schwabach „dem Maler Theo v. Brockhusen" sein Schauspiel „Nur eine Liebe" überreicht. Es ist sein zweites Buch. Schwabach hatte es unter seinem Pseudonym Ernst Sylvester im Verlag der Weißen Bücher herausgegeben.[245]

Die intensiven Gespräche mit dem Malerfreund sind für Schwabach nicht immer leicht – oder ausschließlich angenehm. Zu unpolitisch, zu sehr fixiert auf seine Kunst ist er ihm in den Tagen, als der Krieg und die Erwartungen an den ersehnten Schluss, im Herbst 1917, Schwabach selbst ständig gedanklich fordern. An einer Stelle sagt er, dass Brockhusens sprunghafter, paradoxer Geist ihn nervös mache. Schwabach vergleicht ihn mit dem verfolgten Clown, der im Zirkus aus der Manege oder von der Galerie herab immer dann schreit, wenn man es am wenigsten von ihm erwartet (TB2, 16.11.1917).

Als von Brockhusen 1918 schließlich Präsident der „Secession" wird, schreibt Schwabach für den Ausstellungskatalog ein Blatt über Kunstbetrachtung (TB2, 21.4.1918).[246]

Die Freundschaft beider Männer ist jedoch nur von kurzer Dauer. Die Familie von Brockhusen lebt noch von 1916 bis 1918 in unterschiedlich langen Intervallen in Kaiserswaldau. Abgesehen von Reisen pendelt sie zwischen der Wohnung in der Sybelstraße in Berlin-Charlottenburg und Niederschlesien.

Im Sommer 1918, am 16. Juli, feiern die beiden Familien in Märzdorf dann den 36. Geburtstag des Malers mit einem sommerlichen Maskenball im Freien. Schwabach, im „Costüm mit Trikot und Perücke", tanzt ausgelassen, die Geburtstagsgäste ebenso. Man trinkt einiges an Alkohol, ein ganz heiteres und unbeschwertes Sommerfest auf dem Lande: „Für mich selbst war es schön", schreibt Erik-Ernst, „wennschon erschöpfend. Ganz hingeben. Der Musik und den Rythmen. Würde es kaum wiederholen können. Man braucht seltene Stimmung, um derart seine Hemmungen überwinden zu können" (TB2, 18.7.1918).

Es ist von Brockhusens letzter Geburtstag. Er war seit langem krank und schwach, sein Zustand ist über Monate hinweg beunruhigend. Zeit seines Lebens litt er unter Lungenproblemen. Schwabach bemerkt das Befinden seines maladen Freundes immer wieder und macht sich Sorgen. Dessen Tod im April 1919 kommt dennoch urplötzlich und überraschend und reißt nicht nur dessen Frau und Tochter in Verzweiflung. „Unerwartet und schnell ist mein Mann aus einem schaffensfrohen Leben gerissen worden", lässt Hildegard in der Todesanzeige formulieren. Auch Erik-Ernst ist fassungslos, seine Frau Lotte sogar einem Zusammenbruch nahe. In seinem Tagebuch (TB2, 21.4.1919) notiert er aufgelöst in tiefster Trauer:

21.4.1919 Ostermontag
Traurigster, schmerzlichster Tag. Brockhusen ist gestern Nacht gestorben. Hildegard telefonierte es mir heute früh. Es schlug mich wie Blitz. Ganz unerwartet. Fürchterlich. Ich hatte nie an die Schwere seiner Krankheit geglaubt. Tot nun mein bester Freund, mein einziger Freund. Ich liebte ihn ... Die Lücke, die er lässt in meinem Leben ist klaffend und nie zu schliessen. ... Er war ein Freund, in dessen Schuld ich ganz stand, der mir unzählige Male riet, half, mich unterstützte. Ohne, dass ich ihm anderes dafür gab als innigste Zuneigung. Der mein Gewissen war, mich liebte ohne zu schmeicheln. Der Rückhalt meines Seins. Nun fühle ich mich ganz hilflos. Nun merke ich, wie sehr ich tausend Gedanken nur im Zusammenhange mit ihm dachte ... Der Frühling, den er so erfasste und liebte, hat sich wieder verkrochen. Der Himmel ist grau. Es schneit und hagelt.

Von Brockhusen wird am 25. April in Berlin-Nikolassee begraben.[247] Dass Schwabach seinem Freund Theo von Brockhusen wegen einer schweren Grippe noch nicht einmal das letzte Geleit geben kann, potenziert seinen Schmerz. An Brockhusens Grab sprechen vor einer erschütterten Trauergemeinde unter anderem Max Liebermann und sein alter Freund, der Bildhauer Fritz Klimsch.

Von Brockhusens Tochter Sigwina stand Zeit ihres Lebens in engem Kontakt mit Schwabachs Tochter Brigitte, gegenseitige Besuche nach dem Krieg folgten. Sie starb 1995.

Exkurs: Dreharbeiten zum Film „Rübezahls Hochzeit".
Carl Hauptmann als Statist

Dass Schwabach im Einzelfall das Schloss oder eine Wohnung auf seinem Besitz in Schlesien kostenlos Freunden wie den von Brockhusens zur Verfügung stellte, war in seinem Freundes- und Bekanntenkreis bekannt. Die Unterbringung und die Verköstigung von Vertrauten stellten für ihn eine Selbstverständlichkeit dar. Er sah oder sondierte allerdings Vorteile für sich und für sein „Beziehungsgeflecht" zu anderen Künstlern.

Der Schauspieler und Regisseur Paul Wegener (1874–1948), der nach seinem ersten Stummfilm im Jahr 1913 nun, im Juli 1916, mit „Rübezahls Hochzeit" einen weiteren Film plante, suchte für die Dreharbeiten einen geeigneten Ort, um die Geschichte der mystischen Riesengestalt aus dem Riesengebirge angemessen erzählen zu können. Wegener stützt sich auf eine der zahlreichen Legenden, die sich um Rübezahl kreisen:

Der Berggeist Rübezahl verliebt sich in Wegeners Version in eine Elfe, die jedoch ein Auge auf den Hauslehrer im nahe gelegenen Schloss geworfen hat. Um ihm nahe zu sein, verwandelt sie sich in eine Gouvernante für die Tochter des Schlossherrn und nimmt dort eine Stellung an. Rübezahl lässt mit Zauberkraft den Nebenbuhler verschwinden, übernimmt dessen Stelle und erobert das Herz seiner angebeteten Elfe. Als Paar kehren sie in die geheimnisvolle Bergwelt zurück.

Der Regisseur hatte das Klischeebild eines einsamen „Märchenschlosses" im Sinn; es sollte alt sein und verwunschen aussehen, mit Türmen, üppigen Parkanlagen, weiten Wäldern, großer Dienerschaft, mit Pferden und Wagen. Schloss Märzdorf kam ihm in den Sinn.

„Ich machte mir – es war vielleicht abends um 10 Uhr – den Spaß, auf einem schlesischen Rittergut anzurufen, und mit einem Eilgespräch zu fragen, ob die mir bestens bekannten Besitzer evtl. Wegener und seine Mitarbeiter zu einer Filmaufnahme bei sich aufnehmen würden. Als dies bejaht wurde, machte es mir große Freude", erinnerte sich Wegener Jahre später.[248] Zwei Wochen dauerten die Dreharbeiten, und für die Familie Schwabach, aber auch für die Bewohner des Gutes, bedeutete der Trubel eine willkommene Abwechslung, halb Märzdorf spielte mit.[249]

Wegener, der mit diesem und anderen Stummfilmen als einer der ersten Regisseure in Deutschland dem Film eine eigene künstlerische Ausdrucksweise

Abb. 9: Ausflug in die Filmwelt:
Schwabach als Haushofmeister
vor dem Portal von Schloss Märzdorf.

Abb. 10: Carl Hauptmann als Statist
im Wegener-Film.

zumaß, übernahm selbst die Hauptrolle als Berggeist Rübezahl, seine Frau
Lyda Salmonova spielte die Elfe. Der Regisseur bietet Erik-Ernst Schwabach
die Rolle des Haushofmeisters an, eine bescheidene Statistenrolle. Er soll, im
langen schwarzen Frackrock und in grauer Hose, mit langen Koteletten und
Halbglatze, zwei Mal aus der Eingangstür treten, am Hauptportal des Schlosses stehen und dann mit schwungvoller, vornehmer Geste auf einen Aushang
weisen, mit dem die gräfliche Familie eine Gouvernante für die Tochter sucht.
Die Rolle ist klein, er wird im Vorspann nicht erwähnt. Das hat er mit einem
weiteren, überraschend im Film auftauchenden Akteur gemeinsam, mit Carl
Hauptmann, der zu jener Zeit ebenfalls Sommergast der Familie Schwabach in
Schlesien ist. Hauptmann, der ein Jahr zuvor Legenden und Mythen der Gestalt
zusammengetragen hatte, konnte deshalb gar als Rübezahlexperte gelten.[250] Er
ist im Film mit seinem markanten, eindrucksvollen Gesicht und dem typischen
Kinnbart vor einem Verkaufsstand zu sehen, in dem Moment als Rübezahl, nun
verwandelt als Mensch, an ihm vorbei auf dem Weg zum Schloss geht, um die
Elfe aus dem gräflichen Haushalt wegzulocken. Auch „Hassan", der dunkel-
häutige Diener, bekam von Wegener eine Statistenrolle.[251]

Erik-Ernst, neugierig und schnell begeistert für diese neue Art der künst-
lerischen Ausdrucksmöglichkeit, sieht in der Schauspielerei nicht wie seine Frau
Lotte eine „peinliche Prostitution des Körpers", sondern misst offen, unbeschwert,
aber auch etwas eitel für sich aus, ob und inwiefern die Schauspielerei seinen
Neigungen und Fähigkeiten entspricht. Zufrieden notiert er (TB1, 24.7.1916):
„Wegener spricht mir nach dem, was ich schauspielerisch vorführte, grosses
Talent zu. Dies meine Überzeugung auch. Sagte (ich) müsse zur Bühne. Dazu
keine Lust, weil meine Schöpferkraft, aus der auch Schauspielerisches entspringt,
sich in Dichtungen stärker offenbaren will. Auch in Regie. Also im Schaffenden.
Nicht im Nachschaffenden."

Hauptmann und Schwabach, die sich seit der Eröffnung des Leipziger Schauspielhauses im Herbst 1914 persönlich kennen, nehmen am 1. Dezember 1916
in Berlin im „UT" am Kurfürstendamm an der Uraufführung von Wegeners
Film „Rübezahls Hochzeit" teil.[252] Im Januar 1917, Erik-Ernst ist gerade eingezogen worden, bereitet die Familie seinem Großvater Hermann Herz zum
Geburtstag eine Überraschung und lädt, wie Schwabach aus einem Brief Theo
von Brockhusens erfährt, die Gratulantenschar ins Kino ein. Doch der alte
Mann amüsiert sich offenbar kaum, ein schlechter Einfall, der die gut gemeinte
Wirkung verfehlt. „Ich selbst fand schon immer die Idee gänzlich abstrus. Was
soll den alten Mann ein Wegenerfilm freuen, und spielte er auch ganz in Märzdorf" (TB2, 20.1.1917).

Es ist neben den Beispielen Brockhusen und Wegener noch eine weitere
Gelegenheit nachweisbar, dass Schwabach eine Wohnstatt auf seinem Besitz
zur Verfügung stellte. Franz Blei, der ebenfalls Märzdorf kannte und mehrere
Wochen lang im Frühsommer 1922 selbst dort als Gast verbrachte, dachte sofort
an das mäzenatische Potential von Schwabach, als er für einen damals wohnungs-
und mittellosen Freund eine Unterkunft suchte. Dieser Freund war Albert Paris
von Gütersloh (1887–1973), ebenfalls Schriftsteller, aber auch Schauspieler und
Maler, der nach einem Romaufenthalt und dem Abschluss eines Manuskriptes
nicht wusste, wo er ohne eigenes Einkommen unterkommen sollte. Blei weiß
Rat, ihm fällt gleich Erik-Ernst ein: „Ich schrieb Schwabach, dass Reichtum,
zumal ihn, verpflichte, und Raums genug in Schloss Märzdorf und Schloss
Kaiserswaldau sei, einen so charmanten Gast für Monate zu beherbergen."[253]

Leipziger Schauspielhaus

Mit dem Sitz der Deutschen Bücherei, Dutzender Publikums- und Spezialver-
lage sowie Druckereien, mit den Schriftsetzern und Grafikern, den Redaktionen
der Bücherzeitschriften und nicht zuletzt den Autoren selbst, die in der Stadt
lebten (zum Beispiel zeitweilig Werfel und Hasenclever), galt Leipzig schon
lange vor 1913 neben Berlin als die „Bücherhauptstadt" im Deutschen Reich und
als die „Mutter des deutschen Buchhandels".[254]

Die BUGRA als Weltmesse für Buchgewerbe und Grafik, die seit Anfang
1913 auf dem Messegelände unweit des Völkerschlachtdenkmals vorbereitet
wurde (und im Mai 1914 eröffnet wurde), stand als sichtbares und öffentliches
Zeichen dieser Bedeutung.[255] Dass die BUGRA nicht weiter reüssieren konnte
und es bei dem einmaligen Versuch blieb, einem breiten Publikum mit einem
„barrierearmen", geradezu populistischen, auf die Öffentlichkeit zielenden volks-
nahen Konzept sehr konzentriert neue Entwicklungen in der Buchkunst und

der zeitgenössischen Grafik zu vermitteln, ist wohl allein dem Ausbruch des Krieges im Spätsommer 1914 geschuldet.

Leipzig hatte zu dieser Zeit nach Berlin aber auch den Ruf als eine der wichtigsten deutschen Theaterstädte. Neben den drei städtischen Theatern Neues Theater am Augustusplatz, Altes Theater am Fleischerplatz und dem sogenannten Neuen Operettentheater boten das Battenberg-Theater mit seinem eher leichten Repertoire aus den Genres Liebeskomödien und Operetten und das Schauspielhaus abwechslungsreiche Programme. Das Schauspielhaus galt damals als das erste Haus am Platz. Sein Spielplan stand täglich an prominenter, erster Stelle im Kultur-Anzeigenteil der Zeitungen.

Das klassizistische Gebäude mit fünf Stockwerken war im Jahr 1874 als „Carl-Theater" eröffnet worden; es wurde wenig später in „Carola-Theater" umbenannt.[256] Kurz nach der Jahrhundertwende übernahm Anton Hartmann das Haus und gab ihm die neue Bezeichnung „Leipziger Schauspielhaus". 1902 wurde es – erstmalig unter dieser Bezeichnung – mit „Wallensteins Lager" eröffnet.[257] Das Theater, Bestandteil einer ganzen Häuserzeile in der Sophienstraße 17–19, beherbergte zur Straße hin den Verwaltungstrakt. Durch ein großes Tor gelangte man unter der Schrifttafel „Leipziger Schauspielhaus" in den eigentlichen Theatersaal.

Es war ein ehrwürdiges, echtes Privattheater. Das hieß, dass die Stadt „keine Subvention"[258] zahlte. Es bedeutete auch, dass die Besitzrechte, anders als bei Eigentum der öffentlichen Hand, veräußerbar waren. Die damaligen Eigentümer, die Friedrich'schen Erben, planten im Herbst 1913, das Theater zu verkaufen. Im Dezember 1913 besprachen Schwabach und Kurt Wolff gemeinsam mit Friedrich (Fritz) Viehweg, dem künstlerischen Leiter, in Auerbachs Keller den Plan, es tatsächlich zu erwerben. „Schwabach will das Schauspielhaus kaufen", notierte Wolffs Frau Elisabeth am 4. Dezember in ihr Tagebuch (TB EW2), nachdem sie mit ihrem Mann Kurt Wolff, Axel Ripke, Schwabach und Otto Erich Schmidt dort das Stück „Zum getreuen Ekkehart" gesehen hatte.

In den folgenden Tagen im Dezember 1913 kommt es zu konkreten Verhandlungen über den Kauf, an dem Wolff gemeinsam mit Schwabach beteiligt ist. Schon nach der zweiten Besprechung, die am 11. Dezember stattfand, machen Wolff und Schwabach erste Pläne über Besetzungen neuer Stücke. Beide reden über Schauspielerinnen, die sie am Haus halten beziehungsweise die sie neu engagieren wollen. Am 20. Dezember bereits ist der Kauf abgewickelt. Neue Eigentümer sind nun Schwabach, Wolff sowie Viehweg, der weiterhin für den Posten als künstlerischer Direktor vorgesehen ist. „Schwabach hat mit Kurt den Kauf des Schauspielhauses perfect gemacht und musste um 5 Uhr mit Herrn Friedrich den Kauftrunk nehmen: Burgeff grün brrr!", schreibt Elisabeth Wolff.[259]

Die Neubesitzer beauftragen den Architekten Otz Doerbecker, der das Haus umbauen und die bauliche Renovierung leiten soll. Als sich am 24. Januar Doerbecker, Kurt und Elisabeth Wolff ein Stück ansehen – „Vor Sonnenaufgang" von Gerhart Hauptmann – heißt es im Tagebuch: „Zum ersten Mal sitzen wir in unserer Loge, die seit dem Verkauf des Hauses uns das Recht der Benutzung gibt" (TB EW2, 24.1.1914).

Der Kauf, den maßgeblich der Bankiererbe mit vorangetrieben hat, markiert einen entscheidenden Schritt im mäzenatischen Wirken Schwabachs. Ohne seine Begeisterung für das Theater bleibt die ungewöhnliche Aktion unverständlich. Schon als Kind im Berlin der Jahrhundertwende hatte Erik-Ernst mit den Eltern oder den Großeltern Bühnenstücke gesehen. Der regelmäßige Besuch eines Theaters gehörte damals ganz unbedingt zum erzieherischen Kanon bürgerlicher und großbürgerlicher Schichten – die Familie Schwabach und die Familie Herz (die Großeltern mütterlicherseits) werden sich, auch angesichts der Begeisterung des Vaters von Erik-Ernst für Literatur, diesem „Zwang" nicht entzogen haben, sondern werden ihm häufig und gern gefolgt sein.

Später zelebrierte Erik-Ernst Theaterbesuche – in Berlin zum Beispiel im Deutschen Theater, im Palast-, Hebbel- oder im Lessingtheater, oft in Leipzig, gelegentlich in Dresden. Stets in Gesellschaft von Freunden (wie oftmals Theo von Brockhusen oder dem Ehepaar Wolff) und Autoren und Herausgebern (wie Ripke oder Carl Hauptmann), gehörten nach dem Besuch auch immer noch Abstecher in Kaffeehäusern und Bars dazu. Bei verschiedenen Gelegenheiten gesellte sich auch seine Frau Lotte hinzu.

Die Bühne bedeutete für Schwabach einen wichtiger Bezugspunkt in zweierlei Hinsicht: Zum einen begriff er sich als Jungautor, der selbst Stücke für das Theater schrieb und diese auch inszeniert sehen wollte; zum anderen bot sich ihm damit Ende 1913, kurz nach der Gründung des eigenen Verlages der Weißen Bücher, die Möglichkeit, sein Entree in die Welt der Literatur als junger Verleger, als Autor und nun auch als (Mit-)Besitzer eines Theaters auf spektakuläre Weise zu stärken und abzusichern.

Die „Leipziger Neuesten Nachrichten" schrieben am 22. Dezember in der Feuilleton-Beilage, dass die Übernahme durch die drei Herren „auf der Basis der zwischen den Friedrichschen Erben, als bisherigen Besitzern des Leipziger Schauspielhauses, und der Frau Hofrat Hartmann abgeschlossenen Verträge" erfolgt sei: „Die Direktion des Unternehmens, das nach Vornahme umfassender Renovierung im Herbst 1914 von den neuen Besitzern in eigene Regie genommen wird, führt der bisherige artistische Leiter des Theaters, Herr Fritz Viehweg."[260]

Sämtliche Engagementsverträge mit dem Schauspielerensemble sollten übernommen werden. Programmatisch hieß es in der Ankündigung, das Theater solle

„in der guten literarischen Tradition Hofrat Hartmanns weitergeführt werden".[261] Zuletzt standen im Dezember Stücke wie „Pygmalion" von Bernhard Shaw oder die Komödie „Der ungetreue Eckehart" auf dem Programm des Hauses.

Wie teuer die Übernahme des Theaters seinerzeit war, lässt sich nicht mehr klären. Es ist auch nicht bekannt, wieviel Geld Schwabach in den Kauf investierte. Kurt Wolff selbst schrieb in seinem Tagebuch über seine eigenen Kosten: „Übernehme L-er Schauspielhaus/Fundus f. 50.000/Caution 20000".[262]

Fünfzig Jahre später, 1964, sagte Kurt Wolff in einem Gespräch mit dem Buchwissenschaftler und langjährigen Cheflektor des Carl-Hanser-Verlags Herbert G. Göpfert (1907–2007): „Um das Theater zu übernehmen, mußte ein Häuserblock gekauft werden. Aber das kostete ja alles nur Papiergeld. Und auch dieses Papiergeld, das kam ja vom guten Schwabach."[263] Auch dieser Bezug auf „Papiergeld" (in der Inflation) ist ein Hinweis darauf, dass sich Wolff in der Zeitzuordnung vermutlich irrt.

Der Kauf ist für den weiten Bekanntenkreis um Wolff und Schwabach eine Überraschung. Die Entscheidung weckt sofort Begehrlichkeiten im unmittelbaren Umfeld der beiden, namentlich bei Walter Hasenclever. Er hatte in seinem Brief vom 22. Dezember 1913 aus Heyst sur Mer in Belgien, als der Besitzerwechsel erstmalig kommuniziert wurde[264], euphorisch an Wolff geschrieben: „Ich gratuliere, Herr Theaterdirektor! Ich bin erschlagen von Ihrem neusten Coup! Ich zweifle, obwohl aus heiterem Himmel überrascht, nicht im geringsten, dass Sie dies wieder allein genialiter managt haben. Ich finde es fabelhaft! Ich finde es ganz ausserordentlich! Ich gratuliere, Herr Theaterdirektor, mit dem Titel Exzellenz! Ich empfehle Ihnen mein Stück … Heute morgen las ich Ihr Werk in den L.N.N .... mein Stück ist revolutionär."[265] Aber auch René Schickele und andere horchen auf – sie sehen sofort Möglichkeiten für sich selbst.

Hasenclever, dessen Drama „Der Sohn" zu dieser Zeit gerade fertig ist, drängt ganz ungeduldig. Er hofft in diesem Zusammenhang, Kurt Wolff, den er zu dieser Zeit fälschlicherweise als den eigentlichen Impresario ansieht, von seinen Fähigkeiten zu überzeugen, und schlägt am 26. Dezember in einem weiteren Brief vor, „in dem neuen Theaterbetrieb ab Herbst 14 für mich eine kleine dramatisch-dramaturgische Stellung einzunehmen, die eine kleine finanzielle Basis hat".[266] Er möchte, so schreibt er in die Zukunft weisend, fest angestellt werden, um dann „als Intellektueller im Sinne Wolffs in litteris" tätig zu werden. Franz Werfel, so notiert Hasenclever weiter, käme dafür ohne Zweifel nicht in Betracht, weil dieser ja bereits als Lektor im Kurt Wolff Verlag engagiert sei. Deshalb sein Vorschlag, doch ihn zu berücksichtigen: „Ehe Sie nun jemand von auswärts kommen lassen, oder eine Wahl treffen, wollen Sie nicht bis Anfang Febr. auf mich warten? Ich hätte Ihnen wirklich Vorschläge zu machen!"[267]

Das tut Hasenclever dann auch. Er skizziert schon mal sein mögliches Arbeitsfeld, das er wie folgt umschreibt: das Lesen von eingesandten Manuskripten fürs Theater; die Übernahme repräsentativer Pflichten in Berlin sowie literarische Wertungen und die allgemeine Korrespondenz für das Leipziger Haus. Er schlägt außerdem die Gründung einer wöchentlichen Theaterzeitschrift vor und regt Plakate und ihre Gestaltung an. Aus all diesen Ideen ist jedoch nichts geworden. Seine Angebote wurden nicht akzeptiert.

Das mag auch daran gelegen haben, dass Wolff als Freund von Hasenclever in dieser Zeit eben nicht die vermittelnde oder dessen Ideen forcierende Rolle gespielt hat, wie es sich Hasenclever vielleicht erhofft hatte. „Sie wissen, daß ich auf das Schauspielhaus in keinem Sinne irgendwann Einfluß nehme und nehmen kann", schrieb Wolff bei späterer Gelegenheit an ihn.[268] Doch zum Zeitpunkt nach Fertigstellung des „Sohnes" unternahm Hasenclever einige Anstrengungen, um sein neues Stück einem renommierten Hause und einem bekannten Regisseur anzuvertrauen. Martersteig war einer derjenigen, die vom Autor selbst angefragt wurden. Max Reinhardt, damals Direktor des Deutschen Theaters in Berlin, war ebenfalls im Gespräch. Dort in Berlin, in den Kammerspielen des Deutschen Theaters, gelangte „Der Sohn" schließlich, im Herbst 1918, zur Aufführung.

Auch das Schauspielhaus in Leipzig spielte in den Sommermonaten 1914 in dieser Hinsicht eine Rolle: Hasenclever versuchte zwar geschickt und leidenschaftlich, aber letztlich doch erfolglos, in eigener Sache und mit Hilfe von Kurt Wolff, mit Reinhardt in Berlin zu einem Abschluss zu kommen. Er macht Vorschläge für parallele Angebote an Martersteig und Reinhardt. Er bittet Anfang Juli brieflich Wolff sogar, Max Reinhardt in Berlin mit der Aussage zu „erpressen", Martersteig plane bereits die Uraufführung für das Stadttheater Leipzig.[269]

Doch er äußert eine Fehlbitte: Kurt Wolff war hier nämlich als Ansprechpartner und Vermittler ungeeignet. Jener betrachtete den Kauf des Theaters und seine neue Rolle als „Theaterdirektor" in einer Rückschau ja eher als Belustigung denn als ernstzunehmende Tätigkeit. Er hat auf die Frage nach der Theaterübernahme geantwortet: „Ja, aber das war eigentlich nur mit … Erik-Ernst Schwabach zusammen und ein Spaß. Das müssen Sie nicht ernst nehmen. Das war so einer der Unfuge, die man in der Inflation betrieb."[270]

Die Kontakte zwischen den Ehepaaren Wolff und Schwabach sind kurz vor Beginn des Krieges, im Sommer 1914, intensiv. Neben der persönlichen Wertschätzung, die Elisabeth Wolff Lotte Schwabach gegenüber zum Ausdruck bringt (nicht aber Schwabach selbst!), spielen bei diesen Begegnungen jetzt auch stets das Schauspielhaus und die bevorstehende Eröffnung eine Rolle. „Schwabachs sind für die Bugra aus Märzdorf gekommen. Frau Schwabach sieht wunderhübsch aus mit einem rosa Hut. Wir essen gemeinsam, dann gehen

Schwabachs mit Kurt zur Bugra, dort treffe ich sie um 6 Uhr. Wir plaudern, sehen verschiedene Häuser an, trinken im Haus der Frau Tee, fahren ins Schauspielhaus, wo wir den sehr gemeinen und für meine Begriffe ganz witzlosen Schwank Rechtsanwalt Tantalus sehen. Essen danach im Hotel Haufen zu Abend. Schwabach ist mir immer gleich unerträglich, unhöflich mit seiner Frau" (TB EW3, 1.7.1914).

Zwei Tage später fahren beide Ehepaare mit dem Zug erneut nach Märzdorf. In Liegnitz werden sie mit dem Auto abgeholt: „Die Fahrt ist furchtbar warm und staubig. In Märzdorf empfängt uns der kleine Schwabach, ein reizendes Kindchen mit wunderbaren schwarzen Augen: Er sitzt schon und ist doch erst vier Monate alt. Gleich seinem Vater verblüffend, macht auch schon dessen Schnute" (TB EW3, 1.7.1914). Wolffs bleiben dort eine Woche lang.

Dass Kurt Wolff kurz darauf mit Gedanken und Taten nicht wie Schwabach beim Theater war, ist verständlich. Anders als Schwabach, der erst später eingezogen wurde, bekam Wolff schon unmittelbar vor Kriegsbeginn seinen ersten Stellungsbefehl und die Mobilmachungsorder. Sie lautete: Adjutant bei einer Landwehr-Infanterie-Formation. Gerade einmal dreizehn Tage dauerte die Mobilmachung, dann meldete seine Einheit die Alarmbereitschaft. Am 14. August 1914 ging der Transport vom Mombacher Bahnhof in Mainz Richtung Westen.

Wolffs Dienst führte ihn zunächst nach Montmédy in Frankreich, dann nach Südbelgien. Er erlebt die ersten, zum Teil schweren Kämpfe an der Westfront mit; er ist Teil des Kampfgeschehens mit toten deutschen und belgischen Soldaten, mit Pferdekadavern am Straßenrand, mit Elend und Chaos in den Städten der Ardennen, mit blanker Not der Bauern auf den Dörfern. Wolff zieht mit der Infanterie-Kompanie über Sedan weiter ins belgische Löwen, nach Lüttich und Brüssel; dann im Oktober 1914 nach Gent und Ostende. In diesen Monaten, in denen Schwabach und Viehweg an kaum etwas anderes dachten als an die baulichen Erneuerungen im Haus in der Sophienstraße, die bevorstehende Eröffnung und einen ehrgeizigen Spielbetrieb, hat Kurt Wolff in seinem Bataillon der hessischen Landwehr ganz andere Sorgen.

Er ist, so notiert er in seinem Kriegstagebuch unter dem 29. Oktober, zu der Zeit also, als 700 Kilometer weiter östlich die Eröffnung des Schauspielhauses bevorstand, „reitdienstunfähig", will aber nicht in die Garnison zurück, sondern möchte lieber im Stab bei der „Ecellenz Seckendorff", seinem kommandierenden Offizier, bleiben. Dieser ist einverstanden: Wolff wird denn auch dem Stab zugeteilt, weil Seckendorff dem zuständigen Generalstabschef „in so schmeichelhaften Tönen" über ihn berichtet, nämlich „als einen Offizier, der sich in der Front ausgezeichnet hat", dass Wolff tatsächlich in der Etappe bleiben kann.[271]

In Leipzig arbeiten derweil Elisabeth Wolff, Schwabach und Viehweg an den Plänen. Da alle drei Parteien Besitzrechte haben, kann niemand allein Entscheidungen treffen. Schwabach hat jedoch einen eigenen Blick auf das Unternehmen. Auch dieses neue Engagement dient ihm dazu, sich aus gewichtiger Position heraus zu zeigen, trotz innerer Bedenken und den gelegentlichen Momenten der eingestandenen Schwäche und dem Gefühl der Isolation. Er fühlt sich ebenbürtig mit anderen Theaterleitern, auf einer Stufe mit Verlegern und das heißt: auch auf höherer Stufe im Vergleich zu angestellten Dramaturgen und lohnabhängigen Schauspielern. Seine Stellung katapultiert ihn in eine vergleichbare Position wie schon bei den „Weißen Blättern": Er kann qua Kapital an entscheidender Stelle wirken und eigene Ideen umsetzen. Es gibt keinen Intendanten über ihm – Schwabach ist der Intendant. Er fühlt sich jedenfalls so. Im „Konversationszimmer" des Schauspielhauses wird wenig später ein Porträtbild von ihm nebst Widmung hängen. Auf Anfragen offenbart er diese Sonderrolle kaum, und wenn, dann nur verbrämt: So teilt er dem Schriftsteller und späteren Wirtschaftsberater Egmont Farussi-Seyerlen (1889–1972) auf dessen Angebot zur Mitarbeit mit, jener müsse wissen, dass er, Schwabach, „ja nicht allein über das Leipziger Theater bestimmen kann" und sich „infolgedessen mit anderen Herren besprechen" müsse. Nur wenig später drückt er seine Hoffnung aus, „er werde im Laufe der Jahre etwas tatsächlich Gutes" schaffen, wenn es ihm gelänge, das „nicht gerade ideale Leipziger Publikum zum Guten zu erziehen".[272]

Ihm ist ebenfalls klar, dass „sein" Theater in Leipzig nicht mit den großen Häusern in Berlin oder München mithalten kann. Das Unternehmen ist jung und im Aufbruch, etablierte, erfahrene und bereits populäre Schauspieler wie der von Schwabach verehrte Albert Bassermann, der zu dieser Zeit unter Max Reinhardt am Deutschen Theater in Berlin arbeitet, stehen für ein dauerhaftes Engagement nicht zur Verfügung. Bassermann tritt lediglich einmal als „Gast" auf.[273] Viehweg und Schwabach müssen mit den rund 40 angestellten (und noch nicht eben bekannten) Schauspielerinnen und Schauspielern arbeiten, darunter unter anderem auch Emmy Rehe-Rowohlt[274] und Lina Carstens. Schwabachs Einschätzung fällt deshalb nüchtern aus: „Indessen ist das Schauspieler-Material, wenn auch nicht gerade schlecht, so doch nichts mehr, als eben guter Durchschnitt und dies wird sich aus Gagerücksichten kaum ändern lassen."[275]

Noch einige Zeit nach Unterzeichnung des Kaufvertrages firmierte das Schauspielhaus öffentlich (etwa in den Anzeigen der Zeitungen) als im Besitz der Friedrich'schen Erben und unter der Direktion von Anton Hartmann. Erst am 31. Juli 1914, also am Vorabend des Kriegsbeginns, endete der Spielbetrieb unter der alten Leitung. Die zunächst für das Wochenende am 1. August (Samstag) und am 2. August (Sonntag) noch angekündigten letzten beiden Vorstellungen des Stückes „Der milde Theodor" fielen aus. Das Theater sagte kurzfristig die Aufführungen ab, weil „infolge der militärischen Einberufungen einiger männlicher Mitglieder des Ensembles im Schauspielhause das Repertoire nicht eingehalten werden konnte. … Die neue Direktion, die, wie wir schon früher mitteilten, aus den Herren Direktor Vieweg, Verlagsbuchhändler Kurt Wolff und Rittergutsbesitzer Schwabach sich zusammensetzt, wird voraussichtlich am 19. September ihre Tätigkeit beginnen".[276] Das war der Plan, und die Umbaumaßnahmen, auf die sich die neuen Besitzer verständigt hatten, begannen unmittelbar danach, am 3. August.

Es gibt gerade jetzt, im Spätsommer 1914, diese Momente, in denen Schwabach sich (und sein Vermögen) überschätzt, in denen er darüber sinniert, zum Beispiel auf seine Autos zu verzichten; in denen er sich, auf sich allein gestellt, vor einem Zuviel an Planungen fürchtet; in denen er sich nach vertrauter Unterstützung sehnt. Die erwartet er sich nicht von Vieweg, mit dem er jetzt praktisch täglich zu tun hat, auch von seiner Frau Lotte nicht, die das Leipziger Abenteuer eher skeptisch und distanziert sieht und ihn in diesen Wochen kaum besucht. Kurt Wolff ist es, der auch hier wieder in seinen Gedanken ist: „Ich wollte", so schreibt Schwabach (TB1, 18.9.1914), „ich fände einen Mitarbeiter. Jemanden, der mich anspornt, denn das brauch ich, leider. Irgendeinen gleichgestellten Mann. Wie Wolff zum Beispiel. Ich kann Tadel vertragen." Doch Wolff ist weit weg. Schwabach trägt als Ko-Eigner, so sieht er das, die alleinige Verantwortung. Vieweg zählt für ihn kaum.

Hinzu kommt, dass die Ereignisse der ersten Kriegswochen und die häufiger werdenden Meldungen von Niederlagen und Verlusten an der Westfront im besetzten Belgien oder an der Ostfront in Galizien – nach der Begeisterung, die (nur kurz) zu Beginn das gesellschaftliche Leben im Deutschen Reich beherrscht hatte – nun für große Ernüchterung bei der Zivilbevölkerung sorgen. Elisabeth Wolff verrichtet wie viele andere Frauen Dienst an der „Heimatfront": Sie strickt, kocht Suppe und wärmt Kaffee auf, schmiert Brote für Soldaten, die mit Verwundetentransporten am Leipziger Hauptbahnhof ankommen, sie assistiert als Hilfskrankenschwester. Durch ihre Schilderungen wird deutlich, wie stark Menschen wie sie, Zivilisten also, von dem Krieg und seinen fürchterlichen Folgen berührt sind, auch wenn sie weit entfernt vom eigentlichen Kriegsgeschehen leben: „Kopf- und Armwunden sind am häufigsten" (TB EW3, 3.9.1914), beobachtet sie, die bei verschiedenen Gelegenheiten Schwerstverletzte betreut.

Die Konsequenzen springen jedem Zeitgenossen, der sich etwa aus den seriösen Blättern informiert, in brutaler Schonungslosigkeit ins Auge. Einen Großteil des Anzeigenplatzes in den Leipziger Tageszeitungen, dort wo sonst ganzseitige Anzeigen etwa für das Kaufhaus Bamberger am Augustusplatz standen, machen nun die immer länger werdenden sächsischen und preußischen Verlustlisten mit den Namen der Toten und Verwundeten aus. Hunderte von Namen gefallener Soldaten füllen schon Mitte Oktober viereinhalb große Zeitungsseiten. Sogenannte Liebesgaben, so lesen die Bewohner Leipzigs und anderer Städte nun, sollen Bürger spenden und an die kämpfenden deutschen Soldaten schicken: Militärsocken, Pulswärmer, „Hals-Schals" und Unterbekleidung vorrangig. Ein Unternehmen bietet aber auch versandfertig verpackte Schildkröten- und Ochsenschwanzsuppen für die Truppe an. Für die Pläne zur Theatereröffnung heißt dies alles: Der ursprünglich anvisierte Termin (19. September) lässt sich kriegsbedingt nicht halten.

Schwabach engagiert sich mit Nachdruck und großer Leidenschaft. Er nimmt auch persönliche Opfer auf sich, etwa die zeitweilige Trennung von seiner Frau, die in Berlin beziehungsweise Märzdorf blieb. Am 22. September 1914 zog er „Verlags- und Theaters wegen auf Wochen nach Leipzig" (TB1, 21.9.1914), um sich ganz dem neuen Unternehmen, kurz vor dem Start, widmen zu können. Es sind für ihn Tage des Aufbruchs. Das neue (eigene) Theater wird aufwändig renoviert – vom Architekten Doerbecker, der es im Auftrag der Eigentümer umbaut. Für 1100 Zuschauer soll es danach Plätze geben, Doppelvorführungen sollen möglich sein. Nun sind Planungen zu berücksichtigen, Spielpläne zu schreiben, Regisseure sind zu verpflichten, und wenn es finanziell geht, neue Schauspieler, auch wenn es nicht für Bühnenstars wie Bassermann reichen wird. Einzelne Regelungen geben den Beteiligten Orientierung: „Genossenschaftsverträge werden nicht geführt. ... Den Solomitgliedern und den weiblichen Chormitgliedern wird das historische Kostüm geliefert".[277]

Schwabach ist immer dann wieder begeistert, wenn es konkret wird, wenn er Schauspieler ansprechen kann, wenn er sich über Skripte beugt und für sein Theater arbeitet. Dann sind die Augenblicke des Selbstzweifels weg. Die Stadt, in der er sich bereits um seinen Verlag (der Weißen Bücher) kümmert, in der er seine weiteren Arbeiten als Autor, Kritiker und nun auch als Theaterbesitzer plant, erscheint ihm jetzt, im Herbst, wie ein „Exil", wo er als „ein möblierter Herr" wohnt, umgeben von dem „unmöglichsten Nippes": „Ich komme mir fast vor", schreibt er beschwingt, „wie ein Student im ersten Semester" (TB1, 22.9.1914). Und wie ein Student, etwas unsicher, gleichzeitig aber im Bewusstsein, dass jetzt ein neuer Zeitabschnitt für ihn beginnt, schaut Schwabach auch auf die vor ihm liegenden Möglichkeiten. Zwar liegt Vieles noch im Ungewissen, zum Beispiel, ob das Theater erfolgreich sein würde, aber die Ansätze sind verheißungsvoll: Er würde nun ganz maßgeblich die Spielpraxis im Schauspielhaus bestimmen können – eine Funktion, die derjenigen als Verlagsleiter bei den Weißen Büchern ähnlich ist.

Und auch wenn er Kurt Wolff grundsätzlich als vertrauten Freund vermisst – den Wert seiner Unabhängigkeit kennt Schwabach gut: Kurt Wolff konnte und würde ihm als Miteigentümer nicht reinreden.[278] Aber anstelle von Kurt engagiert sich nun dessen Frau Elisabeth. Sie ist auch regelmäßig mit dem Architekten im Gespräch, sie sucht Stoffe für Sitzbezüge und Vorhänge aus, kümmert sich um Details wie Tapetenauswahl und stellt sogar einen Antrag bei der Leipziger „Baupolizei" wegen einer neuen Eisentreppe[279].

Die euphorische Stimmung wird jedoch wieder und wieder getrübt durch die Eindrücke der ersten Kriegswochen, den Nachrichten von früh gefallenen Bekannten oder jenen, die als Soldat „im Felde" sind, wie zum Beispiel Kurt Wolff. Schwabach selbst ist ja noch nicht Soldat. In seinem Tagebucheintrag berichtet er einerseits begeistert über Fortschritte beim Neuanfang: Der „Bau des Schauspielhauses geht vorwärts. Es wird wunderschön." Andererseits klagt er: „Wenn doch kein Krieg wäre. Aber Krieg ist entsetzlich, und Leipzig im Krieg noch schrecklicher als sonst. Auch fehlen einem hier plötzlich alle. Von Kurt Wolff zu schweigen, Werfel, Hasenklever (sic!). Selbst die altern Gesichter Schwab, Seiffhardt. Alles fort" (TB1, 22.9.1914).

Es ist eine traurige Bilanz, die Schwabach zu dieser Zeit zieht. Unter anderem steht die Fortführung der „Weißen Blätter" in seinem Verlag in Frage. Freunde und Bekannte sind kriegsbedingt aus Leipzig wegkommandiert, und die düsteren Eindrücke aus den ersten Kriegswochen versetzen ihn in eine zunehmend depressive Stimmung: „Ich habe von den Unsummen kein Vergnügen gehabt. Nicht einmal das: Hunderttausende für eine Frau zu verschwenden, um sie einmal zu haben – darin liegt mehr Sinn, als in meinen Ausgaben" (TB1, 18.9.1914).

Andererseits brechen während der nun konkreter werdenden Planung mit Blick auf den Eröffnungstermin, der jetzt für Ende Oktober terminiert ist, immer wieder sporadisch pure Freude und Leidenschaft aus. Je näher der Termin des ersten Vorhangs rückt, in dem Maße, wie der Theaterbau wächst beziehungsweise die Renovierung und die Planungen konkrete Fortschritte machen, packt Schwabach immer größere Begeisterung.

Anfang September überlegt er gemeinsam mit Viehweg und Elisabeth Wolff, mit welchem Stück sie das Haus eröffnen wollen. Denn das ist noch nicht klar. Immer noch dringen Anfragen von Autoren zu ihm mit Vorschlägen. René Schickele zum Beispiel unterbreitet Schwabach in jenen Tagen (TB1, 7.9.1914) den Plan, eine volkstümlichen Revue aufzuführen. Schwabach hält die Idee für gelungen, doch zu einer weiteren Konkretisierung, gar zu einer Aufführung kommt es dann doch nicht. Auch mit Gerhart Hauptmann steht er in Kontakt und überlegt, ob sich dessen Komödie „Schluck und Jau" eignen könnte. Hauptmann will sich das Stück „noch einmal ansehen und Herrn Schwabachs Wunsch nach einer Vorgabe für eine Musteraufführung des Stücks zu befriedigen suchen", wie er in einem Brief an den ehemaligen Wiener Burgtheaterdirektor Paul Schlenther schreibt.[280]

Der Theaterbesitzer Schwabach sieht sich auch Stücke in anderen Häusern an, in Dresden etwa. Er liest viel Dramatisches – immer den Blick auf Spielideen gerichtet, die er für „sein" Haus nutzbar machen könnte: Ernst von Wildenbruchs „Väter und Söhne", ein naturalistisches Drama von 1888, dazu tragische Szenen des Zeitgenossen Max Dauthendey zum Beispiel. Er räsoniert über die Möglichkeit, ein Stück von Keyserling oder „Es braust ein Ruf" von Gaus zu geben. Doch alle diese Ideen werden letztlich nicht berücksichtigt.

Mit den zumeist jungen Schauspielerinnen (u. a. Hedwig Herder – „sie verspricht viel, hat aber noch zu viel Theaterschule", TB1, 29.10.1914) und den Schauspielern, etwa Edgar Klitsch, Bernd Aldor und Julius Donat, sind Viehweg und Schwabach ständig im Gespräch. Sie proben jetzt unter anderem das „Hohe Spiel" (des schwedischen Autors Ernst Didring) und den „Philotas", einen Einakter von Lessing. Für Klitsch, 1887–1955, stellte sein Engagement in Leipzig den Beginn seiner Karriere dar. Nach einer Reihe von Tätigkeiten in Dresden, Hamburg, Berlin und Frankfurt wurde er später Intendant in Mainz. Aldor, 1881–1950, ein jüdischer Schauspieler, begann seine Laufbahn in Wien, spielte später in Czernowitz, Trier und Dresden. Er wirkte in einer Reihe von Filmen mit. Zu Donat, der kurz darauf als Soldat eingezogen wird, hatte Schwabach zwar kein besonders enges Verhältnis, aber er ist der erste aus seinem engeren Bekanntenkreis, der im Krieg stirbt: „Sale guerre. Er war ein stiller, netter Mensch. Und zuverlässig. Ich hatte von Anfang an das Gefühl, dass er fallen würde" (TB1, 22.12.1915).

Auch inhaltlich, bei der Arbeit etwa an den Theaterstoffen, an den Dialogen für die Bühne, nimmt er entscheidenden Anteil: Er weiß und er nimmt ohne Umstände für sich in Anspruch, dass er Text- und Spielanweisungen geben kann, auch wenn Viehweg künstlerischer Leiter ist. Bei den nun intensiver werdenden Proben für das „Hohe Spiel" sitzt er gelegentlich stundenlang und streicht großzügig im Text mit dem Ziel prägnanterer Dialogsätze. „Man muss sich nicht vor Streichen fürchten", schreibt er (TB1, 22.10.1914). „Auch wenn man, wie dies bei ‚Hohes Spiel' weniger der Fall ist, gute Sätze streichen muss. Der geistreichste Dialog, der beim Lesen noch so erheitert, kann auf der Bühne ermüdend wirken. Man vergesse nicht, dass Drama Handlung bedeutet."

Vier Wochen später ist klar: Wolff, Viehweg und Schwabach wollen das Haus mit einem bunten Abend eröffnen, doch diese Absicht halten sie angesichts der Kriegswirklichkeit nicht lange durch. Lessing und Didring sind gesetzt. Ob sie einen Kriegseinakter Carl Hauptmanns mit berücksichtigen, ist noch nicht ganz klar. Das sind keine Erbauungs- oder leichte Stücke. Sie überlegen, ob diese Thematik wirklich passend ist und dem Publikum zugemutet werden kann. Nach der Probe eines Hauptmann-Stückes formuliert Schwabach seine Empfindungen so: „Die Eröffnung des Schauspielhauses dichtet sich zu einem grossen Bild. Die

Stimmung der Gefallenen. Stimmung in Schwarz. Mit erlösendem Aufreissen
am Ende. Hauptmanns ‚Toten singen‘" (TB1, 5.10.1914).

Viehweg und Schwabach wollten sich zunächst also auf eine Mischung von
ernsten, modernen und leichten Stücken konzentrieren, so wie es Schwabach
im Juni bereits formuliert hatte. In jener frühen Einschätzung über zu spielende
Bühnenstücke hatte er an Farussi-Seyerlen geschrieben: „Das Leipziger Schauspielhaus ist ein Durchschnitts-Provinz-Theater, wo Klassiker kaum gegeben
werden. Das Repertoire wechselt zwischen modernen Stücken und Possen. Diese
Verbindung, die für Berliner und wohl auch Münchener Verhältnisse undenk-
bar erscheint, ist für Leipzig die richtigste und ich begrüsse diese Verbindung
umsomehr von dem Standpunkt aus, dass man aus dem grossen Verdienst der
Possen heraus Experimente auf literarischem Gebiete bringen kann."[281]

Schwabach ist in dieser nervenaufreibenden Zeit hin- und hergerissen. Immer
wieder zweifelt er an seinem Tun, ergeht sich in Selbstbeschwörungen. Während
der Proben, kurz vor dem großen Tag Ende Oktober, notiert er: „Ich wollte
ich wäre irgendwo allein. Ein armer Kerl. Nur meine Persönlichkeit als Vermögen. Wie anders sähe mir die Welt aus. Aber schöner vielleicht. Denn dann
wäre Erfolg reiner Erfolg, Lob wäre Lob, und Freundschaft Freundschaft" (TB1,
20.10.1914).

Andererseits: Die Freude, die er abseits dieser depressiven, unsicheren
Momente spürt, ist groß. Das Theater, so resümiert Schwabach dann (TB1,
28.10.1914), sei vielleicht doch sein „ureigenstes Element".

Die Spielfolge des Eröffnungsabends verändert sich noch einmal. Alles, was
an leichtem Stoff geplant war, ist durch die Eindrücke vom Krieg überholt; von
den Nachrichten zunehmend zerdrückt, die zwar noch Zuversicht ausstrahlen
und Hoffnungen auf ein baldiges Ende befeuern; die aber doch immer negativer
werden. „Wenn man wieder an diesen entsetzlichen Krieg denkt, kommt einem
Kunst überhaupt so überflüssig vor. Aber nicht nur Kunst. Handel, Gewerbe,
Essen, Trinken, Alles. Aber man soll sich von solch augenblicklichen Stimmungen nicht niederschlagen lassen. … Ich hoffe in dieser Woche auf den grossen
Sieg", schreibt Schwabach wenige Tage vor der Eröffnung (TB1, 26.10.1914).

Erst kurz vor dem großen Abend steht fest: Das renovierte Schauspielhaus
Leipzig wird die neue Spielzeit am 31. Oktober 1914 mit der Uraufführung des
Kriegsstücks „Die Toten singen" von Carl Hauptmann (bearbeitet nach „Aller-
seelennacht" aus Hauptmanns dramatischen Szenen „Aus dem großen Kriege"[282])
in Verbindung mit Lessings „Philotas" beginnen – auch dieses Trauerspiel hat
kriegerische Handlungen zum Thema. Kurzfristig konnte das Winderstein-
Orchester verpflichtet werden.[283] Es spielte unter anderem die Trauermusik zum
Tode Siegfrieds aus Wagners „Gotterdammerung"; ernste Stoffe also, die das
seinerzeit alles beherrschende Thema, den Krieg, in den Mittelpunkt stellen.

Zu Hauptmanns Einakter verkündet der im Dezember 1914 herausgegebene Verlagsprospekt: „Eine Reihe starker, kurzer Kriegsszenen, die mit prägnanter Schärfe vieles, was wir in der jetzigen erschütterlichen Zeit nur dunkel erleben, beleuchten. Sie sind aus Sehnsucht zur Seelenwahrheit entstanden".[284]

Es wird also kein „bunter Abend". Mit der ernsten Ausrichtung passt sich das Schauspielhaus seinen lokalen Konkurrenten an: Die Ankündigung etwa von Liebeskomödien sucht man in den Annoncen und auf Theaterzetteln in jenen Tagen bei weiteren Häusern in Leipzig und anderen Städten vergebens. Jetzt, im Herbst 1914, wird auf Leipziger Bühnen „Lohengrin" gegeben (im Neuen Theater) oder die „Hermannschlacht" (im Alten Theater). Wenn eine Operette angekündigt wird, muss es nun eine „patriotische" sein – wie „Der Feldprediger" im Neuen Operetten-Theater.

Bei der Uraufführung lernen sich Hauptmann und Erik-Ernst Schwabach dann auch persönlich kennen. Einen Tag nach der Eröffnung, am Sonntag, den 1. November, kommt es zur Erstaufführung von Didrings Dreiakter „Hohes Spiel".

Zu dieser Zeit bestimmen fernab von Leipzig halbwegs entspannte Gedanken die Lebensumstände des Kriegsteilnehmers Kurt Wolff. An das Theater, das seit Wochen die ganze Aufmerksamkeit seiner beiden Mitstreiter und seiner Frau in Anspruch nimmt, denkt er nicht. Über den Monatswechsel von Oktober in den November 1914 hinein wohnt Wolff im „Hotel de la Poste" und kümmert sich um Tischordnungen für Diners des Offizierskorps: „Gemeinsame Mahlzeiten finden mittags um 1 Uhr und abends 8 Uhr im großen Speisesaal an Hufeisen-tafel statt. Die Verpflegung ist ausgezeichnet, für meinen Begriff zu luxuriös. Jede Mahlzeit: hors d'oevre, Suppe, 2 Gänge, Speise, Obst, Kafee, Liköre. Dazu deutsche und französische Weine in großer Anzahl. Alles zahlt die Stadt Gent" (TB KW, 30. und 31.10.1914).

Die zumindest für diese kurze Periode spürbare Gelassenheit Wolffs speist sich aus großer Siegeszuversicht, die er so zum Ausdruck bringt: „[W]ollen in acht Wochen mit Frankreich fertig sein und dann mit grossen Kräften im Osten die Offensive ergreifen; werden dann Frieden mit Russland schließen" (TB KW, 1.1.1915). Postverkehr und Telegrafenbetrieb sind möglich, wenn auch mit Unterbrechungen. Wolff bekommt Briefe von seiner Frau Elisabeth nach Gent, schickt selbst Privattelegramme an sie, was gelegentlich dann möglich ist, wenn er den zuständigen Kameraden mit einer Flasche Champagner oder Wein „animiert", vulgo: besticht.

Persönliche Begegnungen und Kontakte zu Freunden und Bekannten des „alten" Lebens sind ganz spärlich. Wolff ist in dieser Lage voll und ganz Soldat. Erst während seines Fronturlaubs Ende Oktober, als er nach dem Heimaturlaub von Darmstadt nach Frankfurt und Koblenz erneut zum westlichen Kriegsschauplatz Richtung Sedan fährt, trifft Kurt Wolff im dortigen Wartesaal Hasenclever, den er als „vergnügt, lebendig wie immer" (TB KW, 23.10.1914) in Erinnerung behält, und isst mit ihm zu Mittag.

Um das Schauspielhaus kümmert sich für ihn weiter seine Frau. Er erlebt so viel hinter der Front in der Etappe, trifft so viele Soldaten, liest ab Jahresbeginn 1915 als „Zensor" Briefe von Belgiern im Rahmen der „Postprüfung" in der Etappeninspektion (mit Hilfe von Dolmetschern und Mitarbeitern kommt er auf 1000 Briefe täglich); er organisiert Besuche aus Berlin an die oder in die Nähe der Front. Anfang Februar 1915 „gibt" er den Pressesprecher der Armee für 14 Chefredakteure (von der täglichen „Rundschau", von den Ullsteinblättern etc.), die aus Brügge kommend nach Gent fahren. Sie werden dort von Wolff, dem „Bärenführer", wie er sich selbstironisch nennt, herumgefahren bis zur belgisch-holländischen Grenze zu einem Besuch des Lazaretts, sogar der Garnisonsbäckerei. Die Gäste wollen sich für ihre Berichterstattung vom Kriegsgeschehen ein Bild machen.

Der Soldat Kurt Wolff kann sich Abwechslung, Zerstreuung, Nachdenken über sein Verlagshaus in Leipzig kaum leisten. Dafür sind die Eindrücke des Krieges, die „tiefen Erschütterungen", über die er in seinen Notizen schreibt, die „unauslöschliche, entscheidende Wandlung", die er an sich spürt, viel zu stark und prägend. Erst als am Abend des 2. Februar der „treue" Georg Heinrich Meyer kommt, der für Wolff in dieser Zeit den Verlag führt, gehen seine Gedanken zurück nach Leipzig. „Wir sind bis spät in die Nacht im Gespräch beisammen und ich bin dankbar und froh, dass er gekommen ist, und mich zwingt, mich nach über 4 Monaten einmal wieder auf Berufliches einzustellen" (TB KW, 2.3.1915). Doch nach Lage der Dinge haben sie nicht über das Theaterabenteuer gesprochen.

In diesem Frühjahr (1915) werden Wolff und sein Regiment an die Ostfront verlegt. Ziel werden später Budapest und Temesvar sein. Doch auf dem Weg dahin, im April 1915, führt ihn die Reise im Soldatenzug erst von Kassel nach Leipzig, dann weiter über Bischofswerda, Görlitz und Liegnitz in Niederschlesien; eine vertraute Gegend, wie er an seine Frau Elisabeth schreibt, mit der er genau hier kurz vor dem Krieg eine entspannte Zeit genoss: „Wir fahren durch Haynau durch und bei der kleinen Station Steinsdorf schau ich hinaus und erinnere mich eines Rittes mit Dir durch diese Aecker und Wiesen, vorigen Sommer, als wir in Schloß Märzdorf schöne u. sorglose Tage verlebten, im Park, bei Tennis, Pferden u. auf der herrlichen Terasse" (TB KW, 28.4.1915).

An eine Pause, an eine Unterbrechung der Fahrt mit einem neuerlichen Besuch der Familie Schwabach gar, ist jetzt natürlich nicht zu denken. Wolffs Zug fährt nach kurzem Halt weiter in südöstliche Richtung, nach Galizien. In Neu-Sandec (Nowy Sącz), ganz im Süden des heutigen Polen, beschreibt Kurt

Wolff Begegnungen mit chassidischen Juden. Seinem Blick fallen ausdrucks-
volle Hände auf, die „fabelhaft musikalisch sein müssen". Ihn beeindruckt die
Sprachenvielfalt, weil die Menschen deshalb, so überlegt er, Plato und den Tal-
mud im Urtext lesen können. Im Mai wird Wolff in einer Mitteilung durch
Kabinetts-Ordre zum Oberleutnant befördert. Ab Herbst 1915 verrichtet er die
letzten Monate seines Soldatendienstes auf dem Balkan, dann in Temesvar. Erst
1916 wird Wolff durch den Großherzog Ernst Ludwig von Hessen zur Führung
seiner Verlagsgeschäfte vom Militärdienst beurlaubt.

Kein Wunder also, dass sich Kurt Wolff um den Start und die weitere Entwicklung des Schauspielhauses nicht persönlich kümmern konnte oder wollte.
So hat er auch nicht unmittelbar registriert, dass der Plan, die Eröffnung am
31. Oktober 1914 allein mit kriegsschweren Stoffen erfolgreich zu bestreiten,
nicht aufging.[285] Die öffentliche Resonanz auf die Leipziger Premiere ist nicht
so wie von Viehweg und Schwabach erhofft: „Das Schauspielhaus ist eröffnet.
Der Hauptmann ist durchgefallen. Didring geht leidlich", heißt es lapidar und
ausschließlich in den Notizen Schwabachs (vgl. TB1, 4.11.1914) nach den ersten
Vorstellungen.

Die öffentliche Kritik an dem Programm ist ebenfalls durchwachsen, aber
nicht desaströs. Der Kritiker der „Leipziger Neuesten Nachrichten", Egbert
Delpy, lobt intensiv das Bühnenbild des „Philotas" und das Spiel der Akteure.
Auch die Bilder und die Ausstattung des Hauptmann-Stückes seien zwar
packend, doch was der Autor an Worten hinzufüge, passe nicht. Der inhaltlichen Nähe des Einakters zur Realität des Krieges in Belgien, mit Verwundeten
und Sterbenden auf der Bühne, versagt sich der Beobachter kategorisch: „Es
zeigte sich sehr deutlich, daß das allgemeine Gefühl die blutige Walstatt, auf
der unsere eigenen Brüder und Anverwandten lagen, und wer weiß, vielleicht
eben jetzt verbluten, als Gegenstand einer naturalistisch-literarischen Theater-
wirkung entschieden ablehnt."[286]

Eine offenkundig zu schwere Materie für ein Publikum, das nicht auch noch
abends in der Freizeit mit Themen wie Aufopferung, Sieg und Niederlage konfrontiert werden möchte. Es klatschen schüchtern nur ein paar Freunde und
Bekannte Hauptmanns. Doch die Mehrheit der Besucher lehnt das Stück ab.

Was jedoch uneingeschränkt positiv gesehen wird, sind die Resultate der baulichen Renovierung: Aus einem kleinen und verstaubten, an mancherlei Raum-
mängeln krankenden Theater sei ein mit reichen Mitteln praktisch umgestalteter,
mit vornehmem Geschmack festlich und behaglich ausgestatteter Theaterneubau
entstanden. Von den neu überwölbten Eingängen, der erweiterten und festlich
hellen Vorhalle ist die Rede, allenfalls die zu beengte Garderobensituation wird
noch bemängelt. Genugtuung werden Schwabach und Viehweg auch durch die
Würdigung ihres Einsatzes für die Neueröffnung erfahren haben, den Delpy

überschwänglich lobt. „Leipzig hat über Nacht ein neues Theater erhalten …
Das wäre schon in Friedenszeiten ein beachtenswertes Geschenk gewesen – jetzt
aber, wo die gigantische Kriegswoge in der halben Welt über Kunstwerk und
Künstlertum lähmend hinweggeschäumt ist, bedeutet dies neuerstandene Theater
inmitten des an allen seinen Grenzen im Kampf um höchste Güter stehenden
Deutschland etwas mehr als die private Kraftleistung einiger kunstfroher und
wagemutiger Menschen."[287]

Die Enttäuschung bei Fritz Viehweg und Schwabach ist zunächst groß. In
den ersten Wochen und Monaten nach der Theatereröffnung im Herbst und
Frühwinter 1914 versuchen sie sich in Leipzig als die eigentlichen Macher deshalb an einem in Grundzügen modifizierten programmatischen Konzept. Sie
verständigen sich, auf Vorschlag Viehwegs, dem Schwabach gerne zustimmt, auf
mehr leichte Stücke, auf Komödien, die als „Volksvorstellungen mit Einheits-
preisen" angekündigt werden, auf Varietés. Während des Krieges, so schreibt
Schwabach an jener Stelle und eingedenk des Reinfalls mit Kriegsstoffen von
Hauptmann, solle man „überhaupt nur solche Vorstellungen" geben. Sie ver-
sprechen am ehesten Erfolg, weil sie dem unter dem Kriegseindruck stehenden Publikum zumindest für ein paar Stunden Ablenkung und Abwechslung
garantieren.

Ein Beispiel für eine solch leichte Unterhaltung ist die im November 1914
inszenierte Aufführung von „Kater Lampe", einer Komödie von Emil Rosenow. Die Handlung des Stücks, entstanden kurz nach der Jahrhundertwende
und uraufgeführt am 2. August 1902 in Breslau, besteht aus einem entlaufenen
Kater, der nach Verwechslungen und Missverständnissen schließlich als ver-
meintlicher Hasenbraten eine kleine Gesellschaft erfreut. Schwabach notiert
zufrieden: „Wir hatten gestern unter grossem Beifall ‚Kater Lampe'. Das Stück
ist ganz ausgezeichnet. So voll von Humor, dass die eigentlichen Pointen kaum
wirken" (TB1, 21.11.1914). Auch die Lustspiele „Hans Huckebein" und „Als ich
noch im Flügelkleide" sowie das für Ende Dezember einstudierte Weihnachts-
märchen „Wie der Wald in die Stadt kam" stehen für Zerstreuung. Gelegentlich
kommen neben jenen Unterhaltungsstücken dann auch die literarischen Abende
mit ernsten Stoffen und Matineen dazu. Bereits im ersten Jahr werden in dem
neuen Haus in Leipzig auch Stücke von Frank Wedekind, Max Dauthendey,
Herbert Eulenberg, Lew Tolstoi und August Strindberg aufgeführt.

In den nächsten Jahren besucht Schwabach, wann immer die Möglichkeit
dazu gegeben ist, fast unermüdlich Aufführungen; meistens in Begleitung seiner
Frau und seines Malerfreundes Brockhusen. Anschließend bespricht er sie für
sich, in seinem Tagebuch. Vergleiche der Aufführungen, der Leistungen der
Schauspieler und der Regie, der Bühnenbilder fallen dabei selten zugunsten
des Leipziger Schauspielhauses aus. Nach einem Besuch des Hebbeltheaters

in Berlin (dessen Aufführung er positiv „bis in die kleinste Nuance" bewertet) kritisiert er Leipzig umso deutlicher: „Das Jammern packt einen. Wir haben einen leidlichen Durchschnitt als Schauspieler. Aber keine Regie, denn Vieweg ist von der 5ten Probe an hilflos" (TB1, 20.11.1914).

Andererseits: Die Experimente, von denen Schwabach gegenüber Farussi-Seyerlen gesprochen hatte, gelingen ganz offenbar, wenn auch nicht sofort, sondern sukzessive. Die Mischung aus unterhaltenden und gelegentlich ernsten Stoffen kommt an: Die Hoffnung, man werde gutes Theater machen und das Publikum „erziehen" können, sieht Schwabach nach zwei Jahren als erfüllt an (TB1, 22.10.1916). Dem Haus wird „großen Einfluss auf das Theaterleben in Leipzig"[288] bescheinigt. In einer anderen Quelle ist davon die Rede, das Leipziger Schauspielhaus sei damit zur „Heimstätte der jungen Literatur und zur literarischen Experimentierbühne" geworden.[289] Aus dem Haus, so eine weitere Bewertung, wurde „eines der ganz wenigen deutschen Privattheater mit hohem künstlerischem Anspruch".[290]

Während des Kriegs beschäftigt sich Erik-Ernst Schwabach nur noch sporadisch mit dem Schauspielhaus. Er übt sich in der bildlichen Gestaltung von Theaterszenen, auch hier, ähnlich wie bei dem Schauspielerversuch zu Rübezahls Film, ist er ein Tastender, ein Suchender: „Heute etwas gemalt. Theaterdekoration. Nicht übel. Will es aber jetzt nicht fortsetzen. Nimmt viel Zeit in Anspruch für wenig Resultat" (TB1, 2.8.1916). Seine Kenntnisse über Malerei, die von von Brockhusen stammen, setzt Schwabach zum Beispiel bei der Auswahl und dem Einsatz von Bühnenbildern ein.

Doch sein Interesse am Theater reißt zu Beginn des Jahres 1915 jäh ab – wie bei den „Weißen Blättern" zuvor gibt es hierfür ein und denselben Grund: die Einberufung als Soldat zu den Aufklärern, die wegen eines zunächst nur schlecht verheilten Beinbruches erst so verspätet geschieht. Schwabach hatte sich zu Beginn des Krieges, im Sommer 1914, als Kriegsfreiwilliger gemeldet, war aber abgelehnt worden.[291] Mit Unterbrechungen, die zum Teil wochen- und monatelang dauern und ihm immer die Gelegenheit zu Heimfahrten nach Berlin oder Märzdorf geben, versieht Schwabach seinen Dienst zunächst ab Februar 1915 in Travemünde, dann in Friedrichshafen am Bodensee. Als Aufklärer in der Feindbeobachtung eingesetzt, hat Schwabach mit direkten Kämpfen nur am Rande zu tun. Er erlebt glücklicherweise keine Grabenkämpfe mit Giftgaseinsatz und Artilleriebeschuss wie viele andere Soldaten an der Westfront in Frankreich. Nur sporadisch berichtet er über Ereignisse wie dieses: „Am Sonntag kam ein Flieger, den ich nicht sah. Warf Bomben. ... Es war nur wenig aufregend" (TB1, 29.6.1915). Auch der erste Flug mit einem „Großkampflugzeug" ist erwähnenswert für ihn, der Dienst lässt ihm aber immer wieder reichlich Zeit für schriftstellerische Arbeiten und für Müßiggang. Er beginnt im Frühjahr 1915 mit der

Arbeit an seiner Erzählung „Peter van Pier". Immer wieder aber haben er und seine Kameraden freie Zeit. Sie organisieren sogar Maskenbälle, ausschweifende Tanzabende – bei den Lustbarkeiten fehlt es an nichts. Auf diese Weise verdrängen sie die Schrecken des Kriegsgeschehens. Denn für den Optimismus und die Begeisterung der Menschen für den Kampf gibt es kaum noch Anlässe. Die wenigen Erfolge der Kriegsführung auf deutscher Seite, etwa die Zurückdrängung russischer Truppen in Ostpreußen in der Schlacht von Tannenberg, liegen lange zurück.

Mit der Niederlage an der Marne im Herbst 1914 war auch die erhoffte schnelle Kriegsentscheidung an der Westfront in weite Ferne gerückt. Zum Jahresende 1914 wird durch die Beteiligung des Osmanischen Reiches am Krieg an der Seite des Deutschen Reiches und Österreich-Ungarns als Mittelmächte und die sofortigen Reaktionen Russlands, Englands und Frankreichs endgültig klar, dass Hoffnungen auf ein baldiges Ende des Krieges trügerisch und deshalb verfrüht sind. Dennoch: Gelegentlich gibt es vordergründige Zeichen der Hoffnung. Die Firma Bial & Freund in Breslau etwa vertreibt ihre gerade neu entwickelten trichter- und nadellosen Sprechapparate (eine Art Grammofon) im Dezember 1914 mit der Werbebotschaft „Ohne Zahlung bis zum Frieden!" und verspricht, dass die erste Ratenzahlung erst einen Monat nach Beendigung des Krieges fällig wird. Dies ist keine gute Geschäftsidee, wie sich bald herausstellt.

Schwabach hat den ersten Kriegswinter als Soldat nur noch gegen Ende erlebt, aber auch ihm wird, wie vielen anderen, im Laufe des Frühlings und Sommers klar, dass der Krieg weit länger dauern wird. Jetzt steht für Schwabach wieder das Schauspielhaus im Zentrum seines Interesses, wenn auch nur für ein paar Wochen. Er fühlt sich glücklich und produktiv.

Als im Herbst 1915 die Frage eines erneuten Einsatzes ansteht, ist sich Schwabach nicht sicher, ob er weiterhin als Feindbeobachter abkommandiert wird. Er hofft („nicht dass ich mich vor dem Schützengraben fürchte"), beim Aufklärungs-Korps bleiben zu können. Erst jetzt, im September 1915, treffen sich Kurt Wolff und er wieder persönlich. Es sind nur wenige Stunden in einem Berliner Restaurant, zu wenig Zeit, wie Schwabach schreibt, um zu ergründen, wie es seinem Freund geht und wie der Krieg auf ihn wirkt (TB1, 2.9.1915). Für Schwabach selbst ist der Krieg, obschon er bislang keine direkten Kampferfahrungen gemacht hat, desaströs. Er prognostiziert an sich eine Kriegspsychose: „Es ist ekelhaft. Man kann nichts gegen diese Saustimmung, und wenn der Krieg noch lange dauert, sind, glaube ich, alle Menschen kaputt. ... Man fängt an, sich zu fragen, ob eine Niederlage in bescheidenen Grenzen nicht fast für den Frieden und Deutschland vorteilhafter wäre" (TB1, 12.9.1915).

Zu einem weiteren Kriegseinsatz kommt es aber weder jetzt, im Herbst 1915, noch im kommenden Jahr. Schwabach schreibt an einem Theaterstuck („Nur

eine Liebe") und versucht sich an weiteren kleineren Erzählungen, wie zum
Beispiel an der Novelle „Yvonnes Tagebuch". Das Bühnenstück soll in „seinem"
Theater aufgeführt werden, geplant ist die Premiere für den Januar 1917.[292] Doch
zu Weihnachten 1916 ist Schwabach als Reservist wieder selbst direkt betroffen:
Er erhält einen Gestellungsbefehl („die liebliche Militärbehörde versaut einem
das Weihnachtsfest") und soll mit einem Truppentransport Anfang Januar 1917
von Berlin aus abfahren, um als Adjutant auf einem Kommandeursschiff auf der
Donau seinen Dienst zu tun. Die Wochen vor, während und nach dem Weihnachtsfest 1916 sind dabei die erfolgreichsten für das Schauspielhaus. Anton
Wildgans Tragödie „Liebe" wird fast ununterbrochen vor ausverkauftem Haus
gegeben. Auch das leichte Stück „Als ich noch im Flügelkleide", in Szene gesetzt
von Fritz Viehweg, begeistert das Leipziger Publikum[293].

Charlotte verabschiedet Schwabach am 10. Januar 1917, einen Tag nach ihrem
Geburtstag, in der Bahnhofshalle, fassungslos und aufgelöst. Auch sein Freund
Theo von Brockhusen ist da und bringt ihm einen Stapel Zeitschriften mit.
Hinter Belgrad geht es per Schiff weiter zu seinem Einsatzort Rustschuk, dem
heutigen Russe in Bulgarien am südlichen Ufer der Donau. Wie ein Roman-
beginn hört sich Schwabachs kurze Schilderung (TB2, 17.1.1917) an:

> Auf den Straßen ist es laut. Die Wagen fahren unter Gebrüll. Türken laufen herum
> in schmutzstarrendem Bunt, Turbane und Feze, bulgarische Soldateska, jeder ein
> Räuber. Auf den Straßen betteln elende Weiber … Fleckfieber im Türkenviertel.
> Da war ich noch nicht. Ekelhafte Krankheiten. Möglich, dass ich bald ins Feuer
> komme. Aber – ich lüge nicht – der Gedanke lässt einen hier ganz ruhig. Man
> denkt gar nicht daran. Um auf die Idee zu kommen, man könnte totgeschossen
> werden, muss man angestrengt nachdenken.

Kurz vor seinem eigenen Geburtstag am 24. Januar, es ist sein sechsundzwanzigs-
ter, kämpft er gegen Heimweh, im Dienst selbst ist kaum etwas zu tun: „Wohin
verirre ich mich? Rustschuk und Heimweh treiben mich nach Hause. Da lebte
ich. Hier? Schwamm drüber. Scholz, Hassan am Tisch mit dem wundervollen
Porzellan, Gespräche mit Brockhusen, Musik, Tanz, Masken" (TB2, 21.1.1917).

Aufgrund der Kriegsentwicklung auf dem Balkan und an der Westfront
kommt es weder im Januar noch in den Monaten danach zur von Schwabach
ersehnten Aufführung seines Stückes. Die Premiere muss verschoben werden,
zunächst auf unbestimmte Zeit. An einen geregelten Spielbetrieb ist in den
ersten Wochen des Jahres weder in Leipzig noch in anderen deutschen Städten
zu denken. Jetzt erscheinen Theaterpläne nur noch ein Mal in der Woche in
den Leipziger Tageszeitungen statt wie sonst üblich täglich. Für Rezensionen
ist schon länger kein Platz mehr im Feuilleton, weil fast der gesamte Inhalt aus

Kriegsberichterstattung besteht. Am 12. Februar 1917 steht in den „Leipziger Neuesten Nachrichten" dann die Anzeige: „Leipziger Schauspielhaus bis auf weiteres geschlossen". Auch für die Städtischen Theater in Leipzig gilt dies. Erst am 2. März öffnet sich der Vorhang in der Sophienstraße mit einer (allerdings nur einmaligen) Aufführung von Bruno Franks „Die treue Magd", danach muss der Betrieb erneut eingestellt werden.

Bis auf wenige Momente sind das Theater in Leipzig und die Erwartungen an seine Premiere als Bühnenautor aus Schwabachs Gedanken aber ohnehin verschwunden. Es ist bei ihm jetzt so wie es bei Kurt Wolff schon die ganze Zeit war: Sie sind zwar Besitzer eines Theaters, haben aber längst andere Schwerpunkte im Leben. Außerdem: Fritz Viehweg leitet das Haus als Direktor.

Der Krieg verläuft für Schwabach glücklicherweise unspektakulär: viel Langeweile; freie Zeit, die er zum Schreiben nutzt. Er macht Notizen über Balkangeschichten, die er auf der Straße hört. Es sind kleine überlieferte Gaunerberichte über aktuelle reale Kriminalfälle oder Eifersuchtsszenen; abenteuerliche Erzählungen des Volkes, die er von Rumänen und Bulgaren kolportiert gehört hat; Geschichten über Ehestreitereien mit fatalen Konsequenzen, von Männern, die ihrer treulosen Frau den Kopf abschneiden und ohne Strafe bleiben; über eine Gesellschaftsdame, die im Streit ihre Magd mit einem Stock bewusstlos schlägt, sie für tot hält und in den Keller schleppt, wo sie verhungert und von Ratten gefressen wird (auch die Dame bleibt straffrei). Diese kurzen, spannungsreichen Formen sind es später, die Schwabach oft verwendet, zum Beispiel im „Bilderbuch einer Nacht". Er liebt die Prägnanz, auch das Erschreckende, Dramatische in den Geschichten und verfeinert es in seinen eigenen Novellen und Kurzerzählungen.

Die Jagd auf Enten und das Fischen mit Handgranaten während Fahrten mit Minensuch- und Panzerbooten auf der Donau sind für Tage die einzigen Höhepunkte. Erst im Juni gerät Schwabach zum ersten Mal in direkte kämpferische Auseinandersetzungen, als nahe Russe neben einer Stellung, in der er sich befindet, Granatenfeuer einschlägt. Am 10. August 1917 ist der Krieg für ihn beendet, er kann wieder nach Hause fahren.

Schwabach sicht in den nächsten Wochen und Monaten viele Theaterstücke, vor allem in Berlin. Die Vorliebe für unterhaltende Theaterstücke hat Schwabach in dieser Zeit weiter entwickelt und in eigenen Texten für die Bühne, später dann auch für das Radio, ausgebaut. „Ich liebe das Bunte der Varietés, wo so viel Kraft, Mühe und Begeisterung an dumme Dinge verwandt werden, die nichts weniger und mehr bewirken als nur zu ergötzen und zu verwundern" (TB1, 20.10.1916). Das schreibt er nach einer Vorstellung im Berliner Palasttheater, das er gemeinsam mit seiner Frau und Theo von Brockhusen besucht hatte. Diese Überlegung wird ganz maßgeblich seine eigene Textproduktion bestimmen. Gleichzeitig hofft er darauf, die Premiere seines eigenen Stückes zu erleben. „Nur eine Liebe" wird schließlich im Schauspielhaus Leipzig am 9. Februar 1918 uraufgeführt.

Die anhaltende Begeisterung Schwabachs für das Theater zeigt sich auch später, nach dem Krieg: In seiner Turnhalle in Märzdorf lässt er bei verschiedenen Gelegenheiten, etwa bei Festen, Bühnenstücke von reisenden Schauspielgruppen aufführen.

Erst 1920, mittlerweile gibt es in der Stadt mit der „Leipziger Volksbühne" ein weiteres Theater, ist die Episode als Theaterbesitzer für Schwabach, aber auch für Kurt Wolff endgültig beendet: Die „Theatergemeinde Leipziger Schauspielhaus" wird offiziell neuer Besitzer. Fritz Viehweg bleibt weiterhin Oberspielleiter.[294]

Plan für eine Akademie für moderne Literatur

Das mäzenatische Tun Schwabachs oder zumindest die Absicht, gönnerhaft zu wirken und auch auf diese Weise Spuren zu hinterlassen, lässt sich auch an diesem Beispiel verdeutlichen: Schwabach begann im Frühjahr 1916 Pläne für eine „Akademie für moderne Literatur" zu entwerfen, deren Hauptzweck es sein sollte, bedürftigen Dichtern Hilfestellung durch finanzielle Zuwendungen zu geben. Mit Albert Ehrenstein, dem Bruder von Carl und Autor des schmalen Novellenbandes „Nicht da, nicht dort", erschienen in der Reihe „Der Jüngste Tag" im Jahr 1916, beriet er sich als erstes über diese Idee bei einem Besuch im Mai.

Beide überlegten, wie man es schaffen könne, jetzt, fast zwei Jahre nach Kriegsbeginn, Literaturinteressierte als Spender, als Förderer zu gewinnen. Es sollte doch, so schrieb Schwabach (TB1, 16.5.1916) nach dem Treffen, „genug Menschen geben, die dafür zu haben sein müssten. Fragt sich, was man ihnen fürs Entgelt bietet, denn die Masse will für ihr Geld etwas haben. Wenig erfreuliches Volk."

Die Akademie sollte als eine Art Stiftung für notleidende Schriftsteller fungieren. In einem Exposé dazu formulierte Schwabach knapp zehn Wochen später grundlegende Eckpunkte.[295] Danach waren als Stifter Personen vorgesehen („Dichter, Denker, Grössen des Theaters"), die 1000 Mark einmalig und 200 Mark jährlich zahlen sollten. Exklusivität war garantiert: Ihre Anzahl plante Schwabach nämlich auf nur 100 zu beschränken. Mit einem Ausgangskapital von 100.000 Mark und den erwarteten Zinsen hätte das Unternehmen ein stabiles Fundament gehabt. Neben der Hilfestellung für arme Schriftsteller sollte die Akademie aber auch Preise für Romane, Dramen, Gedichte, Essays und philosophische Werke vergeben; eine eigene Zeitschrift, die Veranstaltung von Tagungen und Vorträgen hatte Schwabach diesem Plan zufolge ebenfalls im Blick. Später dann, nach entsprechend gutem Beginn und einer Phase der Konsolidierung und Etablierung, könnte eine Ausdehnung auf alle Künste erfolgen: „Halte von dem Gedanken viel und sehe grosse Perspektiven", schreibt Schwabach (TB1, 28.7.1916).

Im Juli 1916 beratschlagte er gemeinsam mit Georg B. Biermann über die Initiative zu der Akademie. Biermann (1880–1949) war Mitinhaber des „Verlages Klinkhardt und Biermann" und verfügte in seiner Funktion als künstlerischer Berater von Großherzog Ernst Ludwig von Hessen und Rhein ebenfalls über ein weitverzweigtes Beziehungsgeflecht. Das war geschickt, denn der Großherzog, der damals als anerkannter Mäzen galt, war genauso wie Biermann für Erik-Ernst Schwabach kein Unbekannter. Zu beiden unterhielt er Beziehungen. Denn Schwabach hatte 1914 in seinem eigenen Verlag der Weißen Bücher den Katalog „Deutsches Barock und Rokoko" in zwei Bänden vorgelegt, „herausgegeben im Anschluss an die Jahrhundert-Ausstellung Deutscher Kunst 1650–1800" von Biermann. Jene Ausstellung hatte Ernst Ludwig veranstaltet. Eine spezielle und nummerierte „Fürsten-Ausgabe" in braunen Schweinslederbänden (mit Rückenschild und geprägten, intarsierten farbigen Wappen) war neben der allgemeinen Ausgabe erhältlich. Der Adlige war überdies mit Kurt Wolff und der Familie von dessen Frau Elisabeth aus Darmstadt gut bekannt.

Ernst Ludwig (1868–1937) war von 1892 bis zum Ende des Ersten Weltkrieges 1918 Großherzog von Hessen und bei Rhein. Er gründete die Darmstädter Künstlerkolonie und war darüber hinaus verschiedentlich als Förderer der bildenden Kunst und der Literatur (etwa die Ernst-Ludwig-Presse, die im Auftrag des Kurt Wolff Verlages die zehn Stundenbücher, u.a. mit Büchern von Trakl, Jammes, Goethe und Werfel, druckte) als Mäzen und auch als Autor aufgetreten; sein Gedichtband „Verse" erschien 1917 bei Kurt Wolff. Der Großherzog war als Bibliophiler auch „Ehrenvorsitzender der Gesellschaft hessischer Bücherfreunde"; eine Größe im Kulturleben aufgeklärter, liberaler Kreise der damaligen Zeit.

Die enge Verbindung des Großherzogs zu Schwabach und Wolff wird auch deutlich in der Tatsache, dass er neben Schwabach, dem er mit seiner eleganten männlichen Erscheinung verblüffend ähnlich sah, und Wolff einer von nur elf im Druckvermerk namentlich genannten Empfängern des als „Privatdruck" erschienenen Buches „Der Untertan" von Heinrich Mann im Jahre 1916 war.[296] Biermann war auch tätig bei der Belieferung der „Ernst-Ludwig Galerie" mit Bildern, für die er unter anderem bei Oskar Kokoschka um ein Bild angefragt hatte.[297]

Doch die Zeitläufe, mitten im Krieg, erwiesen sich als nicht eben günstig für ambitionierte Förderpläne hoher Künste, wie sie für die Akademie vorgesehen waren. Die Menschen hatten ganz andere Sorgen. Die überschwängliche Aussicht, die „großen Perspektiven", die Schwabach in dem Unternehmen sah, erkannte Biermann offenbar nicht so recht. Jedenfalls gehen beide Männer ohne greifbares Ergebnis auseinander. Wenig später, im August 1916, meldet sich Biermann dann, positiv zwar, aber letztlich doch vage. Schwabach notiert verhalten, Biermann „verschiebt Aussprache darüber auf September. Vielleicht wird etwas daraus. Es würde mich freuen" (TB1, 8.8.1916).

Auch seinen Onkel Paul von Schwabach band er in diese Aktivitäten ein. Er hoffte, ihn, zu dem er ein schwieriges Verhältnis pflegte, bei einem Besuch im November 1917 für die Akademie als Förderer gewinnen zu können. Doch Paul von Schwabach war „voll seines üblichen (und wie berechtigten) politischen Pessimismus" (TB1, 25.11.1917) und verhielt sich vage, sagt aber (noch) nicht ab. Schwabach behält deshalb vorerst die Hoffnung, ihn als Koförderer gewinnen zu können. Doch letztlich blieb dieses Bemühen ohne Ergebnis. Paul von Schwabach lehnte ab. Der Plan für die Akademie/Stiftung verlief im Sande.

Enzyklopädie oder Sozialistische Zeitung: Schwabach und Wilhelm Herzog

Den Kunsthistoriker und Germanisten Wilhelm Herzog (1884–1960) hatte Schwabach im Juni 1916 kenngelernt, und es ist durchaus wahrscheinlich (aber nicht nachweisbar), dass beide auch über eine Kooperation bei der Akademie für moderne Literatur sprachen. Doch auch wenn Herzogs Rolle für die letztlich gescheiterte Idee, eine Akademie für notleidende Dichter zu gründen, unklar bleibt, so hat er bei den letzten beiden größeren mäzenatischen „Abenteuern" Schwabachs eine wesentliche Bedeutung gehabt. Beide Männer verfügten über ähnlich gelagerte Erfahrungen:

Herzog stammte aus einer jüdischen Kaufmannsfamilie in Berlin und hatte, als sie ihre intensive Kooperation mit einer zunächst durchaus freundschaftlichen Note begannen, genau wie Schwabach (mit den „Weißen Blättern") erste verlegerische beziehungsweise journalistische Gehversuche gemacht. Gemeinsam mit Paul Cassirer hatte Herzog 1909 die Kunstzeitschrift „PAN" gegründet und 1911 eine umfangreiche Biografie über Heinrich von Kleist vorgelegt. Außerdem war Herzog von 1914 bis 1915 Herausgeber der Zeitschrift „Forum" gewesen, mit der der Pazifist entschieden gegen chauvinistische Positionen Stellung bezog und „während des Weltkrieges einer versöhnlichen Haltung europäischer Kulturbeziehungen das Wort redete".[298] Nach dem vorübergehenden Verbot des „Forum" gab er wöchentlich erscheinende Groschenhefte mit dem Titel „Weltliteratur" heraus, die jeweils ein Werk der Weltliteratur vorstellten.[299] Und beide, Herzog und Schwabach, verstanden sich in dieser Zeit, als ein Kriegsende entgegen der

Hoffnung doch noch nicht absehbar war, als Pazifisten mit einer Botschaft, die ein Sprachrohr brauchte.

Für Herzog spielte bei der Zusammenarbeit mit Schwabach beides eine zentrale Rolle: dessen politische Überzeugung und sicher an erster Stelle das Vermögen des potentiellen Geldgebers, der als Mäzen ja bekannt war. Auch in ihren politisch-gesellschaftlichen Einstellungen ähnelten sie sich: „Ich hatte ihn … noch während des Krieges für den Kampf gegen den Krieg gewonnen, und er war ein ehrlicher, radikaler Pazifist geworden", schrieb Herzog in seinem Tagebuch über Schwabach.[300] Dass Schwabach so vermögend war und einen Ruf als Geldgeber für neue Projekte hatte, wird Herzog ebenfalls bestärkt haben. Hinzu kam, dass beide ihre bürgerliche Herkunft nicht verleugnen konnten oder wollten. Herzog, dessen mit zunehmender Kriegsdauer radikaler werdende Ansichten sicher fundiert und ernst gemeint waren, wollte wie Schwabach jedoch auf die Vorzüge eines guten Lebens nicht verzichten. Restaurant und Theaterbesuche, Frühstücke im „Bristol" oder anderen Hotels in Berlin, teure Kleidung: Das hatten sie gemeinsam, diese Vorlieben pflegten sie – wer es nicht gut mit ihnen meint, kann sie als Salonsozialisten bezeichnen. Das ist ein Bild, das etwa René Schickele, der ja beide kannte, vor Augen hatte, als er 1932 in einem Brief an Annette Kolb Rückschau auf die Zeit gehalten hat und Herzog als einen Mann beschrieb, „der mit einem Bein im Palace, mit dem anderen auf der Barrikade" stand.[301]

Für die Idee, eine neue Enzyklopädie herauszugeben, versuchte Erik-Ernst zunächst wieder Paul von Schwabach als potentiellen Vermittler, als „Netzwerker" zu gewinnen. Der Plan, den er unmittelbar nach Ende der Arbeiten für die Akademie im Dezember 1917 entwickelte, sah vor, die Enzyklopädie unter zwei thematischen Schwerpunkten zu veröffentlichen, einen großen sozialpädagogischen Teil und einen künstlerischen Teil, wobei Wilhelm Herzog für den sozial-pädagogischen und Erik-Ernst Schwabach für den künstlerischen Bereich verantwortlich zeichnen wollten. Für Herzog ist die Zusammenarbeit lohnenswert, in jeder Hinsicht. Er trägt kein Risiko, wird aber reichlich entlohnt. Ob er für seine Arbeit an dem Sammelwerk tatsächlich 7.000 Mark pro Jahr bekommen sollte, wie später die „Weltbühne" berichtete[302], ist nicht zu belegen. Die kolportierte Summe zeigt aber, dass sich die Nähe zu Schwabach in jedem Fall rentieren konnte.

Auch für diese neue Aktivität brennt Erik-Ernst, jedenfalls zu Beginn der Planungen und Überlegungen. Der Reiz des Neuen, des noch nicht Dagewesenen, ist spürbar: „Encyclopedie, Absprache mit Herzog. Kann wunderschön werden", schreibt er. Doch gleichzeitig meldet sich eine innere Stimme und sät, so unmittelbar nach dem Scheitern der Akademie-Szenarien, schon Zweifel. Denn Schwabach notiert auch: „Aber mir fehlt der letzte Fanatismus einer Arbeit" (TB2, 19.12.1917).

Dennoch: Erik-Ernst versuchte auch in diesem Fall, seinen Onkel Paul von Schwabach für den Plan zu begeistern oder jemand anderes aus dessen weit verzweigten und wohlhabenden Bekanntenkreis, um so das eigene Risiko zu verringern. Denn er will sich diesmal nicht ausschließlich mit eigenem Geld engagieren, sondern hat das Ziel, weitere Geldgeber oder zumindest ideelle Förderer und Unterstützer zu gewinnen. Paul von Schwabach hat für seinen Neffen in dieser Angelegenheit zumindest einen Kontakt hergestellt mit einflussreichen und wohlhabenden Freunden, zum Beispiel mit Eberhard von Bodenhausen (1868–1918), den Herzog bereits als einen Förderer des „Pan" und als Freund von Harry Graf Kessler[303] kannte. Erik-Ernst seinerseits fühlte sich ermutigt, sich brieflich direkt an von Bodenhausen zu wenden („wie ich von meinem Onkel, Herrn Dr. Schwabach, höre, haben Sie Interesse an dem Ihnen von meinem Onkel näher bezeichneten Plan einer Encyclopedie") und ihn direkt um Unterstützung zu bitten.[304] Nur zwei Tage später antwortet von Bodenhausen und lädt Schwabach[305] sowie Herzog zu einem Besuch bei sich ein. Beide Herren suchen Bodenhausen auch auf, wie dieser handschriftlich auf dem Einladungsschreiben unter dem Datum 28/I. vermerkt.[306] Bodenhausen bittet um Bedenkzeit, er entscheidet nicht sofort. Wenige Tage später kommt jedoch seine Absage. Schwabach notiert fast schon routiniert, jedenfalls ernüchtert: „was nicht schadet" (TB2, 28.1.1918). Er entschließt sich, die Planungen für das opulente Werk bis zum Friedensschluss zu verschieben.

Unsicherheit allenthalben also beim Mäzen, nicht nur in Bezug auf diese Buchpläne: Schwabach kommt es in diesen Wochen der allgemeinen Ungewissheit, als im deutschen Reich über den erhofften und ersehnten Friedensvertrag gesprochen wird, der endlich das Ende des Krieges bringen soll, so vor, als segele er, ohne zu steuern, psychisch und pekuniär (TB2, 13.3.1918).

Die Zweifel am Sinn und Gelingen werden ihm jedenfalls zu groß. Im Frühjahr 1918 trifft er deshalb die endgültige Entscheidung. Er konferiert in dieser Angelegenheit in Berlin ein letztes Mal mit Herzog, bevor er für sich das Ende sämtlicher Enzyklopädie-Szenarien verkündet: „Enfin! Früher sah ich bei derlei meinen Nutzen. Heute sehe ich mich schon vorher als Geldgeber … Die Encyclopedie wäre – bei richtiger Einschätzung meines Temperaments und meiner tatsächlich nicht ausreichenden wissenschaftlichen Befähigung – Tummelplatz anderer geworden" (TB2, 27.4.1918). Das sei weder Ziel noch Absicht gewesen, meint er. Ob das verabredete Honorar, die 7.000 Mark, von denen die „Weltbühne" sprach, tatsächlich an Herzog gezahlt wurden, ist unklar, aber angesichts der Umstände auch unwahrscheinlich. Wahrscheinlicher ist, dass beide, Schwabach und Herzog, nach dem absehbaren Scheitern der Enzyklopädie-Pläne gemeinsam das Wagnis einer neuen Unternehmung, nämlich der Gründung einer Zeitung, eingingen und Herzog bei der Gelegenheit Kompensation erhielt.

Als sich Paul von Schwabach jetzt allerdings, im Juli 1918, nach der Entwicklung von Erik-Ernsts Enzyklopädie-Plänen erkundigt, antwortet ihm der Neffe, er habe das Vorhaben zu den Akten gelegt. Als Grund führt er in einem von ihm bislang ganz und gar ungewohnt forschen Ton an, es sei letzten Endes unanständig, Geld von denjenigen Leuten nehmen zu wollen, mit dem man dann ihre Ideen bekämpfe (TB2, 12.7.1918). Dabei hatte er ja zu diesem Zeitpunkt noch gar kein Geld von anderen bekommen. Eine ehrliche Antwort ist es jedenfalls, die seinen Onkel, den Bankier, entsprechend entsetzt. Paul antwortet ihm wenige Tage später. Auch in diesem Brief meint Schwabach die bourgeoise Haltung von Paul zu erkennen, die er nun mit eigenem revolutionärem Elan bekämpft. Gleichzeitig ist er aber verständnisvoll, weil er konzediert, niemand könne gegen seine eigenen Interessen angehen oder sie verleugnen.

Auch wenn Erik-Ernst mit der Enzyklopädie nichts mehr zu tun haben wollte: Wilhelm Herzog seinerseits gab den Plan einer Enzyklopädie allerdings nicht auf. Er begann viel später, ab 1941, mit der Niederschrift einer „Kritischen Enzyklopädie", die dann 1959 in zunächst drei Bänden unter dem Titel „Große Gestalten der Geschichte" erschien und „knapp gefaßte Porträts von hervorragenden Menschen aller Zeiten und Völker" (so die Verlagsankündigung) enthielt. Thomas Mann, mit dem Herzog seit 1910, seit den ersten Tagen des PAN, in Kontakt stand, sandte ihm am 12. März 1955, wenige Monate vor seinem Tod, einen Brief, in dem er sich für Herzogs Tabellenbuch, dem Einleitungsband, der Ouvertüre zur eigentlichen Enzyklopädie bedankt, und sich bewundernd über die „umsichtige und bienenfleißige Arbeit" äußert, die vielen Lesern „auf relativ bequeme und wenig zeitraubende Art einen Blick in die Folge und den Zusammenhang der Dinge gewährt."[307]

Die Zusammenarbeit Schwabachs und Herzogs ist damit nicht beendet: Beide stürzen sich in ein neues Abenteuer, das für sie dramatische Umbrüche bedeuten wird. Sie erwägen und realisieren dann tatsächlich die Gründung einer neuen unabhängigen sozialistischen Tageszeitung. Herzog notiert: „Schwabach hatte mir die Wahl gestellt: entweder die Zeitung oder die Enzyklopädie. ... Wir entschieden uns zugunsten der Zeitung, weil wir hofften, dadurch die Aufklärung der Massen schneller bewirken zu können".[308] Das sind die neuen revolutionären Töne, die beider Leben und Wirken in den nächsten Monaten begleiten und bestimmen.

Geldmann der „Republik"

Die finanzielle Unterstützung zur Gründung der „Republik" unmittelbar nach der Novemberrevolution 1918 ist das letzte mäzenatische Engagement von Erik-Ernst Schwabach. Von den revolutionären Stimmungen sind nun beide, der Bankierserbe Schwabach und Wilhelm Herzog, gepackt. Die Grundlagen und Bedingungen dieser neuen Kooperation hatten sie mehrfach besprochen. Die Enzyklopädie ist damit Vergangenheit. Herzog schreibt in seinem Tagebuch mit Bezug auf Schwabach: „Vorbereitungen zur Gründung einer unabhängigen ... Tageszeitung: DIE REPUBLIK. Ermöglicht durch die aktive Teilnahme eines jungen Menschen, der als Erbe eines großen Vermögens für die Zeitung eine Million Mark zur Verfügung stellte".[309] Fast gleichzeitig betrieb Herzog übrigens die Wiederaufnahme des Redaktionsgeschäftes für das „Forum", jener Zeitung, für die er früher schon einmal Verantwortung getragen hatte, und führte sie erneut ein. Zwei Zeitungen unter seiner Regie – in einer chaotischen Zeitspanne.

Der Krieg ist nämlich mittlerweile endlich beendet, mit der Niederlage der beiden Mittelmächte Österreich und Deutschland. In vielen Städten im Deutschen Reich kommt es – zunächst ausgehend von den revolutionären Bewegungen in Russland – zu Unruhen. Vorläufige politische Höhepunkte sind, neben dem Thronverzicht von Kaiser Wilhelm II. und seinem Rückzug ins niederländische Exil nach Doorn, die Ausrufung der Republik am 9. November durch den SPD-Politiker Philipp Scheidemann. Der Umsturz als Folge des verlorenen Krieges hat die Abdankung deutscher Fürsten, des Königs von Bayern (und anderer Würdenträger) sowie letztlich auch des Kaisers zur Konsequenz. Mitglieder des Arbeiter- und Soldatenrates halten jetzt in Berlin das Stadtschloss besetzt und patrouillieren als „Panzerautomobilbesatzung" oder in „bewaffneten Kraftwagen" auf den Straßen der Hauptstadt. Aus den Wandelgängen des Reichstages sind die Abgeordneten der Parteien verschwunden. In der Kuppelhalle des Reichstagsgebäudes haben streikende Wachmannschaften ihre Schlaflager aufgeschlagen. Matrosen, versorgt von Verpflegungsstellen, bestimmen das Leben im Parlament, das in jenen Tagen keins mehr ist.

Schwabach macht in diesem Herbst bis zum Machtwechsel in Deutschland persönlich ganz wechselvolle Tage und Wochen durch. Sein Sohn Dorian-Erik wurde im August geboren; für Schwabach und seine Frau Lotte das vorerst letzte freudige Ereignis. Denn der nächste persönliche Schicksalsschlag wartet schon: Lottes Vater Erich Schmidt liegt in seiner Wohnung in Berlin im Sterben. Erik-Ernst eilt aus Märzdorf in die Bamberger Straße, wo am Sterbebett schon Lotte und ihre Mutter Gertrude warten. Schwabach sieht den todkranken Mann, der offenbar froh ist, dass der Schwiegersohn gekommen ist: „Es erstaunt mich immer, daß jemand sich über mich freut", schreibt Schwabach danach (TB2, 9.10.1918). Kurz darauf stirbt der alte Mann.

Allerorten, auch im Hause der trauernden Schwabachs, diskutieren die Menschen über den Friedensschluss nach über vier Jahren Krieg. Lotte und Erik-Ernst sehen und erleben nun wie viele andere auch zwar das Ende des Kaiserreiches, können aber noch nicht überblicken, wie es weitergehen soll. Die Republik ist ausgerufen, aber auch die Revolution, und damit scheint eine sozialistische Regierungsform möglich. Die Unsicherheit ist groß.

Ende Oktober verbringt die Familie noch ein paar ruhige Tage in Märzdorf. Schwabachs Schwiegermutter, nun Witwe, ist zu Gast. Der Aufenthalt dort ist nicht mehr so stimmungsvoll und friedlich wie sonst oft. Die politischen Geschehnisse, die noch nicht einzuordnen sind, und der Trauerfall um den Schwiegervater bewirken bei Erik-Ernst Schwabach eine depressive Stimmungslage. Sie passt zu dem rauen Wind und dem Nebel, zu den Herbstfarben im niederschlesischen Schlosspark. Die Blätter fallen, die Laubbäume sind fast kahl, als er seinem Tagebuch (TB2, 26.10.1918) anvertraut: „Die hereinbrechende Katastrophe … macht einen unruhig, traurig und ängstlich. Und bei allem Grauen vor Berlin fühle ich auch hier keine Ruhe. Und ich möchte weinen …"

Die neue deutsche Republik begrüßt Schwabach andererseits lebhaft. Er ahnt aber zugleich, dass sich sein Leben, das Leben seiner Familie radikal ändern wird: „Gestern schien der Zustand äußerst bedrohlich. Wilhelm, sehr ohne Würde – hielt ihn der Gedanke an Gottesgnadentum – wollte nicht gehen. Die Erregung stieg. Berlin glich einem Heerlager … Demonstrationen auch in der Vossstrasse, Flugblätter, Offiziere werden entwaffnet" (TB2, 9.11.1918).

Schauspielhäuser wie das „Apollo-Theater" in der Berliner Friedrichstraße zeigen nun Varietés mit dem Titel „Die Welt geht unter!", passend zu den Streiks und Unruhen, zur nächtlichen Ausgangssperre, zu den Blockaden und Aufständen auch in anderen Städten wie München, Kiel und Hamburg. In den „Kammerspielen" am Deutschen Theater hat am 23. November 1918 Walter Hasenclevers „Der Sohn" Premiere. Einen Tag zuvor erlebt Hasenclever im Hochgefühl seines bevorstehenden großen Abends – er ist endlich in Max Reinhardts Theater angekommen, was die Umstände einer Revolutionsnacht mit verhängter Ausgangssperre bedeuten. Das „Kleine Journal" berichtet: „Am zweiten Tage der Revolution wurde Walther Hasenclever, der bekannte expressionistische Dichter, nachts von einer Patrouille angehalten, die den aus einer harmlosen Gesellschaft nach Hause Wandelnden nach Nam' und Art fragte. Hasenclever konnte nur versichern, daß er Walther Hasenclever sei. Da dies indessen nicht genügte, seinen Aufenthalt auf der Straße, nach acht Uhr, zu rechtfertigen, mußte er mit auf die Wache. Dort bemerkt der Poet in seinem Mantel ein Exemplar seines Dramas ‚Der Sohn'. ‚Ich bin revolutionärer Dichter', sagte er daraufhin dem Soldaten, und auf die

Stelle zeigend, wo die Marseillaise gesungen wird: ‚Hier, die Marseillaise, das habe ich gedichtet.' Der Wachhabende schreitet zum Telefon und läßt sich mit dem Offizier verbinden. ‚Hier ist Herr Hasenclever, der Dichter der Marseillaise, eingeliefert worden. Er hat nur Bücher bei sich, Waffen nicht. Was soll mit ihm geschehen?' ‚Hasenclever? Hasenclever?' tönt es aus dem Apparat zurück, ‚ja, das ist so etwas. Er ist unter Schutz sofort in seine Wohnung zu bringen.' Und so fuhr Walther Hasenclever, der ‚Dichter der Marseillaise', in einem rotbeflaggten Auto, bewaffnete Matrosen auf dem Verdeck, in sein Hotel."[310]

Die Aufstände entladen sich zum Teil in Gewalt mit Verletzten und Toten. Auch wenn Schwabach und mit ihm Wilhelm Herzog Gewalttätigkeiten strikt ablehnen, die es nun bei den blutigen Berliner Straßenkämpfen zwischen Nationalisten, den eher gemäßigten sozialdemokratischen und republikanisch gesinnten Kräften und jenen der radikalen Linken, die als Ziel eine Rätediktatur nach dem Vorbild der russischen Oktoberrevolution wollen, gibt: Ohne Zweifel sehen sich beide, republikanisch-radikal gesinnt, auf der richtigen Seite der Geschichte. Und beide wollen den Lauf der Dinge mitgestalten, nicht bloß Zuschauer sein. Der gemeinsame Plan heißt deshalb also: die Gründung und Herausgabe einer neuen Tageszeitung. Sie wird „Die Republik" heißen, ganz programmatisch.

Beide wollen schnell sein und die Zeitung möglichst umgehend herausbringen. Den ganzen November hindurch ziehen sich die Vorbereitungen. Gespräche mit Anwälten; mit Druckereien, die in Frage kommen und mit deren Vertretern über komplizierte Angelegenheiten wie Papierkontingente geredet werden muss; mit Redakteuren, die unter der Chefredaktion Herzogs eingestellt werden und unter ihm künftig arbeiten sollen. Am 15. November haben Herzog und Schwabach einen Termin im Druckhaus des „Kleinen Journals" in der Königgrätzer Straße; dort soll, so ihr Plan, die „Republik" gedruckt werden. Vor Ort macht Schwabach diese Beobachtung: „Szene wie schlechter Ibsen: Liebknecht und Rosa Luxemburg hatten eben (beide nicht sehr schön anzusehen) die Druckerei verlassen, wo sie ihr Blatt erscheinen lassen wollen" (TB2, 15.11.1918). Ein Zufall ist diese Begegnung knapp zwei Monate vor dem Mord an Karl Liebknecht und Rosa Luxemburg. Beide werden in dem Druckhaus ab dem 9. November 1918 „Die Rote Fahne" zunächst als publizistisches Organ des Spartakusbundes herausbringen. Später soll sie das Zentralorgan der Kommunistischen Partei Deutschlands (KPD) werden.

Zuvor hatten Schwabach und Herzog an diesem Tag im noblen „Bristol" gefrühstückt und bei der Gelegenheit mit Alfons Goldschmidt, den Herzog unmittelbar danach als Wirtschaftsredakteur einstellte, und mit Hugo Simon, dem Bankier und Kunstsammler, zusammen gesessen.[311]

Schwabach überlegt: Die Investition in eine radikale Zeitung ist gewagt, aber doch folgerichtig – und gerade jetzt, weil er tatsächlich aus persönlicher Betroffenheit und aus eigenem Engagement etwas bewirken will, die weitaus bessere Alternative als eine zeitloses Nachschlagewerk über verstorbene Geistesgrößen und Wissenschaftler, wie Herzog und er es mit der Enzyklopädie geplant hatten. Er notiert: „Fülle von Ereignissen und Gedanken. Hauptarbeit: Die Zeitung. Es sind einfache Entschlüsse nicht. Ein sehr grosses Risiko. Indessen: Ich wag es. Jetzt oder nie ist die Zeit, wo wir für Verwirklichung unserer Ideale kämpfen, sie erreichen können. Unterdessen ist auch die rote Fahne erschienen (die Liebknecht witzig ‚Das rote Tuch' hätte benennen können)" (TB2, 19.11.1918).

Die Vorbereitung der Zeitung nimmt all seine Zeit und all sein Denken in Anspruch. „Es gibt viel zu tun, und es wird unendlich viel zu sagen geben. Die Lage ist noch sehr ungeklärt und nicht ohne Gefahren" (TB2, 24.11.1918). Welche Gefahren er zu dieser Zeit im Sinn hat, ist unklar. Unsicherheit spricht aber aus seinen Worten. Schwabach hatte zwar Erfahrung mit Zeitschriften und Redaktionsarbeit, doch das ist fünf Jahre her – und die „Weißen Blätter" waren eine Literaturzeitschrift. Jetzt geht es um Politik, um radikal-sozialistische Ideen, die Herzog und er verbreiten wollen. Es geht um Verstaatlichung, um Sozialisierungsprogramme für die Wirtschaft und für Banken! Eine diffuse Ahnung ist da und verunsichert ihn. Vielleicht beschleicht ihn auch schon das unbestimmte Gefühl, dass ausgerechnet er, der Bankerbe aus großbürgerlichem Hause, sich nicht so kraftvoll und exponiert mit einer radikalen Zeitung öffentlich präsentieren sollte, die letztlich für seine Familie ein „rotes Tuch" sein würde.

„Die Republik" erscheint dann mit der ersten Ausgabe am 3. Dezember, nur wenige Tage nachdem Wilhelm endgültig seinen Verzicht auf die Krone Preußens und die Kaiserkrone bekanntgegeben hatte. Die Zeitung kostet 10 Pfennige, im Monatsabonnement bei „freier Zustellung ins Haus" 2 Mark, erscheint täglich und hat ihre Redaktion am Schiffbauerdamm in Berlin-Mitte. Ihre publizistische Mission verkündet sie unmissverständlich unter dem Zeitungstitel auf Seite eins mit der Losung: „Für die Sicherung der Revolution/Für die Internationale/Für Menschlichkeit". Neben dem großen, bildmittig gesetzten Schriftzug „Chefredakteur: WILHELM HERZOG" formuliert sie den humanistischen Leitgedanken von Pascal: „Gerechtigkeit und Macht müssen eins werden, damit die Gerechtigkeit Macht und die Macht Gerechtigkeit werde."

Etwas später wird die Redaktion Werbeanzeigen in anderen Zeitungen schalten, um auf sich aufmerksam zu machen. Dort lautet die programmatische Ansage des sozialistischen Blattes ein wenig ausführlicher:

‚Die Republik' wird kämpfen gegen die Lüge/gegen die Opportunisten/gegen Befleckte und Belastete/für die Sicherung der Revolution/für die Internationale/ für Menschenfreundschaft. … Inserate finden die weiteste Verbreitung[312].

Schwabach ist derjenige, der für das Unternehmen zahlt, doch sein Name taucht nicht auf. Weder in der Nummer 1 noch in späteren Ausgaben der „Republik": keine Angaben zu ihm im (rudimentären) Impressum, das im Wesentlichen nur aus der Anschrift der Redaktion und dem Namen Wilhelm Herzog besteht. Das heißt, er ist derjenige, der den Betrieb finanziert, aber nicht nach außen hin auftritt oder vielleicht nicht auftreten will. Schwabach überlässt die gesamte Arbeit an der Zeitung Herzog und einer kleinen Schar von Redaktionsmitarbeitern. Ähnlich wie bei den „Weißen Blättern" hält sich der Mäzen jetzt auch bei den programmatischen Aussagen heraus, bleibt konstant im Hintergrund, ist unsichtbar. Es verwundert aber angesichts der Leidenschaft, mit der Schwabach die Vorbereitungen begleitet hatte, dass er Herzog jene Bühne allein überlässt. Es sollte so viel zu sagen geben, hatte er zuvor gemeint. Galt das nur für Herzog und nicht für ihn? Bei den „Weißen Blättern" war Schwabachs Name noch deutlich als Herausgeber genannt, hier nicht. Warum tritt er hier nicht offen nach außen hin auf? War Herzog machtbewusster? Wollte Schwabach aus eigenen Stücken „nur" der Geldgeber sein? Konnte er sich gegen den charismatischen Herzog nicht durchsetzen? Seine Tagebuchnotizen vermitteln eher den Eindruck, dass er, hin- und hergerissen und letztlich unsicher, sehr wohl das Geschehen der Zeitung eigentlich aktiv (mit-)lenken wollte, dies aber dann doch nicht tat.

Dabei war Schwabachs Mäzenatenrolle in seiner Familie und im überschaubaren Kreis der Berliner Intellektuellen durchaus bekannt. Er wurde angesprochen, wenn jemand in Leipzig oder Berlin ein neues Unternehmen gründen wollte. Schwabach hatte sich ja einen Ruf als durchaus freigiebiger und großzügiger Mensch erworben. Grundbedingung für sein Mittun war allerdings, dass er sich von einer Idee überzeugen und begeistern ließ.

In den chaotischen Nachkriegswochen jenes Winters erreichen ihn denn auch zum Teil skurrile Ideen, die er finanzieren soll und die nicht immer etwas mit Literatur im engeren Sinne zu tun haben. „Es passieren einem jetzt merkwürdige Dinge", schreibt er am 15. Dezember 1918 in sein Tagebuch. Die „Republik" ist erst seit wenigen Tagen auf dem Markt. „Gestern war jemand da, der mir nicht mehr und nicht weniger die Gründung eines (grob gesprochen) homosexuellen Bordells antrug." Schwabach notiert dies nur mäßig überrascht, ihn irritiert offenbar nur wenig, dass man ausgerechnet ihm die Finanzierung eines solchen Etablissements anträgt. „Puffberlin" kommt einem in den Sinn, jenes Wort, mit dem seine Frau Lotte die Hauptstadt bezeichnet hatte – in dem Wissen, dass ihr Mann eben auch Grenzgänger war und in der Hauptstadt abends gelegentlich nicht nur Theateraufführungen besuchte.

Dass Schwabach sich anders als bei der „Republik" mit seinem Namen öffentlich für eine Sache stark macht, zeigt dieses Beispiel: Einen Tag später, am 15. Dezember, empfängt er, diesmal in der Redaktion der Zeitung, noch jemanden, der etwas von ihm will. In diesem Fall wird Schwabach nicht um Geld gebeten, sondern darum, seinen Namen unter einen politischen Appell zu setzen. Der Kunstsammler und Schriftsteller Friedrich Perzynski und der Architekt Bruno Taut vom neugegründeten „Arbeitsrat für Kunst" besuchen Schwabach und tragen ihm die Idee vor, eben jenen Rat zu unterstützen, immateriell. Der Rat will die politische Umwälzung nutzen, um die Kunst von „jahrzehntelanger Bevormundung zu befreien",[313] und so die Revolution auf den Bereich der Kunst und künstlerischen Gestaltung ausdehnen.

Auch hier neue, radikale Töne und Forderungen: „Kunst und Volk müssen eine Einheit bilden. Die Kunst soll nicht mehr Genuß weniger, sondern Glück und Leben der Masse sein", haben Perzynski und Taut formuliert. Sie fordern auch die Auflösung der Königlichen Akademie der Künste in Berlin und wollen neue Körperschaften gründen, „die aus der produktiven Künstlerschaft selbst ohne staatliche Beeinflussung geschaffen werden". Schwabach unterzeichnet und findet seinen Namen neben vielen Bekannten. Theo von Brockhusen und Max Pechstein haben unterschrieben, ebenso wie die Schriftstellerin Mechtilde Lichnowsky und der Finanzminister Hugo Simon. Mit dabei sind Käthe Kollwitz, der Kunsthistoriker Carl Georg Heise und andere. Taut selbst wird ein Jahr später seine hier noch rein kunstbezogene Theorie auch auf sozialutopische Ideen ausdehnen. Er macht, angeregt von dem Dichter Paul Scheerbart, den Vorschlag, in einem gigantischen Bauprojekt die Alpen mit kristallenen Palästen zu bebauen. In einer aufwändigen Publikation mit zahlreichen Skizzen und farbigen, teils mit Gold und Silber unterlegten Zeichnungen[314] beschreibt er jene „Alpine Architektur".

Bei der Zeitung ist Herzog also derjenige, der allein im Vordergrund steht. Und der seine Solorolle auf der Bühne der Zeitung geradezu auskostet. Schwabach bleibt gleichsam hinter dem Vorhang. Im ersten Text der „Republik" spricht Wilhelm Herzog selbstbewusst in Ichform die Leserinnen und Leser an: „Erst jetzt, am 21. Tage der deutschen Revolution, kann ich befreiten Herzens Worte an Sie richten. Das durch harte Unterdrücker versklavte und gefesselte Deutschland ist aufgestanden. Die Orgie der Machtanbetung ist beendet".[315] Sein Aufmacher benötigt die ganze Zeitungsseite und heißt „An Die Geistige Internationale. Aufruf an Romain Rolland." Es ist Herzog, der genau weiß, was er will, und er kann es ohne Anflug von Selbstzweifeln öffentlich formulieren.

Was er in diesem ersten Text und in anderen Beiträgen zudem meisterhaft versteht, ist die Verknüpfung herzustellen zu seiner zweiten Publikation, dem „Forum", das er (nun wieder) betreibt und zwar zeitgleich mit der „Republik". Er bezieht sich dabei regelmäßig auf aktuelle „Forums"-Ausgaben oder zitiert aus im Kriege durch die Zensur „verbotene Texte" und lässt Anzeigen für das „Forum" auf der Anzeigenseite der „Republik" drucken. Im jenem allerersten

Text der „Republik" verweist Herzog etwa auf die Ausgabe des „Forums" vom
April 1914 (das erste Heft), in der Romain Rolland die Frage beantwortete: „Ist in
Deutschland eine Revolution möglich?" Ja, die Revolution sei möglich, so habe
damals Rolland geschrieben, merkt Herzog an, und sie sei in ihrem täglich spür-
baren Chaos nun, Ende 1918, Gegenwart. Herzog meint, dass der französische
Pazifist damals den Konflikt habe kommen sehen, der in dem „Missverhält-
nis wurzelte zwischen dem Geist von ehedem und einem feudalen, veralteten
Regime, das diesen Geist erstickt' … Endlich will Geist Macht werden", schreibt
er weiter[316] und drückt mit diesen Worten aus, was wohl auch für Schwabach
Impetus des eigenen Handelns war, nämlich der Versuch, den Lauf der Welt
zu beeinflussen, die Lenkung von Interessen – durch „Geist", der das aber nicht
allein kann, sondern dafür einen Geldgeber braucht.

Auf jeweils nur vier Seiten, davon ist die letzte ausschließlich Anzeigen vor-
behalten, wechseln sich Beiträge über Parlamentsdebatten, Texte über internationale Entwicklungen, sozialistische Manifeste und Kulturartikel ab. Es ist eine
einzigartige Mischung: einerseits pures Revolutionspathos und Dokumente der
Gegenrevolution, Texte gegen Korruption, gegen Privatwirtschaft und Kapitalismus, Schmähaufrufe gegen den Adel im Allgemeinen und vor allem gegen
das Haus Hohenzollern und seinen wichtigsten, nun nach Holland ins Exil ver-
triebenen Vertreter (Wilhelm II.) im Besonderen sowie gegen das Militär. Und
andererseits Gedichte von Werfel, literarische Essays von Stefan Zweig, Kurt
Hiller und anderen. Es gibt einen Kasten „Hinweis auf revolutionäre Schriften",
die Werbung enthält für Heinrich Manns Buch „Der Untertan", das nun – nach
Ende der Zensur – endlich in großer Auflage erscheint, für Leonhard Franks
„Der Mensch ist gut", für Lenins Schriften.

Die Zeitung kommentierte die Entwicklung der revolutionären Ereignisse
in München und Berlin (den zeitweiligen Erfolg der Revolution, später dann
die Niederschlagung der Räterepublik, den Spartakusaufstand), sie kritisierte
die gegenrevolutionäre Politik der Koalitionsregierung unter den Sozialdemokraten und sie solidarisierte sich zeitweilig mit den revolutionären Führern
Kurt Eisner (mit dem Herzog befreundet war) sowie mit Karl Liebknecht und
Rosa Luxemburg.

Die „Republik" ist dabei radikal im Wortsinn und bricht genüsslich mit Tra-
ditionen. Dabei ist sie in ihrer eigenen Logik innovativ: So stellt sie Zeitgenossen, die nach Ansicht der Redaktion „Deutschland ins Unglück gestürzt
haben", buchstäblich an den Pranger. „Pranger" heißt tatsächlich eine in den
ersten Wochen stets wiederkehrende Rubrik, auf der ganz- oder halbseitig
bestimmte Parlamentarier (u.a. Stresemann), Militärs (Ludendorff, Tirpitz u.a.)
sowie Wirtschaftsgrößen (z.B. Waldemar Mueller, Vorsitzender des Aufsichts-
rates der Dresdener Bank; rheinisch-westfälische Großbankiers) namentlich

aufgeführt werden. Was noch auffällt, sind zahlreiche kritische Kommentare von Goldschmidt, der unter dem Pseudonym Cerberus schreibt, und aus seiner lodernden Feindschaft zu Kapitalisten, Industriellen und vor allem zu Bankiers keinen Hehl macht.

„Wer waren die Schuldigen?", fragt der Pranger etwa in der Nummer 8 (vom 10. Dezember 1918) und gibt sofort diese Antwort: „Schwerindustrielle und Bankherren waren in erster Linie die Schuldigen!" – nach dem Kaiser und Militärführern.

Immer wieder sind Inhaber oder Direktoren von Kreditinstituten Objekte hasserfüllter Kritik von Cerberus, und das alles in der Zeitung, die der Bankenerbe Erik-Ernst Schwabach finanziert.

In der zwölften Ausgabe schreibt Goldschmidt alias Cerberus, der ein glühender Anhänger von Verstaatlichung industrieller Produktionsanlagen und von „gerechter Verteilung" der Gewinne ist: „Die Bankbeamten sind keine Kapitalisten, sie sind Diener der Kapitalisten. Daraus müssen sie Konsequenzen ziehen. Auch die ‚Bessergestellten' müssen Solidarität zeigen. Kann das Bankkapital machen, was es will, so kommt das alte Elend wieder auf. Die Verteilung muss überwacht werden, die Verteilung zu Gunsten einer intensiven Produktion und zu Gunsten der Angestellten und Arbeiter."

Eine Woche später, in der Nummer 19 (vom 21. Dezember 1918) fordert Redakteur Goldschmidt ein „Sozialisierungsprogramm" der Wirtschaft: „Hätte man zunächst die Großbanken, die Zentralbürgen des Kapitals, erfaßt, so hätte man sofort bestimmenden Einfluß auf die Industrie gehabt … Die Großbanksozialisierung ist durchaus möglich", formuliert er. Aber es kommt – für Bankiers – noch schlimmer, noch deutlicher. In fast jeder Ausgabe schreibt er nun radikal gegen Einzelpersonen und gegen „Kriegsgesellschaften". Cerberus fordert die totale Erneuerung des Staatswesens und der Wirtschaft von unten nach oben: „Auch der Finanzkritiker hat für diese Sanierung eine große Anzahl Wünsche bereit. Er kennt und haßt die Wirtschaftsgesetze mit dem Geist von oben, mit dem Knebelungsgeist, mit den Lücken, durch die der Geist von oben schlüpft. Er kennt die untere Leitungswirtschaft, die Aufsichtsratswirtschaft, die Direktorenwirtschaft, die ganze Schweinewirtschaft, die den Geist von oben benutzt und mißbraucht … Es ist der Direktorenfimmel, die lächerliche Machtsucht, der Drang irgendwo mit irgendwas betitelt zu werden."[317]

Jeder Leser, der nur wenige Kenntnisse über die führenden Bankiers der Zeit hat, kann den Schluss ziehen, dass mit dieser schonungslosen und gehässigen Kritik auch Zeitgenossen wie Dr. Paul Hermann von Schwabach gemeint sind. Dessen Neffe ist aber ausgerechnet jener Mäzen, der das Prangerorgan unterstützt und zornigen Kritikern wie Goldschmidt eine Publikationsmöglichkeit für solche Pamphlete bietet.

Der neben dem Chefredakteur Verantwortliche dafür, Erik-Ernst Schwabach, liest, beobachtet und begleitet die Anfänge „seiner" Zeitung intensiv und
zunächst wohlwollend. So notiert er kurz nach dem Erscheinen: „Die ‚Republik'
ist heraus. Noch nichts Vollendetes. Aber man muss hoffen, dass es wird. Die
viele Arbeit lässt mich nur wenig zum Denken kommen. Und das ist vielleicht
ganz gut" (TB, 5.12.1918). Einige Tage später, da sind die ersten Prangermel-
dungen und Schmähangriffe von Cerberus bereits erschienen, notiert er: „Hier
die Zeitung, die mir noch durchaus nicht gefällt. Manches ist mir zu radikal.
Manches zu langweilig. Aber ich hoffe, dass das Gesamtbild allmählich gut wird.
Der Widerstand der Umgebung ... mach[t] ein wenig unfroh. Ich bin ganz optimistisch. Aber noch nicht glücklich" (TB2, 14.12.1918).

Im Zentrum Berlins geht das Chaos auch über den Jahreswechsel weiter.
Nicht nur die parlamentarische Arbeit ist unterbrochen. Streiks, Aufstände,
Demonstrationen und gewalttätige Auseinandersetzungen zwischen regierungs-
treuen Soldaten und Aufständischen nehmen zu. Fast täglich kommt es im
Regierungsviertel, am Alexanderplatz und an anderen Orten in Berlin zu Schie-
ßereien. Arbeiter streiken für bessere Arbeitsbedingungen und höhere Löhne,
selbst die Kellner in den Lokalen der Hauptstadt zetteln Streiks an – für feste
Wochenlöhne und gegen Trinkgelder – und legen an Silvester 1918 mit gezielten
Aktionen „fast sämtliche großen Kaffeehäuser" lahm.[318]

Im Januar schlagen regierungsnahe Militärs den linken Spartakusaufstand
nieder, an dessen Ende Rosa Luxemburg und Karl Liebknecht ermordet werden. Schwabachs vage Hoffnung zu dieser Zeit, mit der Zeitung „glücklich"
zu werden, erfüllt sich nicht, im Gegenteil. Anfang des Jahres kommt es zum
Skandal. Auslöser ist ein Text in der Zeitung, der am 4. Januar 1919 erscheint
und in dem Goldschmidt alias Cerberus erneut – aber mit noch drastischeren
Worten als bislang – die Bankensozialisierung fordert. Er schreibt über Ver-
staatlichungsversuche von Kreditinstituten in Schweden und zieht den Vergleich zur Lage in Deutschland. „Nicht bei uns, beileibe nicht bei uns. Bei uns
wäre ja die Sozialisierung ein Verbrechen. An die Banken wagt man sich schon
gar nicht heran. Um Gotteswillen nicht an die Banken ... Bei uns können die
Großen ruhig weiter aufsaugen, kein Mensch hindert sie, die Konzentration
des Großbankkapitals kann fortschreiten."

Es ist Schwabachs Familie, die ihn jetzt zur Rede stellt und nicht weiter
hinnehmen will, dass die „Republik" Front macht gegen Banken und Banken-
inhaber im Allgemeinen und damit eben auch gegen Menschen wie Paul von
Schwabach im Besonderen. Paul ist ja niemand anderes als einer jener „Befleckten
und Belasteten", auf die die Zeitung zielt und gegen die sie kämpft. Das ist der
„Widerstand der Umgebung", den Schwabach zu Beginn gespürt hatte, und der
sich jetzt klar gegen ihn richtet. Es scheint, als habe es erst dieses Anstoßes von

Dritten bedurft, dass er reagiert, dass er endlich wahrnimmt und begreift: Jene Attacken gegen Banken treffen nicht nur die Bleichröder Bank seines Onkels und damit seine eigenen Familie. Er selbst steht als Finanzier der Zeitung unmittelbar in der Schusslinie und wird zur Verantwortung gezogen.

Sein Frau Lotte macht ihm deswegen als erste große Vorwürfe. Erst in diesem Moment scheint er zu verstehen, dass „seine" Redaktion zu weit gegangen ist. Unter diesem Druck reagiert er sofort. Schwabach liefert sich mit Herzog, den er gleich zur Rede stellt, einen heftigen Dialog. Die Aussprache kann aus seiner Sicht nur ein Ziel haben: Auszusteigen aus der Zeitung und der Verlagsgesellschaft, und zwar möglichst sofort, „à tout prix", um jeden Preis, wie er schreibt.[319] Seinem Chefredakteur Herzog wirft er vor, ein „sich radikal geberdendes Blättchen zu machen, das einen unglaublichen Tiefstand hat, von der Intelligenz abgelehnt, und von den Arbeitern nicht gelesen wird". Er fährt fort, verzweifelt und erschüttert, so als habe er gerade erst bemerkt, dass und wie die „Republik" agiert, was sie mit welchen Worten schreibt und in seinem Umfeld damit auslöst: „Es war ein Wahnsinn von mir, die Republik zu machen. Ich war erschüttert und doch froh, als die Revolution kam, von der ich soviel schönes erhoffte, Geist und Menschlichkeit vor Allem! Ich griff begierig nach der Möglichkeit, so wirken zu können, dass dieser mein Traum greifbar würde … Ich war zu leichtfertig. Überschätzte Herzog."

Dabei hätte Schwabach ja schon lange vorher Herzog zur Rede stellen, Kritik äußern können. Doch nichts war vier Wochen lang geschehen. Jetzt leidet er. „Der Kummer macht mich krank", schreibt er. Er habe sich und die Zeitung falsch eingeschätzt. Doch Herzog geht auf die Kritik nicht ein, nimmt nichts davon an. Die Ausrichtung des Blattes sei doch klar zwischen beiden besprochen worden: Radikal sollte die Zeitung sein! Sozialistisch-revolutionär sollte sie sein! Jetzt war sie radikal, und Schwabach sah unter dem Ärger, den seine Frau und seine Familie machten, plötzlich ein, dass die Schwabachs und vor allem die Bleichröder Bank diese publizistische Linie nicht wollten?

Erik-Ernst Schwabach weiß an diesem Samstag nicht weiter. Er hat sich verrannt: „Heraus aus alledem! Zurück zu mir! Zu dem, was immer ist, immer bleiben wird: Zur Kunst!", schreit er förmlich in seiner Not in sein Tagebuch hinein; voller Schwermut und einem Gefühl der Ohnmacht. Gleich am nächsten Tag, dem Sonntag, nimmt er Kontakt zu seinem Anwalt auf und bittet ihn, Schritte mit Herzog zu besprechen, um den Vertrag zwischen beiden aufzulösen. Seine Rolle ist mittlerweile Gesprächsthema in der feinen Berliner Gesellschaft. Seine Frau, die sich schämt und peinlich berührt ist, in diesen Tagen ihren Mann und damit auch sich im Mittelpunkt eines Gesellschaftsskandals zu sehen, macht ihm, wohl auch im Namen der ganzen Familie, heftige Vorwürfe. Sie nennt ihn naiv und dummgläubig: „Du hättest Dich mehr um die

Dinge kümmern müssen!" – „Ja", erwidert er, „vielleicht!"[320] Schwabach fühlt sich angeekelt und verzweifelt, er will nicht, dass seine Frau („Arme Lotte, die mitleiden muss") mit hineingezogen wird in den Familienskandal, wie er den Aufruhr nennt. „Käme nun endlich wieder ein glückliches, menschliches Jahr."

Er fährt fort: „ Aber was hätte das genutzt? Vielleicht wäre diese oder jene Taktlosigkeit unterblieben. Gut wäre es nie geworden … Meine Schuld liegt im Abschluss des Vertrages, wie er war. Das ist prügelnswert. … der Grund liegt in einer Überschätzung der Herzogschen redaktionellen Fähigkeiten."

Das klingt nach Ausflüchten, nach der Schuldsuche bei jemand anderem. Kurze Zeit später wird Schwabach Herzog sogar einen „Hochstapler" nennen. Dabei hatte Herzog, bei Lichte betrachtet, gar keine Verabredungen verletzt, sondern sich an die gemeinsam getroffene Vereinbarung gehalten. Und die lautete, eine „sozialistische Zeitung" zu leiten und seinem Redakteur die Möglichkeiten zur Publizierung entsprechender Beiträge zu bieten. Das beinhaltete auch die Veröffentlichung radikal-kritischer Texte, die sich zwangsläufig gegen die „alte" Ordnung, gegen überkommene Strukturen in Politik, Wirtschaft und Kultur richteten, richten mussten – sonst wäre die „Republik" ja keine „sozialistische" Zeitung gewesen.

Wilhelm Herzog blieb deshalb gelassen. Er hatte ja mitbekommen, dass die „Republik" aufgrund der klaren Positionierung als sozialistisches Organ und einer eindeutigen, Missverständnisse kaum zulassenden Formulierungsgabe der Redaktion praktisch seit dem ersten Tag im Zentrum von zum Teil heftiger öffentlicher Kritik stand. Schriftsteller wie Thomas Mann, Arthur Hollitscher und andere hatten mit Unverständnis und teils vernichtender Kritik gegen die neue Zeitung reagiert. Mann äußerte inhaltliche Einwände, als er vom „Gesudel" sprach[321], andere, konservative Zeitgenossen, kritisierten erwartungsgemäß den revolutionären Ton. Was konnte Herzog also verlieren? Schwabach und er waren schließlich vertraglich miteinander verbunden.

Doch die Kritik an linken Meinungsartikeln der „Republik" und die Auseinandersetzung mit Schwabach, der nun unverzüglich, lieber heute als morgen, sein Zeitungsabenteuer beenden wollte, waren nichts im Vergleich zu der Heftigkeit und Leidenschaft, mit der wenig später Wilhelm Herzog als Chefredakteur auf breiter Front angefeindet wurde. Hollitscher verglich Herzog mit dem „unverschämtesten, kapitalistischen Ausbeuter".[322] Das war eine der noch harmloseren Injurien, die dieser über sich lesen musste.

Herzog und eine erstaunte Öffentlichkeit erlebten nämlich den Auftakt zu einer beispiellosen Hetzkampagne gegen ihn und gegen die Zeitung. Sie wurde von Siegfried Jacobsohns „Weltbühne" und dem „Vorwärts" begonnen und gesteuert. Jacobsohn, „Intimfeind" von Herzog[323], lieferte sich mit dem Chefredakteur der „Republik" einen jahrelangen, erst 1925 durch ein Gerichtsurteil beigelegten Streit, der auch vor schweren persönlichen Anfeindungen nicht haltmachte. Am heftigsten kritisierte nun Alfons Goldschmidt Herzog – und zwar nach seiner Entlassung aus der Redaktion der „Republik". Jacobsohn bot ihm mit der „Weltbühne" dafür ein Forum. „Der Jobber der Republik" – so nannte die „Weltbühne" Wilhelm Herzog. In dem ersten einer ganzen Reihe von verleumderischen Texten griff zunächst ein Anonymus Herzog an[324] und ließ nachgerade eine Schimpfkanonade gegen Herzog los. Vor nichts machten Jacobsohn und seine Zeitschrift halt. Herzogs „fettige Haare, sein Lispeln, sein Zungenfehler" wurden genau beschrieben. „Er konnte nicht schreiben", hieß es an einer Stelle weiter. „Welcher Redakteur hat immer wieder die Zeit, einen Beitrag von ihm bis zur Brauchbarkeit zusammenzustreichen und in die deutsche Sprache zu übersetzen?" Auch einen Hinweis auf Schwabach nennt der anonyme Verfasser: „Mit einem Verleger oder einem Konfektionserben, der in die bessern geistigen Kreise wollte, einen Vertrag zu schließen, wonach man unter allen Umständen üppig ernährt oder großzügig abgefunden wurde, ganz egal, ob man arbeitete oder faulenzte … das war eine Sache, das war der rettende Einfall! So entstand ein Nachdrucks-Unternehmen, bei dem binnen kurzer Zeit eine Abstandssumme von fünfzigtausend Märkern heraussprang."[325]

Dann tritt Goldschmidt unter seinem Namen auf und rekapituliert seine Erfahrungen nach einigen Wochen Arbeit unter Herzog: „Im ersten Revolutionsmonat wurde zu Berlin die Tageszeitung ‚Die Republik' gegründet und als sozialistische Tageszeitung angekündigt. Mit viel Geld, mit Wilhelm Herzog als Chefredakteur und mit den Devisen: „Für die Sicherung der Revolution! Für die Internationale! Für Menschlichkeit!" „Man hatte mich vor diesem Herzog gewarnt. … Aber ich wollte nicht auf fremde Warnung verurteilen, ich wollte mitkämpfen und im Kampfe sehen, ob der Hauptstreiter die Menschlichkeit, die Gerechtigkeit, die Revolution, die Internationale wollte oder seine Tasche, seinen Magen, wie die Rufbesorgten behaupteten. Die Rufbesorgten haben Recht behalten. Die Sache wurde beschmutzt. Auch ich muß daher warnen." Es folgen weitere heftige Vorwürfe gegen Herzog, dieser sei „kein Arbeitsmann", sondern Unternehmer, er habe „kein Sozialherz".

„Er verkündet den Sozialismus, die Lehre von der Arbeit, die hohe Lehre der Arbeitsverantwortung, aber selbst arbeitet er nicht. … Herzog läßt nicht nur Andre für sich arbeiten: Er läßt Andre auch das Risiko für sich tragen. Er holt nicht nur Arbeitsleute heran: er holt auch Geldleute heran … Mit dem Verlag der Republik und mit einem andern Verlage schloß er Verträge, die ihm Gehälter von 42000 Mark im ersten, 54000 Mark im zweiten und dritten Jahr sicherten." „Die Republik" gehöre nun, nachdem sich ihr Geldmann zurückgezogen habe, ihm, Herzog, allein.

In der winterlichen Ruhe von Märzdorf, weit weg von den Gewaltausbrüchen gegen Kommunisten, weit entfernt von dem Elend in den Hauptstadtstraßen mit dem revolutionären Chaos, kommentiert Schwabach diese ersten Anfeindungen des Wirtschaftsredakteurs seiner Zeitung gegen Herzog fast ein wenig genüsslich. „Artikel in der Weltbühne von Alfons Goldschmidt, der Herzog scharf hernimmt. ‚Schmutzfink‘ sagt das Blatt in der Marginalie. Besser ‚Hochstapler‘ und ich hoffe, dass dieser Angriff ihn genügend kompromittieren wird, um ihn unschädlich zu machen" (TB2, 19.2.1919).

Wenige Ausgaben später heißt es in der Weltbühne[326] wieder mit einem Bezug auf Schwabach: „Wenn ihn ein kluger kapitalistischer Verlag, den er anflehte, ihn für eins seiner sanftdemokratischen Blätter zu engagieren, mit einem Fußtritt wegstieß, so legte er wenige Wochen später einen nicht ganz so klugen Kapitalisten hinein, der ihm die ‚Republik‘ begründete, damit er den kapitalistischen Verlag an den Pranger stelle." Die Angriffe gegen Wilhelm Herzog nehmen im weiteren Zeitverlauf noch an Schärfe zu. So nennen ihn der „Vorwärts" und die „Weltbühne" jetzt und fortan den „Herzog von Absundien", dem (von Schwabach) eine Abfindungssumme von 250.000 Mark angeboten worden sei.[327] Romain Rolland erwähnte gar die Summe von 300.000 Mark, die Herzog von seinem Teilhaber erhalten habe, der „nun seinen Namen von dieser Zeitung zurückziehen wollte, da sie zu kompromittierend für ihn geworden war".[328]

Von einem „Schlag ins Kontor" für den „überzeugten Sozialdemokraten Herzog" spricht nun der „Simplicissimus" aus München, „indem Herr Erik Ernst Schwabach die Gelder … überraschend plötzlich sperren ließ." Schwabach wird öffentlich hart angegangen. Der zentrale Vorwurf lautet: Er ducke sich weg. „Prompt reagiert die Börse auf das Fiasko des verschämten Bolschewismus, der mit dem unverschämten Geschäfte machen wollte, aber nach dessen Reinfall nicht dabei gewesen sein, sondern immer süße Verständigungshoffnungen für die Mehrheit gehegt haben will. Aber ob auch die Unabhängigkeit fällt, weil sie vom Bankkonto abhängig war, … die Republik wird unvergeßlich sein, in der ein Herzog herrschen konnte".[329]

Die Frage, ob Finanzier Schwabach, der jetzt kalte Füße kriegt, von Herzog über die Ausrichtung der Zeitung im Unklaren gelassen wurde, spielte in den öffentlichen Auseinandersetzungen im „Vorwärts" und in der „Weltbühne" von jetzt an bis in den April hinein eine zentrale Rolle. Herzog ließ seinen Anwalt Oscar Cohn formulieren (und veröffentlichen): „Schwabach ist von Herzog über den Charakter der zu gründenden Zeitung nicht getäuscht worden, die Abstandssumme, die Schwabach nicht an Herzog persönlich, sondern an die Verlagsgesellschaft zahlte, war nicht so hoch wie angegeben worden war und auch nicht von Herzog in der Schweiz angelegt worden."[330]

Wilhelm Herzog nahm die Angriffe gegen ihn und die Verleumdungen zum
Anlass, in der „Republik" darauf zu reagieren. Er benannte aus seiner Sicht und
in bewusster Verzerrung die Vorwürfe gegen ihn (unter der Überschrift „Die
Pestilenz der Hölle") und schrieb: „Von Pressebanditen war ich bereits in den
Wochen vorher so gekennzeichnet worden:

1. Die Entente zahlt mir täglich 500000 Mark.
2. Das Haus Bleichröder hat mir zwei Millionen zur Gründung einer bolsche-
   wistischen Zeitung zur Verfügung gestellt.
3. Ich bin Oberkommandeur der Spartakustruppen im Mossehaus gewesen."[331]

Herzog versuchte, gegen jene Verleumdungen nicht nur per Klage vorzugehen,
sondern ließ sich bei Gelegenheit etwa von Romain Rolland, den er persönlich
kannte, öffentlich seine „Unabhängigkeit und seinen Mut" erklären.[332] Auch
Leonhard Frank solidarisierte sich mit Herzog: „Wir teilen der Öffentlichkeit
mit – gleichviel, ob wir ihm als Politiker zustimmen können oder nicht, daß die
persönliche Ehrenhaftigkeit und reine Gesinnung Wilhelm Herzogs, der schon
während des Krieges Mut bewiesen hat und sich um die Revolution verdient
gemacht hat, für uns außer Zweifel steht und verbürgen uns hierfür, indem wir
uns mit Wilhelm Herzog solidarisch erklären."[333]
     Der Streit um Abfindungszahlungen, um Schwabachs Funktion bei der
„Republik" im Besonderen, spielt für Erik-Ernst weiterhin eine zentrale Rolle.
Es belastet ihn schwer, sich und vor allem seiner Familie diese Peinlichkeit nicht
erspart zu haben. Schwabach flüchtet in den Tagen nach der Auseinandersetzung
mit Herzog geradezu nach Märzdorf. Es hat den Anschein, als verkrieche er
sich vor dem bösen und lauten Alltag der Hauptstadt. Er ist verzweifelt. Berlin
kommt ihm vor wie ein Irrenhaus – oder wie es Erich Kästner später im „Fabian"
ausdrücken wird: „Im Osten residiert das Verbrechen, im Zentrum die Gaunerei,
im Norden das Elend, im Westen die Unzucht, und in allen Himmelsrichtungen
wohnt der Untergang."[334]
     „Heraus aus Berlin", sagt Schwabach, „selbst Haynau im Schnee ist nun schön"
(TB2, 1.2.1919). Ein Schlitten holt ihn am Bahnhof ab, er sieht seine Kinder
wieder. Die Schneelandschaft, das Schloss, Bücher, die er sich aus Leipzig von
Kurt Wolff zuschicken lässt, bringen ihm in diesen Februartagen äußeren Frieden. Innerlich ist er nach wie vor aufgewühlt: „Noch einmal nun die ‚Republik'
erwähnen? Ich meine, dass auch ohne Niederschrift mir diese Angelegenheit –
muss ich denn immer wieder Opfer eines Hochstaplers werden – ganz abgesehen von allen Denk=Niederschriften und Erklärungen ewig unvergesslich
bleiben wird" (TB2, 1.2.1919).

Auch hier, weit von Berlin entfernt, räsoniert Erik-Ernst über die Schmach, über den gesellschaftlichen Boykott, dem er sich als das vermeintlich schwarze Schaf des Schwabach-Clans gegenübersieht, ebenso über die Vorwürfe, die er von seiner Frau Charlotte hört, die sich aber andererseits mutig vor ihn stellt, wie er bemerkt: „mutterseelenallein, es tut weh" (TB2, 1.2.1919).

In der Distanz zum Geschehen in der Redaktion und zur politischen Entwicklung unter dem Eindruck der Ermordung Liebknechts und Luxemburgs erinnert sich Schwabach an Szenen der Anarchie, die er Wochen vorher gesehen hat, an den „Mob auf den Straßen", den Dreck auf den Bürgersteigen, zerrissene Plakate, den grauen Himmel, an die gewaltfördernde Atmosphäre: „Berlin glich einem Heerlager mit Maschinengewehr und Geschütz gespickt." In der Friedrichstraße, als er in jenen Januartagen zu seinem Anwalt ging, flogen ihm gar die Kugeln um die Ohren. Er formuliert jetzt in Märzdorf ernüchtert und schwermütig: „Ich verwerfe die Diktatur des Proletariats. Sie ist verabscheuenswert wie jede Diktatur, Angst vor Reaktion …, dass ich psychisch in dieser Stadt litt. Liebknecht's und der Luxemburg Tod war abscheulich … Die Kreuzigung Christi tötete seine Lehre nicht."[335] Er hat Angst um die Zukunft, vor einem Bürgerkrieg.

Erst jetzt, Anfang Februar, kommt eine Nachricht seines Onkels. Paul von Schwabach, Chef der S. Bleichröder Bank, die im Mittelpunkt der öffentlich geführten Streitereien steht, schreibt ihm. Persönliche Vorwürfe ihm gegenüber äußert Paul dabei nicht. Das wäre nicht sein Stil und würde seinem Habitus in keiner Weise entsprechen. Paul von Schwabach drückt sich so aus: „Am liebsten möchte ich mich in irgend einen Winkel zurückziehen, keine Zeitung mehr lesen und vielmehr darüber nachdenken, ob Deutschland eine Menagerie oder ein Tollhaus geworden ist."[336] Erik-Ernst kann diese Worte, die er in seinem Tagebuch zitiert, genau einordnen. Er versteht sie richtig. Sie stellen, auch wenn sie sein Onkel zurückhaltend formuliert, das Maximum an Kritik ihm gegenüber dar. Mehr braucht Paul nicht zu sagen! Paul wird sich sicherlich durch die öffentliche Schlammschlacht an jene Anfeindungen und Verleumdungen erinnert haben, unter denen Gerson von Bleichröder, sein väterlicher Freund, Jahre lang, praktisch bis zu seinem Tod, gelitten hatte. Er wird sich erinnert haben an die Berichterstattung in den Zeitungen vom „Vorwärts" über die „Norddeutsche Allgemeine Zeitung" bis zum „Berliner Tageblatt" und einer Reihe weiterer Presseorgane über Vorwürfe gegen Gerson, er habe eine außereheliche Affäre gehabt und sei dadurch erpressbar geworden. Nur die Protektion höchster staatlicher Stellen habe Bleichröder seinerzeit vor juristischen Konsequenzen geschützt: Der „Bleichröder-Skandal", über den Stern ausführlich berichtet[337], hatte über Jahre mit Meineids- und Schweigegeldvorwürfen sowie mit Berichten über Erpressungsversuche jene unterschwelligen, gelegentlich auch offen formulierten antisemitischen Ressentiments befördert. Das hatte sich in Paul von Schwabachs Gedächtnis eingeprägt, auch wenn er zu jener Zeit noch nicht im Dienst des Bankhauses stand. Praktisch bis zu Bleichröders Todestag hielten Anfeindungen dieser Art gegen ihn an: „Die ständigen Sticheleien und Anfeindungen in der Öffentlichkeit verbitterten Bleichröders Leben bis zum letzten Augenblick … Der letzte öffentliche Angriff auf ihn erfolgte am 18. Februar 1893. Am nächsten Tag starb Bleichröder nach kurzer Krankheit an einem Lungenödem im Alter von 71 Jahren."[338] Paul wollte eine ähnliche Situation für sich auf jeden Fall vermeiden.

Erik-Ernsts Onkel äußert sich aber noch ein weiteres Mal im Zusammenhang mit dem aktuellen Skandal; dieses Mal öffentlich – und zwar während der Feier am 1. Januar 1921 zu seinem Eintritt in die Bank vor einem Vierteljahrhundert: „Meine Herren! Vor nicht sehr vielen Jahren – es mögen drei oder vier sein – nahm ich einmal an einer Unterhaltung teil, in der von einem bekannten Berliner Publizisten die Rede war. Ich machte über diesen Herrn eine abfällige Bemerkung. Da wurde mir entgegengehalten: ‚Dieser Mann ist es, der zuerst ausgesprochen hat, daß ein Einzelkaufmann nicht allein auf seinen Vorteil bedacht sein darf, sondern sich als Glied des Ganzen fühlen muß.' Ich habe darauf geantwortet – und ich war stolz, es antworten zu können –: ‚Es ist ja möglich, daß dieser Herr das zuerst ausgesprochen hat; aber in meiner Firma handelt man danach seit 100 Jahren.'"[339]

Das Abenteuer der Finanzierung der Zeitung ist für Erik-Ernst damit beendet. Die „Republik" wird später, im März 1919, auf Befehl des Reichswehrministers Noske zunächst zeitweilig verboten. Im Mai 1919, kurz bevor die Repräsentanten der Siegermächte und die Vertreter der deutschen Regierung den Versailler Vertrag unterzeichnen, der Deutschland als dem Hauptschuldigen am Krieg riesige Reparationszahlungen auferlegte, stellt sie ihr Erscheinen ganz ein.

Zu Ende gespielt ist für Schwabach nun auch seine Rolle als Finanzier und Mäzen. Die Ereignisse dieser Wochen, in die ja auch der plötzliche Tod seines Freundes von Brockhusen fiel, kumulieren zu Schicksalsschlägen, die an die Substanz gehen. Schwabach ist mit seinen Kräften am Ende. Abseits seiner desolaten persönlichen Umstände ist die politische Lage nicht weniger schwierig: Deutschland erlebt mit jenen Versailler Entscheidungen, was es heißt, den Krieg verloren zu haben: „Die Friedensbedingungen, die man uns überreicht, bedeuten Todesurteil, Knechtschaft. Ein Vasallentum, wie man es aus mittelalterlicher und alter Geschichte staunend lernte. ‚Nein', ruft Theodor Wolff. Gut", schreibt Schwabach.[340] Die Last der Reparationen – mehr als 132 Milliarden Goldmark stellen die Sieger schließlich dem deutschen Reich in Rechnung – wird zum Auslöser für die große Inflation mit den Elendsbeschleunigern Wirtschaftskrise, hohe Arbeitslosigkeit und einem drohenden Verschwinden der Mittelschicht, die durch die Geldentwertung ihre Spareinlagen und die anderen geldlichen Vermögenswerte auflösen sah. Auch Schwabach geriet in diesen Sog, weil er direkt von den Geldflüssen der Familienbank abhängig war. Doch zu Beginn der zwanziger Jahre war dies für ihn in aller Deutlichkeit noch nicht zu spüren.

Ein Schema präsentierte sich bei den verschiedenen mäzenatischen Anstrengungen und Projekten Erik-Ernst Schwabachs immer deutlich: Fast jedes Mal handelte er mit anderen, erfahreneren und vor allem älteren Menschen, schloss sich ihnen an, wie zum Beispiel Franz Blei, Kurt Wolff oder Wilhelm Herzog. Nie war er allein unterwegs oder stieß ohne Hilfe Dritter ein neues Unternehmen an. Schwabachs Prinzip als Mäzen scheint gewesen zu sein, vornehmlich mit seinem Geld bestimmte Projekte mit anderen zu realisieren, die dann – gleichsam nebenbei – auch seine eigenen künstlerischen oder ideellen Ambitionen unterstützen sollten. Zudem ist er extrem ehrgeizig. Schwabach braucht eine Galerie, von der herab er, so sagt er einmal, „endlich herrschen" kann (TB2, 25.11.1917). „Galerien" nach diesem Verständnis gab es einige.

Die Finanzierung der „Weißen Blätter" resultierte zu Beginn, in seiner frühen Leipziger Zeit, in engen Kontakten zu zeitgenössischen Dichtern. Der Tempelverlag diente Schwabach als eine Art Einführung in etablierte Verlegerkreise, als Vehikel zu Arbeitsbeziehungen „auf Augenhöhe" etwa zu Samuel Fischer, Hans von Weber, Julius Zeitler und anderen. Das finanzielle Engagement beim Kauf und Betrieb des Schauspielhauses in Leipzig ermöglichte ihm eine Spiel- und Projektionsfläche eigener dramatischer Versuche. Die Akademie- und Enzyklopädiepläne, die er mit Georg Biermann und später mit Wilhelm Herzog schmiedete, können auch wieder als „Kontaktbeschleuniger" zur Intelligenz und zu Künstlerkreisen gewertet werden.

Schließlich seine anfängliche Begeisterung für die Revolutionszeitung „Die Republik" und seine enormen Investitionen in das Projekt: Sie ermöglichen Schwabach, diesem vermögenden (und teils wohl naiven) Ruhelosen, als Herausgeber die Politik der unmittelbaren Nachkriegszeit zumindest ein wenig mitbestimmen zu können. Doch anders als im überschaubaren Betrieb einer Literaturzeitschrift wie den „Weißen Blättern" hat er sich dabei maßlos übernommen. Schwabach bezichtigte in diesem Fall seinen Mitstreiter Herzog der „Überschätzung", in Wahrheit überschätzte sich Schwabach wohl selbst. Um welchen Preis!

Rastlos, auch ein Stück weit orientierungslos, zeigte er sich oftmals. Schwabach war gerne bereit, sich neuen Erfahrungsmöglichkeiten zu öffnen (beim Versuch als Schauspieler zum Beispiel, bei den gemeinsamen Malaktivitäten mit Theo von Brockhusen) und ließ sich wieder und wieder in immer neue finanzielle Abenteuer führen. Aber es scheint auch, als habe ihm dabei ein innerer Kompass gefehlt; die Reflexion darüber, ob er sich wirklich hier oder dort mit seinem Geld engagieren sollte; ein Korrektiv in Person eines eigenen väterlichen

Freundes statt seines früh verstorben eigenen Vaters – seine Frau konnte diese Aufgabe als neutraler Berater oder Kritiker nicht meistern. Und die Distanz zu Paul, seinem Onkel, erwies sich immer als zu groß. Ihm mangelte es deshalb an der Beobachtungsgabe zu sehen, inwieweit sich andere auf seine Kosten profilieren wollten und ihn nur als Vehikel, als Mittel zum Zweck, benutzten. Dabei war es sich durchaus der Gefahr bewusst, die seine mangelnde Urteilsgabe darstellte. Seine Frau hatte ihm ins Gesicht gesagt, er „wäre sehr beeinflussbar. Das bedrückt mich." Daraus zog er die Konsequenz: „Man muss selbständiger werden" (TB2, 8.11.1917). Doch dieser Vorsatz blieb Theorie, nicht mehr.

Lediglich im Falle des Malers Theo von Brockhusen handelt es sich ausnahmslos um Altruismus, um echte Freundschaft, der zuliebe Schwabach gerne aus tiefstem Herzen Geld ausgab, um ihm und dessen Familie zu helfen. Dass er die künstlerischen Fertigkeiten des Malens, die er ansatzweise von von Brockhusen erlernt, auch bei seinen Arbeiten als Finanzier und Eigentümer des Leipziger Schauspielhauses einsetzt, ist ein Nebenaspekt. Mit von Brockhusen und auch mit Kurt Wolff verband ihn aufrichtige Freundschaft, die in diesen Fällen auch erwidert wurde, ganz anders als zu vielen anderen Mitstreitern, die in ihm (nur) einen Geldgeber sahen.

Ob er als Resultat seiner mäzenatischen Ausgaben je echte Zufriedenheit oder die positive Hochstimmung des Helfenden spürte, ist jedoch zweifelhaft. Einmal kam so etwas wie ein Glücksgefühl auf. Es bedeutete für Erik-Ernst so viel wie: Ich werde anerkannt! Als er mit Ernst Hardt und Kasimir Edschmid am 13. Dezember 1917 bei einem Essen sitzt, fühlt er sich anerkannt, arriviert, sicher. „Man hing an meinem Munde, wenn ich ihn geistvoll öffnete. Was für ein Esel in meiner Seele sein Heu futtert" (TB2, 14.12.1917).

Schwabach wusste wohl oder fühlte zumindest ganz deutlich, dass sich die meisten für sein Geld interessierten, nicht aber für ihn als Person. Und schon gar nicht für ihn als Künstler, als den er sich selbst doch vor allem sah. Das ließ ihn oft ratlos und ernüchtert zurück. Er konnte durchaus unwirsch reagieren, wenn ihn Bettelbriefe erreichten oder wenn Bekannte ihn persönlich um Unterstützung in schwieriger Zeit baten.

Else Lasker-Schüler machte diese Erfahrung. Sie erinnert sich an einen Besuch in Märzdorf und lässt in der Nachbetrachtung kein gutes Haar vor allem an seiner Frau: „Einst war sie ein bescheidenes Bürgermädchen gewesen, der das viele und wenn schon jüdische Geld in den Kopf zu steigen begann, die christliche Nächstenliebe außer acht ließ, von christlicher Teilung nichts wissen wollte. Ihre grausamen Antworten auf unsere rührenden geöffneten Pumpbriefe an Erik Ernst pflegten uns zu verhöhnen. Dafür deklamierte der Gemahl im Schützengraben unsere Gedichte den Kameraden vor, ein sparsamer Trost (Aber er meinte es gut). … ihn verhärtete sicher weniger der längst überstandene

Reichtum als Erna (gemeint ist Lotte, PW). Er pflanzte ein dickes Städtchen in die Neumark, säugte es selbst, aber er mag es auch gekauft haben mit seinem Rittergut zusammen, denn die Kirche ließ er den Einwohnern renovieren; den Tempel seiner Dichterin vermodern. Er erinnert sich überhaupt nicht mehr, meine Gedichte verlegt zu haben, sich meiner Person erst nach geraumer Zeit dunkel. Ich war nämlich mal bei ihm, mir Butter und Zucker von den Erzeugnissen seiner Kälber und Plantagen zu holen, aber er, der mit meiner Seele Honig einst zu prahlen pflegte, in Körben sammelte, der Imker, er hatte nicht mal ein Viertel Pfund Butter einer Margarinekuh für mein krankes Kind, nicht ein einziges Zuckerrohr seiner Felder … Dieser Riesenknabe edlen Blutes erkaltete zu einer starren Münze."[341]

Schwabach wollte mit seinen schriftstellerischen Arbeiten über den Tag hinaus wirken und als Dichter anerkannt sein, nicht nur als Mäzen. Das, was er (mit Geld) ermöglicht, soll Zinsen bringen, in einem übergeordneten Sinn. So freut er sich während des Krieges an unernsten Nichtigkeiten, zum Beispiel am Tanzen, oder gewinnt Positives aus seinen Bemühungen, das Leipziger Schauspielhaus zuerst zu renovieren und später Spielpläne zu gestalten. „Das gibt mir Alles, gewiss, vielen, häufigen Genuss des Lebens. Aber es schadet der Unsterblichkeit. Und wie werden diese Genüsse bei mir zu Buche stehen, wenn die ekelhaften Jahre kommen, wo es heißt, Bilanz zu ziehen" (TB2, 19.12.1917). Auch hier schimmert dieser eine bestimmte Ton hindurch, der oftmals sein Wirken bestimmt – jener Stimmenklang, der auf sein künstlerisches Schaffen zielt, auf ein zeitloses Wirken über den Augenblick hinaus, als Künstler, nicht als Mäzen. Es ist schwer, diesen Anspruch bei all den mäzenatischen Taten Schwabachs zu definieren. Denn eindeutige Ergebnisse gibt es nicht. Die Investitionen bringen ihm Einfluss, der allerdings kaum messbar ist, sie positionieren ihn an herausragender Stelle – im Verlag, im Theatergeschäft Leipzigs, als zeitgenössischer Autor, der deswegen sicher leichter Zugang zu Verlagsentscheidern hat. Sein Mäzenatentum macht ihn bekannt, bei Einzelnen (wie Herzog) auch unentbehrlich – eine gewisse Hybris bleibt da nicht aus: Bedeutet das Fördern gleichzeitig, dass er sich auf allen diesen Feldern und Milieus „korrekt" einstuft? Oder erhöht er sich?

Die eigentümlichste Beziehung hat er zu einem anderen Älteren gepflegt, nämlich zu seinem Onkel Paul von Schwabach. Immer wieder versuchte er, sich dem Bruder seines verstorbenen Vaters zu nähern, dessen Aufmerksamkeit zu gewinnen – nur so erklären sich die verschiedenen Versuche, Paul für sich einzunehmen, wenn er ihn um Vermittlung bei anderen potentiellen Gönnern bat. Dieser Bitte entsprach Paul auch vereinzelt. Doch als Korrektiv taugte er gerade nicht. Dass sich der Onkel nicht weiter für die Projekte begeistern ließ, für die ihn der Neffe zu gewinnen versuchte, kann dabei für Erik-Ernst nicht besonders überraschend gewesen sein: Zu unterschiedlich waren die beiden Charaktere. Dort Paul von Schwabach, als erfolgreicher, konservativer Bankier einer der angesehensten Wirtschaftsführer, der als überzeugter Anhänger des Kapitalismus und der Monarchie das familieneigene Bankhaus S. Bleichröder nun in dritter Generation leitete; hier der junge Schwabach, der überhaupt kein Interesse an Bankangelegenheiten, an Wirtschaft überhaupt, entwickelt hatte und darin wie in vielem seinem Vater glich, der aus Sicht des Onkels nur schöngeistigen, „brotlosen" Beschäftigungen nachging, die überdies viel Geld, und zwar in der Regel eben Geld der Familie, kosteten.

Dass sich Erik-Ernst dabei zu Beginn gelegentlich als junger Autor an Zeitschriften wie der „Aktion" beteiligte, konnte Paul vielleicht noch hinnehmen, auch wenn sich diese Tätigkeit auf das gegenseitige Verhältnis nicht gerade ausgleichend oder beruhigend ausgewirkt haben wird. Er hätte diese Anstrengungen als Phase eines jugendlichen Sturms und Drangs interpretieren können. Dass Erik-Ernst aber zuletzt die „Republik" unterstützte und damit unmittelbar Schaden für das Bankhaus, zu dessen ehrbaren Grundsätzen sich Paul immer bekannte, und damit für die Lebensgrundlage aller Schwabachs provozierte, ging zu weit.

Die Sucht nach Anerkennung bei dem älteren Verwandten einerseits, hämische Bemerkungen über dessen ungeliebten Teil der Familie andererseits (mit Ausnahme seiner Cousine Lali): Das sind die beiden Extrempunkte, wenn Erik-Ernst mit der Linie seines Onkels und mit ihm selbst zu tun hat. „Ich habe eine mir selbst unbegreifliche, starke Zuneigung zu Paul. Stimme des Blutes? Oder imponiert mir seine Stellung, sein Witz, sein Standard of life, und ärgert sich meine eitle Natur, just hier nicht Anerkennung zu finden", notiert Erik-Ernst, nachdem der letzte Streit (um die „Republik") wenige Monate vorbei ist (TB2, 23.9.1919). Er fährt in seiner Betrachtung fort: „Vielleicht spielt dieser Mann in meinem Leben eine grössere Rolle als man denkt. Leitete mich bei vielen Plänen und Unternehmungen der Wille, ihm zu zeigen: Auch ich. Trieb mich eine Art Konkurrenzkampf zu wilden Sprüngen, ein Ärger über Misserfolge zur Gegnerschaft gegen ihn und sein ganzes System, ohne zu bedenken, wie sehr ich selbst im gleichen Systeme lebte und leben muss. Je mehr ich darüber nachdenke, fühle ich, wie unglaublich oft und sehr ich um ihn gekämpft habe, auch wenn ich gegen ihn kämpfte. Der Kampf ist aufgegeben und für mich verloren."

Hieraus sprechen bewundernde Töne, die den Klang vorgeben bei Erik-Ernsts Suche nach Bestätigung durch die Vaterfigur Paul. Nachdem für Erik-Ernst der „Kampf verloren ist", wird sich das Verhältnis beider noch einmal dramatisch verschlechtern.

Schwabach und seine Künstlerfreunde

Erik-Ernst Schwabach hatte, von Anbeginn an und Zeit seines mäzenatischen und kreativen Schaffens, viele Kontakte zu Dichterkollegen aufgebaut. Die meisten dieser Bekanntschaften stammten noch aus jener Zeit, als er 1913 in Leipzig Herausgeber der „Weißen Blätter" und Verlagsinhaber wurde und direkten Kontakt zu vielen pflegte und pflegen konnte. Zu den meisten Literaten hielt er jedoch nur einen recht oberflächlichen Kontakt. Tiefer gehende Beziehungen, echte Freundschaften gar, sind rar und verbinden ihn nur mit wenigen Kollegen:

Franz Blei

Unter Franz Bleis Mentorat wagte Schwabach seine ersten publizistischen Gehversuche beim Start der „Weißen Blätter". Die beiden trafen sich immer wieder, so war Blei mehrfach in Märzdorf zu Besuch, etwa im Sommer 1922. Schwabach verfolgte Bleis weiteren Werdegang stets mit Interesse.

Blei hat Schwabach die Ehre der Aufnahme in sein großes „Bestiarium der Literatur" erwiesen, wenngleich auch nur in schwer verständlicher Form: „Der Schwabach. Ein langsam zu gut gebauten Knochen Fleisch der Muskel gewinnender Quadruped. Klug und nobel legt er sich keine heute so billigen Wattons bei, die je nach äußerm Anlaß dort- und dahin rutschen, um aufzufallen."[343] Schwabach steht damit in einer Reihe der großen Autoren seiner Zeit, unmittelbar nach (Rudolf) Steiner und vor Sternheim. Ein Adelsschlag sicherlich, und das von einem der profiliertesten Literaturbeobachter und Dichter der Zeit.

Auch bei anderen Gelegenheiten ist beiderseitige Wertschätzung bemerkbar. So traf Schwabach Blei, als dieser am 30. Januar 1922 in München aus seinem soeben erschienenen „Bestiarium" vorlas und mit dem er dort ins Theater ging und weitergehende Pläne schmiedete: „Blei redete über das Liebesleben – er ist lustig (wie unter anderem Kafka schon bemerkte, PW). Wir fasten den Plan im Juli oder August zu Märzdorf eine Academia kluger Leute zu veranstalten" (TB3, 31.1.1922). Blei spricht er an, wenn er, was die eigene Produktion betrifft, unsicher ist; ihm vertraut er, auf ihn hört Schwabach offenbar: Als er Anfang

Februar 1922 mit Blei die Idee zu einem weiteren Drama erörtert, schreibt er anschließend: „Ich glaube fast, ich werde es liegen lassen" (TB3, 3.2.1922).

Zu kaum einem anderen Zeitgenossen unterhielt Schwabach so intensiven und langen Kontakt. Mit Blei verbinden sich weitere Gemeinsamkeiten – beide haben eine große Vorliebe für französische Autoren. Sie tauschen sich bei einer Reihe von Gelegenheiten über Fragen der Übersetzung aus, an denen sie – jeweils getrennt – arbeiten. Schwabach hat unter anderem Baudelaire übersetzt, Blei Werke von Emile Zola. „Ich helfe Blei bei der Durchsicht einer Zola-Übertragung", notiert Schwabach nach einem weiteren Treffen im Februar in München, und ergänzt: „Welch grauenvoller Schriftsteller im Grunde" (TB3, 12.2.1922).

Beide Männer haben auch eine Schwäche für erotische Literatur, für den Lustaspekt im Leben generell. Blei selbst trat während seines ganzen Schaffens immer wieder mit oft erotisch-anstößigen Büchern hervor: Frauen, die Lust, die Liebe in allen Schattierungen machen einen Großteil seines Werkes aus. In Bleis „Frivolitäten des Herrn von D.", den Geschichten von Frauen und Liebe, lässt der Erzähler bei einem späten orientalischen Nachtmahl eine Runde, zu der der Goethefreund Merck, ein „Schwabach", weitere Dichter, ein Baron und Tänzerinnen zählen, über die weibliche Anmut reden. Merck ist der Ansicht, dass sich wahre Frauenschönheit nur im Volke finde. Schwabach wird mit diesen Worten eingeführt: „Man fände immerhin bei der breithin lebenden Menge des Volkes auf dem Lande und in den Städten doch kaum das, was man körperliche Eleganz nenne. Was niemand bestritt."[344] Der Baron bringt das Gespräch auf die Frage, worin dann der Antrieb schöner einfacher Frauen „zum Heraus (aus der sozialen Klasse), zum Hinauf" liege. Er unterhält schließlich die Gesellschaft mit der Geschichte vom „Linerl", einem jungen Mädchen vom Land, das früh seine verführerischen Reize einsetzt, um den sozialen Aufstieg durch adlige Heirat bis zur Baronin zu schaffen.

Auch ein Buchgeschenk von Blei an Schwabach unterstreicht die enge Verbindung beider Männer. Schwabach erhält im Frühjahr 1923 von Blei dessen seltene Vorzugsausgabe des Buches „Sprüche in Reimen" von Rudolf Alexander Schröder. Es enthält auf dem Vortitel ein sechszeiliges eigenhändiges Gedicht mit Widmung für „Dr. Franz Blei" von Schröder mit dessen Unterschrift „als freundliche Zueignung dieses gut gemeinten Buches".[345]

Mit Blei wird ihn in der Folgezeit noch eine weitere Zusammenarbeit verbinden: Schwabach wählt Gedichte von Baudelaire aus und übersetzt sie – die Sammlung „Kleine Gedichte in Prosa" wird 1923 als erster Band der von Blei herausgegebenen Sammlung „Sanssouci-Bücher" erscheinen. Weitere Übersetzungen, etwa von Werken Baudelaires und Maupassants folgen 1924 und 1925.

Carl Hauptmann

Auch Carl Hauptmann war als Privatier Gast in Märzdorf, zum Beispiel während der Dreharbeiten zum „Rübezahl"-Film von Paul Wegener im Sommer 1916. Zu Hauptmann entwickelte er ein besonders enges Verhältnis. Ein Grund lag sicher darin, dass sich beide anlässlich der Eröffnung des Leipziger Schauspielhauses persönlich kennenlernten – für Schwabach, der mit einem Hauptmann-Stück die Neueröffnung plante, ein wichtiges Ereignis. Eine Reihe von Treffen ist belegt; auch andere Zeugnisse der Verbindung zu diesem „Künstlerfreund" liegen vor: So äußerte sich Carl Hauptmann zu dem ersten größeren Schwabach-Werk, dem „Peter van Pier", im Dezember 1915 sehr positiv, worauf Kurt Wolff Hauptmann bittet, eine Besprechung für das Leipziger Tageblatt zu schreiben. Hauptmann willigt ein.[346]

Am 28. November 1916 liest Hauptmann in Berlin. Es ist eine Veranstaltung, die Schwabach in seinem Haus organisiert. Zu Hauptmanns Schrecken ist auch Alfred Kerr anwesend.[347] Schwabach hatte notiert: „Heute Abend premiere soiree literaire de la maison Schwabach. Carl Hauptmann liest. Viele Menschen kommen. Im Grunde hab ich vor dieser Sache Bammel. An Prominenten waren da: Kerr (u.a.)" (TB1, 28.11.1916).

Das besondere Verhältnis beider zueinander wird deutlich, als Schwabach ihm seine Novelle „Die Stiftsdame" widmet und Hauptmann im März 1918 Schwabach schriftlich dankt: „Nichts macht mir größere Freude, als dass Sie damit öffentlich dokumentieren, wie ich mitten in der heutigen schaffenden Jugend stehe."[348]

Als überregionale Zeitungen Mitte April 1920 berichten, dass Hauptmann und seine Frau schwer erkrankt seien, meldet sich neben Wolff, Wegener und vielen anderen auch Schwabach telegrafisch und wünscht baldige Besserung.[349] Er beschließt, nach dem Sommer Hauptmann in Schreiberhau zu besuchen, was er auch Ende August in die Tat umsetzt. Gemeinsam mit seiner Frau Lotte fährt Schwabach mit dem Autobus nach Mittel-Schreiberhau im Riesengebirge, nicht allzu weit von Märzdorf und nur wenige Kilometer von Agnetendorf entfernt, wo Gerhart Hauptmann lebte und arbeitete. Er notiert anschließend: „Der eigentliche Besuch fand zum Thee statt, vorher wollte er (Hauptmann, PW) schlafen. Durch seine Krankheit ein wenig verändert. Er sass ... einen bunte Decke über die Schultern wohlverpackt im Liegestuhl, um sich nur seine sympathische Frau, und einen jungen Maler, namens Rudolf ... und sprach in der ihm eigentümlichen, sehr bildhaften und irgendwie phantastischen Form von seiner Krankheit, seinen Erfolgen. Konnte es sich nicht versagen, das begeisterte Lob der Düsseldorfer Aufführung ... in der Frankfurter Zeitung uns vorzulesen. Und machte mir über meine Prosa, deren Geschlossenheit, Wahrhaftigkeit und äussersten Geschmack, Komplimente … Ich fühlte, dass es mehr als Komplimente waren" (TB3, 25.8.1920). Kurz vor seinem Tod, Ende Januar 1921, dankt Hauptmann Schwabach für die Übersendung des Buches „Gauguin: Vorher und Nachher", das Schwabach übersetzt hatte.[350]

Gerhart Hauptmann

Gerhart Hauptmann, den jüngeren Bruder Carls, kennt Schwabach ebenfalls persönlich, das Verhältnis zu ihm ist und bleibt aber distanziert. Zwar hat Schwabach in seiner Bibliothek nahezu alle Buchpublikationen Hauptmanns, den er als sozialkritischen Dichter sehr schätzt; er besitzt so ungewöhnliche Bücher wie das Erstlingswerk Hauptmanns „Promethidenloos" (aus dem Jahr 1885) und den Gedichtband „Das bunte Buch" aus dem Jahr 1888, den Hauptmann kurz vor Erscheinen wegen des Konkurses des Verlegers zurückgezogen hatte und der deshalb nicht im Handel erscheint.[351]

Auch persönliche Begegnungen sind belegt: Im Sommer 1913 besucht Hauptmann, der wenige Monate zuvor den Nobelpreis erhalten hatte, Schloss Märzdorf. Bei jenem Treffen mit Schwabach überreicht Hauptmann dem Gastgeber als Präsent seine „Gesammelten Werke" in sechs Bänden – versehen mit der handschriftlichen Widmung „Kunst ist Religion. Schloß Märzdorf, d. 17. Juni 1913. Gerhart Hauptmann".[352] Hauptmann kam von den Feierlichkeiten zur Eröffnung der Jahrhunderthalle in Breslau, wo am 31. Mai das Festspiel in deutschen Reimen in der Inszenierung von Max Reinhardt aufgeführt wurde, das Hauptmann eigens für diesen Anlass verfasst hatte.[353]

Auch Schwabachs Diener Toni Scherrer erinnert sich genau an das Treffen: „Einen großen Besuch hatte Schloß Märzdorf durch den in der ganzen Welt berühmten und bekannten Dichter und Schriftsteller Gerhard (sic!) Hauptmann, welcher nach einer großen Aufführung in der Jahrhunderthalle in Breslau bei der Heimfahrt nach Agnetendorf im Riesengebirge zur Übernachtung einkehrte. Am nächsten Tag hatten der Chauffeur und ich die Ehre, diesen großen Meister der Dichtkunst und Schriftstellerei im Auto von Herrn Schwabach heimfahren zu dürfen. Es war eine große Ehre für Familie Schwabach und soll nicht vergessen werden", heißt es bei ihm fast vierzig Jahre später.[354]

Dennoch: Schwabach steht später besonders den patriotischen Auslassungen Hauptmanns kritisch gegenüber, die dieser zu Beginn des Krieges wiederholt öffentlich und privat gemacht hatte – nicht nur im „Aufruf an die Kulturwelt", in dem 93 Künstler, Dichter und andere Intellektuelle (darunter neben Gerhart auch Carl Hauptmann) die Vorwürfe zu entkräften versuchten, die die Kriegsgegner gegen Deutschland wegen zahlreicher Übergriffe deutscher Soldaten

auf die Zivilbevölkerung beim Einmarsch ins neutrale Belgien und wegen der
Zerstörung etwa der Universitätsbibliothek in Löwen erhoben hatten, sondern
auch bei einem Besuch von Schwabach im Dezember 1914: „War gestern Abend
bei Gerhart Hauptmann. Ich kann nicht behaupten, dass der Abend übermäßig
anregend war. Denn Hauptmann sprach eigentlich nur törichtes Zeug. Karl
H.(auptmann, PW) ist doch als Mensch unvergleichlich gehaltvoller und wertvoller" (TB1, 19.12.1914).

Doch die privat gehaltene Kritik an Äußerungen und Auftreten Gerhart
Hauptmanns ändert nichts an der Begeisterung, die Schwabach bei der Lektüre dessen Bücher spürt. Als Kritiker der Zeitschrift für Bücherfreunde wird
er Jahre später Hauptmanns Buch „Till Eulenspiegel" als „Buch des Jahrhunderts vielleicht" würdigen und es überschwänglich als „die neue, große deutsche
Dichtung nach dem Faust" beschreiben.[355]

Carl Sternheim

Zu Carl Sternheim hielt Schwabach bis weit in die zwanziger Jahre hinein Kon-
takt. Erste Treffen fanden im Dezember 1914 in Berlin statt: „Sternheim las in
der Direktion des Deutschen Theaters; zugegen: Holländer, Kahane, Erich Reiss,
Lo und ich" (TB1, 12.12.1914) aus seinem Werk „1913" vor, das in der nächsten
Ausgabe der „Blätter" veröffentlicht wurde. Nur wenig später notiert Schwabach:
„Sternheim ist in Berlin. Seh ihn häufig. Er redet viel. Natürlich auch Unsinn.
Aber anregend" (TB1, 14.1.1915). Immer wieder gab es Treffen, unter anderem
im Herbst 1920, als Schwabach eine ausgedehnte Reise durch Deutschland
unternimmt und in München einige Tage verbringt – und dort Blei, Sternheim,
Wolff und andere trifft.

„Blei ist alt geworden, still, ein wenig müde. St.(ernheim, PW) erzählt gut
erlogene Geschichten aus Märzdorf von meinem Vater. Wir gehen in ein …, wo
wir Vallentin (gemeint ist Karl Valentin, PW), den Komiker, bewundern sollen.
Dann kam Vallentin, wirklich sehr komisch in einigem", vertraut Schwabach seinem Tagebuch nach einem Abendessen mit Blei und Sternheim an. „Mit Sternheim dann noch in der Halle ein Glas Portwein getrunken" (TB3, 30.11.1920).

Kurt und Elisabeth Wolff

Zu Kurt Wolff und dessen Frau Elisabeth unterhielt Schwabach ebenfalls eine
engere Beziehung. Schwabach hatte mit seiner spektakulären 300.000-Mark-
Einlage 1913 den Kurt Wolff Verlag in der entscheidenden frühen Phase unter-

stützt und damit dessen rasante Entwicklung mit ermöglicht. Sein eigener Werdegang als Verleger und Autor begann parallel mit der Gründung des Verlags der Weißen Bücher in enger Anlehnung an den Kurt Wolff Verlag. Über das Geschäftsmäßige, das diesen Entwicklungen und Entscheidungen zugrunde lag, sind beide Männer herausgewachsen und haben auf der persönlichen Ebene Gemeinsames zu schätzen gelernt: Etwa die Leidenschaft für Literatur im Allgemeinen und für das Theater im Besonderen, die im Erwerb des Leipziger Schauspielhauses resultierte – auch wenn Wolff sich später von dieser Rolle als Miteigentümer distanzierte; etwa die Sammelleidenschaft (von Büchern und Kunst generell), der beide frönten. Wolff war es, der schon 1913, als Schwabach seine ersten Arbeiten publizierte und den Verlag der Weißen Bücher gründete, diesem die Aufnahme in die Maximilian-Gesellschaft ermöglichen wollte und ihm dafür eine Empfehlung schrieb, die Bedingung der Aufnahme war.

Auch bei der zweiten großen deutschen Buchliebhabergemeinschaft, der Gesellschaft der Bibliophilen, werden beide gemeinsam aktiv, und auch hier hat es den Anschein, als ob sich die Verlegerneulinge Wolff und Schwabach mit einer überlegten Geste dem überschaubaren und elitären Kreis von Buchkennern und -sammlern bekannt machen wollen. Zusammen mit Robert Nordheim „widmen" beide 200 nummerierte Exemplare der ersten Ausgabe von Jakob Michael Reinhold Lenz' „Über die Soldatenehen" den Teilnehmern an der Generalversammlung der Gesellschaft in Hamburg am 28. September 1913. Es ist das erste Jahr des Kurt Wolff Verlages und des Verlages der Weißen Bücher. Die festgelegte Höchstgrenze der Mitgliederzahl von 900 in der Gesellschaft ist gerade erreicht. Ohne „Streuverluste" können sich die Jungverleger so mit ihrer Widmungsgeste einführen.[356]

Beide besaßen kostbare Büchersammlungen, für das freundschaftliche Verhältnis war es sicher auch nicht hinderlich, dass ihre Sammelgebiete unterschiedlich waren: Wolff besaß eine umfangreiche und kostbare Inkunabelsammlung und eine der vollständigsten Goethesammlungen (die er beide versteigern ließ). Schwabachs Sammelleidenschaft umfasste die moderne Literatur.

Ihr Verhältnis blieb – gestützt und gefördert durch gegenseitige private Besuche, oft mit den Ehefrauen in Begleitung, durch gemeinsame Verlagsinteressen (bei Wolff erschienen Schwabachs dichterische Werke) – stabil über Jahre hinweg, bis sie sich ab 1933 aus den Augen verloren.

Das Ehepaar Wolff war mehrfach zu privaten Besuchen in Märzdorf, unter anderem 1913, 1914 und 1916. Elisabeth Wolff hatte indes ein distanziert-kritisches Verhältnis zu Schwabach. Sie beschreibt ihn fast ausnahmslos als „ungewandt", auch als unangenehm und unhöflich. Lediglich die Tatsache, dass Schwabach während des Krieges gelegentlich zum Beispiel geschlachtete Hasen von Marz-

Abb. 11: Charlotte Schwabach, l., und Elisabeth Wolff (mit Dackel „Prinz") im Herbst 1913 auf Schloss Märzdorf. Mit großer Wahrscheinlichkeit hat Kurt Wolff das Foto gemacht.

dorf nach Leipzig schicken lässt, lässt sie gelten. Aber von Charlotte, Schwabachs Frau, ist sie sofort angetan: lustig-berlinisch, wunderschön, sympathisch – das sind emphatische Attribute, die sie für die Frau des Geschäftspartners ihres Mannes findet.

Das Vertrauensverhältnis beider Frauen zueinander lässt sich auch mit dem Verweis auf durchaus angestrengte Gespräche über die finanzielle Lage des Verlags der Weißen Bücher belegen. Elisabeth sprach mehrfach mit Lotte „über Erik und die verlodderten Finanzen" (TB EW3, 7.7.1914). Auch Kurt Wolff sprach bei Gelegenheit mit ihr darüber und nicht mit Schwabach selbst – wahrscheinlich hatten entsprechende frühere Hinweise Wolffs an ihn nichts bewirkt: „Mit Frau Schwabach hat Kurt noch ein sehr ernstes Gespräch. Sie bleibt ziemlich traurig zurück. Arme Frau in all ihren Reichtum", schreibt Elisabeth am Tage der Abreise aus Märzdorf zurück nach Leipzig (TB EW3, 8.7.1914). Lotte bewies vor allem in Kriegszeiten bei der Verwaltung des Gutes weitaus mehr Geschick in geschäftlichen Dingen als ihr Mann.

Schon bei dem ersten Besuch des Ehepaares in Schlesien im September 1913 hatte eine entspannte Stimmung geherrscht. Die Wolffs waren mit dem Zug angereist. Elisabeth von Leipzig aus, Kurt von Wien aus – beide treffen sich am Bahnhof in Kohlfurt in der Nähe von Görlitz und fahren mit der Bahn weiter bis nach Haynau, wo sie mittags von Schwabach und seinem Schwager abgeholt werden. „Schöne Autofahrt nach Märzdorf", erinnert sich Elisabeth Wolff. „Das

Abb. 12: Schwabach beim Tontaubenschießen, September 1913 im Park
von Schloss Märzdorf. Foto ebenfalls
wahrscheinlich von Kurt Wolff.

Schloss liegt herrlich inmitten schönster Parks, ist ein wundervolles Renaissance
Gebäude" (TB EW2, 21.9.1913). Lotte begrüßt die Gäste auf der Freitreppe: „Sie
sieht süß aus, aber man merkt ihr das Baby schon sehr an. Außer ihr empfängt
uns noch der 70-jährige Kastellan Scholz und sein Schwiegersohn ,Toni".[357] Die
Tage bis zum zunächst geplanten Ende des Besuches am 27. September ver-
leben Gastgeber und Gäste mit Ausflügen, Spaziergängen im Park, abendlichen
Lesungen, dem Betrachten oder besser: Bestaunen des reichen Interieurs des
Schlosses – „Schwabach zeigt viele Zeichnungen von Vriesländer und Radierungen von Geiger" (TB EW2, 25.9.1913) – und mit sportlichen Betätigungen
wie Reiten, Tontaubenschießen, Schießen auf sogenannte Hasenscheiben und
mit Pistolenschießen.

Kurt Wolff notierte über die einnehmende Stimmung: „Besonders sympathisch empfinde ich hier, dass der Verkehr mit Schwabach so ungezwungen
und angenehm sein kann, weil ich nach der im Frühjahr auf seine Anregung
hin vollzogenen vertraglichen Regelung unserer geschäftlichen Beziehungen
nun nichts mehr von ihm will. Natürlich besprechen wir in diesen Tagen allerlei
Verlagsangelegenheit, vornehmlich die seines Verlages, aber auf kameradschaft-
lichster Basis. Ich glaube, dass auch Schwabach es angenehm empfindet nach
den Flakes, ja auch Bley (sic!), einmal einen Verkehr und Besuch hier zu haben,
der keine Verträge von ihm will, ihm keine Autoren und Bücher aufschwätzt, u.
überhaupt auch von anderem redet als von Verlagsdingen."[358]

Die Atmosphäre ist so ansprechend und anregend, dass das Ehepaar Wolff gerne der Bitte Schwabachs folgt, den Besuch zu verlängern. „Wir genießen den Märzdorf Aufenthalt sehr", resümiert Kurt Wolff im Tagebuch seiner Frau. „Es ist ein behaglich zwangsloses Leben hier. Vielleicht sitzt man zu viel im Haus, aber das Wetter ist doch schon kühl herbstlich, wenig Sonne. Heute schien die Sonne zum ersten Mal ein paar Stunden u ich, Kurt, nutzte sie zum Photografieren aus."[359]

Ein weiterer Beleg für die enge Beziehung ist die Reise nach Darmstadt im Frühjahr 1914. Kurt Wolff hatte Schwabach auf die Reise zu seiner Schwiegermutter Clara Merck mitgenommen. Merck schreibt im Anschluss daran an ihre Tochter Elisabeth: „Deinen Kurt sah ich nur kurz und war in Gesellschaft, aber ich bin so froh und beruhigt über sein gutes Aussehen und seine vergnügte Stimmung und hoffe, daß beides über die Reise anhält. Herr Schwabach war recht vergnügt hier und unterhielt sich prächtig mit den Katzen – mir gefallen seine Augen am besten an ihm, sonst ist er und der Schwager gar nicht mein Genre. Aber das ist ganz nebensächlich für das Geschäftliche, was doch für Kurt ganz angenehm ist."[360]

Schwabach selbst hat mehrfach und intensiv über Kurt Wolff in seinen Tagebüchern geschrieben. Stets scheinen Respekt, ein Heraufschauen zum älteren Wolff und freundschaftliche Gefühle durch seine Zeilen: „KW, der mich einen Tag hier aufsuchte. Wir besprachen intensiv Geschäftliches. Ich wurde über manches beruhigt, das mir verfahren erschien. Er ist ein feiner Kerl voll Klugheit, Geschmack, Kultur und Tüchtigkeit" (TB1, 18.6.1916). Oder in einem anderen Eintrag: „Kurt Wolff da. Besprachen Geschäftliches – Auflösung des V.d.W.B. (Verlag der Weißen Bücher, PW) in K.W.V. (Kurt Wolff Verlag, PW). Lo ist von Wolff begeistert. Nett, liebenswürdig – wie ein Mensch, dem man innerlich nahe kommen kann" (TB1, 10.10.1916).

Nur gelegentlich dringen ansatzweise kritische Töne durch: „Am Mittwoch war Kurt Wolff bei mir, mit dem anregend literarisch zu plaudern war … Er ist mir zu sehr Kaufmann. Heisst: er denkt bei lit. Dingen zu sehr an hohe Auflage" (TB2, 22.9.1918).

Schwabachs Tochter Brigitte hat später einmal geäußert, der junge Erik-Ernst habe vielleicht, als er in Leipzig selbständig war und seinen Berufsweg begann, „väterlichen Halt und freundschaftliche Führung gebraucht".[361] Die Tagebuchnotizen Schwabachs mit Blick auf Kurt Wolff lassen den Schluss zu, dass er in jenem genau diese Figur gefunden zu haben glaubte, es sich zumindest wünschte. Kurt Wolff hat Schwabach im Nachhinein als „Freund" bezeichnet[362], sich ansonsten aber indifferent zu dieser Beziehung geäußert: „Und er hat auch einen spezifischen Charakter gehabt, auf den ich aber im Detail jetzt nicht genau eingehen möchte", erklärte Wolff in einem Gespräch.[363] Man kann nur

darüber spekulieren, was Wolff mit jenem Satz meinte. Dachte er an Schwabachs gelegentlich ausschweifendes Leben inklusive verschiedener außerehe-
licher Beziehungen? An die üppigen Feste, die Schwabach gerne und oft gab,
dabei keine Kosten scheute und also dermaßen mit seinem Reichtum protzte,
dass es ihm, Wolff, der als „ästhetisierender, aristokratisch wirkender Großbürger"[364], als ein eher zurückhaltender Grandseigneur der Literatur beschrieben
wird, zuwider sein musste?

Zugute kommt Schwabach, wenn er mit Menschen zu tun hat, sein offenes
und großzügiges Wesen. Ob Berechnung dabei eine Rolle spielt, bleibt eine
müßige Frage. Sein Ziel, sich als Künstler, nicht nur als Finanzier verschiedener
Aktivitäten zu etablieren, stand für ihn von Beginn an fest und mag eine der
Motivationslinien gewesen sein, häufig als freigiebiger Gastgeber zu fungieren.

Vor allem sein Schloss in Schlesien entwickelte eine enorme Sogkraft auf
Zeitgenossen, die in Städten lebten, und diesen Gutsherren- beziehungsweise
Schlossherrenprunk nicht kannten. Kaum jemand, der einmal in Märzdorf zu
Gast sein durfte, konnte sich der Faszination dieser unwirklich erscheinenden
Umgebung entziehen. Es war in den Jahren ab 1913 (im Ersten Weltkrieg mit
Unterbrechungen, wenn Schwabach Kriegsdienst leistete) bis 1920 oftmals gesell-
schaftlicher Mittelpunkt; so wie es zwischen 1894 und 1909 gewesen war, als
Erik-Ernsts Vater Ernst einlud. Besonders zu Zeiten des Ersten Weltkriegs ist
Märzdorf schlicht eine andere Welt gewesen als etwa Berlin oder Leipzig, Städte,
in denen Mängel in der Versorgung der Menschen immer sichtbarer wurden.
Es gab im Gegensatz zu der Armut dort in Märzdorf auch in den Notjahren
immer (fast) Alles, sogar Eier und Fleisch.

Deshalb ist es keine Überraschung, dass Einladungen gern angenommen
wurden: Brigitte Gruenfeld (Gitta Grunfeld), die Tochter Schwabachs, schreibt
rückblickend 2006 kurz vor ihrem Tode, dass Schriftsteller wie „Gerhard Hauptmann, Alfred Kerr und Franz Blei häufig bei uns in Märzdorf zu Gast waren"[365].
Besucher aus der Dichter- und Verlagsszene waren denn auch stets aufs Neue
schwer beeindruckt von der üppigen, großbürgerlichen und gleichzeitig – im
Innern durch die Vielfalt der Einrichtung – exotisch anmutenden Pracht. Diese
Eindrücke müssen schon zu Zeiten von Schwabachs Vater überwältigend gewesen sein. Dass zum „Märchenschloss", wie es oft genannt wurde, noch die Turnhalle mit Boxring („wo Herr Schwabach mit Box-Champion Grimm manche
Runde durchstand, auch wenn er manchmal ein blaues Auge davontrug"[366]), ein
Fasanengehege, Reitställe, eine Theaterbühne und ein Kino gehörten, potenzierte
den Reiz für Gäste.

Elisabeth Wolff, selbst aus vornehmer und reicher Familie stammend, hat
diese Eindrücke begeistert und beeindruckt festgehalten, als sie mit ihrem Mann
Kurt Wolff im Herbst 1913 zu Besuch war und sich staunend bis ungläubig über

die große Zahl der Diener und Dienstmädchen – „Sie haben eine großartige Muhme, die früher beim Botschafter Wangenheim in Konstantinopel war" (TB EW2, 19.9.1913) –, die teure Einrichtung der einzelnen Zimmer und über die kostbaren Sammlungen an Mobiliar, Bildern und Büchern ausließ: „Kurt reitet jeden Morgen mit dem Stallmeister (es sind 9 Reitpferde da) …Wir haben nach dem Essen auf Tontauben geschossen. Es gibt hier überhaupt Alles" (TB EW2, 27.9.1913).

Tontauben waren jedoch nur das Ziel, wenn es um das Amüsement mit Freunden bei sonntäglichen Landpartien ging. Stellten sich im Herbst auf Einladung von Schwabach große Jagdgesellschaften ein, ließ er im Dorf echte Tauben kaufen, zwanzig bis dreißig Tiere. Die Jäger schossen auf sie, um sich warm und bereit zu machen für die „richtige" Jagd. Für die Besitzer der Tauben kein schlechtes Geschäft: Viele wurde gar nicht getroffen und flogen in den Schlag zurück – so dass sie zwei- oder dreifach verkauft werden konnten. Schwabach eiferte, bewusst oder unbewusst, seinem Vater nach, der schon Ende des 19. Jahrhunderts Carl Sternheim und andere Gäste mit jagdverwandten Inszenierungen auf Schloss Märzdorf zu beeindrucken wusste.

Dutzende von (Kostüm- bzw. Motto-)Festen in Märzdorf und im Berliner Palais in der Tiergartenstraße sind verbürgt, bei denen Erik-Ernst und seine Frau Lotte Gastgeber waren. Die Gäste werden empfangen von einer „sehr weiblichen, sehr hübschen jungen Frau", wie sich Otto Flake erinnerte[367], und von Schwabach selbst. Enge Freunde und Bekannte übernachten bei Festen in Schlesien im Schloss, ansonsten bietet Liegnitz als nahe Kreisstadt Übernachtungsmöglichkeiten, wenn auch, in diesem Fall, der Gast „von Wanzen geplagt" wird.[368]

Es ist so, wie es Schwabach in seiner Erzählung „Peter van Pier" in der Person des Valerius beschrieb: „Gern besuchte man die Feste, die er Freunden in seinem geräumigen Hause veranstaltete und die sich durch ausgezeichneten Geschmack und große Kenntnis wohlschmeckender Weine und Gerichte auszeichneten" und oft bis in die frühen Morgen dauerten. Der Schlossdiener Toni Scherrer erinnerte sich[369]: „Oft wollten die Gäste gar nicht mehr fort, so wohl fühlten sie sich. Es war aber auch alles da, wie man so sagt. Fürs erste gaben Küche und Keller die auserlesendsten Sachen, Braten, Geflügel, Wild, Mehl- und Eisspeisen, Käse, Früchte von den besten Obstsorten (hätt ich doch das Weinbuch hier …)". Der Diener dichtete als Augenzeuge dieser bizarren Unterhaltungsszenerie folgendermaßen:

„Auf dem Tisch eine Dekoration gebaut,
 dass sogar der verwöhnte Berliner Gast staunt und schaut …
 Eine Springbrunnenfontäne mit Grünanlage auf dem Tisch,

Abb. 13: Schwabachs Ehefrau Lotte als
Geisha auf einem Kostümfest, ca. 1920.

im Wasserbecken schwimmen Goldfischchen, Gänschen und Entchen tummeln
darinnen …
Andermal Osterlandschaft, bunte Eier mit Bäumchen und Birken
Lebende Küken und Häschen, tut gut wirken."

Er erwähnt Tanzabende und spezielle Festaufführungen für Gäste zu bestimmten, vom Gastgeberehepaar vorgegebenen Themen (Römergelage; ein „Neger-
dorf"; Rittertreffen; Maharadschas samt Haremsfrauen; Japanmotive), einen
oft kredenzten 1852er Meukow „für alte und junge Herrn, die mochten ihn
und schätzten ihn besonders gern. Und all die Damen, mit großen Namen, in
dekolletierten Spitzen und anderen Ba-itzen."[370]
    An einen dieser Motivabende im Berliner Haus der Schwabachs erinnert sich
Alfred Kerr: „Etliche von euch sehn ihn[371] gewiss vor sich. ‚Revolutionsball' in
Berlin. (War der Anreger nicht Franz Pfemfert?). Alles mutgeschwellt. Ringsum
G'schnas mit Beilen, phrygischen Mützen, Spiessen, roten Schärpen. Mancher,
der ankam, wurde von befreundeten ‚Jakobinern' auf die Schultern gehisst. Als
ich grad oben war, sah ich Erik eintreten: in der Panzerung eines antiken Ritters.
Wohl als Gleichnisbild für den kämpfenden Geist – der literarischen Revolutionären praktisch so not tut. Ich hatte besorgt und argwöhnisch, im ‚Pan', die
Linksparteien herzlich ersucht, ‚einen General zu mieten'. Der Gepanzerte war
keiner, doch er sah aus wie eine Stützung dieses Imperativs. Alles das liegt ein
bisschen in der Ferne. der Ball, die Piken, die Jakobiner, auch der Gepanzerte,
gone with the wind."[372]

Dabei sind spezielle Anlässe für pompöse, kostspielige Abende wie die Beendigung des Manuskriptes der „Stiftsdame" im Frühjahr 1918 oder Geburtstage
gar nicht nötig, um größere Gesellschaften zu mehr oder weniger ausufernden
Festen einzuladen, wie es Erik-Ernst und Charlotte Schwabach regelmäßig und
gerne tun, bei denen – um die Frage Carl Hauptmanns aufzugreifen – niemand
in sich einkehrte und sich besann, sondern bei denen die Gäste, ob nun in Ver-
kleidung oder nicht, „in der Schar sangen und tanzten und jauchzten".

Dem Schloss als Ort großer Festlichkeiten stand die geräumige Berliner
Wohnung im Tiergarten mit den Salons als Schauplatz „ruhigerer" Veranstaltungen gegenüber. Carl Hauptmanns Lesung hatte den Auftakt zu einer Reihe
von „Salonabenden" gebildet, die der Gastgeber der zeitgenössischen Literatur
widmete.

Heinrich Mann

Heinrich Mann stand im Mittelpunkt von Soiree Nummer zwei: Er „las gestern
an unserem zweiten literarischen Abend aus dem Untertan vor (u. a. die Ver-
lobungsszene). Man freute sich und hinterher tanzte man; es waren 60 Menschen
da: Das Ganze ein Erfolg" (TB2, 13.12.1916). Bei anderer Gelegenheit konnte
Schwabach kritisch urteilen: So schrieb er nach Lektüre von Heinrich Manns
„Die Armen": „Fand es ganz schlecht, verlogen. Der Unternehmer wird zur Type
gemacht. Der Hass verblendet den Autor" (TB2, 12.9.1917).

Schwabach wird von Heinrich Mann mit Blick auf den „Untertan" mit einer
ganz besonderen Geste bedacht: Das Buch, das während des Krieges nicht
veröffentlicht werden darf, ist im Mai 1916 im Kurt Wolff Verlag lediglich als
„Privatdruck" in zwölf Exemplaren erschienen – und Schwabach ist einer von
nur wenigen, nämlich elf namentlich genannten Empfängern, wie es der handschriftliche Vermerk am Schluss des Buches nahelegt. Die anderen Empfänger
waren demnach Großherzog Ernst-Ludwig bei Hessen und bei Rhein, Fürstin
(Mechthilde) Lichnowsky, Fürst Günther von Schönaich-Carolath, Joachim
von Winterfeldt, Karl Kraus, Peter Reinhold, Oberstleutnant Madlung, Kurt
und Elisabeth Wolff sowie Heinrich Mann selbst, der zwei Exemplare erhielt.[373]
Bei jener Auktion im November 1930 wurde das Exemplar des „Untertans" aus
dem Besitz von Schwabach versteigert – es soll, wie es im Katalog dazu heißt,
„das erste im Handel vorkommende sein". Im Heinrich-Mann-Archiv in Berlin
befindet sich ein weiteres Exemplar mit einer gedruckten Vorbemerkung. Die
Rede ist dort von lediglich zehn Exemplaren. Bei den hier namentlich auf-
geführten Empfängern fehlt der Name Schwabach.[374]

Max Herrmann-Neiße

Äußerlich hätten beide nicht verschiedener sein können: der kleinwüchsige Max Herrmann, immer in Geldsorgen, geschlagen mit einem Buckel und einem gro- ßen Kopf, und der hochgewachsene, trotz Kettenrauchens sportliche Erik-Ernst Schwabach, der materiell erst spät unter Druck geriet. Doch intellektuell und in ihrem Streben nach neuen literarischen Formen sind sie Brüder im Geiste. Beide hatten eine Vorliebe für eine sinnlich spürbare Sprache, für Leidenschaften in Prosa und Lyrik. Abseits des Künstlerischen suchten sie vor allem in den zwan- ziger Jahren die Nähe zu anderen Künstlern. Beide verfügten über ein atembe- raubend umfangreiches Netzwerk an Kontakten. Und beide hatten mit ihrem Enthusiasmus etwa für erotische Literatur ein weiteres gemeinsames Interesse.

Nachdem Schwabach Max Herrmann-Neiße 1919 auf Vermittlung von Carl Hauptmann finanziell unterstützt hatte, intensivierten beide Dichter den Kon- takt zueinander. Sie übersandten jeweils eigene Bücher mit entsprechenden Widmungen. Schwabach hatte seine „Stiftsdame" mit „einer so herzlichen Wid- mung" an Herrmann-Neiße geschickt und dazu in einem Brief formuliert: „Sehr geehrter Herr Herrmann, ich danke Ihnen herzlich für Ihren freundlichen Brief und freue mich, Ihnen habe behilflich sein zu können, wenn es mir auch leider im gewünschten Umfang unmöglich war. Mit der Übersendung der Verban- nung haben Sie mir eine besondere Freude gemacht … Durch Ihre Widmung bekommen diese Verse nun doppelten persönlichen Wert. Ich selbst erfuhr es an mir, wie überaus wohltuend es ist, Berlin entfliehen zu können, das mir wie zum Albdrücken wurde".[375]

Ein spärlicher Briefverkehr ist aus diesen Jahren erhalten.[376] Max Herrmann- Neiße und Schwabach trafen bei verschiedenen gesellschaftlichen Abenden zusammen, etwa auf dem „Feuerreiter"-Ball in Berlin im März 1925, über den Herrmann schrieb: „mit Ringelnatz, der Renée Sintenis, dann war noch Gra- nach da, George, Loos, Erich-Ernst Schwabach, ja sogar die Yvonne und die Witwe Karl Liebknechts. … Das ist ein toller Nachtbetrieb; herrliches Publi- kum: Huren, Zuhälter, sogenannte Verbrecher und dazwischen Publikum von Festen in großer Balltoilette und Frack und ein Trompeten, Gezisch, Gepfeif."[377]

Beiden gemeinsam ist auch, dass sie im Exil London als letzten Wohnort hatten, der später auch ihr Sterbeort wurde. Herrmann-Neiße war mit seiner Frau Leni direkt nach dem Reichstagsbrand im Februar 1933 zunächst nach Zürich gezogen, bevor beide in England unterkamen. Ob Schwabach und Herr- mann später dort Kontakt zueinander hatten, ist ungeklärt. Die Tagebücher Schwabachs enthalten keinen Hinweis darauf. Lediglich die Äußerung von Herrmann über ein Hörspiel Schwabachs ist bekannt. Herrmann schrieb im Januar 1936 – Schwabach wohnte zu der Zeit noch in Berlin – von London an

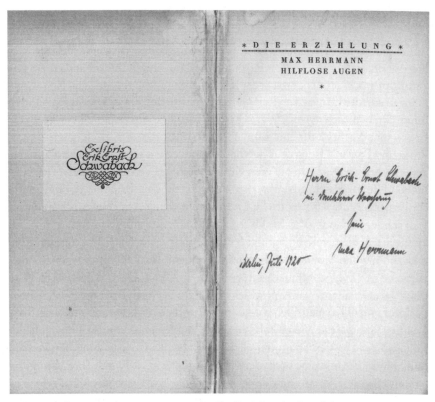

Abb. 14: Widmung von Max Herrmann-Neiße für Schwabach auf dem Vorsatzblatt der Prosadichtungen „Hilflose Augen" (Verlag Ed. Strache 1920): „Herrn Erich-Ernst Schwabach/in dankbarer Verehrung/Sein/Max Herrmann/Berlin, Juli 1920"; mit Exlibris von Schwabach.

seine Frau: „Trank … ein wohltemperiertes Glas Rotwein, schlemmerhaft, und hörte dreiviertel des Hörspieles unseres Erik-Ernst Schwabach, das ganz entzückend war, endlich mal etwas anderes als das sonst hier Übliche, amüsant und rundfunkgemäß und im guten Sinne modern, ich enjoyte es gar sehr, very much, indeed."[378]

Diese gleichsam natürlich gewachsenen Beziehungen zu Dichterfreunden, ob sie eng waren oder nicht, ob sie längere Zeitläufe überdauerten oder nicht, versuchte Schwabach gelegentlich zu ergänzen – durch im Rückblick ungewöhnlich anmutende Versuche der Kontaktaufnahme zu Autoren, die er nicht kannte. Sie bieten einen Blick auf die Persönlichkeit von Schwabach.

Ein Beispiel ist die Absicht, in Kontakt zu Knut Hamsun zu treten. Der Norweger hatte 1920 den Literaturnobelpreis bekommen. Und ihm widmet Schwabach zwei Jahre später sein Buch „Die Stiftsdame". Er schreibt auf den

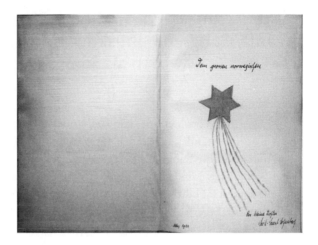

Vorsatz die Worte „Dem grossen norwegischen/der kleine Dichter/Erik-Ernst
Schwabach/März 1922". Hybris oder ehrlich gemeinte Ehrfurcht und Demut?
Wenngleich die Übersendung von eigenen Büchern mit Widmungen nichts
Ungewöhnliches ist, so könnte man hier eine Tendenz zum Narzissmus konstatieren. Die Unsicherheit, die ihn praktisch zeitlebens begleitete, nämlich die
Frage, ob er nun tatsächlich „schreiben und dichten" könne, die Frage nach eigenem echtem Talent („nicht Talentchen", wie er bei Gelegenheit sagte) schimmert
durch. Sein offenbar brüchiges Selbstwertgefühl und die Selbstzweifel flackern
auf, wenn er sich in dieser Form an den ihm unbekannten Hamsun wendet –
und ein Hauch von Eitelkeit und kokett überspielter Überschätzung.[379]

Etwas anderes ist es, wenn Schwabach Kritiker wie etwa Alfred Kerr mit
Widmungsexemplaren eigener Werke versorgt hat. Beide kannten sich, wenngleich ihre persönliche Beziehung eher beiläufigen Charakter hatte. So über-
sandte Schwabach Kerr ein Exemplar seiner „Irdischen Komödie"; sicher auch
in der vagen Hoffnung, dass es der „Kritikerpapst" besprechen würde. Es enthält
die handschriftliche Widmung „Herrn Dr. Alfred Kerr in aufrichtiger Verehrung,
Erik-Ernst Schwabach, Märzdorf Februar 1926".[380] Kerr hat das Stück aber nicht
besprochen. Ob es für ihn belanglos war oder nicht? Kerr wusste aus Erfahrung,
dass es, wie er zehn Jahre vorher geschrieben hatte, von 100 Dramen, die man im
Winter sieht, nur zwei gibt, die vielleicht dauern könnten. „Zwei? Hoffentlich:
zwei. Soll man bei den achtundneunzig Nieten immer bloß ein mittelmäßiges,
gleichbleibendes, ernsthaftes Gequatsch bringen?"[381]

„Gestern früh Graupeauktion. Hübsche Sachen gekauft. Gauguinmanuskript kam auf 55000 Mk": Erik-Ernst Schwabach als Sammler

Das Schloss in Märzdorf mit dem prachtvollen, reichen Inventar an Kunst und Kunstgegenständen sowie den Büchersammlungen bildete den örtlichen Bezugspunkt für die Sammelleidenschaft zunächst von Schwabach senior und später Schwabach junior. Das Familienvermögen ermöglichte in den letzten Jahrzehnten des 19. Jahrhunderts und bis zur Inflation in den zwanziger Jahren den Erwerb und die Anhäufung in einer Qualität und Quantität, die selbst für ähnlich vermögende andere Familien ungewöhnlich war.

Schon Ernst Schwabach war ja, abseits seiner Rolle als Dandy, als Lebemann, der seinen Reichtum gern, selbstbewusst und offen zur Schau trug und der in seinen Kreisen eine strahlende Prominenz als Gastgeber opulentester Feste und Salons auf Schloss Märzdorf genoss, durch die Welt gereist und hatte den Grundstock für die umfangreichen Sammlungen asiatischer und afrikanischer Kunst, an Waffen, an Kunst mit britischer Provenienz und Bücher gelegt. Vieles von den Stücken, die zum Inventar des Stammsitzes in Niederschlesien gehörten und die Erik-Ernst 1931 versteigern musste, hatte der Vater erworben in der Zeit, nachdem er Schlossherr geworden war und enorme Geldsummen in die ungewöhnlich reiche und reichhaltige Innenausstattung investieren konnte.

Zu diesen Stücken gehörten: Kupferstiche, japanische Samurairüstungen, indische Dolche und Schwerter (für den Rittersaal im ersten Stock); persische Schiras- und Ladikbrücken; chinesische Tischlampen; afrikanische Instrumente (für das Musikzimmer); antike Tapisserien und Gobelins aus Frankreich; Möbel, Kandelaber und Spiegel im Stile Ludwigs XV.; und immer wieder Kunstgegenstände, die Pferde zeigten, sogar ein stehendes Bronzepferd aus Persien war darunter; daneben Kronleuchter, ganze Kamine und Bilder und Büsten (von Michelangelo, Dürer, Leonardo da Vinci, Adolph von Menzel, Carl Spitzweg und anderen); die lebensgroße Bronzeskulptur eines Löwen von August Gaul, kostbare Kunstgegenstände und -objekte aus allen denkbaren Kulturkreisen, aus verschiedenen Zeiten und aus allen möglichen Ländern.

Wie in anderen gesellschaftlich hohen Kreisen zu jener Zeit in der zweiten Hälfte des 19. Jahrhunderts sammelte Schwabach senior mit Hingabe vor allem kleine Arbeiten aus Lack aus Japan. Von einer anderen Bankiersfamilie der Zeit, den Ephrussis aus dem ukrainischen Odessa, später mit einem, ähnlich den Rothschilds, weitverzweigten Geflecht aus Standorten der Bank und Familiensitzen in Wien, Paris, in St. Jean an der Côte d'Azur und Tokio wissen

Abb. 16: „Kleine Bibliothek"
in Märzdorf.

wir, dass nach der Öffnung Japans ab 1840 die aus Holz, Porzellan oder Elfen-
bein modellierten Kleinschnitzereien (Netsuke) und andere Kunstgegenstände
wie Lackschreine, Lackkästchen und Tabletts mit Perlmutteinlagen, Menagen
oder größer: Paravents aus Rotlack zum Beispiel, groß in Mode kamen bei vermögenden Sammlern in Europa.[382] Diese Art von Kunst und Kunstgegenständen
war neu in Europa, wo begüterte Bürger- und Adelsschichten ab circa 1880 der
teuren und ungewöhnlichen Mode frönten. Auch Ernst Schwabach entwickelte
hierfür ein großes Faible. Fast dreißig solcher seltener Japonikaunikate sind im
Katalog zur Auktion der Einrichtung verzeichnet, die sein Sohn Jahre später
in Auftrag geben musste.

Mindestens fünf große Sammelgebiete zeichneten bereits die Kollektion
des Vaters Schwabachs aus: Asiatika, vor allem Kunst aus Japan; Waffen; Bilder,
britische Kunstgegenstände mit Pferdemotiven und schließlich Bücher.

Drei Bibliotheken gab es im Schloss. Allein die „Kleine Bibliothek" mit
imposanter Raumhöhe maß rund vier mal zehn Meter im Grundriss, die Buch-

regale aus Massivholz – mit üppigen Intarsienarbeiten – reichten bis an die Decke. Wer durch die Flügeltür hineintrat, ging rechts am Kamin vorbei, über dem ein hochformatiges, dunkles Ölbild und darüber noch ein Geweih hingen. In der Saalmitte stieß man auf einen mit einem Teppich belegten rechteckigen Tisch, um den sechs breite Stühle mit gepolsterten Armlehnen standen. Auf dem Tisch, eine Mischung aus Arbeitsfläche und Ausstellungsstück, stand ein antiker Globus. Verschiedene Stapel von sorgsam ausgewählten, üppig ausgestatteten Büchern und Mappenwerken lagen daneben, sorgfältig drapiert – möglicherweise die jeweils aktuelle „Ausbeute" der Sammelleidenschaft zum Beispiel bei Auktionen.

Das „Blaue Zimmer", auch dies eher ein Saal als ein Zimmer, ließ an eine etwas kleinere Ausführung einer Bibliothek denken. Es stellte wohl eine Mischung aus Spielsalon und Studierzimmer dar. An der Wand wieder hohe Regale aus dunklem Holz, am großen lichtdurchfluteten Fenster befand sich eine Sitzecke. In der Mitte stand ein schwerer großer Tisch mit zwei thronähnlichen Sesseln und zwei kleineren Stühlen.

Auch das „Billardzimmer" kombinierte beides: in der Mitte des Raumes das Carambolage-Spiel mit den drei Kugeln und Queues auf dem schweren Billardtisch, dessen sechs Holzfüße reich verziert waren, und den Rückzug in die Welt der Bücher, die ringsum in Wandregalen standen.

Das Musikzimmer auf Schloss Märzdorf war im Stile des Barock eingerichtet und bot mit den Louis-XIV.-Möbeln, den Spiegeln, Bildern und Kristallleuchtern ebenfalls ein imposantes Bild. Auf dem glänzenden Parkettboden mit zweifarbigen tellergroßen Holzelementen befand sich eine Reihe von Sitzmöbeln: polsterbezogene Zweisitzer-Sofas, Bergère-Sessel mit geschwungenen Armlehnen, (Spiel-)Tische mit feinsten Schnitzereien und Zylindersekretäre. Möbel, die die Diener bei Musikdarbietungen leicht umstellen konnten, um so auch einer großen Gesellschaft Platz zu bieten.

Im Rittersaal und der sogenannten großen Halle traf der Besucher auf eine ähnliche Impression: Räume und Säle voll mit Möbeln verschiedenster Stilrichtungen, Gobelins, Teppichen, Leuchtern, Kunstgegenständen. So glich das Schloss eher einem Museum als dass es eine gemütliche Wohnstatt für eine junge Familie war; offenkundig eingerichtet und ausstaffiert auch in der Absicht, Gäste durch das schiere Ausmaß und die Kostbarkeiten der Einrichtung sprachlos zu machen, sie jedenfalls nachhaltig zu beeindrucken.

Das notorische Sammeln schöner und teurer Dinge, das sich nicht nur, aber vor allem auf Bilder und Bücher bezog (und eben auch eine kleine Buddhafigur aus Speckstein aus jenem Raumgeschäft an der Potsdamer Brücke in Berlin umfassen konnte, das Schwabach junior mit seinem Freund von Brockhusen besucht hatte), muss Erik-Ernst vom Vater geerbt haben.

Man mag rückblickend das Eklektische monieren, dass das überbordende künstlerische und kunsthandwerkliche Inventar auszeichnete; dieses kostbare Sammelsurium von allen möglichen Artefakten aus allen möglichen Stilrichtungen, Ländern und Zeitaltern: Ein innerer Zusammenhalt, eine Methodik oder eine spezielle Systematik des Sammelns lassen sich nicht erkennen.

Ein Schwerpunkt gerät jedoch schnell und bei nur oberflächlicher Betrachtung aus dem Blick: Schon Ernst Schwabach, der Vater, hatte ein ganz spezifisches Faible für französische Literatur. Er verfügte über ein tiefes Verständnis und eine große Liebe zur bildenden Kunst, auch zur Literatur, vor allem zu Büchern französischer Autoren: ein Interesse, dass gerade nach dem deutsch-französischen Krieg von 1870 eher ungewöhnlich war in den höheren bürgerlichen Kreisen Deutschlands. Sein Freund Carl Sternheim ist, wie dieser dankbar notiert hat, durch Schwabach Ende des 19. Jahrhunderts mit Werken von Diderot, Racine, Corneille und anderen bekannt gemacht worden. Prachtausgaben mit Werken der französischen Klassik, Bücher von Dichtern wie Racine, Molière und anderen haben damals die Regale der Bibliotheksräume wie etwa das „Blaue Zimmer" in Märzdorf gefüllt. Sternheim berichtete über die „zweiundsiebenzigbändige Gesamtausgabe Voltaires in romantischen Halbfranzbänden von 1834 bei Lefévre, Paris", die er zu Weihnachten 1901 als Geschenk von Schwabach, dem großzügigen Gönner, übersandt bekam[383] – Bücher, die ihm in der schweren Zeit des belgischen Exils in La Hulpe 1935/1936, mehr als dreißig Jahre später, noch Trost und Anregung brachten.

Erik-Ernst erbte als einziges Kind alles nach dem Tode des Vaters 1909 und baute die kostbare Sammlung aus, allerdings sehr viel konzentrierter. Neuzugänge etwa an Waffen und Teppichen sind nicht verzeichnet im Nachlass, dafür galt die Leidenschaft des jungen Erben zeitlebens hauptsächlich Büchern und zu einem wesentlich geringeren Teil Bildern.

Seine Leidenschaft für das Sammeln von Büchern gründete vorrangig in einer allgemeinen Liebe zur Literatur. „Ich liebe Bücher so sehr und bin schon froh, sie zu haben und zu halten", schreibt er während seines kriegsbedingten Einsatzes in Rustschuk, als ihn ein Paket mit Büchern erreicht, das von seiner Frau Lotte stammt (TB2, 11.2.1917). Er ist nicht der Jäger und Sammler, der von einem Autor oder von einer Literaturrichtung möglichst Alles erwerben und besitzen will. Er gerierte sich auch nicht als ein oberflächlich Ästhetisierender, der in der parodierenden Diktion von Karl Wolfskehl nur auf das Äußere seiner Schätze schaut, ohne sie je zu lesen: „Inkunabeln, Erstausgaben / Sonder-, Luxus-, Einzeldruck / Alles möcht ich haben / Nicht zum Lesen / Nur zum Guck!"[384]

Schwabach kombiniert in seiner Leidenschaft vielmehr eine Mischung aus dem aktiven Bibliophilen, der sich aus Lust am Buche nach außen hin künstlerisch betätigt und Bücher herstellt oder sich an ihrer Herstellung schöpferisch beteiligt, und dem „rezeptiven" Sammler, „der Eindrücke von außen empfängt" und sie des ästhetischen Vergnügens willen um sich versammelt sehen möchte.[385]

Lesen, Bewerten, Reflektieren waren für ihn zentrale Beschäftigungen, die neben dem gelegentlichen Sortieren der Bibliothek einen Großteil seiner Zeit in Anspruch nahmen. In Anlehnung an einen Ausspruch von Willy Haas[386] war auch für Schwabach das „Büchersammeln keine Tätigkeit, sondern ein Zustand; und zwar ein lebenslänglicher Zustand".

Neue Bücher versieht er mit Exlibris. Zu Beginn benutzt er Exlibris-Exemplare, die noch von seinem Vater Ernst stammen, etwa das großformatige, von Georg Otto gestochene „E. Schwabach Märzdorff" mit Wappen und Schlossansicht. Später bestellt er eigene, in verschiedenen Ausführungen und Größen.

In einer speziellen Kartothek notierte Schwabach neu angeschaffte oder neu erhaltene Bücher.[387] Er kategorisierte und beurteilte sie mit entsprechenden Kürzeln. So hat er fast jedes Buch seiner Sammlung auf der dritten Umschlagseite mit den Kürzeln „coll.", „cart." und/oder „crit." versehen. Gelegentlich notiert er Ziffern dazu, und in manchen Fällen positive oder kritische Äußerungen zum jeweiligen Werk. In einem Fall, es geht um das Buch „Das namenlose Angesicht" von Kurt Heynicke[388], verweigert er die Aufnahme in die Kartothek. Schwabach schreibt handschriftlich unter „coll." den Zusatz: „Nicht cart. Es wiederstrebt, immer neue Karten mit der Feststellung zu füllen, dass ein expressionistischer Nachläufer mehr da ist und statt gewollter Extase aufgeregtes Geplärre ausk... (16.I. 20)".

Konsequent und fortlaufend notiert er spontane, kurze Anmerkungen über neue Bücher, die in Paketen in der Wohnung in Berlin oder auf Schloss Märzdorf eintreffen. Es scheint, als ob dies „Fingerübungen" darstellen für die Arbeit als Literaturkritiker, die er Mitte der zwanziger Jahre für die „Literarische Welt" und für die „Zeitschrift für Bücherfreunde" aufnehmen wird. Schwabach registriert neue Entwicklungen und versucht sie für sich festzuhalten.

Im Tagebuch liest sich das so: „Literarische Ereignisse: Theodor Tagger, der kommende Mann, Herausgeber des Marsyas. Die Ankündigung liegt vor. Die Graphik hat mehr Qualität als sonst dergleichen" (TB2, 19.8.1917).

Wenig später schreibt er in Märzdorf begeistert über Annette Kolbs neues Buch „Das Exemplar" („140 Seiten gelesen") und über die Ausstellung in der Akademie der Künste zu Ehren von Max Liebermann[389]: „Sie wehte mich eigentümlich fremd und altmodisch an" (TB2, 27.8.1917). Über den Gedichtband von Martin Gumpert, gerade erschienen in der Reihe „Der Jüngste Tag" im Kurt Wolff Verlag, sagt er: „Man wird mit solchen Versen überschüttet, die in einer Zeitschrift vielleicht noch am Platze sind, im Buch aber grosse Ansprüche stellen, ohne sie wert zu sein" (TB2, 17.10.1917).

Literatur und bildende Kunst stellten zeitlebens für ihn einen wichtigen Schwerpunkt dar. Bücher waren stets auch ein Rückzugsort in Zeiten großer Anspannung. Aus ihnen nahm er Anregungen für die eigene schriftstellerische Produktion. Sie sind für ihn dabei nicht vorrangig Objekte einer bildungsbürgerlichen Fassade zum „Ausstellen" eines die Konventionen befriedigenden echten oder vermeintlichen Geschmacks. Schwabach kann sich leidenschaftlich über „jene Briefmarkensammler" mokieren, „denen am Inhalt des Buches gar nichts gelegen ist, und im Grund auch an der Ausstattung nicht, sondern lediglich an der Nummer, die das Vorzugsexemplar von der Presse erhalten hat", schreibt er[390], als Carl Sternheims Bibliothek auktioniert wird – knapp ein Jahr bevor auch seine Sammlung versteigert wird. Seine Kritik galt in diesem Falle nicht Sternheim!

Wie andere vermögende Sammler hat sich auch Schwabach selbst gerne und häufig als Subskribent für Luxus- und Vorzugsausgaben eintragen lassen: bei Kurt Wolff, aus dessen Verlag er bis 1920 regelmäßig bedient wurde – von Sternheim, Heinrich Mann und Hasenclever und anderen besaß er seltene und wertvolle Ausgaben; bei Hans von Webers Hyperionverlag, von dem er unter anderem die Hundertdrucke bezog, darunter auch Thomas Manns „Tod in Venedig"; bei der Doves Press und den deutschen Pressedrucken wie der Bremer Presse, der PAN-Presse oder der Ernst-Ludwig-Presse.

Hier wiederum drängt sich der Eindruck einer Systematik sehr wohl auf: Den Schwerpunkt seiner Sammeltätigkeit bildete „Deutsche Literatur in schönen und ersten Ausgaben", vor allem aus Klassik, Sturm und Drang, Romantik und Philosophie, wie Schwabach in dem programmatischen Text „Zurück zum Buch!" formuliert.[391] Es ist eine breite, repräsentative Reihe von Werken von Börne, Droste-Hülshoff, Fichte und Goethe über Grillparzer, Herder, Jean Paul, Klopstock, Kotzebue, Kleist bis zu Schiller und Wieland, die er zum Teil in seltensten Ausgaben erwirbt. Schwabach ist nicht der Spezialist und Experte für eine Periode der Buchdruckerkunst oder für einen Autor (wie es Wolff mit seiner Inkunabel- und seiner Goethesammlung war). Von Goethe besitzt er aber unter anderem einen prachtvoll erhaltenen, eigenhändigen und mit „ergebenst J.W. v. Goethe" unterzeichneten Brief an den Buchhändler Frommann in Jena vom 13. Februar 1822 mit der Notiz, „daß Ihr lieber Sohn in Frankfurt bey Willemers recht gern gesehen und von dorther das Beste auf ihn bezügliche zu vernehmen ist", und ein Widmungsexemplar von „Hermann und Dorothea" sowie den Erstdruck der „Wahlverwandschaften" (1809).[392]

Aus der britischen Doves Press, die zu Beginn der 20. Jahrhunderts auch eine Reihe von bibliophilen Goethetexten herausgab, umfasste seine Bibliothek die Werke „Faust" (zwei Bände 1906/1910; Vorzugsausgabe in 25 Exemplaren auf Pergament, davon eines der drei ersten mit goldgehöhten Initialen und Titelüberschriften), „Iphigenie auf Tauris" (1912; Vorzugsausgabe in zwölf Exemplaren auf Pergament mit goldgehöhten Initialen), „Die Leiden des jungen Werther" (1911; Vorzugsausgabe in fünf Exemplaren auf Pergament, ebenfalls mit goldgehöhten Initialen) sowie „Torquato Tasso" (1913, auch in der Vorzugsausgabe, eins von zwölf Exemplaren auf Pergament mit Initialen in Gold). Von Kleist etwa hat er den „Zerbrochenen Krug" in der ersten Ausgabe (1811), von Schiller die erste Ausgabe im ersten Druck des Trauerspiels „Die Braut von Messina" (1803), von Kant dessen „Kritik der Urtheilskraft" von 1790.

Daneben sammelte Schwabach schwerpunktmäßig Literatur des Naturalismus sowie (früh-)expressionistische Werke. Einzigartig sind dabei Originalmanuskripte, die von ihm persönlich bekannten Autoren stammen wie Otto Julius Bierbaum, Otto Erich Hartleben oder Herbert Eulenberg, von dem er gleich sechs eigenhändig verfasste Manuskripte besaß.

Sein Ziel als Sammler war es nicht, Bücher anzuhäufen als protzigen Selbstzweck, „sondern in Büchern lesen zu dürfen, von denen der Inhalt nicht nur, auch Form, Druck und Einband gleichmäßig erfreuen."[393] Seine Selbstverortung als Sammler, der noch bis zur Inflation regelmäßig Bücher kauft, ergänzt er in jenem Text um kritische Beobachtungen zum „Unfug" illustrierter Bücher, die zum Ende der Revolution in großer Anzahl herausgebracht werden. Dabei stehen im Visier seiner Kritik nicht die Kunst allgemein und die Illustration in einem Buch als solche. Schwabach geißelt vielmehr diejenigen Bücher (und deren Verleger), die mit Holzschnitten, Lithografien und anderen Illustrationen, oft ohne genauen Bezug zum Text und in minderer Qualität – auf „Zeitungspapier" und eben unordentlich gedruckt sind, und die damit den Bibliophilen, wie er meint, „auf ein ihm fremdes Gebiet drängen: Er will Bücher besitzen, nicht Graphik."[394]

Denn ein weiteres großes Sammelgebiet von ihm umfasste Kunstbücher oder besser: Bücher über Kunst sowie moderne Grafik. Auch hierbei sind die Fülle, die Breite und letztlich der Wert seiner Sammlung bemerkenswert. Eine Reihe von illustrierten Büchern ist darunter. Offenbar war in seinen Augen nicht alles schlecht, was etwa in der Kombination von Bild und Text erschien: Meyrinks „Golem", Kokoschkas „Tanzende Knaben" (Wien 1908), signierte Grafiken von anderen Zeitgenossen wie Max Liebermann, Karl Schmidt-Rottluff, Ludwig Meidner, Rudolf Grossmann und Emil Preetorius waren darunter. Sein Interesse berührten auch die neuen künstlerischen Zeitschriften und Anthologien wie PAN, der „Hyperion" in den Einbänden der Wiener Werkstätte, „Marsyas" von Theodor Tagger, „Sturm" von Herwarth Walden und der „Kondor", die erste, von Kurt Hiller herausgegebene Lyrikanthologie des frühen literarischen Expressionismus. Vormerken ließ er sich auch hier bei einschlägigen Häusern; bei Cassirer in Berlin für die Sammlung von Märchen in Vorzugsausgaben etwa oder bei

Abb. 17: Versuch der Rekonstruktion – Bücher aus der Bibliothek Schwabachs:
v. l. u. a. Rilke: „Buch der Bilder", Huret: „Sarah Bernhardt", R. A. Schröder: „Sprüche in
Reimen", (Schwabach:) „Cleander", Edschmid: „Frauen", Goethe: „Torquato Tasso",
Sternheim: „Ulrike", George: „Die Fibel", Hasenclever: „Der Sohn", „Gesammelte
Werke" von Victorien Sardou. Schwabachs Sammlung von Vorzugsausgaben und
Pressedrucken war schon zu seiner Zeit unter Bibliophilen bekannt.

Piper in München, von wo er 1912 eines der fünfzig Exemplare der Vorzugsausgabe des „Blauen Reiters" erhielt.

Aber auch bei Galerien wie der von Alfred Flechtheim in Düsseldorf ließ er
sich registrieren und erhielt so Kunstbücher, oft ebenfalls in Vorzugsausgaben.[395]

Für die naturalistischen Bilder Max Liebermanns konnte sich Schwabach
kaum begeistern. Er entwickelt Leidenschaft für Werke seines Freundes Theo
von Brockhusen sowie für zeitgenössische französische Künstler. Ein Name bildet
nun, neben dem in Bulgarien geborenen Jules Pascin (geboren 31. März 1885 in
Widin, gestorben am 5. Juni 1930 in Paris), im Herbst 1917, einen Schwerpunkt
für ihn und sein Interesse: der Maler und Postimpressionist Paul Gauguin. Kurz
darauf wird auch ein (halber) Picasso eine Rolle im Leben Schwabachs spielen.

Erik-Ernst Schwabach notiert in seinem Tagebuch Anfang November 1917
Eindrücke aus einer Reihe von Ausstellungen und von Besuchen in Verkaufsräu-
men von Kunsthändlern in Berlin. Bei Paul Cassirer zum Beispiel sind Werke von
Ernst Barlach annonciert, die er sich ansieht, aber nicht goutieren mag. Er ist aber
dennoch in Kauflaune: Für seine Frau erwirbt Schwabach eine Hamsterstatue
des Bildhauers August Gaul. Von dem Künstler steht im Märzdorfer Schloss-

park bereits die lebensgroße Löwenstatue (von 1904), die sein Vater erworben hatte.[396] Für sich kauft er etwas ganz anderes, nämlich einen Halbakt von Pascin. „Auf dem Tisch liegende Brüste" – so lautet die Bezeichnung, die Schwabach selbst dem Bild des zeitgenössischen Künstlers gibt, der für erotische Frauenakte bekannt ist. Schwabach ergänzt gutgelaunt: „Sehr stark im Ausdruck. Wird die Frage sein, wohin hängen? Dass keine Jungfrauen erröten" (TB2, 8.11.1917).

Das sinnliche Bild des Expressionisten Pascin reicht jedoch in seiner Wirkung auf den zu jener Zeit noch kaufkräftigen Kunstliebhaber nicht an ein anderes Objekt heran, das er etwa zur gleichen Zeit im Auktionshaus von Paul Graupe in der Lützowstraße betrachtet. Es ist Paul Gauguins Tagebuch von 1903 „Avant et Après" in der Originalhandschrift, die durch Zeichnungen des Autors ergänzt wird und das demnächst versteigert werden soll. Schwabach ist fasziniert und elektrisiert (TB2, 8.11.1917): „Ganz grosse Klasse das Manuskript Gauguins: Avant et après, um das ich verhandle. Welche Klarheit, Lebendigkeit und Anschaulichkeit dieses Tagebuches voll köstlicher Zeichnungen. Ich finde es ganz begeisternd …"

Das Manuskript mit 20 Original-Zeichnungen wird im Katalog als „einzigartige Verschmelzung von Wort und Bild"[397] angekündigt. Die Versteigerung soll bereits in weniger als vier Wochen stattfinden. Schwabach bietet mit und bekommt den Zuschlag. Einen Tag nach der Auktion schreibt er hoch zufrieden: „Gestern früh Graupeauktion. Hübsche Sachen gekauft. Gauguinmanuskript kam auf 55000 Mk" (TB2, 11.12.1917).

Damit wird die Geschichte des Erwerbs der Handschrift etwas anders erzählt, als es bislang Kurt Wolff implizierte, der in einem späten Rückblick davon sprach, im Jahr 1913 die Rechte für den Druck des Manuskriptes mit dem Titel „Avant et Après" und der auf dem Titel gezeichneten Jahreszahl 1913 für 15.000 Francs vom Sohn des verstorbenen Malers, Pola Gauguin, erworben zu haben[398]: „213 eng beschriebene Folio-Seiten in Gauguins sehr leserlicher Handschrift." Doch ein Kauf der Handschrift kam seinerzeit für ihn nicht in Frage. „Ich, Kurt Wolff, war Verleger, nicht Sammler, und konnte mir den Luxus des Erwerbs der Handschrift und Zeichnungen nicht leisten", sagte er.[399]

Wolff hatte damals also lediglich die Rechte am Druck und am Vertrieb erworben. „Manuskript und Zeichnungen gingen für 20.000 Papiermark an meinen Freund Erik-Ernst Schwabach über", berichtete Wolff weiter.[400] Diese Darstellung, wie sie sich Wolff in Erinnerung ruft, weicht deutlich von jener ab, die Schwabach selbst offeriert, wonach die Versteigerung Ende 1917 mit dem Zuschlag bei jenen 55.000 Mark beendet wurde.

Der Text Gauguins selbst ist ein Hybrid; wegen der Handzeichnungen, die dem Manuskript beigefügt waren, ist es kein Buch im eigentlichen Sinne: „Ceci n'est pas un livre", so schreibt Paul Gauguin an verschiedenen Stellen. Das Konvolut ist eher eine Art Tagebuch, das „Essays, Zeichnungen, Anekdoten, biographische Notizen lose aneinandergereiht (enthält) und doch eine Einheit bildend als fesselnde Dokumente eines ungewöhnlich reichen Lebens".[401] Gauguin hat es während seines Aufenthaltes auf den Marquesas-Inseln im Südpazifik in seinem Todesjahr 1903 geschrieben.

Es bleibt unklar, wer es zur Versteigerung bei Graupe einreichte. Die Familie Gauguin zeigte sich von der Ankündigung der Berliner Auktion überrascht und legte offenbar Einspruch ein, vergeblich: „Die Versteigerung wurde durchgeführt. Wir selber konnten nicht mitbieten, da wir kein Geld hatten. Das letzte, was wir von dem Original von Avant et Après gehört hatten, war die Tatsache, daß es für 10.000 Mark den Besitzer gewechselt hatte. Wir wußten nicht einmal, wer nun eigentlich Inhaber von Vaters Bekenntnissen geworden war", berichtete Pola Gauguin.[402]

Schwabach notiert kurz und bündig, dass er der Käufer war:

Paul Gauguins Avant et Après, ein sauber geschriebenes Manuskript von 213 Seiten stammt aus seinem Nachlass. Ich selbst erwarb es im Jahre 1918 und ließ in beschränkter Auflage eine Faksimileausgabe der unveröffentlichten Handschrift für meine Freunde und die Verehrer Paul Gauguins herstellen. Während der Herausgabe dieses Faksimiledruckes festigte sich bei mir die Überzeugung, dass es das Buch verdiente, jedem in Deutschland zugänglich zu werden, und so entschloss ich mich zu seiner Übertragung. Die Tatsache, dass ich dieses Manuskript erstand, dass ich es der Öffentlichkeit übergebe, beweist, dass ich persönlich von seinem Wert und seiner Größe überzeugt bin … Diese Aufzeichnungen und Bekenntnisse werden einen Einblick in die Seele Gauguins schaffen …

Neben den dem Originalmanuskript beigefügten Zeichnungen, die in verkleinertem Massstabe bis auf wenige Ausnahmen wiedergegeben werden, fügte ich die Reproduktionen einiger Gauguinschen Bilder aus Tahiti bei …

Märzdorf, 20.2.19. Erik-Ernst Schwabach[403]

Schwabach war nach dieser Quelle die treibende Kraft für die beiden sich dann anschließenden Veröffentlichungen. Der Faksimiledruck erschien 1918 bei Kurt Wolff in lediglich 100 Exemplaren. Im Druckvermerk heißt es, die Reproduktion „wurde getreu nach dem Original im Besitz des Herrn Erik Ernst Schwabach unter Aufsicht und Leitung des Besitzers im Frühjahr und Sommer 1918 … vorgenommen."[404]

Zwei Jahre später gibt Schwabach die deutsche Übersetzung heraus, ebenfalls im Kurt Wolff Verlag.

Im Sommer 1918 beginnt er mit der Übertragung des Werkes „aus dem Manuskript" ins Deutsche, wie es im Untertitel von „Vorher und Nachher" in der ver-

öffentlichten deutschen Fassung 1920 heißt. Im Vorwort die gleiche begeisterte
Diktion wie seinerzeit vor und unmittelbar nach der Auktion, nun ist es die
des stolzen Besitzers. Schwabach schreibt: „Ungern nur entschließe ich mich,
diesem Marquesischen Tagebuch Paul Gauguins ein Vorwort voranzuschicken,
und beabsichtige auch keineswegs, mit dem üblichen Pathos auf seinen Wert,
seinen Esprit und Charme hinzuweisen. Weil es wertvoll, witzig und reizvoll ist,
übertrug und veröffentliche ich dieses Buch, das für sich selber sprechen wird."[405]
Hier spricht ein von seiner Mission erfüllter Herausgeber und Übersetzer, der
ein wertvolles Original eines französischen Künstlers in den Händen hält, dessen
Bedeutung für die Kunst er erkennt und von dem er annimmt, dass es allmählich erst ins Bewusstsein von Kunstinteressierten in Deutschland dringen wird.
„Das Beste: den Gauguin zu übersetzen. Es ist nicht leicht … Seine Gedanken
springen. Es ist schwierig oft, ihnen zu folgen. Aber ich habe das Gefühl der
Leistung: Den Deutschen, heisst freilich einigen Wenigen, ein ausgezeichnetes
Werk zu vermitteln" (TB2, 9.9.1918).

Als er mit der Übertragung aus dem französischen Original beginnt, ist der
Zeitpunkt nicht gerade günstig: Der Krieg geht in diesen Wochen zu Ende,
nach über vier Jahren. Das Deutsche Reich als Teil der Mittelmächte erkennt
nach langem Zögern die Niederlage an, die dann am 11. November 1918 mit dem
Waffenstillstand von Compiègne besiegelt wird.

Auch Schwabach ist wie viele Menschen verunsichert wegen der völlig unkla-
ren politischen Situation im Kriegsverliererland: „Das alte Preussentum stirbt.
So verhasst es uns war – eine Tradition zerbrechen zu sehen ist immer tragisch.
Stürbe sie doch in Schönheit. Aber sie verreckt in ohnmächtig keifender Wut …
Wahrhaftig, man möchte nach Tahiti gehen, irgendwohin, wo keine Europäer
sind" (TB2, 26.10.1918). Dorthin also, wo Gauguin in fast größtmöglicher Ent-
fernung von Frankreich die persönliche und künstlerische Selbsterfahrung und
Erfahrung unter den Polynesiern machte.[406]

An wen und bei welcher Gelegenheit das Originalmanuskript des Künstlers
später gelangte, ist nicht zu ermitteln. Jedenfalls wurde es nicht bei der großen
Auktion der Bibliothek von Schwabach 1930 versteigert. Er oder seine Frau Lotte
könnten es demnach vorher oder auch nachher separat veräußert haben. Kurt
Wolff hat hierzu angemerkt, Schwabach, „in der Inflation halb, in der Emigration
ganz verarmt", habe es verkauft.[407] Über den Verbleib des Originals ist deshalb
wenig bekannt – anders als über die zweite bekannte Handschrift Gauguins,
„Noa Noa", die im Louvre verwahrt wird.

Italiaander spricht andeutungsweise davon, das Manuskript „Avant et Après"
sei „aufgelöst" worden.[408] Kurt Wolff wiederum erwähnt einen Streit darum in
New York in den fünfziger Jahren. Dem Verkauf vorausgegangen war demnach
ein Verfahren vor dem Obersten Gericht in New York über die Rechtmäßig-

keit des von dem amerikanischen Kunsthändler John F. Fleming beabsichtigten Verkaufs. Dagegen hatten 1956 fünf Privatpersonen Klage eingereicht, die jeweils für sich Eigentumsrechte proklamierten.[409] Nach Wolff[410] endete der Streit letztlich mit dem Verkauf an einen amerikanischen Sammler für 85.000 Dollar.

Schwabachs Faible für Gegenwartskunst drückt sich auch an einem anderen Beispiel aus: Als er 1918 die Zeitschrift „Die „Weißen Blätter" an den Verlag von Paul Cassirer verkauft und ihm so „unerwartet ein wenig Geld in den Schoss fällt", wie er lapidar schreibt, erwägt er eine weitere Investition in ein Gemälde. Es ist, bevor die wirtschaftlichen Auswirkungen der beginnenden Inflation für ihn spürbar negativer werden, eine der letzten Gelegenheiten für den Erwerb von Kunst. Schwabach legt das Geld „zur Hälfte in einem fabelhaften Picasso an" (TB2, 9.5.1918).[411]

Zwei Jahre später, als er – wie er es oft handhabte – auf einer seiner Reisen Galerien besuchte, diesmal in München im Herbst 1920, empfand er die „prachtvollen Gobelins" in der Galerie Bernheimer als zu teuer und beklagte „irrsinnige Preise" (TB3, 27.11.1920): Er kaufte nichts. Inflationsbedingt war spätestens Mitte der zwanziger Jahre seine vormals fast grenzenlose Freiheit erheblich beschnitten, was den Kauf von Büchern und Kunst betraf.

Was ist mit meinem Dichten. Es will nicht mehr vom Fleck.
War es nie mehr als Primanerschreiberei? Habe ich Talent? Nicht Talentchen.

(TB1, 18.9.1914)

Vom Zaubertheater bis zum Libretto für „Berlin Alexanderplatz" – Schwabachs literarische Produktion in Deutschland

Können seine mäzenatischen Aktivitäten als eine Begleiterscheinung gelten, um Kontakte in verlagsnahe Milieus und zu Personen zu knüpfen, die als Autoren, Verleger und Herausgeber eine Rolle spielten, so steht für Erik-Ernst Schwabach schon als junger Mann, der gerade erst im Leipziger Kreis um Kurt Wolff „angekommen" ist, sein eigener dichterischer Weg als Lebens- und Berufsentwurf deutlich stärker im Fokus. Diesen Weg geht er sehr ernsthaft und vorsichtig an. Kaum erkennbar waren jene Schlüsselkompetenzen, die er zur Aufnahme der Verlegertätigkeit in seinem Verlag der Weißen Bücher und mit der Herausgeberschaft der „Weißen Blätter" im Jahr 1913 vorweisen konnte. Als Verleger im eigentlichen Sinne (also auch als Geschäftsmann) hat er sich nie gesehen, sondern ließ von Wolff und dessen Haus die Buchherstellung, die Werbung, den Vertrieb der Bücher und Hefte sowie die Abrechnungen vornehmen. Als einen Autor aber sah sich Schwabach schon früh, auch wenn Unsicherheiten gelegentlich nicht ausblieben, wenn es einmal „nicht mehr vom Fleck" ging. Dann halfen Selbstbeschwörungen.

Sein Interesse an Literatur war groß, seine ersten Gehversuche als (jung verliebter) Autor machte er als kaum 18-jähriger Primaner gegenüber seiner Verlobten Lotte mit einem Liebesdrama, das freilich nicht für eine Veröffentlichung gedacht war. Die Sogkraft vor allem im Leipziger Umfeld, die Bekanntschaften zu Kurt Wolff und den jungen Dichtern des Expressionismus taten ein Übriges: Vom überwältigenden Erfolg des „Genies" Franz Werfel ab 1913, nur knapp vier Monate älter als er, fühlte sich Erik-Ernst Schwabach angesteckt. Auch er verspürte den Drang zu schreiben, den Wunsch, sich als Dichter „unsterblich" zu machen. Wer schreibt, der bleibt!

Seine ersten Versuche, sich öffentlich zu Gehör zu bringen, bestanden aus Zulieferungen für die gerade gegründete Zeitschrift „Die Weiße Blätter" und aus Rezensionen in der „Aktion", der Zeitschrift von Franz Pfemfert. Der erst 22-jährige Schwabach, der zu der Zeit den Verlag der Weißen Bücher gegründet hatte (unter dessen Dach auch jene Zeitschrift herausgegeben wurde), hatte in der ersten Ausgabe „seines" Magazins, im September 1913, über den Beruf des Dichters geschrieben und darin den „unbestochenen" Dichter gefordert.

Als Rezensent formulierte Schwabach, der seine ersten Arbeiten unter dem Kürzel E.E.S. publizierte, durchaus wohlwollend, und ohne durch eindeutige kritische Anmerkungen zu den besprochenen Werken „anzuecken": Seiner Kritik an der Auswahl von Dichtern im „Taschenbuch für Bücherfreunde 1913" etwa, seiner ersten nachweisbaren Besprechung, nimmt Schwabach gleich wieder die Schärfe, indem er dem Herausgeber seine Anerkennung für die verwendeten Bildbeigaben ausspricht. Auch die zweite Besprechung (Ernst Weiss, „Die Galeere") bleibt etwas indifferent. Der Umstand, es mit dem Erstlingsbuch eines jungen Dichters zu tun zu haben, bringt den Rezensenten zu der Aussage, das Kritikwürdige sei entschuldbar – das jugendliche Alter wird dabei als eine Art vorauseilende Entlastung genutzt. Die geäußerte Kritik – „zuviel Subjektivität in dem Buch" – vertieft er, indem er auf den vermeintlichen „Hauptfehler der meisten deutschen Romanciers" verweist und mit Bezug auf Weiss anmerkt: „Sie erzählen von ihren Helden, anstatt die Helden als lebendige Personen hinzustellen". Doch auch Ansätze zum Gegenteil seien vorhanden. Im Ergebnis kommt Schwabach zu einer Empfehlung des Buches.[412]

Schwabach selbst rechnete sich nicht zu den Expressionisten. Er schrieb in seinen eigenen dichterischen Werken eher in einem an den Naturalismus angelehnten Stil. In jenem Vortrag von Kasimir Edschmid über den Expressionismus in der Literatur in Berlin im Dezember 1917 hatte er dessen Beschreibung und Deutungsversuche expressionistischer Dichter und deren Arbeiten aus großer innerer Entfernung gehört. Edschmids Satz „Expressionisten sind heute eine gewisse Gruppe, die für das genannte Programm, eine sehr eigenständige und begrenzte, absonderliche Ausdrucksform anstreben" zeigt deutlich, dass er sich nicht zugehörig fühlte. Das Politische, das Explosive fehlte seinem Werk. Es passte nicht zu jener Beschreibung, die Kurt Hiller als Losung für die „jüngste Dichtung" der Zeit ausgab, nämlich nicht „Ornament, sondern Wesen, Herz und Nerv erstrebt, die gegen eine von außen oktroyierte Wirklichkeit ein intensiveres, edleres ... besseres Sein erkämpft"[413].

Als Autor, tief geprägt von Leseerfahrungen, die er aus den Werken seines Lieblingsdichters Theodor Fontane zog, hat Schwabach nahezu alle Genres bedient, wenn auch in der Menge überschaubar: von dramatischen Einaktern und kleinen „Bühnenszenen", wie er sie nannte, zu Beginn (in den zehner Jahren des 20. Jahrhunderts); über Novellen, Erzählungen und Romane bis hin zu lyrischen Formen, die er in erotischen, teils pornografischen Fantasien und in Gelegenheitsgedichten schuf (bis in die zwanziger Jahre hinein). Immer wieder trat Erik-Ernst Schwabach auch als Autor von Buchrezensionen und dichterischen Essays für Zeitschriften wie die „Literarische Welt" von Willy

Haas, den „Simplicissimus" oder die „Zeitschrift für Bücherfreunde" hervor; auch für die „Internationale Zeitschrift für Individualpsychologie" von Alfred Adler schrieb er Texte. In den Jahren ab 1928/29 bis zu seinem Tod im Frühjahr 1938 schrieb er hauptsächlich Drehbücher, Librettos (für den Film „Berlin Alexanderplatz") und Unterhaltungs-Hörspiele für das Radio, die er in den Studios von Sendern wie Breslau, Münster, Königswusterhausen, Köln und anderswo produzierte.

Von seiner früheren Erfahrung als Theaterleiter und -autor profitiert er bei den kleinen Radio- und Bühnenstücken. Er hatte schon 1914 überlegt, wie das Kino (als neues Medium) dramaturgisch und erzählerisch funktioniert: „Drama bedeutet Handlung". Direkt anschließend heißt es bei ihm: „Die Liebe zum Kino ist, glaube ich, nicht nur durch die Billigkeit der Plätze, und durch seine kitschige Sentimentalität entstanden. Die andauernd fortschreitende Handlung, das Vorstoßen, das stetige Fortschreiten regt an. Unmöglich natürlich Bühne und Kino zu vergleichen. Aber vom Kino aus ein bisschen Psychologie des Publikums zu verstehen suchen, ist vielleicht nicht schlecht" (TB1, 22.10.1914).

Zuletzt, vor allem als er in England lebte, versuchte er sich an dramatischen Hörspielen für die BBC. Immer wieder, und das rundet das Schaffen von Schwabach ab, hat er übersetzt; hauptsächlich französische Dichter wie Baudelaire. Die letzte Arbeit hat er mit dem „Bilderbuch einer Nacht" abgeschlossen, das aus aneinandergereihten, spannungsreichen fiktiven Kurzszenen von Menschen in der Abfolge einer imaginären Großstadtnacht besteht.

Auch wer eng an Schwabachs Werk bleibt und es „aus sich heraus" zu deuten versucht, wird auffallend oft auf frappierende Parallelen zu den beherrschenden Themen der Lebenswirklichkeit Schwabachs stoßen: Liebe, Erotik, Ehebruch, das gerade sehnsüchtige Verlangen nach Erfüllung persönlichen Glücks und vor allem nach Anerkennung der Menschen in seiner Umgebung sind wiederkehrende Leitmotive, die die Existenz von Schwabach und ebenso seine dichterischen Arbeiten bestimmen.

Theaterstücke

Das Zaubertheater (1915)

Für den 1915 bei Kurt Wolff erschienenen Band „Das Zaubertheater" zeichneten drei Herausgeber verantwortlich, die alle je unter einem Pseudonym in Erscheinung traten: Franz Blei (als Medardus), Max Brod (als Prokop) und Schwabach (als Sylvester). Schwabach ist derjenige in dieser Dreiergruppe, der noch völlig unbekannt ist. Blei und Brod sind zu jener Zeit bereits renommierte Autoren beziehungsweise Herausgeber von Zeitschriften, Anthologien respektive Jahrbüchern. Für alle drei, die für das „Zaubertheater" schreiben, ist die Arbeit an dieser Kompilation von kurzen Dramen eine Art Spielerei.

Schwabach ist mit fünf Einaktern vertreten, kurzen Szenen jeweils, die zum Teil mit ungewöhnlichen und spannungsgeladenen Zauber- und Phantasieeffekten spielen, und immer Beziehungsproblematiken zwischen Mann und Frau zum Thema haben.

Beispielhaft für die dramatische Konstruktion und die Einbindung jener Effekte ist etwa „Die Mumienhand": Ein älteres Ehepaar, seit Jahren in stillem Hass zueinander lebend, streitet sich am Vorabend seiner silbernen Hochzeit im Beisein des Pastors (der seinerzeit die Trauung vornahm). Der erwachsene Sohn beider, Valentin, arbeitet bei der „South American Railway Co." als Ingenieur. Als der Pastor gegangen ist, eskaliert der Streit. Der Mann und seine Frau resümieren 25 Jahre Ehe („Das ist der Wahnsinn", Zau 34) und überbieten sich im Dialog mit Gemeinheiten. Die Frau beschwert sich („Von deinen gelben Zähnen wollen wir lieber schweigen", Zau 38), ihr Mann hintergehe sie und rede nicht mehr mit ihr. Der Mann klagt über ihr dummes Gerede. Als die Auseinandersetzung handgreiflich zu werden droht, erscheint ein Onkel aus Kairo. Als Geschenk bringt er eine Mumienhand mit: „Wenn Ihr sie anfaßt beide und einen Wunsch tut, wird er euch erfüllt" (Zau 42). Beide wollen, darin sind sie sich einig, 10.000 Mark. Nun tritt ein anderer Herr auf und stellt sich als Abgesandter der Eisenbahngesellschaft vor und berichtet, dass Valentin, der gemeinsame Sohn, bei einer Tunnelsprengung ums Leben kam und das Unternehmen ihnen als Hinterbliebenen 10.000 Mark zahlt …

Die späteren Sujets Schwabachs sind hier schon angelegt: unglückliche Ehe, das Gefühl der Einengung beim Mann, Rachsucht, ungewöhnliche Auflösung.

Auch in dem zweiten Bühnenstück, „Der Kullack", spielt Schwabach mit diesen Elementen. Im Wirtshaus „Vergnügter Danziger" in Berlin sitzen Kleinganoven, der jüdische Hehler Schmuhl Goldgeblüt sowie die Arbeiterin Minna und ihr Freund, der Taschendieb Eduard Maschewski. Es tritt Franz Kullack ein, der aus dem Gefängnis entlassen ist (wo er wegen Totschlags einsaß) und dem Minna seinerzeit Treue geschworen hat. Als Kullack feststellt, dass Minna ihn betrogen hat und von Eduard sogar schwanger ist, bringt er sie um. Polizisten stürmen auf das Rufen des Wirts herein und stellen Kullack. Er will sich nicht ergeben – sie erschießen ihn! Wirt Lemke ruft aus „Das nun alles in meinem Lokal!" (Zau 89).

Mit geringem Aufwand gelingt es Schwabach, Personen zu beschreiben und einzuordnen. Den Hehler lässt er etwa in einem Dialog mit Eduard um eine gestohlene Uhr nur wenige Sätze sagen. Das reicht aus, um ihn zu konfigurieren: „Einen Schaden mach' ich! Nu, nee, keinen Schaden werde ich machen. Aber Sie sind ein Kavalier, und mit Kavaliere soll man sein zuvorkommend.

Ich werde Ihnen geben zehn Mark fünfzig und eine Schachtel russische Zigaretten" (Zau 72).

Die Bühnengestalten (des Unterweltmilieus) zeichnet er so am Rande der
Possenhaftigkeit und ohne „falsche Typenhaftigkeit", eine Kritik an zeitgenössischen Bühnenautoren in allgemeiner Form, wie sie Franz Blei in seinem Vorwort zum „Zaubertheater" formuliert hatte.[414] Aber ist dies schon Beleg genug
für Züge und Anzeichen eines „neuen Theaters", das Blei vor Augen hatte und
als dessen wahren „Neuerfinder" er Carl Sternheim ausmachte? Schwabach
alias Sylvester gelingt es jedenfalls, mit prägnanten Dialogen und kürzester
Beschreibung Personen und eine stringente Handlungsführung zu entwickeln.

In den weiteren kurzen Szenen, die er für das „Zaubertheater" beisteuert, wird
dies untermauert und mit humorvollen Elementen angereichert.

Peter (ein Dichter und Ehemann) hat in „Der gutbezahlte Neumann" einen
Streit mit Hanna, seiner Frau. Er will an seinem Theaterstück weiterschreiben,
sie will ausgehen. Hanna äußert Unverständnis: „Seine Stücke sind Blödsinn"
(Zau 111). Die Liebe zwischen beiden ist erkaltet, keiner schenkt dem anderen
mehr Aufmerksamkeit. Die Empathie früherer Zeit ist verloren. Peters Stück, das
er „für Reinhardt" schreibt, handelt von einem betrogenen Ehemann, der seine
untreue Frau ersticht. „Ich werde von Moissy gespielt, und du von der Durieux"
(Zau 109)[415]. Hanna geht enttäuscht aus dem Salon, Peter ist für einen Moment
allein. Da tritt Ernst herein, ein Freund. Peter empfängt ihn mit den Werther-
Worten „Sie sind geladen – Es schlägt zwölf! So sei's denn! Lotte! Lotte, leb
wohl, leb wohl!" (Zau 114). Ernst schlägt vor, den Dichter Neumann dazu zu
bringen, Peters Frau in einem Treuetest zu verführen. Neumann, ebenfalls eingetreten, ist einverstanden und feilscht um das Honorar dafür. Neumann und
Hanna, die eben zurückgekehrt ist, bleiben allein im Raum. Die Verführungs-
versuche Neumanns schlagen jedoch fehl, weil Hanna treu ist. Lediglich zu einer
Kritik an Peter, sie fühle sich wegen dessen „Schreiberei" vernachlässigt, lässt
sie sich verleiten. Spontan beschließen sie, dass Hanna ihren Mann eifersüchtig
machen soll und Neumann 100 Mark erhält, wenn dieser mitspielt. Als Peter
zurückkommt, löst sich die Szene heiter auf. Peter und Hanna versöhnen sich,
Neumann geht mit doppeltem Honorar ab.

Der unterhaltsame, kleine Schwank in traditioneller Form enthält als Neben-
produkt zur eigentlichen Handlung kleine Witze. So lässt Schwabach Peter
über Neumann, der etwas dicklich ist und „riecht", fragen: „Sag mal, badet er
mitunter?" – Ernst antwortet: „Wenn er zum Doktor muß. Aber er ist selten
krank" (Zau 119). Ein anderes Beispiel: Peter, der sich als Dichter seine Ideale
bewahren möchte und doch Geld eigentlich verachtet, verkauft Schüttelreime[416]
und gibt unumwunden zu, sich für alles kaufen zulassen, „wofür man mich
bezahlt" (Zau 135).

Besonders in diesem Stück drängt sich die Parallele zu Schwabachs eigenem Leben geradezu auf. Auch er sah sich ja als Theaterschriftsteller, der nur für seine Dichtung lebte und seine Frau Lotte oftmals zugunsten des Schreibens vernachlässigte.

Um eine Dreierbeziehung, versuchte Untreue und Betrug geht es auch im nächsten Einakter, dem Stück „Der geschiedene Mann". Auf Franz, jenen geschiedenen Mann seiner Frau Gerda, will Kurt Lohmeyer achtgeben. Er vermutet, dass Gerda bei Franz „schwach" werden könne. „Ich werde aufpassen", ruft Kurt daher. „Auf deinen ersten Mann nicht, nein. Ich bin kein Esel. Aber auf den Leutnant Meyerfeld, und den Leutnant Werfel, auf den Oberleutnant Pfemfert und den Hauptmann Scheler. Auf den Major Edschmid und den französischen Attaché, auf den Maler Großmann und den Caruso ..." (Zau 165).

Doch Franz, der geschiedene Mann, kann bei Gerda nicht landen – trotz allen Charmierens, trotz aller Komplimente. Gerda reagiert nüchtern und berechnend auf seinen Vorschlag, ein Verhältnis mit ihr zu beginnen: „Ich denk nicht dran! Dich kenn ich doch schon. Auf dich bin ich nicht neugierig." (Zau 171)

Versuchter oder vollzogener Ehebruch, nun in einer geheimnisvollen Umgebung, ist auch das Thema der letzten der Schwabach'schen Zaubertheater-Zulieferungen. „Die Schreckenskammer" ist dabei der Ort einer gruseligen Wette, auf die sich Lucien einlässt, und die mit Mord und einem Herzschlag endet und so zwei Menschen das Leben kostet. Lucien soll die Nacht in der Schreckenskammer eines Panoptikums verbringen und 100 Taler vom Besitzer erhalten, wenn er durchhält. Der Besitzer hat seiner Frau Viola, die ein Verhältnis mit Lucien hat, ein Schlafmittel gegeben und sie wie eine Wachsfigur ins Panoptikum gelegt. Sie liegt, unmerklich atmend, umringt von anderen Figuren der Geisterbahn, am Schafott. Lucien hat Mühe, in diesem Gruselkabinett die Ruhe zu bewahren. Plötzlich hört er eine Stimme und vermutet in einem Anfall von Umnachtung, die Puppen würden lebendig. In einem Wahnsinnsakt erwürgt er die Figur, die sich als die gerade erwachte Viola herausstellt. Lucien glaubt zu träumen, bis er, vom Schreck übermannt, erkennen muss, dass er gerade – „kein Traum!" (Zau 207) – seine Geliebte getötet hat und, vom Schlag getroffen, stirbt. Ein Beamter der Panoptikumsgesellschaft und ein Polizist treten jetzt auf und finden alles ruhig vor. Sie leuchten mit Lampen die Figuren ab, einschließlich Lucien und Viola. Der Polizist stößt mit dem Fuß an den Körper Luciens und sagt bewundernd: „Großartig gemacht", worauf der Beamte ergänzt: „Und alles aus Wachs" (Zau 208).

Auch in diesen letzten beiden Stücken steht als wiederkehrendes Motiv der Handlungsführung die Eifersucht, der vermutete Ehebruch in dramatisch überhöhter Form. Das Aufbrechen bürgerlicher Regeln in überraschender Auflösung ist das Thema. Der Verrat an der Liebe wird dabei als lässlicher, wieder gut zu

machender Fehler verharmlost, eine libertäre Auffassung, die auch in anderen
Werken Schwabachs eine Rolle spielt. Treue in der Ehe wird so als Kategorie
des gesellschaftlichen Lebens Erwachsener in Frage gestellt, sie wird beliebig.
Es sind diese kleinen Unterhaltungs- und Spannungsformen, die Schwabach
später, vor allem nach der Erfindung des Radios, bei seinen Hörspielen per-
fektionierte, und die zum Beispiel Else Lasker-Schüler über den Autor sagen
ließen: „der Riesenknabe (der gar nicht ohne dichtete)"[417].

Nur eine Liebe (1916)

Die Frage, ob (Ehe-)Männer mehr und andere Rechte im Zusammenleben mit
einer Frau haben und ob sie diese, indem sie untreu sein „dürfen" ohne weitere
Sanktionen, ohne zurückgewiesen zu werden, in der bürgerlichen Gesellschaft
auch ausleben können, steht im Zentrum des Theaterstücks „Nur eine Liebe",
das in Schwabachs eigenem Verlag der Weißen Bücher erschien, freilich jedoch
zu der Zeit, als Kurt Wolf bereits den Verlag übernommen hatte. Schwabach
tritt hier unter dem Pseudonym „Ernst Sylvester" als Autor auf. Das Stück ist
zu jener Zeit der heftigen Eifersuchtsszenen mit seiner Frau Lotte entstanden,
im Herbst 1915; zu der Zeit, als Lotte ernsthaft an Trennung dachte, weil sie
der Liebschaften ihres Mannes überdrüssig war. Nur die Geburt der Tochter
Brigitte verhindert dies. Parallelen zwischen Realität in der Familie und der
Fiktion des Stückes zu ziehen, verbietet sich grundsätzlich, aber Ähnlichkeiten
der handelnden Personen fallen unwillkürlich auf.

In dem Dreiakter steht die Ehe zwischen Rainer und Maria auf dem Prüf-
stand. Der Grund ist das geradezu sportliche und zynische Vergnügen des
Mannes an außerehelichen Beziehungen. Wie selbstverständlich nimmt Rainer
für sich in Anspruch, sich nach den Jahren der Treue und solange er noch jung
ist, wie er betont, für andere Frauen zu interessieren und ihnen ohne weitere
Umschweife entsprechende Annoncen zu machen. „Wo ist der Unterschied,
ob wir Blumen und Bäume genießen oder unsere Körper? Beides höchste
Natur", proklamiert er. Er will sich „mächtig fühlen dadurch, daß mir Frauen
gehören. Daran mein Leben und meine Kraft messen" (Nur 22). Rainer will
einerseits die Ehe und damit eine gewisse Sicherheit, fordert aber von Maria
„zu begreifen, daß die körperliche Treue des Mannes zwar ein Ideal ist, aber
ein unmögliches" (Nur 22). So unterhält er aktuell eine heftige und leiden-
schaftliche Romanze mit Käthe Bachfels, einer jungen Schauspielerin. Maria
bemerkt dies und ist mit ihrer Geduld am Ende. Sie betrügt ihren Mann im
Affekt mit einem fast schon vergessenen Bewunderer. Nach einer Reihe von
Verwicklungen und Versuchen, die Ehe zu retten, übernimmt ein gemein-
samer Freund der Eheleute, Ivo von Stretz, die Aufgabe der Vermittlung, was
umso schwieriger ist, als dass die Schauspielerin just in demselben Hotel an

der Nordsee auftaucht, in dem auch Rainer samt Gattin mit Ivo und einer Freundin der Eheleute Urlaub machen.

Maria will sich scheiden lassen. Rainer versucht, seine Freundin zum Verschwinden zu bewegen. Seiner Frau gegenüber will er seine Fehler eingestehen und sie um eine weitere Chance bitten. Sie weist jedoch seine Versuche ab, weil sie an seiner Ernsthaftigkeit zweifelt. „Für seine Gefühle ist man nicht verantwortlich. Aber ich gehe dabei zugrunde. Und das habe ich nicht nötig, Rainer. Ich bin jung und hübsch und habe Anrecht auf das Leben. Nicht wahr? Du wirst mir keine Schwierigkeiten machen und …das Kind lass mich behalten" (Nur 71).

Maria und Käthe treffen sich zufällig im Hotel. Maria bittet ihre Rivalin um eine ruhige Aussprache. Eine Szene will sie vermeiden. Käthe versichert ihr gegenüber, dass Rainer tief im Innern trotz der Eskapaden zu ihr, Maria, gehalten habe: „Bei Ihnen spricht nun sein Gefühl" (Nur 76). Sie versichert Maria, dass er sie nach wie vor liebe. „Sie sind die Siegerin. Er hat für mich kein weiteres Gefühl als vielleicht eine dankbare Erinnerung an drei Nächte." – „ Bleiben Sie bei ihm. Er braucht Sie" (Nur 77 f.).

Als Ivo dazu kommt, geht Maria ab. Käthe erklärt ihm: „Sie geht ohne ihn zugrunde. Sie ist von den Frauen, die nur eine Liebe haben. Das sind die besten" (Nur 79). Auch Erna Hochhaus, die Freundin, die ebenfalls im Hotel ist, und die einmal selbst eine von Rainers „Eroberungen" war, bestätigt, dass er das wahre Empfinden der Liebe nur seiner Frau gegenüber habe: „Es reizt ihn, Frauen zu haben, wie ein anderer etwa Bücher sammelt oder Schmetterlinge. Sprach er von dir, sprach er mit großer Liebe und viel Gefühl" (Nur 87). Sie gibt Maria den Rat, ihren Mann so ernst zu nehmen, „wie er es verdient. Nämlich gar nicht. Männer sind wie Kinder", sagt sie und meint: „Zeige deinem Mann, daß du ihn liebst. Aber zeige ihm nicht, das du seine Liebe brauchst" (Nur 88).

Auch Ivo, der vermitteln soll, bittet sie inständig, von der Trennung abzusehen und noch einmal mit Rainer zu reden mit dem Ziel, die Basis für einen möglichen Neuanfang zu finden. Er versichert ihr, dass es ihm ernst sei. Rainer sei erwacht. „Er hat nur eine Liebe. Und das sind Sie. … Sie haben nur eine Liebe, und das ist er" (Nur 94).

Bei der Aussprache unter Mediation von Ivo erneuert Rainer sein Liebesversprechen gegenüber Maria und meint es diesmal ernst. „Ich kannte dich nicht. Habe nicht gewußt, daß du das Einzige bist, was ich habe. Du warst mir wie etwas, das man fest besitzt. Des Besitz einem so sicher ist, daß man nie an die Möglichkeit seines Verlustes denkt." (Nur 96). Nun als der Verlust greifbar wird, und im Wissen um den Seitensprung seiner Frau, sieht er sein Fehlverhalten ein. Maria erzählt von jenem Abend, als sie mit dem Auto zum Erstbesten fuhr, der ihr „mal einen Antrag machte. Weil ich ja doch mitunter auf andere Männer Eindruck machte, was du ja nie zu glauben schienst" (Nur 98).

Glückliches Ende: Rainer verspricht also Änderung. Maria sagt ihm zu, es noch einmal mit ihm versuchen zu wollen: „Wie schwer machen wir uns unser Leben, und könnten es so leicht haben." Ivo resümiert, bevor der Vorhang fällt: „Das kommt, weil die Menschen merkwürdige Tiere sind, die sich oft den Beweis geben müssen, daß sie Menschen sind" (Nur 104).

Die letzten Worte auf der Bühne hat demnach Ivo von Stretz. Ob sich – siehe Widmung – in seiner Figur der reale Theo von Brockhusen, Freund beider Eheleute Schwabach, spiegelt, bleibt ein Stück weit offen.

„Nur eine Liebe" mit dem Plot des untreuen Ehemannes und berechnenden Liebhabers, der erst spät den Sinn wahrer Liebe begreift (wobei der Zuschauer ahnt, dass es von jenen Versöhnungsgesprächen der Eheleute künftig noch mehr geben wird), steht damit in der Tradition anderer Lustspiele und Komödien der (vorexpressionistischen) Zeit um Beziehungsgeschicke (wie etwa Schnitzlers „Anatol" oder Eulenbergs „Alles um Liebe"), ist jedoch weitaus weniger vielschichtig. Dem Schwabach'schen „Schauspiel" – er nennt es weder Komödie noch Posse – fehlt es deutlich an Komplexität in der Darstellung der Figuren; die Handlung ist schlicht und vorhersehbar. Dramatische Wendungen gibt es bis auf die Ausnahme, dass Käthe im Hotel auftaucht und so die Pläne des treulosen Ehemanns auf Versöhnung (vorerst) zunichtemacht, nicht.

Die Premiere, ursprünglich für Anfang 1917 geplant, kann kriegsbedingt erst dreizehn Monate später stattfinden. „Nur eine Liebe" wird in den „Leipziger Neuersten Nachrichten" am 3. Februar 1918 erstmalig angekündigt, ganz schlicht, ohne werbende Worte.

Schwabach reist von Berlin aus nach Leipzig, um bei den letzten Proben dabei zu sein. Lotte kommt am 9. Februar, dem Premierentag, nach. Das Bühnenstück, in Szene gesetzt von Fritz Viehweg (und mit Lina Carstens als Käthe Bachfels) kommt endlich zur Aufführung im ausverkauften Leipziger Schauspielhaus, dessen Miteigentümer Schwabach zu der Zeit noch war. Brockhusen und andere Bekannte und Freunde sind da, erwartungsvoll wie der Autor selbst. Doch Kritiker und viele Zuschauer im Saal reagieren auf das Stück von Ernst Sylvester alias Schwabach kühl: Nur in einer Besprechung hieß es, das Premierenpublikum habe die Aufführung freudig aufgenommen, der Beifall über den Widerspruch gesiegt. Die Kritik in den Feuilletons bemängelte ansonsten das Possenhafte, das Vordergründige. Dass der Autor, „unter seinem bürgerlichen Namen Mitinhaber dieser Bühne[,] … sein dramatisches Erstlingswert zur Uraufführung bringen ließ", ist einer Zeitung in einer kritischen Rückschau eine Notiz wert („starke Enttäuschung", aber auch „geistreiche, dialogisch gut gearbeitete Kauzereien über die Untreue der Männer").[418]

Beispielhaft für die schonungslose Kritik ist die Rezension von Egbert Delpy. Er spricht[419] von einer „merkwürdigen Bühnen-Variation über das Thema Liebe", bezeichnet das Stück als „Himbeersauce auf Pfeffer gegossen – brrr!!" und ergänzt: „Nehmen wir zu Gunsten des sehr belesenen und literaturfreudlichen (sic!) Verfassers an, daß er über die schwache Stunde, die ihn vor etlichen Jahren zu diesem dramatisierten Bekenntnis zwang, hinausgewachsen ist."

Auch andere Kritiker sparen nicht an deutlichen Worten des Missfallens: „Wo alles, auch die Form des unterhaltsamen und freundlich plätschernden Dialogs, nach dem Komödienhaften hindrängt. Um als Schauspiel zu gelten, hätte das Stück in den Konsequenzen des Konfliktes viel strenger gespannt sein müssen."[420] In einer weiteren Kritik ist von einem „geistreich sein wollenden Schauspiel" die Rede, bei dem es jedoch der Autor an Tiefgründigkeit und Psychologie der Figuren vermissen lasse. Jener Kritiker wunderte sich zudem, warum man das Stück „nicht auf einer Vorortsbühne mit Dramatisierungen süßsaurer Eheromane auftischt, sondern an einer anerkannten Pflegstätte guter Literatur."[421]

Ein vierter Kritiker moniert den Mangel an Leidenschaft: „In der Welt, in der Ernst Sylvester seine Menschen leben läßt, gibt es keine schweren Konflikte und Katastrophen. Im Handumdrehen werden Ehen gebrochen und wieder geheilt. Nur schade, daß Ernst Sylvester der Phantasie der Zuschauer nicht die Erdenschwere zu nehmen, sie nicht so himmlisch zu stimmen vermag, daß sie alle irdische Erfahrung vergißt."[422]

Dass sich hinter dem Pseudonym Sylvester „ein sehr bekannter schlesischer Großgrundbesitzer verbirgt, der seine literarischen Interessen schon mannigfach bestätigt hat", wie es in der besagten Besprechung im Leipziger Tageblatt hieß, war seinerzeit offenbar allgemein bekannt. Schwabach selbst zeigt sich nach der Premiere neben den Schauspielern mehrfach auf der Bühne, seiner Bühne – und fühlt sich schlecht. „Ich komme mir wie ein Affe dabei vor", schreibt er im Rückblick auf den Abend, als er wieder in Berlin ist. „Scheußlich, für Dinge nun einzustehen, für die man nicht mehr einsteht" (TB2, 13.2.1918). Heißt dieser Satz, Schwabach distanziert sich vom Treiben und Tun seiner eigenen Figuren, vor allem von Rainer, dem untreuen Ehemann im Stück?

Er weiß jedenfalls in dem Moment, als er auf der Bühne steht: Wenn schon der Autor und seine Freunde mit den wenigen anderen Theatergästen, die das Stück gut fanden, anklatschen müssen gegen die Buhrufe und das Zischen im Saal – „Applaus gegen Opposition", schreibt er – dann kann man nicht von einem Erfolg reden. „Kritiken mies", resümiert er nach Lektüre der Zeitungen, erinnert sich aber auch an die Premierenfeier hinterher: „Orgie im Astoria" (TB2, 13.2.1918).

Schwabach alias Sylvester ahnt an diesem Abend, dass sein Drama nicht reüssieren wird. Er weiß nun auch, dass eine Kritik, die schon lange vor diesem Abend geäußert wurde, vielleicht auch in ihrer Deutlichkeit wohl zu Recht formuliert worden war. Urheberin dieses Verrisses und damit Erik Ernsts leidenschaftlichste Kritikerin nämlich war niemand anderes als Charlotte, seine Frau. Sie hatte bereits im Sommer 1917, in einem Brief an ihren Mann, der zu der Zeit auf dem Balkan stationiert war, ihren Ärger über das Stück formuliert, und zwar unmissverständlich: „Das Stück taugt nichts", schreibt sie. „Diese unbedeutenden Immoralitäten sind kein Sujet. Das Ganze ist das Werk einer Schreiberitis, die Dich da befallen hat." Erik-Ernst nahm ihre Worte damals entsetzt und enttäuscht zur Kenntnis, wohl auch, weil der Tadel, der in seiner Schonungslosigkeit Gegenargumente erst gar nicht zulässt, aus dem Nichts kam, ohne Vorankündigung: „Hätte sie geschrieben, das Ganze sei völlig verfehlter, schauerlicher Mist – soit! Jeder haut mal daneben. Nicht jeder Wurf gelingt. Aber ‚Schreiberitis' ist ein entsetzlicher Vorwurf, ein lähmender Vorwurf" (TB2, 19.7.1917).

Seine Begeisterung für die Arbeiten an der Novelle „Yvonnes Tagebuch", die Schwabach genau zu jener Zeit in den oft langen Pausen seines Soldatendienstes in der stickigen Hitze von Rustschuk schreibt, erlahmte schlagartig unter dieser Kritik. Die kleine Prosaarbeit hat erneut den Ehebruch zum Thema. Schwabach debattiert mit einem Kriegskameraden, so notiert er, ob es richtig sei, wenn er schreibe, dass „Frauen tatsächlich so sehr auf Liebe warten, von Liebe leben und Zärtlichkeiten brauchen" (TB1, 4.7.1917). Traurig und entmutigt fragt er sich nach der Lektüre von Lottes Brief: „Ist meine kleine entzückende Yvonne mit ihrer feinen zitternden Liebe nicht auch eine ‚nebensächliche Immoralität', meine Freude, mein Glücksgefühl, plötzlich wieder produzieren, schaffen, formen zu können, ist das nun auch ‚Schreiberitis'? Ein solcher Hieb." Er wird die Novelle beiseitelegen, stark verunsichert. Die Arbeit an diesem Manuskript nimmt er nicht wieder auf. Als er Monate später in Berlin über eine Veröffentlichung nachdenkt, meint er selbstkritisch: „Nein, das hat ein zu geringes Niveau" (TB2, 16.3.1918).

Lotte hatte das Theaterstück ihres Mannes dabei nicht als professionelle, distanzierte Beobachterin kritisiert, sondern als diejenige, die sich bei der Lektüre des Buches in der Rolle der Maria wiedererkannt haben wird. Sie musste ja im richtigen Leben genau jene Erfahrung machen, die Maria als unter der Doppelrolle des Gatten leidende Frau auf der Bühne nun durchlebt. Sie mag erkannt haben, dass das glückliche Ende in „Nur eine Liebe" Fiktion bleibt; mit ihrem eigenen Leben, mit der Erfahrung der regelmäßigen Untreue von Erik-Ernst hatte es nur bedingt zu tun. Pikant daran ist, dass ihr Mann kurz vor der Premiere bei einem der zahlreichen Feste in Berlin, zu denen die Schwabachs eingeladen waren, eine Frau kennen lernt und (wieder) eine Affäre beginnt. Lotte erfährt davon im März 1918, kurz nach der Premiere[423], und entlarvt damit die Scheinheiligkeit ihres Mannes zumindest in dieser Lebensphase. Sie nimmt auch diese Episode hin, verletzt und enttäuscht und wohl auch desillusioniert. Lotte konnte nicht mehr dagegen ankämpfen, dass Erik-Ernst sich seiner Wirkung auf Frauen bewusst war und sie ohne Rücksichten auf ihr Seelenheil ausspielte. Immer wieder legt er selbst Zeugnis ab von Flirts mit anderen Frauen. Es sind jeweils Gratwanderungen, die er unternimmt: So widmet er sein Prosastück „Die Stiftsdame", das in dieser Zeit erscheint, „Der schönsten Freundin meiner Frau ergebenst 4.12.18. Erik-Ernst Schwabach".[424]

Das Porträtbild von ihm, das er in Leipzig im Hofatelier Pieperhoff am Augustusplatz hat herstellen lassen, trägt auf der Rückseite die handschriftliche Zueignung: „Klein / aber mein. / Weniger Damaszenerklinge als Indianerkeule. / Aber voll aufrichtiger Verehrung für Sie, liebe Frau Bernhardt."[425] Für Schwabach gibt es also ständig mehr als nur eine Liebe im Leben.

War es die Konsequenz aus den verschiedenen Verrissen oder lag es an den Umständen des Krieges, die einen geregelten Spielbetrieb auf den Bühnen in Deutschland nicht zuließen? Das Stück „Nur eine Liebe" erfuhr offenbar keine Wiederholung. Erst am 25. Februar stehen in den „Leipziger Neuesten Nachrichten" überhaupt wieder Ankündigungen für Bühnenstücke in den Theatern der Stadt. Doch „Nur eine Liebe" fehlt, es gibt keine weitere Bekanntgabe, keinen Hinweis auf eine zweite oder dritte Aufführung. Auch im Bühnen-Jahrbuch ist es unter dem Eintrag des Leipziger Schauspielhauses nicht unter „Neuheiten" erwähnt. Es verschwindet sang- und klanglos aus dem Gedächtnis des Theaters.

Das Puppenspiel (1917)

Den Reigen verschiedenster Charaktere von Menschen, deren Lebensinhalt in der Sehnsucht nach Liebe besteht, lässt Schwabach im „Puppenspiel" weitertanzen, erneut unter Pseudonym. Es ist die erste (Gemeinschafts-)Ausgabe der beiden Einakter „Begegnen" und jenem „Puppenspiel der Liebe", das separat bereits 1914 in den „Weißen Blättern" erschienen war. Der Autor, knapp 25-jährig, stellt beiden Stücken zum Geleit eine maniert klingende Entschuldigung voraus; ganz ähnlich, wie er als Rezensent des Buches von Ernst Weiss wenige Jahre zuvor dessen jugendliches Alter zur „Abfederung" möglicher Kritik erwähnt hatte. Er schrieb jetzt vor sein eigenes Werk: „Sehr jung war der, der diese Szenen schrieb, / Sie sind ihm ihrer Jugend willen lieb. / Er gibt sie willig preis dem Lob, dem Tadel. / Denn Jugend, nicht die Kunst gibt ihnen Adel. Frühjahr 1916".

Horatio, der vom Leben und der Liebe enttäuscht ist, obwohl oder weil er alle Frauen Paduas kennt, und sein Bruder Camillo sind im Einakter „Begegnen" im italienischen Karnevaltreiben umringt von ausgelassener, weinfröhlicher Stimmung der Schenkengäste und der Dirnen. Ihr ernster Dialog über die wahre Liebe steht im krassen Gegensatz zu dem Lachen und Lärmen der anderen Menschen.

Camillo: ... Es liebe die Liebe.
Horatio: Mit dir trinken auf Liebe. / Kennst du denn Liebe, weiß du, was das ist, / Lieben? Hast du geliebt? Du hast die Weiber / Geherzt, wie's dir gefiel. / Jungfrauen vielleicht / Verführt und schön gepriesen. Aber bist du / Bei einem Weibe gewesen frei von Lüsten / Und doch erstickend in der Lust? Hast Du / Mit deinen Augen sie geküsst, und bist / Getaumelt, und hast aufgeschrien: ‚Ich will / Ein Kind von dir?' Und da du schriest, / Wagtest du's nicht sie zu berühren. Schweige / Von einer Liebe doch, die fremd dir ist.
(Pup 12 f.)

Horatio kann Desirée nicht vergessen, die ihn wegen eines Anderen verließ:

... ich bin schmutzig wie der Kot. Doch war / Ich rein. Sie hatte sich vom Morgenrot / Den Leib entlehnt, und von der Nacht das Haar. / Tief wie ein Alpsee war des Auges / Verlorener Abgrund. Und ihr Mund war rot / Und heiß. Die hatte ich sehr lieb und war / Sehr rein. Und da ich fortging, wurde ich / Das Tier, das schmutzig lebt. Schweig still.
(Pup 13)

Beide lassen sich auf das Treiben ein. Desirée kommt. Horatio erkennt durch die Maske zwar Augen, die sein „Herz zum Träumen" (Pup 14) bringen, und bedrängt sie. Doch dass es seine frühere Geliebte ist, sieht er erst, als sie die Maske abnimmt. Desirée will voller Sehnsucht zu Horatio zurück und verspricht sich ihm auf immer. Horatio jedoch ist unsicher; er liebt sie noch, kann aber seine tiefe Enttäuschung nicht verbergen und zweifelt an ihrer Liebe zu ihm.

Horatio: Du weinst, und deine Tränen sühnen viel. / Mich aber laß. Dein Geist ist stolz und hoch / Und edel, und mein Geist hat ihn dazu / Gemacht. Ich gab ihm alles hin, was er / Besaß, und hatte viel zu geben / Daß deine Seele reicher werde. Aber du / Nahmst das alles und gingst fort, und ließest / Mich einen Bettler hinter dir. Es ist nicht gut / Wenn Bettler Königinnen folgen.
Desirée: Ich will dir wiedergeben.
Horatio: Laß –! Zu spät!
(Pup 21 f.)

Er verstößt sie und zieht im Maskentreiben des Karnevals mit einer Dirne los.
Im „Puppenspiel der Liebe", ebenfalls ein Einakter, wird die Liebe aus Sicht des Mannes als ein einziges großes Puppenspiel erklärt. Die Menschen, Männer und Frauen, darin sind nur Marionetten, die von höheren Kräften am Band geführt werden, zwar mit eigenem Willen und einer Ratio, die aber letztlich

immer den Gefühlen unterliegt. Die Eröffnung des Spiels misst diesen Rahmen aus:

> Verschlungen sind der Liebe Arabesken, / Durchs Leben schnörkeln sie die Labyrinthe, / Geheime Lüste schon erweckt dem Kinde / Der volle Frauenleib auf üpp'gen Fresken. /
> Der Jüngling schleicht durch abgeleg'ne Straßen / Zu Frauen, die den Leib um Lohn vergeben, / Der Mann verbrennt mit Leidenschaft sein Leben / Und preist der Sinnlichkeiten Glutumfassen.
> Sie alle enden als verdorrte Greise / Ihr Dasein – matt von hundert Frauenleibern. / Sie fluchen gichtig allen tollen Weibern, / Meist, weil sie schwach, und selten, weil sie – weise.
> (Pup 25)

Uriel, alt und so erfahren, dass er endlich über der Liebe und den Nöten steht, die sie ausmacht, sie gar hasst, will dem verliebten Jüngling in einem Spiel der Puppen zeigen, wie „Liebeslust zum Totentanz" (Pup 28) wird. Das Spiel soll jenem eine Warnung sein.

Als Puppen treten nacheinander auf: zwei Arbeiter, von denen einer an Syphilis leidet, ein Student, Oktavian, ein Dichter, der mit seiner eigenen Kunst hadert: „Zuckerwasserverse. Dutzendware. Es geht nicht mehr. Ich bin verwässert. ... Ich will Schuster werden" (Pup 47 f.), und seine Frau; ein Liebhaber, der das Geld, das er vom Vater bekommt, an seine Geliebte gibt, die eine Dirne ist und für ihn gar keine Gefühle hegt; ein Bildhauer, der seine Frau im Affekt ersticht, als er bemerkt, dass sie ihn betrügt: Auch hier werden in schneller Folge und in kurzen, prägnanten Dialogen die einzelnen Charaktere mit ihren Sehnsüchten und Nöten vorgestellt. Beispielhaft ist jene Szene, als sich Oktavian und Karol, der Liebhaber der Dirne, über den Vor- oder Nachteil der Ehe unterhalten, wobei diese als etwas Begrenzendes, den Mann Einengendes geschildert wird.

> *Karol:* ... Früher kamst du des Abends zum Wein und plaudertest mit den Künstlern. Aber seitdem du eine Frau hast, bist du für die Mitwelt verloren.
> *Oktavian:* Eine gute Frau ist besser als alle geistreiche Gesellschaft.
> *Karol:* Ich möchte den Geist nicht missen, obschon ich eine herrliche Geliebte habe ...
> *Oktavian:* Sprichst du von Katharina? In der Tat! Sie ist wunderschön. Und man beneidet dich.
> ... Egoistisches Zeitalter. Aber nun lebe wohl! Ich will meiner Frau entgegen.
> *Karol:* Und ich der Geliebten. Wer ist besser dran?

Oktavian: Des Nachts du, am Tage ich.
(Pup 35 f.)

Am Ende sind die meisten der Protagonisten tot; erstochen, erhängt, durch Gift oder im Krankenhaus an Geschlechtskrankheiten gestorben.

Als im Nachspiel, das ebenso wie das Vorspiel in gereimten Versen präsentiert wird, der weise Uriel erneut dem Jüngling gegenüber steht, fragt der Alte, ob dem Jungen die verruchten Lüste durch das Spiel der Puppen getötet seien. „Gewiß ich schaute, / Es mir mit Schrecken und mit Staunen an. / Doch, wenn mir auch vor all dem Unheil graute, / Selbst hätt' beim Spiel ich gerne mitgetan" (Pup 54). Und auch als der Puppenspieler, Gott ähnlich in seiner Allmacht über die Marionetten des menschlichen Spiels, ihn warnen will vor dem Laster, der Lust und der Liebe, so verwahrt sich der Jüngling energisch gegen dessen Mahnungen: „Bei mir hat deine Warnung gar kein Glück. / Ich breche selber gern mir das Genick" (Pup 55). Und beginnt mit den Liebesversen an Doris, das schöne Mädchen, das alte Spiel von neuem.

Die zeitgenössische Kritik in Form einer Kurzbesprechung von Georg Witkowski, des Herausgebers der „Zeitschrift für Bücherfreunde", macht einen Bogen um die inhaltliche Dimension der beiden Stücke. Sie verweigert sich einer künstlerischen Einordnung und konzentriert sich ausschließlich auf die Form: „Aber diese Art Kunst geht die Kritik nichts an, sie ist eine gesellschaftliche Angelegenheit und da bedeutet die gute Form weit mehr als der – menschliche oder künstlerische – Gehalt. So bleibt nur festzustellen, daß auch der verwöhnte Kenner durch Papier, Druck und Bildschmuck befriedigt werden muß."[426]

Irdische Komödie (1926)

Nach diesen ersten, für ihn ernüchternden Versuchen hat der Theaterliebhaber Schwabach noch ein weiteres Drama zur Aufführung auf einer Bühne geschrieben, die „Irdische Komödie", ein Drama in vier Akten, erschienen 1926, in dem Schwabach den Habitus und die Arroganz der Wirtschaftselite in Zeiten der Inflation mit dichterischen Mitteln anzugehen versuchte. Zu dieser Zeit hatte die Familie Schwabach selbst bereits heftig mit den wirtschaftlichen Folgen zu kämpfen.

Schon während des Ersten Weltkrieges hatten sich erste Anzeichen für die zunächst schleichende Entwertung des Geldes gezeigt. Der Staat hatte erst sporadisch, später laufend Staatsausgaben zunehmend durch Schulden finanziert. Die Familie Schwabach merkte zum Beispiel an den Erträgen aus den gutseigenen Betrieben, dass Produkte wie Eier, Fleisch und Getreide einen eigenen spezifischen Wert besaßen; anders als die Geldzuweisungen, die Schwabach vom Bankhaus Bleichröder zustanden. Dass Erik-Ernst mit der Geschäftsführung seines Gutes jedoch überfordert war, er sich im Gegenteil stets vor der Verantwortung für das wirtschaftliche Wohl seiner Land- und Forstwirtschaft und der dort beschäftigten Bauern und Handwerker wegstahl, war offensichtlich. Dafür war der Verwalter verantwortlich. Er selbst wollte nichts damit zu tun haben. Es gibt nur wenige Einträge in seinen Tagebüchern und seinen Notizen dazu. Im Herbst 1919 fühlt er „zum ersten Male Unternehmerschmerzen". Der Grund: „Meine Leute sind mit Forderungen gekommen, die man ohne Weiteres nicht erfüllen kann" (TB2, 1.10.1919). Sie wollten schlicht mehr Geld und drohten mit Streik. Doch entlohnt wurden sie statt mit Geld, das besonders ab Beginn der zwanziger Jahre (und bis zum Höhepunkt der Inflation 1923) immer schneller an Kaufkraft verlor, mit Naturalien. Toni Scherrer, der Diener Schwabachs, hat auch von dieser Zeit nach dem Krieg als unmittelbar Beteiligter Zeugnis abgelegt: „Allmählich fand wieder ein Familienleben, allerdings unter schweren Lebensbedingungen, statt. Denn die Geldinflation hat viele arm gemacht, unser Gehalt bestand in Roggen und Gerste, anstatt den Lohn in der Tasche musste man auf dem Boden das Getreide umschaufeln. Der Parteikader kam hinzu, das Geld hatte keinen Wert."[427]

Als Schwabach im Sommer 1920 vom Bahnhof im nahen Goldberg mit der Eisenbahn und in Begleitung von Lotte in sommerlicher Stimmung ins Riesengebirge gefahren war – „Herbstliche Ernte bereitet sich. Mohnfelder schimmern rosig und weiss. Der Goldberger Bahnhof ist Sommerreise. Steht anders und fröhlicher da. Ist, fühle ich, nicht Ausgang zur Fahrt in städtische Wüsten, sondern in weites Land" –, hat es den Anschein, als flüchte er geradezu vor der Verantwortung: „Es ist ein Züglein nur, das läutend in die Ferien fährt, fort von Steuern, Bilanzen, Inventuren" (TB3, 8.7.1920).

Das eigentliche wirtschaftliche Krisenjahr war 1923. Die Geldentwertung erreichte als sogenannte „Hyperinflation" ihren Höhepunkt. Um die großen Staatsschulden zurückzahlen zu können, wird frisch gedrucktes Geld in unvorstellbaren Mengen in den Markt und den Wirtschaftskreislauf gepumpt: „Profiteure der Inflation waren alle Kreditnehmer (Staat, Unternehmer, Landwirte), da diese problemlos ihre nun wertlos gewordenen Schulden tilgen und Investitionen finanzieren konnten. Auf Bezieher fester Einkommen und Inhaber von Wertpapieren wirkte sie dagegen enteignend."[428]

Das traf unmittelbar auf Schwabach zu, der immer viel größeren Wert auf die regelmäßigen (und üppigen) Geldzahlungen aus Berlin gelegt hatte als auf die Erwirtschaftung von nennenswerten Erträgen mit seinem landwirtschaftlichen Betrieb in Märzdorf. Erneut erweist sich Schwabach als überfordert. Es gibt seit Mitte 1922 immer wieder Gespräche in Berlin, wo er mit Vertretern des Bankhauses Bleichröder über Anlagen, Aktien und Beteiligungen spricht. „Solche Gespräche deprimieren mich zu innerst, weil sie mir so unverständlich bleiben … Ich habe Angst Dinge zu wagen, die ich nicht übersehen kann", sagt er im Herbst und fügt an: „Grösste Einsamkeit geben mir meine bisherigen geschäftl. Misserfolge – solchen Pessimismus und Mangel an Vertrauen" (TB3, 6.10.1922).

Die rasante Entwertung der Mark wird nun für jedermann zur existentiellen und unmittelbaren Bedrohung. Das Porto für einen Brief kostet Anfang 1919 15 Pfennige und knapp drei Jahre später schon 2 Mark.[429] Im „Schreckensjahr 1923" kostet eine Briefmarke 100 Mark (Juni), „im August schon 1000 und Anfang Oktober zwei Millionen. Einen Monat später muss man dafür schon 100 Millionen hinlegen. Auf dem Höhepunkt der Inflation im November 1923 kostet ein Dollar 4,2 Billionen Mark." Jeder überlegt, was überhaupt für die Stapel von Reichsbanknoten erworben werden konnte, die nun den Zahlungsverkehr bestimmten und die nicht selten nach Gewicht berechnet wurden.

Wenn alle aber immerzu nur rechnen (müssen), dann offenbart sich die Erde als Ort von Materialisten. Jeder überschlägt ängstlich, was er sich abends noch wird kaufen können, wenn er morgens Geld bekommt. In diese Welt der berechnenden Menschen, die in den Wirren den eigenen Vorteil im Blick haben müssen, um leben und überleben zu können, führt Schwabachs Theaterstück „Irdische Komödie". Das Stück selbst ist im Vergleich zu den früheren kurzen Einaktern Schwabachs von beschwingter Komplexität, mit einer Vielzahl von Personen und Verwicklungen, mit aufwändigen Regieanweisungen für den Bühnenbau und einer Geschichte über Materialismus, die Stellung sowie die Bedeutung des Einzelnen, über nichts weniger als den Sinn des Lebens und wieder: über den Sinn der Liebe.

Konstantin, 20-jähriger Sohn bürgerlicher Eltern, verlässt die Familie und zieht in die Welt, unsicher, ein Stück orientierungslos. Ein Diener des Hauses begleitet ihn als väterlicher Freund. Die Eltern bleiben zurück und erinnern sich ihrer Leidenschaft füreinander in der Vergangenheit. Sie versichern sich gegenseitig ihrer Liebe, aber die nüchterne Beziehung beider, das höflich und zivil Geschäftsmäßige ihrer Ehe können sie nicht (mehr) verleugnen.

> *Vater:* Es ist eine Erfüllung zwischen Mann und Weib außer der Zeugung.
> *Mutter:* Glückliche Tiere, die dumpf unwissenden Rausches einmal nur Röhren im Jahr auf den Waldwiesen, bis sie zeugten, und erfuhren es nicht. Still nebeneinander äsen sie dann in den sinkenden Abenden. Weil sie vom Apfel der Erkenntnis aßen, verfluchte Gott die Menschen zu ewig unstillbarem Begehr.
> (Ird 20 f.)

Konstantins erste Station ist eine „Weltstadt", wo Karneval gefeiert wird. Beim Maskenball tanzt der junge Mann mit einem Mädchen, das sein Freund sofort als

Marie, die Tochter des mächtigen Geheimrats Piepenhagen, einem großen und reichen Unternehmer, erkennt. Beide verlieben sich ineinander. In einer schnellen Folge treten nun verschiedene Figuren auf: ein Reisender, eine trauernde Frau, im Kontrast zum fröhlichen Treiben der Maskerade; ein Journalist, ein revolutionärer Redner, eine Dirne und schlagende Studenten um einen Fuchsmajor.

Sie stellen mittel- oder unmittelbar Charaktere dar, die für die Sinnsuche Konstantins wichtig werden. Die Witwe in Schwarz hat nach dem Tod des Mannes erkannt, warum er sie seit langer Zeit nicht mehr liebte: „Ich litt unter seiner Liebe zu Euch. Euch anderen. Um Euch vergaß er mich ganz. Ich blieb ihm Geliebte nicht mehr, nicht Gattin, nicht Freundin, wurde Magd, nur Magd. Zu voll waren seine Gedanken von Menschheit, daß er des einzelnen Menschen, daß er meiner noch hätte achten können. ... Tag und Nacht saß er über seinen Schriften für Euch, seinen Versen für Euch. Seine Habe verfiel. Aber in Armut gab er die letzten Pfennige fort für Euch im Rausch der Liebe" (Ird 36).

Der Journalist formuliert einen absurd überhöhten und übertrieben falschen Trauertext auf den verstorbenen Dichter und Menschenfreund. Der Redner ruft die Karnevalsgäste zur Revolution auf. Mit der Dirne, arrangiert von Mensana, dem Diener, erlebt der junge Konstantin sein erstes Liebesabenteuer.

Mensana ist es auch, der Konstantin im Hause Piepenhagens einführt. Konstantin will hier um die Hand von Marie bitten. Zu einem Empfang ist dort die großbürgerliche und aristokratische Elite versammelt. Adlige, ein Professor, der unverständliche Laute brummt, aber angehimmelt wird – „Nein! Wie Sie das wieder gesagt haben! Offenbarung!", sagt eine bewundernde Dame (Ird 56) –, mode- und standesbewusste Großbürger allesamt. Prototypen dieser Materialisten sind Piepenhagen und seine Gattin, Maries Eltern. Beide lieben Kunst, aber nur vordergründig und nur als schmückendes Beiwerk, das sich rentieren muss:

Frau Piepenhagen: Ich persönlich sammle einzig Gotik. Abgesehen davon, daß in dieser Kunst sich das primitiv gläubige Gefühl frühchristlicher Seelen offenbart, ist sie eine vorzügliche Kapitalanlage.
Börseaner: Ihr Haus ist ein Museum, gnädige Frau.
Piepenhagen: Sie müssen meinen neuen Rembrandt bewundern, lieber Geschäftsfreund, kunstsachverständig wie Sie sind.
Börseaner: Sie schmeicheln mir. (Beide vor dem Bild.)
Piepenhagen: Dies clair-obscure ...
Börseaner: Ist unerhört.
Piepenhagen: Der lebendige Ausdruck ...
Börseaner: Hohe Meisterschaft.
Piepenhagen: Lothringer Hütte.
Börseaner: Valuten fest.

> *Piepenhagen:* Nur à la baisse.
> *Börseaner:* Per ultimo. ...
> *Piepenhagen:* Kunst ist mein Höchstes.
> (Ird 54–56)

Die anderen Gäste sind nicht weniger wichtigtuerische, oberflächliche Menschen, die den Schein über das Sein stellen; für die Lusterwerb, Protz und Genuss den Lebensinhalt ausmachen. „Meine Kinder von meinem Mann? Wir leben nicht im Biedermeier", flüstert eine Frau im Salon (Ird 57). Ein Adliger gibt mit grotesken Herkunftsinformationen an: „Schwester Adelheid, verheiratet in erster Ehe mit Freiherrn von Wollast aus der jüngeren Linie, Rittmeister im Dragonerregiment 19, jetzt Wandstadt, früher Bittenhofen, in zweiter Ehe mit Quodrop auf Quodrop, Kinder Siegbert und Horst-Alarich" (Ird 58 f.).

Ein Herrenreiter schwärmt von edlen Pferden und seinen Siegen, während eine andere elegante Frau sich über Mode auslässt: „Helles Matlassé, langer Fall, Sternagraffe. Schule der Weisheit, Selbstverwirklichung. Nie ohne Tagore" (Ird 59). Einzig ein anwesender Musiker ist aufrichtig und, ebenso wie Konstantin, ein Idealist. Die Bitte Konstantins, Marie heiraten zu dürfen, gewährt Piepenhagen, jedoch sieht er sie als „zur festen Substanz" (Ird 66) seiner Fabriken gehörend. Konstantin muss sich darauf einlassen, die Nachfolge seines künftigen Schwiegervaters als Unternehmer anzutreten. Marie selbst ist noch unverdorben trotz ihrer Umgebung. Alles aber deutet darauf hin, dass sie schon bald durch Friseure, Damenausstatterinnen, die Gouvernante und die eigene Mutter den in diesen Kreisen allein gültigen Wert von Äußerlichkeiten zu schätzen beginnt. Danach dient ein Kleid einzig dazu, eine gute Partie zu machen.

> *Directrice:* Als ob es für sie erdacht wäre. Wie sich ihre entzückenden Brüstchen markieren.
> *Marie:* So kann ich nicht gehen, alle werden mich anschauen.
> *Frau Piepenhagen:* Das sollen sie. Darum lebt man doch.
> *Directrice:* Ich werde Ihnen morgen das Modell vorlegen, mit dem eine einfache Frau Meyer den Baron Doberau zum Geliebten eroberte.
> *Marie:* War er Sehnsucht ihrer Liebe?
> *Directrice:* Ihres Schicksals! Doberau!! Ein wenig syphilitisch, aber ein excellent lover und Besitzer eines sechzigpferdigen Benz.
> (Ird 76 f.)

Nach der Hochzeit, in den Flitterwochen am Mittelmeer, muss Konstantin erkennen, dass seine Vorstellung von einem unprätentiösen und einfachen Leben als junger Unternehmer und Mitglied der Wirtschaftselite nicht möglich ist –

schon gar nicht mit Marie an seiner Seite, die sich den Erwartungen der Umgebung hingegeben hat und ihren Mann ungeduldig zu mehr Stil und Anpassung auffordert. „Du bist impayable, Conny! Eine Wandertour als Leiter von Papas Werken, einen Fußmarsch in Deiner Machtstellung – unmöglich" (Ird 82).

Der Konflikt spitzt sich zu: Es kommt zu einem Zusammenprall der unterschiedlichen Werte. Die persönliche Neigung des jungen Mannes steht seinen Pflichten als Mitglied der Elite entgegen. In der Fabrik sieht sich Konstantin mit seinem menschenfreundlichen Verhalten konfrontiert mit harten Entscheidungen, die ihn bald überfordern. Er sieht seine Frau und später seinen Sohn kaum noch, ist nie allein, weder in der Fabrik, noch zu Hause. Die Sinnfrage fährt ihn an: Was ist Macht? Wozu ist sie da? Er fragt: „Zu welchem Ende bin ich mächtig? … Wo aber ist der Punkt, da diese Maschinen Glück bringen und einen anderen Segen als Maschinen und immer wieder Maschinen?" (Ird 93).

Für ihn ist klar, dass er das Materielle, das selbstsüchtige Leben seiner Umgebung, die Macht nicht will. Er hat als Unternehmer nun das „Schicksal der Massen in Händen. Aber das Schicksal eines Menschen in Händen zu haben, ist größer" (Ird 95), findet er. Einen Kassierer, der wegen seiner Spielsucht Unternehmensgelder veruntreut hat, entlässt er, der Menschenfreund, nicht. Seine eigenen Arbeiter zetteln einen Streik an um mehr Lohn und sind gegen ihn aufrührerisch – „Sie fahren Automobil. Solange Sie Automobil fahren und nicht wir, geht es uns schlecht" (Ird 103). Doch er will den Streik auf keinen Fall mit Gewalt niederschlagen lassen. Sein Schwiegervater, Herr Piepenhagen, entlässt ihn, als die Stürmung der Fabrik und die Enteignung drohen. Soldaten schießen in die Menge der Streikenden. Konstantin erkennt zwar, dass sein Platz nicht in jener großbürgerlichen Gesellschaft ist, kann aber nicht aus sich heraus, kann den Konflikt (beispielhaft in der Frage, wie mit den mit Streik drohenden Arbeitern umzugehen ist) aus eigener Entscheidung, wie es der Sohn in Hasenclevers Drama in deutlich schärferem Pathos vormacht, nicht lösen.

Konstantin steht vor den Scherben seines Tuns oder Nichttuns. Er erkennt: Dem Interesse der kapitalistischen Gesellschaft (an Ordnung, an geregelter Produktivität, am Weiterbestehen sozialer Klassenunterschiede) steht das Recht des Einzelnen entgegen, das sich ohne Konflikte, ohne Brüche nicht durchsetzen lässt. In Schwabachs Drama atmen die bürgerlichen Zeitungen nach der Katastrophe auf und geben die vorherrschende Meinung wieder, erleichtert, dass trotz vieler Toter das Wichtigste, nämlich die Ordnung, wieder hergestellt ist. „Es ist ein Glück, daß Geheimrat Piepenhagen seinem unwürdigen Schwiegersohn in letzter Stunde noch die Heuchlermaske vom Gesicht riß. … Es steht nun außer Zweifel, daß in den Adern dieses merkwürdigen Ehrenmannes fremdstämmiges Blut fließt" (Ird 108 f.).

Das Stück endet im vierten Akt mit einem von der Frau verlassenen und von der bürgerlichen Schicht verstoßenen Konstantin, der nun als Bauer, als Sämann, sein eigentliches Glück findet. Er lebt in Harmonie mit der Natur, anstatt noch mehr Maschinen herzustellen. Im Geiste ist er nun mit dem ebenfalls idealistischen Musiker vereint. Seine Sinnsuche jedoch ist noch nicht beendet. Denn unter dem Eindruck seines Lebens und motiviert durch den kunstsinnigen Ästheten, den Musiker, will er mit Gedichten die Welt neu erschaffen. Verse formen sich auf vielen Blättern gleichsam von ganz allein – Konstantin ist frei. Der Reisende fordert ihn auf: „Geben Sie mir das Manuskript. Zehntausend Exemplare in erster Auflage, aber wir erreichen hunderttausend plus dreißig Vorzugsdrucken auf Japan in Maroquin. Ich bewillige jedes Honorar" (Ird 139).

Die letzte Szene, das Nachspiel, sieht Konstantin in einer arkadischen Meerlandschaft im Dialog mit seinem Schatten – eine dramaturgische Wiederholung des Vorspiels. Hier begann die Reise als junger sinnsuchender Erwachsener, hier endet sie nun für Konstantin. Doch Antworten auf seine Fragen nach dem Sinn des Lebens, der Ehe, der richtigen Lebensweise findet er nicht.

> *Schatten:* Alles erfüllt sich nun.
> *Konstantin:* Tod also wäre Erfüllung.
> *Schatten:* Was ist Tod?
> *Konstantin:* Sage Du es. Ich weiß es nicht. … Wie. Tod nicht Ende?
> *Schatten:* Nichts endet.
> (Ird 141)

Der Mann bleibt allein und kann nur vom Meer und der Unendlichkeit Antworten erwarten.

Auch wenn Schwabachs Drama eine vielschichtige Figurendarstellung zu eigen ist, auch wenn die einzelnen Charaktere (bis auf Konstantin) in ihrer ganzen Verlogenheit – wie in den Einaktern – oft in aller Kürze und durchaus prägnant, in der Regel mit großem Witz, Treffsicherheit und Effekten dargestellt werden, scheint es doch in eigentümlicher Weise wie aus der Zeit gefallen zu sein. Den Basiskonflikt des unverstandenen jungen Mannes hat Walter Hasenclever etwa in dem „Sohn" zwölf Jahre früher deutlich bissiger und in ekstatischerer, expressionistischer Sprache formuliert.

Prosa und Lyrik

Peter van Pier, der Prophet (1915)

Die Novelle über Peter van Pier, der seherische Fähigkeiten besitzt, erschien erstmalig (anonym) im Dezember 1915 in den „Weißen Blättern". Schwabach hatte die Redaktion und Herausgeberschaft der Zeitschrift zu diesem Zeitpunkt schon an René Schickele abgegeben. Die Geschichte des Kampfes um nichts weniger als um den Wert der Wahrheit und der Liebe, vordergründig dargestellt an dem Duell zwischen van Pier und einem jungen Mann, Valerius, ist Schwabachs erste große Prosaarbeit. Er begann mit den Arbeiten im Frühjahr 1915 in Berlin und Travemünde, wo er zu der Zeit seinen Kriegsdienst in einer Aufklärungskompanie versieht. Als Roman legt er das Werk anfangs an; es werde ein pessimistisches Buch, das nur „durch das Gegenspiel optimistisch" bleibe, notiert er (TB1, 16.3.1915). Als Gegenspieler, als verbitterte Kämpfer, zeichnet er die beiden Figuren van Pier und Valerius.

Der Apotheker van Pier, enttäuscht von der Liebe und verraten von einem Freunde, setzt seine prophetischen Gaben als Mittel der Rache ein. Er weissagt zunächst nur wenigen, dann allen Menschen seiner Stadt die Zukunft. Was jene zuerst als Segen empfinden, wird zum Fluch. Denn van Pier versetzt sie mit dem Wissen um ihr Schicksal und das ihrer Familien in eine verzweifelte Lage: Er zerstört ihr Vertrauen in die Hoffnung, in den Glauben zugunsten dessen, was er selbst Wahrheit (über das Schicksal) nennt. Van Pier, der Apologet der Selbstliebe, will nämlich nichts weniger als die Zerstörung des Denkens und Fühlens, der Nächstenliebe. Liebe ist für ihn, der den Kaufleuten, Handwerkern, den Bauern und Bettlern ihre Zukunft in allen Details vorhersagt, die „gewaltigste Lüge" (Pet 49) von allen. Sein Ziel sind Trostlosigkeit und Anarchie. Einem Sektenführer gleich befiehlt er den Menschen, nur auf sich selbst zu achten:

„Peter van Pier aber schritt durch das Volk und mordete die Liebe. ‚Liebet euch selbst', predigte er, ‚denn nur das trägt eurem Leben Gewinn. Warum, Kind, liebst du deine Eltern? Weil sie dich erzeugten? Wahrlich, sie warfen sich aufeinander, weil die Lust sie trieb, und die Mutter fluchte vielleicht ihrer Schwangerschaft. Weil sie dich großzogen? Liebst du sie darum? Der Menschen Los ist, sich fortzupflanzen. Aber weil sie getan, was das Schicksal sie tun hieß, fordern sie nun Dank und engen euch ein mit tausend Befehlen und Sprüchen. ... Sie tun es aus Eigenliebe. ... Nehmt fort die Lüge der Kindesliebe und seid frei.' Und den Eltern verbot er mit gleichen gleisnerischen Worten, die Kinder zu lieben, und das Heiligtum der Liebe zwischen Mann und Weib und die Treue dieser Liebe machten seine Worte zunichte." (Pet 56 f.).

Ohne Hoffnung, vor allem aber ohne Liebe richten sich die Bewohner in ihrem regellosen Treiben zugrunde. Gräueltaten, Brandstiftung und Raub sind an der Tagesordnung. Besessen von dem neuen Glauben an die Selbstliebe und vereint im Hass auf Empathie und wahre Liebe machen Junge und Alte vor nichts halt. Ermordete liegen im Rinnstein, Häuser und Gassen sind Orte der hemmungslosen Unzucht, einen Priester hängt die seelenlose, aufgepeitschte Masse ans Kreuz. Das Recht des Stärkeren gilt, nichts anderes. Schranken, die die allgemeinen Gesetze früher vorgegeben haben, gelten nicht mehr. Das soziale Leben zersetzt sich völlig.

Einzig Valerius, der mit seiner Geliebten außerhalb der Stadt in Isolation (und Liebe) lebt, erkennt die zerstörerische Wirkung der Worte van Piers und will das fehlgeleitete Volk befreien. Mittel und Anlagen dazu hat allein er, „den sein Reichtum nur freigiebiger und liebenswürdiger machte, und der, obwohl er sich Schmarotzer und Beutelschneider vom Halse zu halten wußte" (Pet 22), bei allen beliebt und geachtet war. Als der Nachbarstaat den Krieg erklärt, werden die Menschen aufgerüttelt. Valerius setzt sich an die Spitze und kämpft gegen die feindliche Macht, aber auch gegen den Willen van Piers, der seine Herrschaft über die Gedanken des Volks entgleiten sieht. Denn das Heer von Menschen, das Valerius anführt, streitet nicht (mehr) für sich. Die Soldaten treten für ihr Vaterland ein, wollen es retten. Van Pier jedoch will, dass jeder für sich kämpfe: „Bleibt frei, wie mein Wille euch machte, und fallt nicht zurück in die Lügen der Gedanken und Gefühle" (Pet 96), ruft er.

Die ersten Dörfer an der Grenze sind vom Kriegsgegner zerstört worden. Als Valerius mit seinen Soldaten dorthin gelangt und sie die Verwüstung, die geschändeten und ermordeten Menschen sehen, werden sie geläutert. Sie erkennen in ihrem Schrecken, dass sie selbst es waren, die zu Hause – unter dem Fluch van Piers – ja ebenfalls für Destruktion, Anarchie und Zerstörung gesorgt hatten. Sie gewinnen die Erkenntnis über ihr Tun, indem Valerius sie ermahnt: „Wohlan, so kommt ihr wieder zum Gesetze und zur Liebe" (Pet 103). Als ein Überläufer den Männern von einem neuen Soldatenheer berichtet, das einen Überfall beabsichtigt, entwickelt Valerius einen Schlachtplan.

Doch seine Soldaten meutern, als er sich entscheidet, zum Schlag gegen die feindlichen Truppen anzusetzen. Der Grund liegt in der Prophetie Peter van Piers, der den Männern bei einem geheimen Besuch im Lager geweissagt hatte, dass sie in der folgenden Schlacht sterben würden. Doch Valerius – „Liebe ist stärker als Hass!" (Pet 110) – gelingt es, sie zum Weiterkämpfen zu überreden. „Ich aber sage euch, daß er log. Warum erst mußte er heute nacht kommen, was wahrsagte er euch diesen Tod nicht schon ehedem?" (Pet 120). Die Essenz seiner Philosophie der Liebe ist stärker als die Furcht vor dem Tod im Kampf: „Uns allen droht der Tod, mir und euch. Aber der Tod ist kein Schicksal, und

ich sage euch: Es gibt kein Schicksal. Jeder hält sein Schicksal in seiner Hand"
(Pet 120 f.). In der folgenden Schlacht sterben fast alle. Nur wenige Männer
überleben – trotz und entgegen der Weissagung.

Erstmals also war Peter van Piers Blick in die Zukunft getrübt, hat seine
Prophetie nicht funktioniert. Dies ist das Zeichen an die Übrigen, dass die
Macht des Weissagers schwindet. Die Überlebenden machen den Unterschied
aus, erringen den Sieg und retten ihr Land. In einem letzten verzweifelten Auf-
ruf, seinen Fluch oder Bann über die Menschen zu stärken, seine entgleitende
Herrschaft zu behalten, ruft van Pier: „Ich gab euch die Wahrheit" (Pet 135).

Doch gegen die Erkenntnis der Menschen, dass der unter seinem Banne
eingeschlagene Weg falsch ist, kommt van Pier nicht mehr an. „Was ist das für
eine Wahrheit", ruft ein Soldat, „die mich Wahnsinnigen meinen alten Vater
mit einem Stocke schlagen ließ?" (Pet 135). Das Volk begreift das Wahnsinnige
in van Piers Tun und Reden, es entledigt sich des Fluches der Selbstliebe: In
einem Steinhagel stirbt Peter van Pier.

Die Sprache Schwabachs in dieser ohne einen konkreten zeitlichen Bezug
konstruierten Erzählung ist direkt, einfach und schnörkellos. Die spannungsreiche Handlung, die ein auktorialer Erzähler ausbreitet, ist linear gestaltet,
ohne Einschübe, ohne Rückblenden und ohne Perspektivwechsel: „Es war an
einem milden Abend, wo das Volk, ermüdet von den Ausschweifungen des
Tages, trunken und matt auf Märkten und Gassen lag, als die Boten des Kaisers in die Stadt gesprengt kamen und verlasen, daß die Heere des Feindes an
den Grenzen ständen, und das Krieg sei zwischen den Nachbarn" (Pet 79). Sie
wird ergänzt durch okkulte und aus der Magie stammende, oft religiös gefärbte
Bezüge. Den Konflikt zwischen dem prophetische Gaben besitzenden Peter
van Pier und dem selbstlosen und der Liebe verpflichteten Valerius beschreibt
Schwabach letztlich als einen erbitterten, legendenhaften Zweikampf um den
richtigen Weg der Menschen im Krieg – hier der in seiner anfänglich grenzenlo-
sen Macht gottgleiche Prophet als Führer einer dumpfen, unaufgeklärten Masse;
dort jener aufgeklärte, nicht verführte und auch nicht verführbare Valerius, der
als uneigennütziger Geber und Wohltäter das Volk aus dem Bann des falschen
Propheten befreit und es zu der Erkenntnis über den wahren Weg (der Wehr-
haftigkeit, der Wahrhaftigkeit und der Liebe) bringt.

Im Oktober 1915, auf Heimaturlaub, arbeitet Schwabach in Märzdorf an der
Fertigstellung seiner ersten Erzählung, dieser Allegorie des Krieges und dessen
Folgen, vor allem dessen Wirkungen auf die Menschen und die Bedrohung
durch falsche Einflüsterer und Einpeitscher. Schwabachs eigene Einstellung
zum Krieg hatte sich deutlich geändert. Hatte er nicht schon kurze Zeit nach
Kriegsbeginn, nachdem auch er zuerst vom Taumel der Begeisterung erfasst
war, die Schrecken prophezeit und sich als überzeugter Kriegsgegner gezeigt?

Am 26. Oktober beendet er die Manuskriptarbeit und beklagt seine eigene Urteilslosigkeit dem neuen Buch gegenüber. Er ist unsicher und wankelmütig. Ist es gut genug? „Ich bin neugierig auf seinen Erfolg", schreibt er (TB1, 26.10.1915). Zweieinhalb Wochen später nimmt er letzte Korrekturen am Text vor. Nach dieser Überarbeitung ist er wesentlich zuversichtlicher: „Er gefällt mir nun schon besser. Es sind sehr gute Stellen darin" (TB1, 14.11.1915). Dann schickt er das Konvolut nach Leipzig in die Redaktion des Verlags der Weißen Bücher.

Mitte Dezember, es sind die ersten Wochen nach der Geburt seiner Tochter, erscheint die Erzählung in den „Weißen Blättern". René Schickele, der Redakteur, hatte zunächst geplant, sein eigenes Drama „Hans im Schnakenloch" in dem Heft zu veröffentlichen, woraus jedoch nichts wurde. Eine weitere Option war, Arnold Zweigs „Claudias Ehebruch" zu publizieren. Schickele war jedoch dagegen. Aus Leipzig, vom Stellvertreter des Wolff-Geschäftsführers Meyer, erhielt Schickele, der sich zu der Zeit zu einem Kuraufenthalt im schweizerischen Kreuzlingen befand, einen Brief, in dem erstmals als Alternative Schabachs Stück genannt wird. „Von Zweigs ‚Claudias Ehebruch', das Ihnen nicht zu gefallen scheint, sind wir auch abgekommen und bringen dafür also aus vielfachen Gründen anonym Herrn Schwabachs ‚Peter van Pier, der Prophet', das allen, die es bislang gelesen haben, auch Herrn Dr. Ehrenstein, der nicht gewusst hat, dass Herr Schwabach der Verfasser ist, ganz ausgezeichnet gefallen hat, sodass es sich in den Weissen Blättern gut sehen lassen kann."[430]

Eine anonyme Drucklegung des Textes also: Dort, wo auf dem Umschlag der Monatsschrift die Namen der Autoren (Robert Walser ist darunter und Alfred Lemm sowie Kurt Pinthus) gedruckt sind, stehen vor der Ankündigung seines Textes drei Sternchen. Schwabach hält in Märzdorf die ersten Exemplare des Heftes in der Hand, das die Post gebracht hat. Er notiert zufrieden (TB1, 16.12.1915): „Peter van Pier schön gedruckt. Man verspricht mir Erfolg."

Es ist für ihn ein willkommenes, vorgezogenes Geschenk zum zweiten Kriegsweihnachtsfest. Schöner und beglückender ist nur noch die Aussöhnung mit seiner Frau – die Familie erlebt trotz Krieg ein versöhnliches und glückliches Fest. Dass das „Leipziger Tageblatt" zu Weihnachten eine positive Kritik über „Peter van Pier" bringt, steigert seine Zufriedenheit enorm (TB1, 25.12.1915). Weitere positive Rezensionen folgen zu Beginn des Jahres 1916: „Über den Peter kommen gute Kritiken" (TB1, 21.1.1916), stellt Schwabach fest.

Etwas später (1916) kommt die Erzählung dann in Buchform heraus, im Kurt Wolff Verlag. Noch immer lüftet Schwabach das Geheimnis des Urhebers nicht. Der versprochene Erfolg stellt sich tatsächlich ein. Eine zweite Buchausgabe folgt 1917, nun mit der Autorenangabe Ernst Sylvester. 1918 bringt der Verlag eine weitere Auflage, das dritte bis achte Tausend, heraus.

Viele Kritiken sind in diesem Fall positiv. Das Echo auf die Erzählung scheint eindeutig. Im „Prager Tageblatt" ist von einem „meisterlichen Wurf" die Rede.[431] Das „Deutsche Volksblatt" hielt fest: „Ein Dichter schrieb dieses Buch, selbst voll von Liebe für Schönheit und Heimat, und die Pracht seiner Worte glüht wie reife, süße Frucht." – „Es klingt aus diesem Buch verheißende Hoffnung", schreibt das „Neue Deutschland" in einer längeren Besprechung.

Die Stiftsdame (1918)

Mit der Konzeption und ersten Arbeiten an der Novelle beginnt Schwabach gegen Ende 1917. Nach wie vor, auch wenn er nun nicht mehr aktiver Soldat ist, steht er unter dem Eindruck des Krieges, eines Krieges, der nicht enden will: „Der Krieg dauert bis 1950. Und wir verlieren ihn elend", schreibt er (TB2, 9.10.1917) in Berlin. Dort und in Märzdorf hält er sich nun wieder abwechselnd auf. Mit Wilhelm Herzog bespricht und plant er die Enzyklopädie. Er liest viel, lässt sich wie immer über literarische Neuigkeiten unterrichten, bezieht neu erschienene Bücher. Von Carl Sternheims neuestem Werk, der Erzählung „Ulrike", das als Nummer 50 der Reihe „Der Jüngste Tag" erschienen ist, hat er gerade das zweite Exemplar der Luxusausgabe erhalten. Er hat sein großes Exlibris mit der Ansicht des Schlossportals von Märzdorf vorn in den schmalen Ganzpergamentband geklebt. Die Aufmachung und die Gestaltung dieses Buchs sind völlig ungewöhnlich in diesen Zeiten der Entbehrung; ähnlich wie Schwabachs eigenes, 1917 erschienene Werk „Das Puppenspiel" liegt es aufwändig gedruckt und gebunden vor (der Titel auf dem Umschlag und Rücken in Goldschrift) und hebt sich in dieser bibliophilen Pracht ganz deutlich ab von den anderen, schlichten Ausgaben der Buchreihe, die seit 1916 kriegsbedingt in einheitlich schwarzem Karton gedruckt und verkauft werden – auch in diesem Fall hat der vermögende Autor Sternheim womöglich mit einem eigenen Zuschuss die Sonderausgabe der nur 35 handschriftlich nummerierten Exemplare bewerkstelligt. Die Novelle liest Schwabach sofort und notiert über den Autor (TB2, 10.11.1917): „Wie schade um ihn, dass das nur bildhaft, satirisch, und in der Steigerung bei seinen Novellen stark war und mehr und mehr Manier wird. Wer ihn abguckt, kann solche Novellen nun zu tausenden produzieren. Das wäre kein Einwand, täte ers nicht selbst. ‚Ulrike' ist keine Notwendigkeit mehr. Ein Einzelfall. Und gewiss (unbeträchtliche Immoralität) haben wir für Einzelfälle keine Zeit mehr, gar keine Zeit."

Die eigentümliche Sprache Sternheims, mit den kurzen, gleichsam „abgehackt" tremolierenden Sätzen, die auch für die neue Erzählung charakteristisch ist, macht allerdings auf den Rezensenten Schwabach großen Eindruck: „Manchmal stak eine Stange, saß wo ein Rabe im Park; sonst war Acker. Latten fehlten Bänken, Rabatten das Mittelstück. Am Haus des ersten Stockes viertem

Fenster eine Scheibe. ... Aller Mahlzeit Beginn und Schluß hieß Gebet. Brot, Schwein und Kartoffel lagen inmitten. Das und die Familie war protestantisch. Preuße der liebe Gott."[432]

Schwabach selbst produziert in den nächsten Jahren nicht 1000 Novellen, sondern vier. Er beginnt mit der „Stiftsdame", erschienen 1918, einer Geschichte über eine arme Kreatur, der Schwabach in den nächsten Jahren drei weitere hinzufügt, um sie 1922 in einer separaten Ausgabe unter dem Sammeltitel „Vier Novellen von der armen Kreatur" erscheinen zu lassen. Die Sprache dieser Novelle, die nach dem „Peter van Pier" das nächste Prosawerk darstellt und Carl Hauptmann gewidmet ist – „in dankbarer Erinnerung an schöne Stunden" –, gestaltet der Autor anders, als es noch bei der tragischen Geschichte um den weissagenden Apotheker der Fall war. Er bedient sich hier eines noch direkteren Ausdrucks, der – mit kürzeren Sätzen, unvermitteltem Berichtsstil, gradliniger Führung der Figuren – eine Affinität zur Sprache Sternheims aufweisen. Abgeguckt? „Als junges Mädchen war sie schön. Und im Ausschnitt brauchte sie den Brustansatz nicht zu verstecken. Mit ihrer Schwester ging sie auf Bälle" (Sti 7), heißt es zu Beginn dieser Geschichte eines fremdbestimmten Lebens.

Das Schicksal spielt dem einst jungen und schönen Mädchen Anita Rennhof, die im Alter eine Stiftsdame wird, böse mit. Sie erzieht alleinstehend Otto, den Sohn ihrer verstorbenen Schwester. Heiratsanträge lehnt sie ab. Nur für das Wohl und Wehe des Kindes lebt sie, verwöhnt den Jungen maßlos. Der nutzt die Tante schamlos aus. Anitas Existenz kennt nur das Ziel, Otto eine gute Ausbildung und ein ordentliches Leben zu ermöglichen. Selbstliebe, ein „eigenes" Leben mit Freuden und Genüssen kennt sie nicht, nur Nächstenliebe. Sie finanziert Otto das Studium, spart an allem, an Essen, Kleidung, Wohnung, vernachlässigt sich selbst. Zu welchem Preis: Als Otto fertiger Mediziner ist, sieht Anita Rennhof im Spiegel eine alt gewordene, kümmerliche Frau, die nicht nur ihre Jugend, sondern ihr Leben verloren hat. Nach der Heirat Ottos steigert sie sich in Eifersuchtsszenarien hinein und kritisiert Lebensstil und Verschwendung des jungen Paares und das aufgesetzte großbürgerliche Imponiergehabe. Anita Rennhof wird mit ihren regelmäßigen Besuchen, die kommunikationslos sind und voller Spannung alle belasten, zum „Sonntagsübel der Familie" (Sti 30). Ihr Wunsch bleibt unerfüllbar: Sie will letztlich über Otto, der vom vergötterten Liebling zum Erzfeind geworden ist, triumphieren und doch gleichzeitig seine Liebe gewinnen.

Den Kampf entscheidet der Neffe für sich, als er der Tante anbietet, ihr ein Zimmer in einem Stift zu vermitteln – die Aussicht für die alte Dame sei vorteilhaft, bemerkt Otto; das Leben dort, betreut von Schwestern, in der Gesellschaft anderer Damen, werde behaglicher sein als in der Mietwohnung. „Stiftsdame" – allein der Klang des Wortes ist für Anita verheißungsvoll. Sie sieht sich endlich gewürdigt von Otto und erwartet ein geborgenes und geradezu paradiesisches Leben im Stift. Dünkelhaft lässt sie Visitenkarten in einem „teueren Geschäfte Unter den Linden" drucken: „Anita Rennhof. Des Sankt-Peter-Hauses Stiftsdame" (Sti 35). Doch beim Einzug in das schlichte Backsteinhaus, nach endloser Fahrt vor die Tore der grauen Stadt, erkennt sie ihren Fehler: Sie hat sich täuschen lassen vom egoistischen und undankbaren Neffen. Vorschnell hatte sie zugestimmt, nun sieht sie die Wahrheit. Ihr kümmerliches Leben wird sie nicht in Gesellschaft vornehmer Damen aus guten Familien in einem behaglichen Salon verbringen, sondern in einem engen kalten Zimmer und Tür an Tür mit einer alten Waschfrau und bornierten „Ladenfräuleins" (Sti 44) als Nachbarinnen. Dem Nervenzusammenbruch folgt am Ende der Tod in der kalt gekachelten Badestube eines nahen Siechenheims.

Im Februar 1918, als er sich fast ausschließlich auf die Niederschrift konzentriert, schwankt Schwabachs Stimmung. Sie changiert nun zwischen großer Freude, starker Motivation und Selbstbewusstsein auf der einen und erheblichen Selbstzweifeln auf der anderen Seite. Seine Ungewissheit, seine Skepsis resultieren offenbar aus der negativen Kritik auf sein Bühnenstück „Nur eine Liebe", das nun endlich aufgeführt werden konnte. Den Wechsel von Gemütszuständen kennt er von sich grundsätzlich. „Die Arbeit an der Stiftsdame scheint zu gelingen", schreibt er (TB2, 17.2.1918) befriedigt, um nur wenige Tage später seine Unsicherheit, was die eigene Produktivität und Fähigkeit zum Schreiben angeht, zu konstatieren. Wieder fragt er sich: „Ist's ein Talentchen nur? Fehlt mir die Gestaltungskraft? Ich bin so gar nicht zufrieden" (TB2, 21.2.1918).

Mitte März fühlt er sich sicher: Die Arbeit an der Stiftsdame ist beendet. „Sie ist gut", findet er. Er überlegt, ob man das Manuskript „Yvonnes Tagebuch" für eine Veröffentlichung hinzufügen könnte. Nein, beides zusammen geht nicht! Die „Yvonne" passt nicht dazu, das Niveau ist (ihm) zu gering. Die „Stiftsdame" jedoch offenbart Qualitäten: Anders als etwa im „Peter van Pier" variiert Schwabach hier verschiedene Erzählformen. Die Protagonistin lässt er nun mit Formen des inneren Monologs auftreten, der die Entwicklung des Seelenzustands der Frau in großer Schonungslosigkeit offenbart; einer Frau, deren Leben durch andere bestimmt wurde und das verblendet in seiner Aufopferung für andere so kläglich zu Ende geht. Schwabach gelingt eine authentische Beschreibung der Lebensumstände der Beteiligten. Manifest wird dies nicht nur an Anita Rennhof selbst, sondern auch am Werdegang Ottos, der sich vom eltern- und hilflosen Kind zu einem karrierebesessenen Egoisten entwickelt. Das gelingt auch bei der Zeichnung der Frauen im Stift: Eifersüchteleien, Kaffeeklatsch, Tratsch, Gehässigkeiten anderen gegenüber. Empathie gilt in diesem Kreis nur der eigenen Person. Jede hält sich für etwas Besseres. Doch in dem „Stift" gehen in Wahrheit armselige Menschen zugrunde, Menschen, die sich bis zum Schluss für höherwertig halten und nicht zur Einsicht fähig sind, sich richtig einzuschätzen und ihre Hybris zu kontrollieren.

„Die Stiftsdame" soll nach dem Wunsch Schwabachs als Einzeldruck erscheinen, und nicht mehr unter Pseudonym wie noch „Peter van Pier". Dies wird damit das erste Buch, das unter Schwabachs richtigem Namen erscheint. Und es ist jenes Buch, mit dem Schwabach seine eigene Form und seine Sprache gefunden hat – der „Stiftsdame" gegenüber erscheint „Peter van Pier" als literarisch-künstlerisches Experiment, das mit der eigentümlichen, oft biblisch anmutenden Erzählweise anachronistisch wirkt. Hier nun, bei der Erzählung des Schicksals einer armen Kreatur der Gegenwart, leuchtet Schwabachs Talent vor allem zu knappen Erzählformen auf, zu kurzer Beschreibung von Charakteren und deren Lebensumständen. Die realistische Handlungsführung ist von Beginn an dramatisiert, das heißt, auf einen (negativen) Endpunkt hin ausgerichtet – nämlich auf den erbärmlichen und einsamen Tod im Kachelraum.

Der Hyperionverlag kündigt die Novelle – „auf Friedenspapier gedruckt" – an als eine „Erzählung von größtem stofflichen und formalen Reiz, die sich äußerst spannend liest und literarisch interessierten Lesern als wertvolle Bereicherung der jüngeren epischen Literatur willkommen geheißen wird".[433]

Die zeitgenössische Kritik reagiert positiv: Kritiker (etwa im „8-Uhr-Abendblatt") heben „Karl Hauptmanns und die Sternheimsche Provenienz" hervor und loben den „scharfen Sinn für die Komik und die leise Ironie". Im „Leipziger Tageblatt" hieß es: „Ein Erzähler von sehr moderner, vorexpressionistisch-moderner Sprache." Eine weitere Rezension sieht den Charakter der Frau „klar herausgehoben, sorgfältig abschattiert. Und doch zerflattert das Ganze nicht in ‚psychologischer Analyse', sondern stellt ein geschlossenes, in gutem Sinne rührendes und sittlich reinigendes Menschen-Schicksal dar".

Alfred Kerr erwähnt Jahre später die „Stiftsdame" in einer Rezension eines Stückes von Roderich Benedix und spricht von „einer meisterhaften Erzählung"[434], an anderer Stelle ist von „packender Dichtung" die Rede.[435]

Vier Novellen von der armen Kreatur (1922)

Drei Novellen erscheinen in diesem Sammelband als Erstdrucke, die „Stiftsdame" wählt Schwabach aus, um sie hier erneut zu veröffentlichen.

Max Mager, hochgewachsen, dabei schlank, ist „Das Skelett". Ohne Vater bei der armen Mutter aufgewachsen, besucht er aufgrund einer „Freistelle" das Gymnasium und besteht das Abitur. Freunde kennt er nicht, er lebt einem Paria gleich unter Gleichaltrigen und erträgt nur mit großer Mühe die eigene Existenz. Er erhält in einer kleinen Universitätsstadt einen Studienplatz und will Lehrer werden. Komplexbeladen gegenüber seinen Kommilitonen – „Sie haben Vordertreppen und Dienstmädchen. Aber wir?" – „Die anderen können es (Trinken,

Dirnen bezahlen, PW). Nur ich nicht. Hunde!" (Nov 8 ff.) – macht er mühsam und nur unter Qualen Mädchenbekanntschaften und erste Liebeserfahrungen. Fremdbestimmt, ohne eigenen Willen und ohne Reflexion über seine Wünsche und Ziele im Leben lässt er sich treiben. Er wundert sich, dass „andere Leute das Leben so schön fanden" (Nov 15). Das Gefühl der „Ausgeschlossenheit" wächst und bestimmt sein soziales Verhalten: Nach einer unglücklichen Liebe auf einem Gutshof, wo er als Hauslehrer tätig wurde, bekommt er eine Stelle an einem Gymnasium. Als die Probezeit vorbei, seine Stelle mithin sicher ist, erkennt er seine Machtfülle den Schulkindern gegenüber, fühlt sich „dem Schüler gemeinschaftlich noch verbunden, und doch schon ein Gott" (Nov 21). Doch mit seiner Stellung kann er nicht umgehen. Unsicherheit bringt Max dazu, mit aufsässigen und störrigen Schülern nicht souverän umzugehen, sie nennen ihn hinter seinem Rücken ein Skelett. „Keine Stunde seines Lebens war behaglich" (Nov 27), resümiert der Erzähler und meint damit nicht nur Unterrichtsstunden. Schüler behandelt er ungerecht und mit gewaltsamer Lehrerstrenge. Nach oben hin jedoch buckelt er. Seine servile Art gefällt jedoch dem Direktor. Dieser ver-kuppelt Max mit seiner Tochter Agathe, ein „verblühendes Mädchen, das alle Hoffnungen auf eine glänzendere Partie aufgegeben hatte" (Nov 34). Die Ehe bleibt zwar nicht kinderlos, aber Leidenschaft entwickelt sich zwischen den Eheleuten nicht. Begeisterung, Erregung überkommt ihn auf einem anderen Feld: Er übersetzt Goethes „Hermann und Dorothea" ins Lateinische. Doch die hart erarbeitete und sehnsüchtig erwartete Anerkennung für dieses Werk bleibt ihm zu Hause versagt. Was für ihn so wichtig war, bewertet Agathe als „Spielerei im Schulprogramm" (Nov 52), die doch niemanden interessiere. Im Streit hierüber schreit ihm die Frau jenes Schimpfwort zu, das auch seine Schüler für ihn verwenden: „Skelett!"

An dem anonymen „Fräulein", gleichzeitig Titel der zweiten Erzählung, ging und geht das Leben vorbei. Die Frau ist 42 Jahre alt. Auch sie kennt, wie Max Mager, weder echte Liebe noch innige Zuwendung. Begierden und Wünsche hat sie bisher nicht gehabt. Auf sich allein gestellt nimmt sie eine neue Stellung als Kindermädchen in einem Villenhaushalt an. Ihre sich schnell entwickelnde Liebe zu Mathilde, dem Säugling, und ihr subjektives Gefühls des Gebrauchtwerdens korrespondieren jedoch überhaupt nicht mit den Reaktionen der Menschen in ihrem Umfeld: Sie bleibt wie unsichtbar, unbeachtet; nicht mehr als der gute Geist, der sich um Mathilde kümmert.

Bei der Taufe erkennt das Fräulein dies überdeutlich an den Blicken der Kir-chenbesucher: „Sie sahen zum Kind nur und nicht zum Fräulein, die ein Gestell nur schien, auf das man den Täufling gelegt hatte" (Nov 69). Ihre Gefühlswelt kann sie in dieser Lage kaum mehr kontrollieren: Der Gemütszustand wech-selt zwischen unerfüllter Sehnsucht nach einem Mann und der starken und unverhofften Zuneigung zu dem fremden Kind, das sie mehr und mehr als ihr eigenes betrachtet.

Sie gesteht sich Eifersucht auf die leibliche Mutter ein: „Ich kann ohne das Kind nicht leben" (Nov 76). Aus der Missgunst entstehen erst verdeckte Frustration und schließlich offener Hass. Als das Kind ihr und nicht der Mutter gegenüber das erste Wort spricht, bricht sich die Ablehnung Bahn. Den regelrechten Kampf beider Frauen um das Kind kann das Fräulein nicht für sich entscheiden. Die Herrschaften suchen eine neue Pflegerin. In einer Aussprache entschuldigt sich das Fräulein für ihr besitzergreifendes und unhöfliches Benehmen, doch es ist zu spät. Am letzten Abend sieht sie das Kind lange an: „Ihr Kind war es, ihr Kind. Sie hatte es gepflegt, ernährt, es kräftig, groß, entzückend gemacht. Sie nur liebte es" (Nov 99). Die spontane Idee an eine Entführung verdrängt sie zugunsten von Suizidgedanken. Sie macht in ihrer Verzweiflung über den bevorstehenden Verlust ihres Kindes ernst und trinkt eine Kodeinlösung, stirbt aber nicht. Aus einem totengleichen Schlaf wird sie geweckt und verlässt aufgewühlt das Haus. Draußen wartet schon die Droschke.

Bei der Erzählung „Verschlossene Läden" handelt es sich um eine Kriegsnovelle. Der Gutsbesitzer Ludwig, jung verheiratet, wird als Rekrut eingezogen und mit einem großen Truppentransport an die Westfront nach Belgien verschickt. Bei einer Nachtwache vor den feindlichen Linien erleidet er durch einen Schuss eine schwere Kopfverletzung. Er ist blind, überlebt aber. In großer Hoffnungslosigkeit erkennt er im Lazarett, dass er „immer willenloser eingepreßt (war) in ein Leben, das von anderen für ihn geführt" wurde: „Nun plötzlich mußte er dieses Leben wieder selbst leben, ohne es zu sehen" (Nov 118).

Nach der Entlassung aus Lazarett und Kriegsdienst holt ihn Annemarie, seine Frau, an der Kleinbahnstation ab. Am Eingang zum Haupthaus des Gutes stehen die Angestellten und begrüßen ihn mit Girlanden. Schnell muss Ludwig als Blinder die Eintönigkeit des Lebens auf dem Lande und seiner Existenz an sich erkennen – er fühlt, dass er für seine Frau und seine Umgebung eine Belastung ist. „Ich scheine auf dem besten Wege neben einem unbeholfenen und störenden Tölpel auch ein unleidliches Ekel zu werden. Und ein Hanswurst dazu" (Nov 141).

Durch den Nachbarn Herrn Jelinek, der seine Hilfe bei der Verwaltung des Besitzes anbietet und der aufgrund seiner musischen Interessen Ablenkung vom dunklen Leben verspricht, kommt zunächst Abwechslung in den Haushalt. Jelinek bietet an vielen Abenden den Eheleuten Zerstreuung und Unterhaltung. Eines Abends aber kommt es zu einer Auseinandersetzung zwischen dem Gast und Ludwig. Annemarie unterstützt bei der Argumentation Jelinek und nicht ihren Mann. Sie kritisiert Ludwig heftig, als dieser unabsichtlich sein Glas umstößt und den Wein verschüttet. In diesem Moment fällt ihm auf, dass

Annemarie in letzter Zeit immer weniger Anteil an seinem Leben nimmt und ihm gegenüber nicht mehr verbindlich ist. Ihn überfällt plötzlich die dumpfe Erkenntnis, dass er seine Frau verloren hat – an Jelinek. „Bin ich denn blind gewesen?" (Nov 148), fragt sich der Blinde. Zur Rede gestellt, verweigert seine Frau ihm die Antwort. Er weiß nun, dass sie ihn betrügt. Die Frau verlässt ihn, Ludwig bleibt allein im Hause zurück.

Max Mager, das namenlose Fräulein und Anita Rennhof, die Stiftsdame, sind drei Menschen, die aus materiell überschaubaren Verhältnissen kommen und sich mit dem Leben arrangieren müssen. Ehrgeizig ist jede diese Figuren, allesamt versuchen sie, individuelle Wünsche auszuleben und erfolgreich im bürgerlichen Sinn zu sein, doch soziale Schranken und Grenzen, eigene Beschränkung, übertriebener Ehrgeiz oder Komplexe hindern sie daran, mehr zu werden als nur „arme Kreaturen", die dem Leben mehr abtrotzen wollen als nur ein Butterbrot – so wie Franz Biberkopf in Döblins „Berlin Alexanderplatz". Es sind Existenzen, denen schließlich auch der eigene Anblick im Spiegel zu viel wird – schon ihre Kleidung empfinden sie als grob und hässlich. Und aus diesem Umstand, dieser Bewertung ziehen sie Schlüsse auf ihr Leben. Lediglich das Schicksal des Gutsbesitzers Ludwig, der von Geburt an der großbürgerlichen Schicht angehört, erfüllt sich im Krieg plötzlich und ohne eigenes Zutun. In den Erzählungen federn Wattepolster jedenfalls nicht das Schicksal der Protagonisten ab. Jeder ist auf seine Art verstrickt in einen Lebensweg, der eine glückliche Fügung nicht zu kennen scheint.

Schwabachs Prosa spiegelt damit Realitäten der Nachkriegszeit ab – sie nimmt Verelendung durch die Wirtschaftskrise, durch die Inflation dichterisch zur Kenntnis und weist damit direkt (wie bei Ludwigs Schicksal) oder indirekt (bei den anderen Beteiligten) auf die Kriegsfolgen für das Individuum in der Wirklichkeit der deutschen Nachkriegsrepublik hin.

Mit Blick auf diese vier Novellen der Gegenwart, die eine dichterische Einheit bilden, hieß es lobend, „dass aus einer beinahe ängstlichen Gehaltenheit zuletzt der Sturm losbricht".[436]

Der schlesischstämmige Autor und Wissenschaftler Will-Erich Peuckert (1895–1969) hat auch an anderer Stelle das Werk seines Zeitgenossen Schwabach gelobt. Peuckert stellt ihn gar in einer Kritik für die „Breslauer Rundfunkstunde" auf eine Stufe neben Alfred Polgar. Schwabachs schmale drei Bücher „Peter van Pier", „Die Stiftsdame" und „Die Novellen von der armen Kreatur" sind „doch mehr als mancher in 30 gegeben hat".[437]

Cleander (1922 oder 1923)

Schwabach hat „sein" Thema, nämlich das Verhältnis von Mann und Frau, nicht nur immer wieder in Theater-, Prosa- und vor allem später in Radiotexten (Hörspielen) dichterisch verarbeitet, sondern auch in lyrischen Formen wie Sonetten, Versen und an traditionelle „Schäfergedichte" angelehnte Gedichtformen, in Zoten mit derber Umgangssprache sowie auch in erotischer und teils deutlich pornografischer Lyrik. Mit dem Beziehungsgeflecht der Geschlechter hat er sich in drei „Extremkontexten" befasst. Als Pole dieser Kontexte können gelten: „Cleander", anonym 1922 oder 1923 erschienen, ein Werk, das in drastischen, hauptsächlich lyrisch gestalteten Szenen und in pornografischer Sprache Orgien, Lustspielereien und Verkleidungsszenarien dichterisch beschreibt und dabei gelegentlich ins Übervulgäre abgleitet; die „Liebesbillette" sowie „Die Revolutionierung der Frau", 1928 als Sachbuch veröffentlicht.

Im „Cleander", dem sicherlich ungewöhnlichsten Buch Schwabachs, lässt sich das Prinzip der kurzen Charaktereinführung verschiedener Typen beobachten, ganz ähnlich der schnellen Abfolge im „Puppenspiel der Liebe". Der Autor nutzt offenbar den Namen von Marcus Aurelius Cleander.[438]

Im ersten von drei Kapiteln („Gastmahl des Titus") beschreibt der Erzähler den wollüstigen Orgientraum eines Mannes (in weiter Anlehnung an die historische Figur des römischen Kaisers Titus), der sich mit verschiedenen Frauen vergnügt:

> … O Gott! Baronin Nelli, im Peignoir / erblick ich Sie, und – wie ich gern sie küßte – / dreiviertel seh ich Ihrer glatten Brüste, / und aus den Spitzen, die den Reiz vermehren, / verlocken mich zwei rote, volle Beeren. / Zum Küssen laden, Leonore, Sie mich ein, / der ihren Gatten tausendmal beneidet. / Und Sie Clarissa zeigen mir ihr Bein / mit schwarzem Seidenstrumpf zur Raserei bekleidet. / In Ihren Augen, feurige Susanne, / seh ich ein Flimmern, das mich kühner macht, / Ihr Lächeln aber, süße Frau Marianne, / verrät mir manche ungeschlafne Nacht. / Sie, Lili, schwören jungfräulich zu sein; / doch an dem Beben Ihrer Nasenflügel / seh ich, Sie lassen Ihrer Lust die Zügel, / mich in Ihr Zimmer und noch weiter ein. / Fern sind die Diener: und ich soll erzählen … / und nicht die kleinste Kleinigkeit verhehlen. / Und als Belohnung winkt ein weiches Bett, / sechs wunderbare Frauenleiber winken …
> (Cle 9)

Den zweiten Teil machen 20 kurze „Epigramme, Sprüche, Schwänke und Narreteien der Erotik" aus, teils in Prosa, aber immer in vulgärer Deutlichkeit und Direktheit formuliert. Ein „Wirtinnenvers" ist unter diesen unzweideutigen, frivolen Kurztexten noch der harmloseste:

Meine Wirtin hatte ein Mädchen, / Die hielts mit jedem aus dem Städtchen. / Und als sie nun ein Kind gebiert, / Da ward das Kind Stadteigentum. / Jetzt wird es asphaltiert.
(Cle 24)

Die Lyrik erinnert stark an die „Gedichte eines Gefühllosen" von Jakobus Schnellpfeffer, etwa an dessen ebenfalls grauenhaft-gefühlloses Gedicht „Das Kind", bei dem es ähnlich roh zugeht.[439]

Der Hauptteil des „Cleander" jedoch besteht in den „sechzehn Sonetten der Wollust". Der namenlose Herausgeber stellt diesen Texten folgende Vorrede voran: „Es sind hier 16 erotische Sonette vereinigt, die ich gesammelt. Sie sind nicht von mir, sondern in meinem Auftrag gedichtet. Ich forderte auf, den Mann, die Frau in einem Sonette den Wunsch zum Beischlafe auszudrücken, die Frau, dem Mann in einem Sonett darauf zu antworten" (Cle 29). Die folgenden Gedichte stammen dann von fiktiven Figuren: einem König und einer Königin; einem Diener und seiner Geliebten; einem Oberlehrer und seiner Frau; einem Zuhälter und der Dirne; einem Studenten und einer Dienstmagd; einem Knaben und seiner Flamme; einem Homosexuellen; einer Tribade; einem Onanisten und schließlich einem Eunuchen.

Zur sprachlichen Ausgestaltung der Texte heißt es im Buch: „Wenn ich", schreibt Cleander an eine Freundin, „im Gastmahl des Titus alle rohen Ausdrücke mit Fleiß vermied, so war es mir hier, wo ich sammelte und nicht schrieb, nicht möglich, die Rohheit zu vermeiden. Es spricht jeder die Sprache, die ihm zu eigen ist, und man darf dem Zuhälter zum Beispiel ein häßliches Wort nicht nachtragen. Vielleicht sind seine Gefühle ehrlicher als unsre, die wir ästhetisch verschleiern" (Cle 30).

Ein Auszug aus der Rede des Studenten (Textauslassungen wie im Original):

…/ Geh, sei nicht störrisch! Laß die Hosen runter! / Ich pass' schon auf und zieh zur Zeit zurück. / Nee, Alimente zahlen wär nicht munter. /
Siehst Du, es ist doch ganz famos so'n F…/ Pass' vor Papa nur auf. Sonst riecht noch Lunt' er. / Wie? So? Er selbst? Schau, schau! Da hab' ich Glück.
(Cle 39)

und des Stubenmädchens:

…/ Hier auf dem Tisch. O Gott! Was Angst ich hab'. / Gelt? Sieh Dich vor, daß wirklich nichts passiert. / Ach, Süßer Du, nun stößt Du ihn hinab. /
Dein Vater hat sich neulich schön blamiert, / Er konnt' nicht mehr, und blieb andauernd schlapp. / O….Pfui! Nun hast das Kleid Du ruiniert.
(Cle 40)

Der Sexualwissenschaftler und Soziologe Paul Englisch, der in seinem kultur-
geschichtlich-zeitgenössischen Aufriss das Autorengeheimnis hinter „Cleander"
lüftete und als Erscheinungsdatum für das Buch 1922 angab, fasste die Sonette so
zusammen: „Je nach dem Bildungsgrad und der Liebeserfahrung der Sprechen-
den steigt die Sprache vom kindlichen Lallen des seine Pubertät offenbarenden
Knaben bis zur obszönen Kraßheit des Luden und Strichmädchen. Die Sonette
vermitteln auch dem Sexualforscher manche wertvollen Aufschlüsse."[440]

Das Buch ist ein klassischer Privatdruck, eine öffentliche Ausgabe wurde nie
publiziert – und hätte wegen des Inhalts sicherlich auch nie veröffentlicht werden
können, ohne sofort indiziert zu werden. Es ist in knallrotes Maroquin-Ganz-
leder gebunden, der Titel intarsiert in blaues Leder. Kopfgoldschnitt, Rückenvergoldung und vergoldete Stehkanten sowie Innenkantenbordüren runden das
prachtvolle Erscheinungsbild ab. Eine Verlags- oder Jahresangabe fehlt. Es ähnelt
mit dieser Aufmachung dem 1916 von Schwabach ebenfalls privat gedruckten
Geschenkband „Clair de Lune" von Maupassant.

Der Druckvermerk zu Beginn erklärt, dass das Buch „für Freunde in zwanzig Exemplaren auf van-Geldern-Bütten gedruckt" wurde. „Es darf weder verkauft, verschenkt, noch verborgt werden." Nach der Exemplarnummer, die bei
der Drucklegung eingetragen wurde, kommt der Besitzmerk: „Es ist bestimmt
für …". Schwabachs eigenes Exemplar, die Nummer drei, trägt als Besitzvermerk
die Kürzel „E E S". Auf Klarnamen haben die Empfänger aus naheliegenden
Gründen verzichtet.

Einer der bibliophilen Freunde, die das Buch erhielten, war offenbar auch
Kurt Wolff. Paul Englisch, dem es 1930 gelang, die Rarität für einen Bekannten
zu kaufen, hielt in einem Brief fest: „Da sich für Cleander bereits ein Interessent
gefunden hatte, habe ich, um es Ihnen zu retten, schnell gekauft … Sie können es
getrost als Unikum betrachten, denn nach menschlichem Ermessen werden Sie
es nicht wieder zu Gesicht bekommen. Verfasser ist Erich (sic!) Ernst Schwabach, der Neffe von Paul Schwabach, dem Inhaber des Bankhauses S. Bleichröder zu Berlin. Er liess es durch Vermittlung von Kurt Wolff, dem bekannten
Münchener Verleger bei C.W. Poeschel in Leipzig 1923 (sic!) drucken … Das
Exemplar stammt aus dem Besitz von Kurt Wolff, der seine Erotiksammlung
letzthin abgestoßen hat."[441]

Miniaturen, von Mariette Lydis, in Liebesbillete gesetzt von Erik-Ernst Schwabach (1924)

In den Liebesgedichten, die Erik-Ernst Schwabach den Bildern der in Baden
bei Wien geborenen Künstlerin Mariette Lydis zur Seite setzte, umwirbt der
Prinz Salamud die Prinzessin Risawatta. Der Gott Shiva wird angerufen, um
dem Verliebten beizustehen im Buhlen um die junge Königstochter. Eine üppige

und prachtvolle morgenländische Traumlandschaft breitet sich aus, die von den Illustrationen und Versen in ästhetischer Symbiose gleichermaßen gestützt und gestaltet wird.

Lydis, geboren 1887 als Marietta Ronsperger, führte als künstlerische Autodidaktin ein unstetes und wechselvolles Leben. Sie heiratete Jean Lydis und wohnte zu Beginn der zwanziger Jahre mit ihm in der Nähe von Athen. In Paris, nach der Trennung von Lydis, erlebte sie den Durchbruch als Malerin (vor allem von realistischen Porträts) und als Illustratorin von märchenhaften Szenen, oft mit pseudoreligiösem Bezug. Sie musste vor den Nationalsozialisten fliehen und zog über England, wo sie eine Zeitlang lebte, nach Buenos Aires, um dann wieder – in den fünfziger Jahren – zurück nach Paris zu gehen. Später lebte sie erneut in Argentinien bis zu ihrem Tod 1970. Bekannt wurde Lydis vor allem in Südamerika und in Frankreich. Dort illustrierte sie zahlreiche Werke von Henry de Montherlant, Baudelaire, Demaison, Verlaine, Rimbaud und anderen. In Deutschland sind von ihr lediglich die „Miniaturen" und das „Orientalische Traumbuch" (1925) erschienen.

Ihre 18 Bilder in den „Miniaturen" wurden in einem kombinierten Stein- und Lichtdruckverfahren hergestellt, das mit den dominierenden Gold- und Rottönen die orientalische Opulenz eines frühzeitlichen, natürlichen Paradieses zeigt: eine durch äußere Einflüsse ungestörte farbengesättigte Flora und Fauna. Vom eigentlich asketischen Hinduismus ist in den Bildmotiven nichts zu spüren. Shiva, der „Glückversprechende", steht hier vielmehr für den Hüter von Arkadien, der in „seinen sechs heilig geschmückten Händen die Fäden des Lebens" (6. Liebesbillet) zusammenhält. Pflanzen und Tiere vor sacht geschwungen Bergen geben den Rahmen ab für das Liebesspiel der Prinzessin und des Prinzen. Vor allem die Verbindung zu exotischen Tieren (auf 14 der 18 Illustrationen) wie Papageien, Elefanten, Kakadus, Schlangen, Gazellen und Panthern fällt auf.

Der äsende Hirsch und die springende Antilope, der Tukan und der Kakadu mit rosafarbenem Kopffederschmuck, das Perlhuhn und der balzende Hahn, Elefanten und Kolibris sowie zwei Pfaue in ausgespreizter Federtracht stehen als Allegorien und Metaphern für die beiden Liebenden, die selbst nur im 18. und letzten Bild, dann als Brautpaar vereint, auftreten. Prinz Salamud mit rotem Kopfbedeckung und in ein langes goldrotes Gewand gekleidet, umfasst zärtlich die Braut, deren Brust sichtbar ist; ein Bild von anmutender Tugend, hinter dem Laster und geheime Lust verborgen sind. In der textlichen Adaption der Bildmotive heißt es in zwei ausgewählten Epigrammen:

Das achte Billet:

Einfingen die Tierwärter alle Papageien meiner Garten / in Käfigen, goldenen, silbernen, steinschimmernden, / wie es edel zusammenklang mit ihres Gefieders Pracht. / Tag und Nacht kauerten die Sklaven vor ihnen / und lehrten die Gelehrigen den Ruf Deines Namens. / Endlich aber riß ich die Gitter auf, / daß die Vögel wieder zu Blumen der Bäume würden. / Sie flatterten auf. / Aber an Stelle schrillen Geschreis / Singt nun von allen Zweigen, holde Musik, Dein Name zu mir / Risawatta.

Das 18. und letzte Billet:

Und zum letzten Male tauche ich die Feder ein, und schreibe Dir solches: / Morgen höre ich den Gesang der Vögel in Deinen Gärten, / morgen pflücke ich die blühenden Blumen in Deinen Gärten, / morgen erquicke ich mich an den Baumschatten in Deinen Gärten, / morgen tauche ich meine Hände in Deiner Gärten kühlende Quelle, / morgen enthülle ich Deines Gartens liebeszaubrische Frucht – / morgen trage ich Deinen Garten und Deine Früchte in mein Reich, / Königin Risawatta.

In der „Prager Presse" hieß es dazu, die „farbenverzückten Miniaturen in der Art der persischen machen ein Traumland wirklich … Dazu gibt's ein noch Kostbareres: die Textdichtungen Schwabachs, ein Liebesidyll voll südlicher Glut und sulamitischer Schönheit."[442]

Die Revolutionierung der Frau (1928)

Der Gegenpol zu dem fantasiegeladenen Text „Cleander" und zur lyrischen Märchenlandschaft um Salamud und Risawatta ist das Sachbuch „Die Revolutionierung der Frau", das aus der Feder eines „Dilettanten" stammt, wie Schwabach sich selbst im Vorwort bezeichnet. In rein sachlichem, quasiwissenschaftlichem Ton lässt sich Schwabach zum Verhältnis Mann/Frau aus. Er unternimmt den „Versuch, menschliche Dinge menschlich zu betrachten" (Rev 10).

Schwabach meint damit die Beschreibung jener Umstände, die jahrhundertelang zur Unterdrückung der Frau geführt haben, und die jener gesellschaftspolitischen Bestrebungen, die deren Befreiung von männlicher Herrschaft zum Ziel hatten und haben. Er erklärt, sich dem Sujet auf keinen Fall streng wissenschaftlich nähern zu wollen (und zu können). Gleichwohl versucht er, in sachlichobjektivem Duktus seine Recherchearbeiten und Folgerungen darzustellen. So schildert er unter anthropologisch-historischen Bezügen die Gegensätzlichkeit der Geschlechter und die Jahrhunderte lange „Versklavung" und Ausbeutung der Frau, um über die Aufklärung im 18. Jahrhundert („Die Salons der romantischen Frauen als Treffpunkte des Geistes") zur bürgerlichen Frauenbewegung im frühen 20. Jahrhundert zu kommen, die das Ziel der Gleichberechtigung in allen Bereichen von Gesellschaft, Wirtschaft und Politik anvisierte.

Schwabachs Ziel ist es, Belege für die Gleichberechtigung von Mann und Frau zu finden und aufzuarbeiten: So fordert er für Frauen das gleichzeitige Recht auf Arbeit und auf Mutterschaft – ohne Druck und Herrschaftsallüren von (Ehe-) Männern oder Partnern – und bezieht sich dabei auf aktuelle sexualwissenschaftliche und biologische Studien. Juristische Grundlagen zum deutschen Eherecht der zwanziger Jahre im Nachkriegsdeutschland verarbeitet er dabei ebenso wie pädagogische Forderungen etwa zur Koedukation von Jungen und Mädchen in den Schulen. „Die Frau mußte sich der männlich-patriarchalischen Domination entledigen, um aus der Geschlechtsgemeinschaft in Gebundenheit und Unterdrückung zur Geschlechtsgemeinschaft in der Freiheit zu gelangen" (Rev 15), lautet eine seiner zentralen Aussagen. Allerdings versagt er trotz dieser auf die Gleichstellung von Mann und Frau zielenden Aussagen an einem Punkt den Frauen eine spezielle Fähigkeit, nämlich die zu kreativem Talent. Das ist eine erstaunliche Folgerung in einem Buch, das ansonsten fortschrittlich und modern anmutet: „Hier hat ein Mann so unbedingt den subjektiven Männerstandpunkt bei der Betrachtung der Frauenfrage verlassen, wie es wohl seit John Stuart Will nie wieder ein männlicher Schriftsteller beabsichtigt und durchgeführt hat. Man fühlt sich beim Lesen des fesselnden Buches förmlich versucht, Schwabach auf einer Inkonsequenz, einem Rückfall in die ‚Herrenmoral' zu ertappen. Aber das gelingt nur an einer einzigen Stelle, an der er ohne überzeugende Begründung den Frauen die Fähigkeit zu schöpferischer, wissenschaftlicher Arbeit abspricht und sogar ganz beiläufig ein Verbot des richterlichen Berufes für die Frau fordert."[443]

Der sachliche Stil, die Berücksichtigung neuster wissenschaftlicher und populärwissenschaftlicher Analysen zum Thema, die „Vollvernünftigkeit", in der der Autor seine Ergebnisse und Ansichten darlege, gar das „hohe geistige Niveau des Verfassers" bestimmt auch die positive Tonlage der Rezension des Buches in der „Zeitschrift für Bücherfreunde": „Die Einteilung des Stoffs ist ansprechend, die fließende, lebhaft beredete Schreibweise bringt das Lehrbuch in Vergessenheit. Es überzeugt von der Notwendigkeit geistiger Revolutionen und verarbeitet viel interessantes Material zur Entwicklungsgeschichte der sozialen Frauenstellung".[444]

Das Werk erschien im neuen Geist-Verlag, der elf Jahre zuvor, im Februar 1917, gemeinsam von Kurt Wolff und seinem Schwager Peter Reinhold in Leipzig gegründet worden war.[445] Wolff selbst hat in einem frühen Ankündigungsprospekt als Ziel dieser Neugründung formuliert, „…ein Forum zu schaffen, von dem aus zugleich praktische Politiker, die den Zeitgeschehnissen tiefer auf den Grund gehen wollen, als es in Presseartikeln und Parlamentsreden möglich ist, wie auch Verfechter geistiger Ideen, die einen größeren Resonanzboden suchen, als ihnen wissenschaftliche Büchereien geben können, in ernster und würdiger Weise zu weitesten Kreisen unseres Volkes sprechen sollen … Das Gesicht des

Verlages wird daher ein vorwiegend politisches sein, wenn man unter Politik alle die Gesamtheit berührenden Probleme des öffentlichen Lebens versteht."[446]

In Alfred Adlers Zeitschrift für Individualpsychologie hat sich Schwabach später dann noch zweimal an reinen Sachtexten versucht und den Schritt vom Prosaischen ins (Pseudo-)Wissenschaftliche getan. Auch für die „Weltbühne" Siegfried Jacobsohns und für die „Literarische Welt" schrieb er Sachtexte zur Sittengeschichte. Besonders sein Engagement für die von Willy Haas ab 1925 herausgegebene „Literarische Welt" mit Arbeiten über die neue Kunstform des Hörspiels und über Literatur ist dabei bemerkenswert.

Schwabach als Literaturkritiker/Autor der „Zeitschrift für Bücherfreunde" (1919 bis 1928)

Seine ersten Versuche, sich auch als Kritiker und Beobachter der zeitgenössischen Literatur und ihrer Entwicklung zu positionieren, stellten seine kurzen Rezensionen 1913 und 1914 in der „Aktion" dar – kurze, prägnante Bewertungen neuer Bücher, wie er sie ständig auch in seinen privaten Tagebüchern verfasste. Diese Form entwickelte Schwabach als Autor der „Zeitschrift für Bücherfreunde" deutlich weiter. Vor allem in den späteren Jahren, 1927 und 1928, erschien hier eine Reihe von Besprechungen unter dem stets wiederkehrenden Titel „Neue Bücher und Bilder", die als Autor Schwabach verzeichnet. Vor ihm hatte unter anderem Kurt Pinthus als Verfasser von Texten für diese ständige Rubrik der Zeitschrift fungiert. Neben dem Herausgeber Georg Witkowski ist Schwabach in dem Zeitraum 1927–1928 einer der „fleißigsten" Autoren der Zeitschrift. Er bespricht und bewertet regelmäßig Neuerscheinungen; neben anderen von Heinrich Mann und Jaroslav Hašek, von Oscar Wilde, Paul Zech und Charles de Coster, Kleist und Hauptmann.

Auch über Franz Kafkas zweiten Roman („Das Schloß") schrieb er eine Kritik. Acht Jahre zuvor, als er in einem Buchpaket vom Kurt Wolff Verlag unter anderem die „Strafkolonie" in Märzdorf erhielt, hatte Schwabach den Namen des Autors im Tagebuch noch als „Kaffka" notiert. Jetzt, im Jahr 1927, beschreibt er das Schloss als „Symbol des göttlichen Prinzips" und würdigt Kafka als unvergleichlichen Autor: „Eben dieses Dichten in Gleichnissen aber ist es, das seinem zu früh abgerissenen Schaffen die wundersame, merkwürdige und unnachahmliche Prägung gibt."[447]

Immer wieder aber formuliert er auch programmatische Forderungen weit über Einzeltitel und die Ankündigung von Neuerscheinungen hinaus. „Zurück zum Buch!" (1919); „Schafft gute Malbücher!" (1922); „Der neue Einband des alten Buches" (1923) sind eher imperative als kontemplative Texte, die ihn als um die Buch- und Lesekultur besorgten Zeitgenossen und leidenschaftlichen Sammler erscheinen lassen. Auch die Frage, wie nachwachsende, junge Autoren gefördert werden können und welche Aufgaben hier etablierte Buch- und Sammlervereinigungen sowie vermögende Stifter schultern müssten, treibt ihn um – und lässt ihn 1924 seinen wohl wichtigsten Beitrag für die „Zeitschrift für Bücherfreunde" schreiben, den Aufsatz „Über die Pflichten der Bibliophilen zur Förderung zeitgenössischer Literatur" (ZfB 1924, 33–34).

Schwabachs Einfluss auf die Literatur- und Autorenszene ist allerdings mit seiner Autorentätigkeit für die „Zeitschrift für Bücherfreunde" begrenzt. Das Magazin versteht sich ausdrücklich (nur) als Standesorgan, etwa der „Gesellschaft der Bibliophilen", der „Deutschen Buchgewerbekünstler" und der „Wiener Bibliophilen-Gesellschaft". Es ist keine Kioskware mit weiter öffentlicher Streuung. Eine solche weitaus größere Verbreitung verspricht da eine andere Publikation, die 1925 erstmalig erschienene „Literarische Welt".

Kritiker für „Die Literarische Welt"

Schwabach schrieb für die von Willy Haas (1891–1973) begründete Wochenzeitung „Die Literarische Welt" jahrelang, darunter ebenfalls eine Vielzahl von Buchbesprechungen, sachlichen Texten – unter anderem wieder zu „seinem" Thema der Sittengeschichte und angrenzender Bereiche –, vor allem aber zu Hörspielen, der damals neuen radiofonen Kunstgattung, die sich ab 1923 schnell zu entwickeln begann. Er erweist sich dabei als nichts weniger als einer der ersten, die zumindest Ansätze einer „Radiotheorie" debattieren. Das Radio mit seinen noch unentdeckten klanglichen Möglichkeiten und das Grammofon übten dabei eine große Faszination auf ihn aus. Schwabach besaß selbst eine große Plattensammlung mit klassischer Musik. Er hörte seit Beginn der zwanziger Jahre regelmäßig und intensiv die deutschen Sender, vor allem den Reichsrundfunk in Berlin und in Schlesien den Sender Breslau.

Der gebürtige Prager Willy Haas, Dichter, Filmkritiker und später Drehbuchautor, war Mitglied im berühmten „Prager Kreis" um Werfel, Brod, Oskar Baum und Franz Kafka und anderen gewesen. Sein Studium in Prag brach er jedoch 1914 ab „und folgte Werfel nach Leipzig, wo ihm der Freund eine Volontärstelle im Kurt Wolff Verlag vermittelt hatte".[448]

1925 begann er in Berlin im Rowohlt Verlag, auf Wunsch von Ernst Rowohlt selbst, mit der Herausgabe der neuen Literaturzeitung. Neben Essays, Novellen, Berichten und Gedichten war der „größte Teil jeder Nummer … mit aktuellen Neuigkeiten gefüllt, literarischen Neuigkeiten, Neuigkeiten aus dem Theater- und Kunstleben, und zwar nicht nur aus Deutschland, sondern aus der ganzen Welt".[449] Sie verstand sich damit, anders als die „Zeitschrift für Bücherfreunde", nicht als Standesorgan für Mitglieder einzelner Buch- und Sammlergemeinschaften, sondern als öffentliche Publikation, zu beziehen per Abonnement, aber eben auch zu erwerben an den Zeitungskiosken der Republik.

Als solches Medium („mit vielen Bildern und Karikaturen ausgestattet"; „hervorragend gesetzt"; „außerordentlich billig") ging sie bewusst auf Distanz zu anderen literaturbezogenen Zeitungen und Zeitschriften: „Die Literarische Welt ist keine langweilige Literatur-Zeitschrift. Sie finden hier Witz und Geist in großen und kleinen Aufsätzen aus der Feder erster Autoren aller Länder, deren Betrachtungen und Einfälle Sie jede Woche unterhalten!"[450]

Der Redaktionsleiter Haas war Jude und zeichnete als verantwortlicher Redakteur und Herausgeber für eine Vielzahl von Texten selbst verantwortlich, neben ihm kamen auch nahezu alle zeitgenössischen relevanten Autoren und Kritiker zu Wort. Er hatte „alle im Blatt", sowohl arrivierte als auch neue, junge Literaten; von Thomas und Heinrich Mann über Rilke, Hofmannsthal, Franz Blei, Max Herrmann, Benjamin, Schickele, den jungen Bert Brecht, Proust und James Joyce bis hin zu Hedwig Courths-Mahler. Am 17. März 1933 (LW 11/12 1933) stand sein Name zum letzten Mal im Impressum. Als „Literarische Welt. Neue Folge 1933" wurde sie danach von Karl Rauch geleitet, in Abgrenzung zur früheren Redaktion mit der neu formulierten Aufgabe der „Förderung einer gefestigten Weltgeltung des gesunden deutschen Schrifttums", wie es auf den Titelseiten ab Nummer 38 in typischer Diktion der Nationalsozialisten hieß. Rauch veröffentlichte weitere „donnernde Proklamationen in fettester Schrift auf der ersten Seite, daß es nun aus sei mit dem jüdischen Asphaltbolschewismus … und das Blatt in der Linie des neu erwachten nationalen Deutschland weitergeführt werden würde. Das war in der Tat sehr albern", wie Haas im Rückblick schrieb[451]. Haas selbst, öffentlich diffamiert, seines Postens enthoben und als Jude gefährdet, musste fliehen und ging zunächst zurück nach Prag.

In den Anfängen, im Oktober 1925, war man jedoch euphorisch. Für Haas begann mit der „Literarischen Welt" nämlich ein großes Editionsabenteuer, ohne Eingriffe oder Einflussversuche des Geldgebers Rowohlt – und schnell freundlich bis begeistert aufgenommen durch das Lesepublikum.

Schwabach hatte zu der Zeit die Arbeiten an der „Irdischen Komödie", seinem neuesten Theaterstück, beendet und wartete ungeduldig darauf, wie es aufgenommen werden würde. Er sprach Haas bald nach Erscheinen der ersten Ausgaben dessen neuer Zeitung im Spätherbst 1925 an und machte ihm einen weitreichenden Vorschlag zur Mitarbeit[452]. Seine Idee bestand nun darin, eine ganze Serie von Texten über das Radio zu schreiben. Sie sollten, so Schwabach zu Haas, „Radiobriefe" heißen und der Leserschaft hintergründige, kritische Ansichten zum damals neuen Massenmedium vermitteln. Haas willigte ein. In Deutschland gab es so kurz nach Erfindung des drahtlosen Hörfunks kaum eine ernsthafte und regelmäßige intellektuelle Beschäftigung mit dem neuen Medium. Das Radio bot andererseits jedoch verheißungsvolle Perspektiven, aber eben noch nicht genau definierte Arbeitsmöglichkeiten für Kreative wie Schriftsteller, Musiker, Arrangeure.

Nach ersten Testsendungen zu Beginn der zwanziger Jahre war das neue Medium Radio seit Herbst 1923 mit der reichsdeutschen „Funk-Stunde Berlin" und der Errichtung von immer mehr Senderanlagen auf deutschem Gebiet zu einem Massenmedium geworden. Musikübertragungen, die Aufführung spezieller „Radiodramen" und sogenannter „Großfunkspiele", Hörspiele also, bildeten den Kern des damaligen Sendeangebotes.

Kurz nach der Anzeige für die „Irdische Komödie", die der Verlag Müller aus Potsdam für das neue Buch Schwabachs auch in der „Literarischen Welt" (am 26. Februar 1926) geschaltet hatte – sie erschien in der Rubrik „Bibliographie der Woche" –, publizierte Haas den ersten „Radiobrief". Er enthielt bereits den Hinweis, Schwabach werde „von jetzt ab regelmäßig über Radio berichten" (LW 11 1926, 8). Von Seiten der Redaktion scheint es keine inhaltlichen Vorgaben gegeben zu haben. Schwabach notiert Eindrücke, Kritik, aber vor allem beschreibt er seine Begeisterung für das Radio: „Die Stationssuchkrankheit macht im übrigen jeder anfänglich durch. Ich entsinne mich, wie ich vor etwa einem Jahr zum erstenmal an meinem Apparat saß, die winterliche, etwas morose Landeinsamkeit schien mit einem Male aufgehoben. Man war eingesponnen und suchte die Wellen einer neuen, mystischen Weltverbundenheit. ‚Ici le port du radio Toulouse'. Der erste ausländische Sender, der einkam. Es war eine Erschütterung. Und hatte darüber hinaus das Glücksgefühl des Meeres, der Reise auf einem Ocean Steamship. In dieser ersten Zeit will man nur hören überhaupt, vierzig, fünfzig Stationen finden. Aber dann gibt sich dieser Rausch und man will gute Programme" (LW 11 1926, 8).

Er räsoniert über die Frage, was ein gutes Programm ausmache, ob und wie ein Bühnenstück als Hörspiel verwendbar sei; er überlegt, welche Möglichkeiten der Mitarbeit sich für Dichter, Schauspieler, Theaterleiter ergeben könnten. Und schon in seinen ersten Briefen debattiert er über die Notwendigkeit, das Hörspiel unbedingt als eigene Kunstgattung anzuerkennen.

In seinem dritten Radiobrief kündigt Schwabach an, den Sommer über seine kleine Serie nicht fortzusetzen, zu pausieren. Doch schon Ende Juli erscheint sein vierter Brief in der „Literarischen Welt". Er meldet sich deshalb außerplanmäßig zu Wort, weil „im Äther Gewaltiges, Unübergehbares" geschieht: Hamburg strahlt sechs Abende lang über alle Sender ein Funkspiel aus zum Thema Geldmacht versus Menschheitsideale. Schwabach meint, in dieser Produktion, die in New York spielt, einen neuen Ansatz des Erzählens zu erkennen, „den Weg einer epischen, fortlaufenden Dramatik, einer vom Optischen losgelösten Handlung". Er fordert, ein Jahr bevor Brecht seine Radiotheorie formulierte, Dichter auf („á mer confrères les écrivains"), schnell die endgültige Form des

Hörspiels zu schaffen, wie Eisenstein es für den Film getan hat. Und das rasch, ehe der Fernseher kommt" (LW 31 1926, 7).

Schwabach hatte damit den Grundstein für eine längere Zusammenarbeit mit Haas und dessen Zeitung gelegt. Bis in den Herbst 1927 hinein befasst er sich als genauer und kritischer Beobachter mit dem Hörfunk. Er schreibt insgesamt 13 dieser Briefe und darin über die Übertragungen von Konzerten, Dichterlesungen und Dramen im Hörfunk (über Sternheims „Bürger Schippel", über Hauptmanns „Weber"), lobt den vielfältigen Einsatz von Geräuschen und anderen Akustikelementen wie Türschlagen, Autohupen, Straßenlärm – „Beim Radio muß alles Nichtakustische gestrichen werden!" lautet sein Credo (LW 51 1926, 9) – und moniert immer und immer wieder die schlechte Tonqualität einzelner Sendungen. Gelegentlich regt er sich richtig auf: „Mitunter, nein meistens sogar möchte man den Apparat wahrhaftig auf Nimmerwiederhören an die Wand pfeffern" (LW 3 1927, 8).

Die Kooperation mit Willy Haas ermöglichte ihm, regelmäßig als Autor in Erscheinung zu treten. Denn mit dem sich Ende 1926 und zu Beginn des neuen Jahres abzeichnenden Misserfolg seiner neuen Komödie musste ihm mehr und mehr klar geworden sein, dass auf dichterischem Gebiet die Erfolge bereits hinter ihm und nicht (mehr) vor ihm lagen. Als Autor von Radiotexten und Hörspielen und dann zunehmend auch als Rezensent von Neuerscheinungen konnte er aber eine Konstante im deutschen Literaturbetrieb bleiben. Die Wochenzeitung bot dafür eine gute publizistische Plattform. Schwabachs große Furcht vor Unkenntlichkeit, vor einem Bedeutungsverlust, vor dem Versagen auf jenem Gebiet, dem er sich zugehörig fühlte, war damit gebannt, wenn auch nur vordergründig. Denn ihm war als nun Mittdreißiger klargeworden, dass sich sein Traum von einem weit anerkannten Autor anspruchsvoller Literatur wahrscheinlich nicht erfüllen würde. Dafür waren die öffentliche Rezeption und die Aufnahme auch seiner ambitionierteren Texte (wie die Novellen, wie jüngst das Theaterstück „Irdische Komödie") zu zurückhaltend gewesen. Die „Literarische Welt" bot ihm jedoch für seine kurzen Texte eine Art Ersatz, eine Kompensation dafür, dass es für eine eigenständige Karriere als arrivierter Schriftsteller großer Literatur nicht reichte.

Im privaten Leben der Familie bahnt sich zu dieser Zeit der erste von harten Schicksalsschlägen an: Sein ältester Sohn Ernst-Joachim erkrankt an chronischer Leukämie, er ist gerade zwölf Jahre alt. Auf Elisabeth Wolff hatte das Kind großen Eindruck gemacht. Während des Besuches in Märzdorf mit ihrem Mann Kurt im Herbst 1916 schrieb sie: „Die Kinder sind entzückend, besonders der Junge, der eine Schönheit ist und sehr klug (merkwürdig, was?)".[453] Doch das war lange her, Vergangenheit.

Die Krankheit kommt schleichend und überraschend. Ernst-Joachim, ein bis dahin lebenslustiger und quirliger Junge, wird unter dem Krankheitsbild

Abb. 18: Familie Schwabach mit den Kindern Dorian, Brigitte und dem bereits an Leukämie erkrankten Ernst-Joachim (v.l.), vor dem Hauptportal Schloss Märzdorf im Sommer 1927.

schwächer und schwächer. Trotz großer Bemühungen, trotz der Konsultation einer ganzen Reihe von Ärzten in Berlin: Eine Heilung gibt es für den Sohn nicht. Auf einem der letzten Bilder mit ihm inmitten der Familie, im Sommer 1927, wirkt er neben den noch unbeschwerten Geschwistern isoliert und ernst.

Die Krankheit seines Kindes beeinflusst Schwabachs Wirken für die „Literarische Welt". Der letzte Radiobrief bedeutet für ihn gleichzeitig vorübergehenden Rückzug. Unter der Losung „pour pondre congé" verabschiedet sich Erik-Ernst Schwabach für anderthalb Jahre aus der Öffentlichkeit. Er ist weg. Er nimmt sich eine Auszeit. „Das Winterprogramm erwartet dich. ... Ich aber (und das nicht nur, weil ich in eine Gegend zu entfliehen gedenke, in der mich die Ätherwellen nicht erreichen sollen) sage Dir Lebewohl", schreibt er in vertraulichem Ton an seine Leser. Es ist eine eigentümliche Mischung aus Aufbruchsstimmung und Resignation. Letztere überwiegt. Denn Schwabach resümiert für sich ein wenig wehmütig, seine Kritiken und Vorschläge hätten nur wenig bewirkt. Auch seine auf die Kunst bezogene Idee, „daß im Verlauf der Entwicklung der Funk wie der Film zu einer eigenen Kunstform gelangen würde", habe sich kaum verwirklichen lassen. Der letzte Satz vor seiner langen Schaffenspause lautet: „Addio! Aber vergiß es nicht, die Antenne zu erden und Dir ein gutes Grammophon mit ein paar schönen Platten zu kaufen" (LW 42 1927, 8).

Wohin er geht, welche „Gegend ohne Ätherwellen" er meint, bleibt unklar. Vieles spricht dafür, dass er unter dem Eindruck der Krankheit seines Sohnes eine lange Zeit im abgeschiedenen Märzdorf mit der Familie verbringt. Denn alle wissen: Eine Heilung wird es nicht geben können, der Junge hat nicht mehr lange zu leben. Sicher ist, dass er zu jener Zeit auch mit der Recherche und Niederschrift seines Sachbuches „Die Revolutionierung der Frau" beginnt und diese Arbeiten 1928 abschließen wird.

Schwabach meldet sich öffentlich erst Ende Mai 1929 wieder zurück, an alter Stelle, in der Zeitung von Willy Haas. Er nimmt die Produktion kurzer Texte wieder auf, bis Ende Mai 1932 schreibt er für die „Literarische Welt" – gelegentlich im Wochentakt – vor allem Rezensionen zu Neuerscheinungen auf dem Buchmarkt oder zu neuen Filmen.

Das ist bereits die Lebensphase, die von der persönlichen Tragödie begleitet wird. Anfang 1930 stellen sich Erik-Ernst, seine Frau Charlotte und die Kinder Gitta und Dorian-Erik auf den Tod von Ernst-Joachim ein. Der Junge stirbt in Berlin am 26. Februar, erst sechs Tage zuvor war er 16 Jahre altgeworden. Die Eltern sind erschüttert, die beiden jüngeren Geschwister begreifen kaum, dass ihr ältester Bruder tot ist. Es wird keine gemeinsamen Ruderausflüge auf dem kleinen See am Schloss mehr geben, keine Ausritte auf den Pferden oder im Kutschwagen, kein Spielen mit den anderen Kindern auf dem Gut.

Auffällig ist in der Zeit vor und besonders unmittelbar nach dem Tod des Sohnes, dass man an Schwabachs künstlerisch-produktivem Schaffen so gut wie kaum irgendwelche Auswirkungen spürt. Zog er sich erneut zurück? Kapselte er sich ab in seinem Trauerschmerz? Im Gegenteil: Schwabachs Rezensionen in der „Literarischen Welt" kommen regelmäßig. Es sieht so aus, als habe er den erwarteten Tod und die Trauer darüber verdrängen wollen durch geradezu exzessives Lesen und das Schreiben. In fast allen Ausgaben der Wochenzeitung ab November 1929 bespricht er regelmäßig neue Bücher. Schwabach schreibt weiter, als wäre überhaupt nichts geschehen. Auch der drohende Verkauf der Schlosseinrichtung und vor allem seiner Bibliothek, der sich zu dieser Schaffenszeit andeutet, bremst ihn nicht. Es scheint, als würde es diese kolossalen Brüche in seinem Leben gar nicht geben.

Als am 14. November 1930 der erste von zwei Auktionstagen in Berlin im Versteigerungshaus von Paul Graupe eröffnet wird, erscheint die „Literarische Welt" mit zwei Rezensionen von Schwabach über zeitgenössische Unterhaltungsliteratur. Eine Woche vor der Versteigerung der gesamten Einrichtung des Schlosses veröffentlicht Herausgeber Willy Haas am 20. März 1931 den Schwabachtext „Der Held unserer Träume".

Leichte Stoffe sind es, die Schwabach faszinieren und zu denen er sich in den nächsten Jahren bei der eigenen Textproduktion hingezogen fühlt. Auch wenn der Verlust seiner Bibliotheksschätze und der Wohnungseinrichtung des Gutes in Niederschlesien ihn getroffen haben müssen: Schwabach schreibt unter anderem über einen neuen Roman von Jack London, über das Buch „Revue-Girl" des amerikanischen Populärautors Joseph P. McEvoy, über den Film „Die Frau im Mond". Seine Motivation erläutert er mit dem Wunsch, weniger Bücher zu empfehlen als vielmehr „Autoren und Lesern Mut zur Leichtigkeit (und zur Ehrlichkeit) zu machen. In einer Zeit, wo man so weitherzig ‚abbaut', sollte man an den Abbau des Wortes Kitsch gehen" (LW 26 1930, 6).

Nur gelegentlich rezensiert er noch „ernste" Literatur: etwa Bücher von Mechtilde Lichnowsky, Egon Erwin Kisch, Bruno Franks „Der Magier". Er ist dabei in aller Regel ein emphatischer, zuweilen freundlicher und nüchterner Kritiker. Richtige Verrisse kommen ihm nicht aus der Feder. Selten nimmt er Stellung zu „ernsten" Themen, selten nur äußert er sich grundsätzlich. Im August 1929 schreibt er wieder über „Radio und Fernsehen" und merkt an, der Fernseher werde „das gesamte Radiowesen von Grund aus revolutionieren". „Es wird die Möglichkeit einer Reportage geben, bei der wir, wie Palmström, wirklich mitten in die Welt hineingestellt werden" (LW 35 1929, 7).

Als Willy Haas die Sonderausgabe zu Weihnachten plant, entsteht die Idee, fiktive Charaktere zu schildern, die mit Büchern beschenkt werden sollen. Ottomar Starke, der schon für den Kurt Wolff Verlag zahlreiche Bücher illustriert hatte, wird beauftragt, zehn Menschen zu zeichnen in charakteristischer Pose: Das Titelblatt der Ausgabe vom 13. Dezember schmücken dann Zeichnungen unter anderem eines Oberlehrers, eines Snobs, eines Syndikus, eines Rittergutsbesitzers (der in der Starke-Zeichnung stark an Thomas Mann erinnert), einer Mondänen, eines Juniorchefs und eines Emigranten (mit Zügen von Maxim Gorki). Haas bittet Schwabach, für den Juniorchef und den Gutsbesitzer (und dessen Frau) Buchempfehlungen zu formulieren.

Schwabach beschreibt den Rittergutsbesitzer Friedrich v. P. als jemanden, der sein Gut in Schlesien selbst verwaltet, politisch nicht öffentlich auftritt, jedoch auf Jagd- und Abendgesellschaften immer energisch seine politischen Ansichten formuliert. Dieser Gutsherr liest viel, vor allem Zeitungen, und sucht den Austausch mit Andersdenkenden. Weil er „im Gegensatz zu seinen Nachbarn nicht bereits alle Liberalen geschweige denn die Sozialisten als ‚Schweinehunde' bezeichnet, wird er der ‚rote P' genannt" (LW 50 1929, 11). Schwabach empfiehlt dieser Figur eine Fülle von Titeln zum bevorstehenden Fest. Sachbücher (von Henry Ford) sind darunter und solche, die er in früheren Rezensionen besprochen hatte (Jack London u.a.). Aber bitte nicht Bücher von Wilhelm Herzog schenken, rät er, elf Jahre nachdem er mit jenem Herzog in Berlin die sozialistische Zeitung „Die Republik" gegründet hatte.

Er schreibt im Sommer 1930 über die Krise des Repertoiretheaters und über das „Schicksal der Provinzbühnen" und in einer Sonderausgabe der „Literarischen Welt" zum Thema „Erotische Fragen der Gegenwart" den Sachartikel über Geburtenregelung. Hier verwertet er Passagen aus dem Buch „Die Revolutionierung der Frau". Es ist ein mit vielen Statistiken unterlegter Text über Abtreibung, über die Notwendigkeit der Aufklärung junger Menschen und über Geschlechtskrankheiten. An einer Stelle bricht ein Bekenntnis aus ihm heraus. Schwabach verlässt den Duktus des sachbezogenen, neutralen (Pseudo-)Wissenschaftlers und ruft: „Wer jeden außerehelichen Verkehr als unsittlich ansieht und für seine eigene Person daraus die praktischen Konsequenzen zieht, ist vielleicht zu bedauern, weil er im Leben um viel Freude kommt" (LW 24 1930, 5). Das ist Rainer Hollbaum pur, die Hauptfigur aus „Nur eine Liebe", das ist Schwabach pur.

Erik-Ernst Schwabach folgt seiner eigenen früheren Empfehlung, „leichter" zu schreiben, sich auch vor „Kitsch" nicht zu fürchten, wie er formuliert hatte, nun konsequent. Vor allem mit kurzen unterhaltsamen Formen fällt er in den nächsten Jahren auf. So schreibt er neben Alfred Döblin und Hans Wilhelm die Liedtexte für den Film „Berlin Alexanderplatz" (1931) sowie zahlreiche Drehbücher und Exposés für Operetten, daneben Hörspiele und kleine Prosa.

Er „tingelt" regelrecht durch Deutschland und liest vielfach aus eigenen Werken, etwa bei Autorenabenden der „Schlesischen Funkstunde" in Breslau oder in Berlin. Gelegentlich werden diese Vorträge aufgenommen und übertragen. Mit dem Musiker und Komponisten Allan Gray[454] tourt er bis Ende 1932 durch Vortragssäle: Schwabach liest, von Gray stammt die Musik: „Erinnerungen an Sommernächte" heißt ein Programm, das beide im Herbst 1932 in Berlin und anderen Städten aufführen und das, angekündigt als „Bunter Abend", übertragen wird in Stettin, Berlin und Magdeburg. Ein anderes Programm, ein „heiteres Spiel mit Musik", ebenfalls mit Gray gemeinsam produziert, nennt er „Von der Tragödie bis zur Revue".

Von der Schattenangst besessen:
Folgen der Inflation und das Ende im Londoner Exil

Der Niedergang und das Ende machen sich nicht erst mit dem Tod von Ernst-Joachim im Jahr 1930 bemerkbar. Der Abschied vom glücklichen Leben beginnt auch nicht erst mit der aufgezwungenen Flucht nach England und mit dem zeitweiligen Exil in London im Jahr 1936, als Schwabach Deutschland zum ersten Mal für längere Zeit verlassen muss. Das Unheil deutet sich bereits Mitte der zwanziger Jahre zuerst in der großen Erschütterung an, die ihn und seine Familie durch die wirtschaftlichen Folgen der Inflation zunächst langsam, dann aber immer deutlicher bedroht. Aufgewachsen im Wissen um die Bedeutung des Familiennamens, sozialisiert in der großbürgerlichen Umgebung des Schwabach'schen Bankkaufmannsgeschlechts, das seit drei Generationen das wirtschaftliche Leben im deutschen Reich und dann ab 1918 in der Republik mitbestimmte und bislang immer mächtiger und vermögender wurde, stellt für Erik-Ernst Schwabach diese noch nicht absehbare Entwicklung alles in Frage, was er bisher hatte und kannte.

Bis dahin konnte die Familie ein finanziell vollkommen sorgenfreies Leben führen. Um Geschäfte hatten sich Verwalter und Bedienstete gekümmert. Angestellte der Bleichröder Bank in Berlin wiesen Dividendenzahlungen regelmäßig laut Schwabachs Anteilen an dem Unternehmen an. Geldmangel war immer ihm ein Fremdwort gewesen. Doch die Entwertung der Mark durch die Inflation hatte zur Folge, dass den Schwabachs nun immer weniger Mittel zur Verfügung standen. Angesichts der ökonomischen Konsequenzen sah Schwabach, dass tatsächlich zum ersten Mal überhaupt Unheil drohte; keine sofortige Verarmung, das nicht, aber die rezessive Kurve zeigte deutlich nach unten.

Für ihn persönlich hieß das: Er bekam Schuldgefühle seiner Frau und seinen Kindern gegenüber. Schwabach sah die Gefahr, dass er selbst als erster am drohenden Fall der Familie schuld sein würde. Verstärkt wurde diese Ahnung dadurch, dass er selbst nichts dagegen tun konnte: Der Mann sah sich ja nicht als Unternehmer. Er hatte keinerlei Qualifikation, um wirtschaftliche Folgen abwägen zu können. Als ökonomischer Dilettant konnte er nicht überblicken und entscheiden, ob und wann etwa der Zeitpunkt gut sein würde, Mark in Dollar zu tauschen, ob die Investition in Sachgüter und Immobilien früher nicht doch sinnvoll gewesen wäre; vernünftiger vielleicht als den Gastgeber kostspieliger Gesellschaftsabende und rauschender Partys zu spielen und sicher zweckmäßiger als ungebremst einer fast hemmungslosen Sammelleidenschaft zu frönen. Schwabach hatte eben nicht in Zeiten des eigenen großen Vermögens (also bis zur Inflation) Investitionen in Immobilien getätigt, sondern vorrangig in Wertpapiere und Anleihen, deren Werte sich in der Inflation aufzulösen begannen.[455] Jetzt war das „goldene Zeitalter der Sicherheit", wie es Stefan Zweig später beschreiben sollte[456], für ihn vorbei. Ende der zwanziger Jahre wird er sich mit dem Verkauf der Schlosseinrichtung und großer Teile seiner Bibliothek zu ultimativen Schritten entschließen, um wirtschaftlich zu retten, was noch zu retten ist.

Zwei Auktionen als Zeichen des bevorstehenden Endes

„Ihr habt ja gar kein Geld mehr! Ihr habt ja gar kein Geld mehr!" – Eine dünne Mädchenstimme drang im Sommer 1931 über den Schlosshof in Märzdorf. Das Kind rief die hämischen Worte erst ganz allein, doch schon nach den Wiederholungen des Schmährufes stimmten auch andere Kinder, die auf dem Vorhof vor dem Portal standen, mit ein. „Ihr habt ja gar kein Geld mehr!"[457] – Kindermund tut Wahrheit kund. Es waren die Sprösslinge der Diener des Schlosses und der Bediensteten des Gutes, die so hämisch und gemein riefen; und wohl auch der eine oder andere Junge oder das eine oder andere Mädchen aus den Anwohnerhäusern, die die Straße Richtung Westen hinter der katholischen Kirche säumten, dort, wo in einfachen, flachen Häusern die Handwerker, Krämer und andere wohnten, waren dabei. Die knapp 13-jährige Gitta Schwabach und ihr jüngerer Brüder Dorian hörten die Worte, die leider der Wahrheit entsprachen, oben im Spielzimmer des Schlosses, das nun allerdings fast ganz leer war. Die meisten Spielsachen waren schon nach Berlin gebracht worden; nur noch einzelne Kisten aus Holz standen jetzt herum. Sie enthielten Kleidungsstücke, einige Puppen für die Tochter und das Holz- und Blechspielzeug für den Sohn. Auch die vielen anderen Zimmer im Schloss sahen so ähnlich aus: Kisten überall. Die Salons und Räume, die große Halle im Erdgeschoss und den beiden Obergeschossen – verwaist.

Es war nichts weniger als die komplette Räumung des Schlosses. Die beiden Kinder von Erik-Ernst und Charlotte Schwabach fühlten sich auf eigentümliche Art und Weise ganz unbehaglich: Solche Häme, diese Bosheit in Ton und Wort, die aus den Rufen der Kinder von unten in das Zimmer drang, kannten sie gar nicht. Es waren ja Spielkameraden gewesen, und auch wenn es Klassenunterschiede gab zwischen Gitta, ihren Brüdern und den anderen, so hatten doch die Dorfkinder und die Schwabach-Geschwister früher oft gemeinsam gespielt. Sie hatten Kindergeburtstage im Schloss oder im Schlosspark gefeiert. Sie waren durch die Felder und Wälder gezogen. Jetzt diese offenkundige Feindschaft. Es war, als wäre plötzlich ein Schleier weggezogen worden, der den Blick freigab auf das unverstellte Gefühl der Bauern- und Bedienstetenkinder – ein Gefühl, das von Neid auf die in vielfacher Weise bevorzugten Kinder der berühmten Familie geprägt war. Doch reich war die Familie jetzt, zu Beginn der dreißiger Jahre, eben nicht mehr.

Nun bogen große Umzugslastwagen von der zum Gut hinführenden Straße in den Hof ein und hielten direkt in einer halbkreisförmigen Reihe hintereinander vor dem Schlossportal. Sie trugen die Aufschrift eines Berliner Fuhrunternehmens, das im Auftrag des Internationalen Auktionshauses in der Kurfürstenstraße hierhergekommen war. Ihre Aufgabe: Alle Kisten mit den verpackten Gegenständen nach Berlin bringen. Die Räumung des Schlosses und die Versteigerung standen bevor. Es war das sichtbare Zeichen eines langen, schleichenden Prozesses des wirtschaftlichen Niedergangs, der jetzt zu einem vorläufigen Ende kam.

Der Katalog für die im März 1931 geplante Auflösung des Hausstandes bringt es auf 818 Lots. Das entsprach der Ladekapazität von, wie der Diener Scherrer geschätzt oder gezählt hat, 52 Möbelwagen.[458] Alles wurde aus dem Märzdorfer Schloss geräumt und nach Berlin geschafft – sämtliches Mobiliar, die Kunstgegenstände aus den verschiedenen Ländern, die Schwabachs Vater zusammengetragen hatte auf seinen Weltreisen; die Gobelins, Ritterrüstungen und Waffen, die Bilder und Statuen, der Bronzelöwe von August Gaul, der lange Jahre im Park stand, das Bronzepferd aus Persien; alles bis auf die Bücher, die schon separat vier Monate zuvor versteigert worden waren, und bis auf den elsässischen Sandsteinkamin aus dem Jahr 1600, in dessen spitzem Giebel ein Fries die Anbetung der Heiligen Drei Könige zeigte und die Inschrift zu lesen war „Ehre sei Gott in der Höhe und Fried auff Erden den Menschen die eines guten Willens seien".[459] Er konnte nur direkt vor Ort verkauft werden.

Mit der Versteigerung der Bücher von Erik-Ernst Schwabach im November 1930 kam eine weitere der großen deutschen Sammlerbibliotheken der Zeit unter den Hammer. „Mit dieser Auktion löst sich ein weiterer Stein aus dem stattlichen Bau der Kultur unserer neueren Privatbibliotheken. Wir haben in den letzten Jahren eine Dichterbibliothek nach der anderen sich auflösen sehen, Heymel, Heimann, Sternheim, um nur einige zu nennen ... Gewiß, auch die alten literarischen Vertreter der Kultur, wie Wieland, Schopenhauer, Schlegel und Tieck stehen auf den Titeln von Auktionskatalogen, aber in jenen Zeiten überlebte doch meistens die Bibliothek ihren Besitzer, während heute das Umgekehrte der Fall ist."[460]

Die Entscheidung, seine Sammlung dem Auktionshaus Paul Graupe anzuvertrauen, fiel Schwabach sicher leicht. Graupe wird die erste Wahl gewesen sein. Er war einer der bekanntesten Auktionatoren in Deutschland und hatte einen tadellosen Ruf. Und Schwabach kannte dessen Haus durch seine eigene

Sammelleidenschaft, die ihn oft genug zu Auktionen in die Lützowstraße, später dann in die Tiergartenstraße geführt hatte, ja nur zu gut. Bei Graupe kam eine Fähigkeit hinzu, die Schwabach sympathisch gewesen sein musste: Als erster inszenierte er nämlich geradezu seine Auktionen „zu einem publikums- und medienwirksamen Event" und machte sie so „zu einer Art künstlerischer Konferenz – mit amüsanten Zwischenbemerkungen in Entertainformat und moderativen Elementen."[461]

Graupe, der „Kunsthändler zwischen Republik, Nationalsozialismus und Exil", war auch deshalb „einer der prominenten Protagonisten dieser schillernden Berliner Kunsthandelswelt der Weimarer Zeit."[462] Er spielte zudem in der Zeit nach 1933 noch eine wichtige Rolle, wenn es darum ging, jüdischen Sammlern und Galeristen zu helfen, „Besitz zu veräußern, um mit dem Erlös sich und ihre Familien in Sicherheit bringen zu können. Wegen des internationalen Renommees galt Graupe, selbst Berliner Jude, der 1939 über Paris nach New York floh, sowohl als solider Notverkäufer für die liquidierten Galerien als auch als wichtiger Devisenbringer für den NS-Staat."[463]

Mit den beiden Auktionen wurden nicht nur Objekte und Gegenstände aus zwei bedeutenden Sammlungen in alle Welt verstreut. Damit war auch ein unwiederbringlicher Nachweis, ein weiteres kulturelles Zeugnis bürgerlicher Kunst- und Buchkollektionen, hier in besonders reichhaltiger Qualität und Quantität, verloren gegangen. Immerhin konnte die Familie Schwabach einen nennenswerten Erlös erwirtschaften: Allein für die Bibliothek vermeldete die „Vossische Zeitung" eine Summe in Höhe von 70.000 Mark[464]. Der Zeitpunkt für eine Versteigerung war – praktisch auf dem Höhepunkt der Weltwirtschaftskrise – nicht gerade günstig, aber für Schwabach eben auch alternativlos. „Das Bemerkenswerteste", hieß es in dem Artikel der Zeitung weiter, „waren keinesfalls eigentlich die Preise, sondern viel eher das wieder vorhandene Interesse. Noch immer hat es der Preis für den modernen Luxusdruck nicht leicht, sich zu erholen."[465]

Eine Auktion als Hoffnungsschimmer in schwieriger Zeit? Auch das „Berliner Tageblatt" sieht gerade in den Resultaten dieser Versteigerung ein wichtiges Signal: „Auch das gute Buch wird heute trotz der schlechten wirtschaftlichen Lage gekauft." Als Beleg werden die begehrten Goethe-Vorzugsausgaben der Doves-Press-Bücher aus der Schwabach-Sammlung angeführt. So erlösen die beiden „Faust"-Bände „den hohen Preis von 4900 Mark", der „Werther" und der „Tasso" kommen auf je 1300 Mark.[466]

Das Schloss in Schlesien, das lange Jahre nicht nur herrschaftliches Gut war, sondern auch gelegentlich Lust- und Unterhaltungsstätte für Gäste aus den Literaturzentren in Berlin und Leipzig und für Erik-Ernst Schwabach besonders wegen der ruhigen Bibliotheksräume immer ein Zufluchtsort der Stille war, steht leer. Auch die Wohnsituation in Berlin verschlechtert sich unter dem wirtschaftlichen Druck: Aus der großen Wohnung am Berliner Tiergarten, dem Herzen des Berliner Großbürgertums, zieht die Familie nun in die bürgerliche Knesebeckstraße in Charlottenburg.

Radio Plays, „Fanny" und „Kitty": Schwabachs letzte literarische Arbeiten ab 1933; Exil und Tod in England

Die wirtschaftlichen Schwierigkeiten, die Schwabach zu Beginn der dreißiger Jahre zum Verkauf der Büchersammlung und der Schlosseinrichtung zwangen, wurden mit dem Erlös nur zum Teil kompensiert. Da Einnahmen vom Bankhaus Bleichröder nun fehlen, bleibt ihm nur die weitere Tätigkeit als freier Schriftsteller und Kritiker. Mit der Machtübernahme der Nationalsozialisten im Januar 1933 kommt zu dem ökonomischen Druck der politische hinzu. Erik-Ernst Schwabach, der Schriftsteller mit jüdischen Wurzeln, versucht sich auf die politischen Veränderungen einzustellen. Vor allem die Maßnahmen gegen Juden durch die NSDAP, die 1935 zunächst in die sogenannten Rassengesetze mündeten, hießen auch für ihn: Schreibverbot, was faktisch für ihn ein Berufsverbot bedeutete.

Schwabach, obwohl selbst christlich getauft, obwohl das Judentum oder der jüdische Glauben in seinem ganzen Leben keine größere Rolle gespielt hatten, galt mit vier jüdischen Großeltern nach den Nürnberger Rassengesetzen der Nazis als Jude. Dass bereits sein Vater konvertiert war, bedeutete gar nichts. Auch die Tatsache, dass er für das Deutsche Reich als Soldat im Ersten Weltkrieg eingesetzt war, blieb bedeutungslos. Schwabach war damit zunehmend rechtlos. Auch die Aufnahme in die Reichskultur- beziehungsweise Reichsschrifttumskammer und damit die amtliche Erlaubnis, als Schriftsteller weiter arbeiten zu können, blieb ausgeschlossen, denn dafür galt als wichtigste Bedingung: der Ariernachweis. Seine Frau Lotte war – mit ihren christlich getauften Vorfahren – nicht betroffen.

Sich selbst hatte Schwabach immer als einen Menschen ohne irgendeinen größeren religiösen Bezug gesehen. Zwar besuchte die Familie Schwabach in Märzdorf hin und wieder den Gottesdienst in der Evangelischen Dorfkirche, aber ein religiöser Mensch war Schwabach nie, ebenso wenig wie sein Vater. Mit dem jüdischen Glauben seiner Großeltern hatte er sich nie beschäftigt – im Gegenteil: Er hatte sich bei Gelegenheit scharf davon distanziert. Nach einem Besuch bei Robert Oppenheim[467] notierte er in sein Tagebuch: „Wie entsetzlich diese jüdischen Kreise! Reden Blödsinn, und meinen, klug zu reden. Und langweilig, satt und immer befriedigt" (TB1, 7.11.1916). Und nachdem er mit Siegfried Jacobsohn, dem Herausgeber der „Schaubühne" und der „Weltbühne", im Herbst 1917 eine Theateraufführung in Berlin besucht hatte, schreibt er über seinen Begleiter: „…sähe er doch nur weniger jüdisch-kompromittierend aus" (TB2, 28.9.1917).

Neben vielen anderen ist auch Schwabachs Freund Franz Blei direkt betroffen. Dessen sämtliche Schriften stehen auf jener „Liste des schädlichen und unerwünschten Schrifttums", die seit 1935 von der Reichsschrifttumskammer regelmäßig herausgegeben wurde. Und als Koautor des von Blei herausgegebenen Buches „Das Zaubertheater" von 1915, das damit ebenfalls auf den Index gerät, ist auch Erik-Ernst Schwabach tangiert.[468]

Nun sah sich Schwabach gefangen zwischen der eigenen nichtreligiösen Erfahrung und Lebenswirklichkeit und einer durch das Gesetz bestimmten Realität, die ihn als Juden klassifizierte; eine Erfahrung, die sein Onkel, der dekorierte Weltkriegsteilnehmer und erfolgreiche Bankier Paul von Schwabach, ebenfalls machen musste. Neben der Angst vor wirtschaftlicher Not kam mit der zunehmenden Radikalität der antisemitischen Maßnahmen auch die Befürchtung hinzu, an Leib und Leben auf Dauer im Deutschen Reich nicht mehr sicher zu sein. So verwundert es nicht, dass das literarische Schaffen von Erik-Ernst Schwabach ab 1932/33 in Deutschland fast ganz zum Erliegen kam. Er arbeitet hier nur noch sporadisch als Librettist und – als Schutzmaßnahme – ausschließlich unter Pseudonym. Im zweiten Halbjahr 1933 bis Anfang 1934 etwa, als er als Autor an der Uraufführung der Operette „Lady Fanny" von Theo Mackeben im Deutschen Künstlertheater in Berlin unter der Regie von Jürgen Fehling tätig ist und als „Eric Ernst" in einer Voranzeige zur Premiere erwähnt wird[469].

Veröffentlichungen sind von ihm ab jenem Zeitpunkt in Deutschland nicht mehr nachzuweisen, obwohl es unter den Nationalsozialisten noch bis 1936 Publikationsmöglichkeiten für jüdische Autoren und „Mischlinge" gab, freilich beschränkt auf jüdische Verlage. Ab 1935 lehnte die Reichsschrifttumskammer Aufnahmeanträge jüdischer Autorinnen und Autoren dann systematisch ab. Bereits aufgenommene wurden aus der Standesorganisation ausgeschlossen und waren somit gezwungen, ein „segregiertes literarisches Leben" zu führen. Allein in Berlin waren ab 1933 1001 Schriftsteller, Wissenschaftler, Künstler und Intellektuelle davon betroffen[470]. Im Jahr 1936 konnte etwa noch Rudolf Franks Buch „Ahnen und Enkel" in der Jüdischen Buch-Vereinigung in Berlin erscheinen.

Die Beschränkungen sind auch für Schwabach existentiell. Denn auch für seinen vormals wichtigsten Auftraggeber seiner Radiohörspiele, die Reichs-Rundfunk-Gesellschaft mit den einzelnen Sendern in Frankfurt, Berlin, Breslau, Königsberg und andere, konnte er nicht mehr tätig sein.

Als Ausweg erwägt Schwabach in jener Lage wie viele andere auch, auszuwandern. Er versucht in den folgenden Jahren mehrfach, in England sesshaft zu werden. Ihm gelingt es aber nicht, ein dauerhaftes Bleiberecht oder ein über mehrere Monate hinaus gültiges Visum zu bekommen. Das heißt für ihn, dass nach teils mehrmonatigen Aufenthalten im Königreich eine Rückkehr notwendig wird[471].

Schwabach musste also einen neuen Weg für sich finden. Dieser Weg, der ihn isoliert von seiner Familie ins britischen Exil führt, ist nur zum Teil von ihm und seinen Beweggründen bestimmbar und zudem mit vielen psychischen und physischen Belastungen verbunden: Er bedeutete nämlich zuerst die oft lange räumliche Trennung von Frau und Kindern. Hinzu kamen die Unsicherheiten über die Frage, wie die Existenz der Familie Schwabach gesichert sein könnte mit einem Familienvorstand, der in England ohne gesichertes Einkommen als „freier" Schriftsteller in einem fremden Land lebte und dessen Sprache er (anfangs) nicht gut beherrschte. Sie bestimmten die jetzt auch materiell schwierige Zeit bis zu Schwabachs frühem Tod im Frühjahr 1938.

Er schreibt in London zahlreiche kleinere Unterhaltungsstücke, Exposés für Theater- und Filmstoffe – „Er kam schliesslich nach London, um sich im Film umzutun"[472] – und kurze Entwürfe sowie Ideen für mögliche Produktionen. Sein Themenspektrum konzentriert sich vor allem wieder auf Liebes- und Beziehungsgeschichten: leichte Unterhaltung in schwerer Zeit. Es sind Titel wie „Lady-companion wanted. A story for a film, an operetta or a wireless play" oder „Verena oder ein Tanz durchs Leben". Seltener sind es fertige Konzepte und ausformulierte Skripts für Bühnenstücke – wie „Isolde von Irland. Ein Schauspiel in drei Akten". Mehrfach schreiben Schwabach und ein zweiter Autor gemeinsam an Stücken. Mit Julian Stein etwa, mit dem er Filmskripte zu „Idol", zu „Roulette" oder etwa zu „Für eine Jagd-Expedition nach Afrika" fertigt. Ein anderer Koautor ist Tucky Maier – das Filmexposé für „Dunst" schreiben beide (nach Turgenjews gleichnamigen Roman).[473] Schwabach bietet – in alleiniger Urheberschaft – Entwürfe für Filme an, die Romanstoffe als Ursprung haben, zum Beispiel „Ivanhoe" (nach dem Roman von Walter Scott), „Die Fackel" (aus dem Leben Emile Zolas) oder ein Exposé für das Hörspiel „Das Duell" (nach der Novelle von Alexander Puschkin).

In einer von ihm selbst zusammengestellten Übersicht listet er in englischer Sprache seine Produktionen von 1926 bis 1934 auf. Diese Liste („Rekord of Radio-plays") mit knapp über zwanzig Titeln diente wohl als Referenz für seine Bewerbung an die BBC in London.[474] Dabei handelt es sich um englischsprachige Titel für jene Radioproduktionen, die Schwabach bereits in Deutschland geschrieben hatte und noch vor 1933 vermarkten konnte.

Schwabachs letzte größere Produktionen waren das Manuskript zu dem als Bühnenstück geplanten Stoff „Kitty" beziehungsweise „Kitty und die Weltkonferenz" und eine Abfolge von 39 kurzen Prosageschichten, die unter dem Titel

„Bilderbuch einer Nacht" veröffentlicht werden sollten. Er arbeitet in Berlin seit 1935 mit Pausen an diesem Stück und sporadisch an anderen. Der Jahreswechsel 1935/36 ist bei ihm von fortlaufender Unsicherheit und zum Teil schweren depressiven Momenten geprägt. Die Nachricht vom Tod Kurt Tucholskys kurz vor Weihnachten 1935 macht die Runde. „Ein Jahr ohne Optimismus hat begonnen. Wie sollte man auch?", notiert er Anfang Januar (TB4, 1.1.1936) in Berlin. Kurz zuvor schreibt er über die „graue und unfreundliche Politik": „Ich wollte, ich sähe weiter. Vor allen Dingen mutiger; und hätte jemanden, der mir Mut machte!" (TB4, 17.1.1936).

Nur gelegentlich kommen positive Nachrichten, die in ihm die Hoffnung aufrechterhalten auf ein neues Leben in einem anderen, sicheren Land. In einem Brief aus London teilt ihm die BBC mit, dass sein Stück „Three for a song" an zwei Tagen gesendet werden soll, es ist eine englische Bearbeitung, „bei der wenig von meinem Buche geblieben sein soll", wie er gehört hat. Schwabach freut sich trotzdem: Sein Name laufe, wenn auch nur einmal, „über die Sender", notiert er; es ist ein Anfang (TB4, 6.1.1936). Im April will Schwabach selbst für eine längere Zeit nach England fahren.

Doch vorher möchte er das Stück „Kitty", das ihn seit Monaten beschäftigt, beenden. Aber es gibt jetzt, praktisch auf der Zielgeraden, Schwierigkeiten mit seinem Koautor Stein. Die Arbeitsteilung mit Blick auf das Stück sieht eigentlich so aus: Schwabach formuliert die unterhaltenden Szenen, die Dialoge der Verliebten, die Liedtexte. Und Stein liefert den politisch-wirtschaftlichen Unterbau für die Geschichte. Die Kooperation beider Autoren ist aber nun von Abstimmungsproblemen und Konflikten geprägt:

> Ich werde den Tag segnen, an dem die Kitty fertig ist; it is a hard work mit Stein, der in einen politischen Teil verbissen ist, ohne ihn (find ich) so geistreich zu gestalten, dass er die Pausen rechtfertigte, die er in den Handlungsablauf kriegt. Egal
> (TB4, 29.1.1936)

Kitty ist nämlich als ein Unterhaltungsstück angelegt, das jedoch ein ernstes Thema zum Mittelpunkt hat: In der Schweiz findet eine internationale Konferenz statt. Am Konferenzort in Lugano, dem Grand Hotel Eden, bereiten sich Diplomaten, ihre Stäbe, viele Journalisten und das Hotelpersonal auf die Tagung vor. Kitty, eine schöne junge Frau, arbeitet als Maniküre im Hotel. Dort lernt sie der Journalist Piet kennen. Sie verliebt sich heimlich in ihn. Piet, auf der Suche nach Informationen, hält die junge Frau jedoch für die Privatsekretärin des englischen Wirtschaftsministers Sir Horace Ashlin, den sie ebenfalls trifft. Es kommt zu Verwechslungen und falschen Vermutungen, deren Höhepunkt darin besteht, dass der Minister sie bittet, bezüglich eines Abkommens über Öllieferungen eine gezielte Falschmeldung bei Piet zu streuen, um drohende Anleihespekulationen zu verhindern. Das Geschäft der Spekulanten wird so verhindert. Allerdings kommt es, nachdem Piet sich über den Charakter seiner Meldung klar wird, zum Streit mit Kitty. Letztendlich versöhnen sich die Verliebten aber durch die Vermittlung des Ministers wieder.

Erik-Ernst Schwabach schreibt wenige Tage später: „Wenn nur das Biest von Kitty schon fertig wäre." Er befürchtet, dass der Koautor Stein das Stück durch (zu viele) politische Szenen „kaputt" mache: „Hoffentlich findet sich noch jemand, der sie ihm radikal rausstreicht" (TB4, 2.2.1936).

Zwei Wochen später ist das Werk trotz dieser Querelen beendet, vorerst jedenfalls: „Hoffe ich endlich mit der Kitty fertig zu werden" (TB4, 25.2.1936), und kurz darauf heißt es: „Das Wort ,Vorhang' ist hinter Kitty gesetzt. Jetzt wird der Kampf um die notwendigen Striche einsetzen" (TB4, 26.2.1936). Schwabach glaubt, dass die Komödie durch Stein „zu schwer" geworden" sei (TB4, 1.3.1936), zu beladen mit den Bezügen in die komplexe internationale Wirtschaftspolitik und die Welt der Hochfinanz. Der Streit zwischen den beiden Autoren, der sich schon andeutet, wird sich kurze Zeit später auf bizarre Weise und zu einem (für Schwabach) hohen Preis auflösen.

Die elegante Szenerie der Konferenz in der Schweiz mit vornehmen Diplomaten, gerissenen Journalisten und Spekulanten und naiven, aber zielstrebigen und schönen Sekretärinnen korrespondiert überhaupt nicht mit der realen Berliner Lebenswelt der Schwabachs im Jahr 1936. Das Vermögen ist weitgehend aufgebraucht, das eigene elitäre Leben, das bis zur Auflösung des Familiensitzes auf Schloss Märzdorf Bestand hatte, liegt weit zurück und spiegelt sich nur noch schemenhaft in der Erinnerung. Nun bestimmen finanzielle Sorgen den Alltag.

Schwabach selbst arbeitet zwar, aber unter der Last politischer, gesellschaftlicher und ökonomischer Restriktionen. Das Leben der Familie besteht jetzt aus Warten auf die Londonreise des Vaters. Die Zeit wird mit Kino- und vor allem Zoobesuchen (ein neugeborenes Elefantenbaby ist im April im Berliner Zoo die Publikumsattraktion) überbrückt. Nach einer kurzen Reise in die Schweiz schreibt Schwabach: „Kaum zurück (aus Zürich, PW) überfällt einen das ganze graue Elend, das hinter den finanziellen Dingen liegt. Und Lottes kaum ertragbare Depressivität, der Mangel an Vertrauen in mich, von dem sie noch nicht einmal begreift, wie er mich zu aller Schaden hemmt und unaktiv macht. Aber ich will mich, verdammt noch mal, nicht unterkriegen lassen" (TB4, 4.3.1936).

Die Passivität legt sich, als er tatsächlich im Sommer 1936 nach England fährt. Er nimmt, kurz bevor er am 23. Juli die Schiffsreise antritt, seine literarische Produktion wieder auf: Teilweise schreibt er parallel an verschiedenen

Geschichten. Er überarbeitet seine bereits fertigen Radioproduktionen für eine mögliche Ausstrahlung in England und lässt sie, als er dort ist, übersetzen – und er schreibt einige neue Stücke.

Vor allem versucht Schwabach, seine Einsamkeit als aus Deutschland stammender Emigrant zu überwinden und beginnt in London, soziale Kontakte zu suchen. Er trifft sich mehrfach mit Vera, seiner Cousine, die nach der Scheidung von Eduard von der Heydt bis 1933 in der elterlichen Familie mit ihrem Vater Paul und ihrer Mutter Eleanor gelebt hatte und 1933 bereits nach England ausgewandert war und nach einem wissenschaftlich bedingten „Zwischenstopp" in Schottland nun ebenfalls in London lebte[475]. Mehrfach liest er ihr aus einem Romanwerk vor, an dem er arbeitet. Auch zu Allan Gray sind wieder Kontakte in jener Zeit verbürgt.

In seiner Tagebuchrubrik „Blick aus dem Fenster" notiert und kommentiert Schwabach als Beobachter Bemerkungen zu verschiedenen, meist politischen Themen in Stichworten zur Lage in Japan, in Spanien vor der Militärrevolution und dem Bürgerkrieg dort; über Ribbentrops Reise nach London[476]. Schwabach, selbst passionierter Hobbyboxer in früherer Zeit, schreibt über den Boxkampf von Max Schmeling gegen Joe Louis („Merkwürdige Natur der Menschen – die sich (ich nicht ausgenommen) über ein Boxmatch in einer Zeit aufregen, wo täglich in ganz Europa wirtschaftliche und politische Kämpfe auf Tod und Leben … ausgetragen werden" (TB4, 20.6.1936), über den Beginn der Olympiade in Berlin im Sommer 1936 und den Fortgang des spanischen Bürgerkrieges: „Auch jetzt noch ungeklärte Lage; Terror, jedenfalls eine beunruhigende Situation. … Ich fürchte, viele Leute bezeichnen heute als Minderwertigkeitskomplex, was man früher allgemein als Selbsterkenntnis bezeichnete" (TB4, 31.7.1936).

Seine Verzweiflung an der Welt und ihren Entwicklungen wird an vielen Stellen spürbar. So schreibt Schwabach im August: "Man kann heut eigentlich nur noch leben, wenn man nicht nachdenkt" (TB4, 21.8.1936), und einen Tag später: „Man darf nicht darüber nachdenken, sonst verzweifelt man: Die Welt zittert, schreckliche Kämpfe spielen sich ab" oder werden sich abspielen, denn – so schreibt er in seinem „Blick aus dem Fenster" wenig später – „Deutschland verdoppelt Heeresbestand" (TB4, 25.8.1936). Im November bemerkt er: „Franco in Madrid. Die ersten Television-Apparate im Handel" (TB4, 8.11.1936).

Seine Tochter Brigitte, nun zwanzig Jahre alt, ist auch in England, in Eastbourne an der Küste, und versucht, dort eine Lehrstelle zu bekommen. Vater und Tochter besuchen sich regelmäßig: Strandspaziergänge in Eastbourne stehen auf dem Programm oder – in London – Filmvorführungen sowie Besuche im „British Museum" und der „British Library". Mit Wehmut erinnert sich Schwabach bei einer dieser Gelegenheiten. „In der Bibliothek, zumal bei den Cobden-Sanderson und Dovesbänden blutete mein Herz", schreibt der ehemalige

Sammler dieser bibliophilen Raritäten, von denen er selbst in seinem früheren Leben einige Exemplare besaß, als er mit seiner Tochter Gitta in London im British Museum war.[477]

Die Eheleute Schwabach sehen sich 1936 nur noch einmal, als Lotte Ende Oktober für gut eine Woche nach London kommt und ihren Mann besucht.

Sein grundlegendes Lebensgefühl in dieser Zeit umschreibt Erik-Ernst Schwabach mit Begriffen wie Einsamkeit, die er mit vielen, zum Teil mehrfachen täglichen Kino- und Theaterbesuchen bekämpft; mit Traurigkeit, Verzweiflung, mit Ärger und Enttäuschung. Die wirtschaftlichen Sorgen für sich und seine Familie nehmen nicht ab: Seine Aktivitäten in diesem halben Jahr reichen, das wird schnell klar, nicht aus, um dauerhaft und stetig als Exilautor zu reüssieren.

Die Kommunikation mit der BBC ist für ihn äußerst mühsam und bringt kaum nennenswerte Ergebnisse. Schwabach sprach besser Französisch als Englisch. Zu seinem Glück konnte er eine Bekanntschaft mit einer fast genau zwanzig Jahre jüngeren Engländerin intensivieren, die er im Juni 1937 in Berlin kennengelernt hatte, und die ihm mit ihren guten deutschen Sprachkenntnissen in seiner Londoner Zeit bei Übersetzungen half: Joyce Leonie Harland.[478]

Im Oktober erhält er die Nachricht, dass die BBC zwar an einem Stück von ihm interessiert ist, sich aber nicht mit dem wenige Seiten starken Exposé zufrieden gibt: „BBC will erst fertige ‚Leading Lady‘ sehen. Man kommt nicht voran" (TB4, 9.10.1936). Besonders die Begründung der BBC wird ihn geschmerzt haben. Denn Vic Gielgud, Director of Features and Drama der BBC, findet den Plot „extremely simple".[479]

Weitere Rückmeldungen lassen nicht den Schluss zu, dass es zu einer intensiven Zusammenarbeit von Schwabach und der BBC kommen könnte: Er erhält fast ausschließlich Absagen, die mal britisch-höflich, manchmal aber auch direkt formuliert sind.

Auch der „Verkauf von Filmstoffen", eine weitere angestrebte Tätigkeit im Londoner Exil, wie es Schwabachs Rechtsanwalt gegenüber der Devisenstelle des Landesfinanzamtes Berlin mitgeteilt hatte[480], kommt nicht recht voran: So schickt die Pendennis Pictures Corporation in Denham das Manuskript zu „Idol" zurück mit dem schlichten Zusatz[481], es komme für eine Produktion nicht in Frage.

Nun machen sich auch erstmals gesundheitliche Probleme deutlich bemerkbar. Schwabach, der früher viel Sport getrieben hatte und über eine robuste Gesundheit verfügte, raucht viel (Zigaretten mit Mundstück) und macht jetzt vor allem das Rauchen als Grund für seine körperliche Schwäche und für die nahezu konstante Müdigkeit aus, unter der er zunehmend leidet: „Regen, Regen, Regen!", schreibt er einige Wochen später und fährt fort: „Ärger, Ärger, Ärger! Ich habe keine Lust mehr u. bin so müde" (TB4, 12.11.1936). Einen Tag später heißt es: „Ich möchte 50 Stunden hintereinander schlafen, u.a. wg. Nikotin, nehme ich an" (TB4, 21.11.1936).

Seiner Frau und seinen Kindern gegenüber fühlt sich Schwabach schuldig, kann aber angesichts der Umstände kaum etwas verändern. Eine weitere Belastung kommt hinzu: Er erwähnt in dieser Zeit in seinem Tagebuch mehrfach „Verhandlungen in privater Angelegenheit mit Berlin". Damit meint er nicht die vage Aussicht auf einen Vertrag mit einem Verlagshaus für sein Stück „Vienna 1900", das er in diesen Tagen in seinen Notizen nennt und das – wie bei „Kitty" auch – die Sujets Liebe und Spionage zum Thema hat. Er bezieht sich offenbar vielmehr auf die Auseinandersetzungen über finanzielle Fragen, die Charlotte in seiner Abwesenheit mit den Anwälten von Paul von Schwabach, seinem Onkel, erlebt hatte, kurz bevor die Bleichröder-Bank arisiert wurde.

Im Einzelnen ging es wohl um einen Betrag in Höhe von fünf Millionen Mark, die Paul von Schwabach aus der Erbschaft seines Vaters, des Geheimen Kommerzienrates Julius Schwabach, als Einlage bei der S. Bleichröder Bank Jahre zuvor zugunsten von Erik-Ernst angelegt hatte und auf deren Auszahlung Erik-Ernst und Charlotte seit langem drängten. Das Geld sollte offenbar erst nach dem Tode Pauls frei werden. Doch beide Seiten einigten sich anders. Der Vergleich fiel jedoch für Erik-Ernst höchst unvorteilhaft aus. Paul von Schwabachs Anwälte machten vor dem Notar in Berlin nämlich geltend, dass durch die Inflation die ursprünglich fünf Millionen Mark nur noch exakt 715.000 Mark wert seien. Doch auch diese Summe kann von Schwabach nicht bezahlen. „Herr Paul von Schwabach erklärt, dass er zur Zeit keinerlei Mittel zur Abzahlung der bestehenden Schuld habe, vielmehr durch Verpflichtungen, die er im Interesse der Fa. S. Bleichröder gegenüber dem Bankhaus Gebr. Arnhold übernommen hat, erheblich überschuldet sei." Die Schuld wurde neu festgesetzt auf 189.000 Mark, und Paul zahlte 130.000 Mark in bar sofort an die Familie seines Neffen[482].

Zeitzeuge Toni Scherrer, der langjährige Diener auf Schloss Märzdorf, hat auch auf diese Angelegenheit einen spezifischen, sicher auch voreingenommenen Blick geworfen. Er schrieb: „Der liebe Verwandte Onkel Paul von Schwabach, auf eigene Sicherheit bedacht, durch den erhörten Zugriff der noch zu erreichbaren Gelder und investierte Kapitalien, wollte durch ewig hinziehende Verhandlungen Frau Schwabach mürbe machen, um dann doch durch die Übergabe an die Bankiers Gebrüder Arnhold, restlos bei den weiteren Verhandlungen zu verlieren."[483] Das Verhältnis zu Paul war damit auf jeden Fall endgültig zerrüttet.[484]

Augenscheinlich hatte sich Erik-Ernst aber lange Zeit große Hoffnungen gemacht, was jene „Angelegenheiten" betraf. Er kommentiert nun in London – „tief niedergeschmettert" –, dass er keine Ahnung habe, wie es weitergehen solle:

"Ich weiß nicht, wie ich meine Laune auch nur leidlich behalte. Auch hier geht nichts voran. Ich mag oft nicht mehr. Und in der Welt sieht es drohender aus (denn) je. Und über London hängt tiefer Nebel" (TB4, 24.11.1936).

Die finanziellen Sorgen ist die Familie mit der von Paul gezahlten Summe nicht endgültig los. Da es so gut wie keine weiteren Einnahmen gibt, müssen in absehbarer Zeit erneut Kunstgegenstände, diesmal aus der Berliner Wohnung, verkauft werden, darunter zwei Barock-Anrichten, eine Pierrotfigur aus Meißener Porzellan, ein Koggenmodell und eine Barock-Goldbronzeuhr. Charlotte lässt die neun Objekte – Schätzwert insgesamt: 1745 Mark – im Berliner Auktionshaus Achenbach Ende April 1937 versteigern.[485]

Weihnachten 1937 fühlt sich in der Knesebeckstraße 48 angesichts dieser Umstände für die Schwabachs nur vordergründig gut an. Es gibt einen Weihnachtsbaum, Geschenke werden verteilt, aber vom Glanz und Luxus früherer Zeiten ist nicht mehr viel zu spüren. Die Wohnung in dem bürgerlichen Viertel, nahe am Savigny-Platz in Berlin-Charlottenburg, ist zwar groß. Und immer noch bestimmt der Kunstgeschmack der Eheleute die Einrichtung. Aber sie steht auch für die aktuelle finanzielle Lage der Familie und kann, was Lage, Größe und Ausstattung angeht, weder mit dem Palais im Tiergarten mithalten, wo die Schwabachs früher wohnten, noch mit dem schlesischen Schloss. Auch nach der Versteigerung der Bibliothek und der vielen Kunstgegenstände aus dem Schloss in Märzdorf haben Erik-Ernst und seine Frau Lotte weiterhin viele – auch kostbare – Bücher um sich, vor allem von französischen Dichtern, die meist noch aus dem vom Vater geerbten Besitz stammen. Die Wände im Salon und Wohnzimmer schmücken Ölbilder und Grafiken. Von den vier Bildern von Theo von Brockhusen haben sie sich nicht getrennt, und sie werden das auch nicht tun. Ihr materieller Wert ist zwar überschaubar. Der Name von Brockhusen hat in der kunstinteressierten Welt der dreißiger Jahre einen anderen Klang als Dürer, von dem die Familie ebenfalls bis zur Versteigerung Werke besaß. Aber die Landschaftsbilder des früh verstorbenen Familienfreundes halten die Erinnerung an Schlesien und damit an die glücklichste Zeit ihres Lebens wach.

Ein beschaulicher Abend löst nicht die innere Unruhe auf, die seit einigen Jahren Erik-Ernst und seine Frau Lotte erfasst hat. Das unbestimmte unsichere Gefühl, dem sich vor allem das Familienoberhaupt Ende 1937 ausgesetzt sieht, verstärkt sich noch. Die politische Macht der Nationalsozialisten in Deutschland ist zu der Zeit fest zementiert, alle Bereiche der Gesellschaft sind durch Gesetze, Verordnungen und Sondererlässe der Nazis „arisiert" worden. Und der Druck auf Juden und auf sogenannte „Mischlinge" wie Erik-Ernst steigert sich noch. Bei Verstößen gegen gesetzliche Verordnungen droht immer häufiger das Konzentrationslager. Erst im Sommer des Jahres hat der Chef der deutschen Sicherheitspolizei, Reinhard Heydrich, per Geheimerlass verfügt, dass jüdische sogenannte „Rasseschänder" nach der Zuchthaushaft in Konzentrationslager zu überführen sind. Es gibt keine realistische Aussicht auf baldige Besserung der politischen Lage für gefährdete Familien wie die Schwabachs.

Damit ist genau das eingetreten, was Schwabachs Lieblingscousine Leonie, die Tochter Paul von Schwabachs, kurz nach der Machtübernahme der Nazis gegenüber Harry Graf Kessler prognostiziert hatte: „An Widerstand sei nicht zu denken. Es gebe Nichts mehr, das den Nazis entgegentreten könnte. Der Moment sei verpasst worden. ... Man müsse sich auf eine jahrelange Nazi Herr-schaft einrichten. ... Auch könne man kein freies Wort sagen, ohne befürchten zu müssen, denunziert zu werden. Die Atmosphäre sei unerträglich drückend."[486]

Eine bleierne, depressive Stimmung lastet Anfang 1938 auch auf Erik-Ernst. Er leidet zudem unter Grippeanfällen, unter ständiger „grauenhafter Müdigkeit" (TB5, 25.1.1938) und einer ganz allgemeinen Resignation. Für das neue Jahr hatte er sich Eines gewünscht: „Das was man braucht, behalten will und wovon man sich etwas verspricht: das Wort MUT" (TB5, Neujahr 1938). Schwabach plant erneut, nach England zu fahren, diesmal für längere Zeit. Er nimmt weiterhin schon in Deutschland sporadisch Englischunterricht. Doch ob er länger und ohne große Probleme in England sesshaft werden kann, weiß er nicht.

Vor seiner Abreise geben die Schwabachs noch eine kleine Gesellschaft in ihrer Wohnung, bei der Erik-Ernst „vor illustren Gästen" unter anderem aus seinem Gedicht „Freundschaft" vorliest. Unsicherheit auch an dieser Stelle über das eigene Wirken: „Ein Erfolg? Wie soll man das wissen? Gäste sind immer höflich. ... Wäre ich nur nicht so kaputt!" (TB5, 6.1.1938).

Einige Tage später, noch vor der Abreise, feiern seine Frau Lotte und er am 24. Januar seinen 47. Geburtstag in Berlin, seinen letzten. Wenige Wochen später, am 19. Februar 1938, fährt er nach England und erlebt bei der Ankunft eine herbe Enttäuschung: Im Hafen von Harwich, im Südosten der Insel, dort wo wenig später auch die sogenannten „Kindertransporte" mit jüdischen Kindern Ende 1938 und 1939 ankommen werden, denen die Ausreise aus Deutschland noch erlaubt war, erhält Schwabach lediglich ein Visum von zwei Monaten Dauer: „Das soll jetzt viel sein. Dann muss man weiter sehen" (TB5, 21.2.1938), schreibt er müde von Krankheit und depressiv.

Anders als etwa in den USA gab es im Vereinigten Königreich mit Bezug auf das Deutsche Reich keine eigene Flüchtlingspolitik und -gesetzgebung. So hatte die britische Regierung, die lange eine Appeasement-Politik gegenüber Hitler verfolgte, keine Quoten für Flüchtlinge aus Deutschland festgelegt. 1938 führte sie den Visumzwang für Vertriebene aus Deutschland und Österreich ein.[487] Schon zwei Jahre später, 1940, galten Menschen wie Schwabach als soge-nannte „enemy aliens", die registriert wurden und in speziellen Internierungs-lagern leben mussten.

Schwabach versucht, seine schriftstellerische Arbeit wieder aufzunehmen, lässt aber vieles unberührt und unvollendet. Er geht erneut den Tristan-Stoff an, jene mittelalterliche Liebessaga, die ihn schon oft zu Interpretationen und Bearbeitungen gereizt hatte, aber auch dabei verlassen ihn Kraft und Willen. Seine Tagebuchnotizen sind jetzt ausnahmslos von Gefühlsäußerungen über seine Einsamkeit, die große Isolierung und die tiefe Verzweiflung geprägt. Zu den psychischen Leiden kommt erneut ein Schwächeanfall hinzu, Herzschmerzen plagen ihn. Dagegen hat ein Arzt, den er in London aufsucht, ein einfaches Rezept, das der passionierte Kettenraucher in bestem Englisch notiert: „I shall have to be really careful and cut my smoking down seriously" (TB5, 8.3.1938).

Erst als ihn Lotte drei Tage später in seinem Exil besucht, hellt sich seine Miene wieder auf, allerdings nur kurzzeitig. Seine Frau bleibt drei Wochen in London, doch bald nach ihrer Ankunft bekommt Schwabach eine Grippe, die er erst kurz vor ihrer Rückreise nach Berlin wieder überstanden hat: lebensüberdrüssig, von Hass auf die Welt und auf sich selbst erfüllt klingen nun die Beschreibungen seines Zustandes im Tagebuch. Mit winziger Schrift fasst er jetzt zusammen: „Ich fühle mich 500 Jahre alt" (TB5, 29.3.1938). Einen Tag später heißt es: „Beim Friseur; man sieht wieder menschlicher aus, wenigstens. … Mein Herz macht mir unausgestandene Sorgen. … Lieber Gott, lass mich gesund sein; sonst ist alles so gut wie verloren" (TB5, 30.3.1938). Wieder einen Tag später, zwei Tage vor der Abfahrt seiner Frau und mit Blick auf eine weitere Phase der Einsamkeit und Krankheit, schreibt er: „Ich will nicht mehr, ich kann nicht mehr" (TB5, 31.3.1938).

Am 3. April nimmt er erneut seinen Füller und schreibt in sein kleines mit dunkelviolettem Kunstleder eingebundenes Tage- und Notizbuch („Tag für Tag") den allerletzten Eintrag: „Lo meldet per Draht gute Ankunft. … Etwas Tristan Übersetzung. … Heute morgen nur Home-Office – bei meiner path. Schattenangst" (TB5, 3.4.1938).

Nur einen Tag später, am 4. April, stirbt er – allein – in seiner Wohnung in der Hertford Street 41 an einem Herzschlag.[488]

In all dieser letzten Zeit, genauer: seit Herbst 1937, hatte Schwabach keinerlei Notizen, keine Informationen über den Fortgang der Verhandlungen um das Stück „Kitty" bekommen. So konnte er einen bemerkenswerten Erfolg, auf den er seit so langer Zeit gewartet hatte, nicht mehr erleben. Mehr noch: Er wurde in seinem Londoner Exil zum Opfer eines Betrugsfalls.

An dem Theaterstück „Kitty und die große Politik", das die beiden Autoren Erik-Ernst Schwabach und Julian Stein (alias Julian Poplawski) Anfang 1936 beendet hatten, zeigte sich tatsächlich ein Verlag interessiert: der Georg Marton Verlag in Wien. Ihm hatten Schwabach und Stein das Stück im Sommer 1936 angeboten in der Absicht, es auf deutschen und auf polnischen Theaterbühnen spielen zu lassen. Und Marton greift zu. Er stellt jedoch eine Bedingung, die in der repressiven politischen Situation in Deutschland begründet ist. Marton ist klar, dass er „Kitty" nicht unter den beiden Autorennamen Schwabach und Stein herausgeben kann. Deshalb schlägt er vor, ein „arisches" Pseudonym zu wählen und darüber hinaus den Titel leicht zu verändern. Zunächst macht er also in einem Brief, den Schwabach im Herbst 1937 erhält, den Vorschlag, „einen wirklich existierenden nordischen Schriftsteller (zu) finden, der bereit ist, das Stück zu zeichnen"[489], einen „Tarner" also, der „gegen entsprechendes Entgelt zumindest außerhalb Deutschlands leicht zu haben" war, wie Friedrich Torberg geschrieben hatte[490]. „Um der Reichskulturkammer anzugehören, mußte man reinrassiger Arier sein – ein unter Marton-Autoren nur sporadisch vertretener Menschenschlag. In Folge dessen wurde (und nicht allein vom Verlag Marton) ‚getarnt'. Es genügte jedoch keineswegs, die Stücke jüdischer Autoren nun etwa unter einem arisch klingenden Decknamen anzubieten."[491]

Die beiden Autoren wollen es deshalb lieber unter einem Pseudonym anbieten und schlagen dafür den Namen „Stefan Donat" vor. Marton ist einverstanden. Den Titel ändern sie in „Kitty und die Weltkonferenz". Joyce Leonie Harland übersetzt das deutschsprachige Original ins Englische, damit es – analog zum internationalen Thema – auch Verlagen oder Produktionsfirmen im englischsprachigen Raum angeboten werden kann. Der Verlag offeriert das Stück von Wien aus österreichischen Bühnen. Für den Vertrieb in Deutschland verhandelt Marton mit der Gustav Kiepenheuer Bühnenvertriebs-GmbH in Berlin.

Die ersten Reaktionen von Theatern sind erfolgversprechend. Kiepenheuer bietet es im Sommer 1937 der Dramaturgie des Berliner Staatstheaters an und erhält die Nachricht, „dass man dort einer Aufführung sehr geneigt sei, falls das Stück für Deutschland erlaubt würde."[492]

Die Genehmigung zur Aufführung kommt wenig später. Der „Präsident der Vereinigung der Bühnenverleger im Fachverband der deutschen Reichstheaterkammer" teilt unter dem Gruß „Heil Hitler!" mit, dass „gegen die Übernahme des Werkes keine Bedenken bestehen"[493]. Damit ist der Weg frei. Die Autoren sind froh. Vor allem Schwabach, der isoliert und zuletzt ohne rechte Motivation in London lebt und nur unter Schwierigkeiten einzelne Stücke bei der BBC unterbringen kann, genießt diese ersten positiven Nachrichten seit langem sowie Briefe wie den von Heinrich Oberländer, eines anderen Drehbuchautors, der – ebenfalls aus Deutschland vertrieben – ihm von Italien aus schreibt: „Ich hörte, dass Sie das Glück hatten, einen Ihrer Stoffe zu placieren. Es freut mich, dass Sie auf dem ‚anderen Planeten' einen Erfolg buchen konnten."[494]

Koautor Stein alias Poplawski, der mit seiner Frau Zofia in Krakau wohnt, nutzt parallel seine Verbindungen in Polen und spricht im Herbst 1936 einen

Bekannten an, den polnischen Theaterregisseur Teofil von Trzcinski, und geht mit ihm eine spezielle Zusammenarbeit ein.[495] „Kitty" wird bereits zu Beginn des Jahres 1937 in einer polnischen Übersetzung in einem Warschauer Theater geprobt. Stein und von Trzcinski sind es, die fortan und abwechselnd die Verhandlungen mit Kiepenheuer beziehungsweise polnischen Bühnen führen und jetzt auch für Schwabach sprechen, der von London aus kaum reagieren kann und zunehmend isoliert ist.

Von Trzcinski lüftet früh sogar auf Drängen der Kiepenheuer-Gesellschaft in einem Brief das vermeintliche Geheimnis hinter dem Pseudonym Donat: „Was Stefan Donat betrifft, bin ich genötigt, ein bisher streng gehütetes Geheimnis zu lüften. Stefan Donat – bin ich selbst: Teofil von Trzcinski", schrieb er in einem Brief aus Warschau im September 1937. „Als Theaterdirektor und Regisseur, um mir eine objektive Haltung der polnischen Bühnen meinem Stück gegenüber zu sichern, zog ich es vor, meine Person zu verschweigen. Das ist inanbetracht der hiesigen Theaterverhältnisse notwendig gewesen. Dazu kommt, dass ich der mich mancherort anfeindenden gewissen Presse, keinen Angriffsanlass geben wollte. Diese Mitteilung ist streng vertraulich und nur für Sie … bestimmt, denn ich lege unbedingt Wert darauf, auch in Deutschland meine Anonymität zu wahren, damit es nicht evtl. nach Polen durchsickert. Ich liebe keinen Kulissenklatsch und läppische Sensationen. … Auch ich bin Vollarier. Entstamme einer rein arischen, adligen polnischen Familie."[496]

Doch der Inhalt dieses Schreibens entspricht nicht der Wahrheit, von Trzcinski lügt. Warum er hier falsche Angaben macht, warum er sich als Donat ausgibt, ist unklar. Wahrscheinlich ist, dass er sich mit Stein, der – wie Schwabach ja auch – als Jude in Deutschland weder arbeiten noch verhandeln konnte, abgesprochen hatte und sich in dieser unsicheren Zeit als alleiniger Autor präsentiert. Immerhin war Trzcinski in Polen eine angesehene öffentliche Figur und in Deutschland als „Vollarier" offenbar unverdächtig. Schwabach jedoch erfährt davon nichts. Er bekommt in London auch nicht mit, dass die Verhandlungen schon weit gediehen sind und nun sogar vor einem konkreten Abschluss stehen.

Im Januar 1938 kann nämlich Kiepenheuer von einem erfolgreichen Verhandlungsabschluss berichten und teilt von Trzcinski mit, dass nach der Aufführungserlaubnis der Reichstheaterkammer die Premiere am Berliner Komödienhaus für den 15. September geplant ist. Auch die weiteren Aussichten sind glänzend: „Dieser Tage gehen 50 Exemplare der ‚WK' an alle wesentlichen deutschen Bühnen. Wir hoffen, auf diese Weise schon vor der Berliner Uraufführung am 15. September eine ganze Reihe Abschlüsse für die kommende Spielzeit zu tätigen."[497] Mit Bühnen in Skandinavien verhandelt die Kiepenheuer-Vertriebsgesellschaft ebenfalls erfolgreich.[498]

Schwabach jedoch geht es zu Beginn des Jahres 1938 nicht gut. In seinem Apartment im Londoner Stadtteil Mayfair kämpft er mit gesundheitlichen Problemen. Man kann vermuten, dass ihn die positiven Nachrichten aus Berlin und Polen über den Erfolg sicher ermutigt hätten. Aber in seinem Tagebuch, in dem er sonst stets sehr genau über Erfolge als Schriftsteller berichtet, steht davon nichts.

So bleibt er auch über einen weiteren Schritt im Unwissen: Unter dem Namen Stefan Donat eröffnet Teofil von Trzcinski, der Partner von Poplawski, in der Bank Dyskontowy in Warschau ein Konto, auf das künftig Autorentantiemen eingezahlt werden sollen.[499] Der Plan geht auf, denn von Trzcinski bedankte sich bereits aus Warschau bei Kiepenheuer „für Ihre eingeleiteten Schritte betr. baldiger Ueberweisung des Vorschusses ‚Weltkonferenz'" und setzt Hoffnungen in weitere Verhandlungen: „Ganz besonders freut es mich, dass es unseren gemeinsamen Bemühungen gelungen ist, den Marton Verlag zu veranlassen, Ihnen den Vertrieb ‚Weltkonferenz' für Frankreich, Italien, Skandinavien zu übergeben." Über Filmrechte schreibt er an gleicher Stelle: „Trachten Sie, bitte RM 20.0000 zu erreichen. Auf keinen Fall möchte ich die Rechte unter RM 18.000 abgeben."[500]

Erik-Ernst Schwabach, der Koautor des Stückes, das gerade Verhandlungsmasse von Verlagen und Agenturen ist, erfährt von alledem abermals nichts. Er ist zu dieser Zeit in London, und er verlässt sich offenbar ganz auf Julian Stein alias Poplawski, der aber diese und andere Informationen ihm gegenüber zurück hält. So konnte er auch nicht ahnen, dass neben der Premiere des Theaterstücks kurze Zeit später auch ein Spielfilm und sogar noch ein Musical in Planung standen.

Nach Schwabachs plötzlichem Tod im April 1938 führte von Trzcinski alias Donat von Krakau aus die Verhandlungen mit der Kiepenheuer-Gesellschaft allein weiter und brachte sie mit einem auf ihn lautenden Vertrag Anfang Juli 1938 zum Abschluss. Er vermied jedoch weiterhin und konsequent jeden Hinweis auf einen zweiten Autor und gab sich vielmehr in den Gesprächen und Verhandlungen als alleiniger Urheber aus. Von Schwabach war niemals mehr die Rede. Jener Vertrag über die „Weltverfilmungsrechte in deutscher Sprache an dem Stück ‚Weltkonferenz' von Stefan Donat (Teofil von Trzcinski)"[501] sah unter anderem vor, dass der „Autor von Trzcinski" 10.000 Mark für die Rechte erhielt. Diese Summe sollte auf das Warschauer Konto zum Gegenwert in polnischer Währung gezahlt werden. Es ist wahrscheinlich, aber nicht nachweisbar, dass sich von Trzcinski und Julian Poplawski das Geld teilten, so wie andere Beträge, die als Tantiemen aus den Aufführungen aus dem Komödienhaus in Berlin und anderen Theaterhäusern anfielen.

Die Premiere am Komödienhaus in Berlin am 15. September 1938 war ein Erfolg. Doch die einzigen, die wussten, wer die Hauptarbeit als Autor an dem

Stück geleistet hatte, nämlich Erik-Ernst Schwabach und nicht der Strohmann von Trzcinski, waren Schwabachs Familienangehörige. Inge Schwabach, die Schwiegertochter von Erik-Ernst, erinnert sich, dass es für sie und andere in der Familie damals eindeutig war, dass hinter Donat eigentlich Schwabach stand: „Ich war 1938 Abiturientin. Mein Vater hat mich in Berlin ins Theater zu der Aufführung des Stückes von Stefan Donat mitgenommen. Es war für uns klar, dass Donat niemand anderes als Erik-Ernst war."[502]

Der Vertrag vom Juli 1938 mündete in den Spielfilm „Kitty und die Weltkonferenz", der im Jahr 1939 fertiggestellt und uraufgeführt wurde. Helmut Käutner schrieb das Drehbuch („nach einem Bühnenstück von Stefan Donat") und führte hier erstmalig Regie.[503]

Das Versteckspiel ging nach dem Zweiten Weltkrieg weiter: Julian Poplawski tritt selbstbewusst und offen dem Bühnenvertrieb von Kiepenheuer entgegen und erklärt zur großen Überraschung, er wolle nun „sein Pseudonym lüften": „Das Pseudonym", so schreibt er, „war für die Nazibehörden bestimmt, diese Funktion erfüllte auch als Strohmann Herr Teofil Trzcinski, den Sie ja als angeblichen Autor kennenlernten … Der wirkliche Autor … bin ich."[504]

Der Verlag reagiert mit ungläubigem Staunen. Maria Sommer nimmt sich des Falles an und schreibt nur wenig später zurück und verlangt Beweise: „Sie können sich denken, dass wir höchst überrascht waren, von Ihnen zu erfahren, dass Sie der Autor unseres Bühnenwerkes ‚Kitty und die Weltkonferenz' sind. Es ist uns lediglich bekannt, dass sich hinter dem Pseudonym Stefan Donat Herr Teofil Trzcinski verbarg, mit dem auch alle Verhandlungen geführt wurden. Sie können es uns also nicht verübeln, wenn wir Sie zunächst einmal bitten, den Beweis für Ihre Behauptung zu erbringen und uns zumindest eine eidesstattliche Erklärung von Herrn Trzcinski vorzulegen, in der er Ihre Angaben bestätigt und selbst auf alle Rechte an dem Stück verzichtet." Angaben über Tantiemen seien übrigens nicht möglich. „Wir haben 1945 finanziell vollkommen neu angefangen … Irgendwelche Verpflichtungen aus der Zeit vor dem Zusammenbruch oder gar vor dem Kriege können wir also nicht mehr übernehmen. Sie müssen sich leider genauso wie wir damit abfinden, dass das Geld, das auf den Banken lag, verloren ist."[505]

Poplawski liefert die gewünschte Bestätigung umgehend. Die dem Verlag vorgelegte eidesstattliche Erklärung vom 8. April 1948 hat Teofil von Trzcinski, der zu der Zeit im polnischen Poznan lebt, handschriftlich formuliert. Sie ist überdies vom Poznaner Notar Marian Zmidzinski unter dem Zeichen 522/48 aktenkundig beglaubigt. Er erklärt an Eides statt, dass ein anderer, nämlich eben Julian Poplawski, Verfasser der Komödie sei. Zur Erläuterung fügte von Trzcinski an: „Vor dem Pseudonym gewissermaßen erschien Ich, um unter den damaligen Zuständen im Reich dem Stück zur Aufführung zu verhelfen. Ich erkläre gleichzeitig, dass ich somit auch keinerlei Ansprüche welcher Art auch immer, an der genannten Komödie von Julian Poplawski habe."[506]

Auch gegenüber dem dänischen Verlag Folmer Hansen, der für Skandinavien die Rechte verwaltet, entledigt sich Poplawski jetzt der kuriosen Maskerade und liefert eine gleichlautende Erklärung ab. Fortan spielt auch von Trzcinski keine Rolle mehr. Julian Poplawski gilt nun als alleiniger Urheber und setzt von Krakau aus seine Rechte durch. Damit hat er durchaus Erfolg. Denn das Sujet des Stückes mit den diplomatischen Verwicklungen zwischen Vertretern verschiedener Länder und vor allem seinem Happy End zwischen Kitty und dem Journalisten blieb lange Zeit attraktiv. Auch und gerade in den Nachkriegsjahren galt es noch als sehr publikumswirksam: Unter dem leicht geänderten Titel „Kitty und die große Welt" produzierte Alfred Weidenmann im Jahr 1956 ein Remake mit Romy Schneider, Karlheinz Böhm und O. E. Hasse in den Hauptrollen. Das Drehbuch, das auf Donats Stück beruhte, verfasste Herbert Reinecker. Aus dem englischen Wirtschaftsminister wurde der Außenminister Sir William Ashlin; aus dem Journalisten Piet wurde Ashlins Neffe Robert, gespielt von Böhm. „Der Film hat ... sehr gute Kritiken bekommen, ich selbst bin nicht mit ihm zufrieden, sondern finde, dass man ein wunderbares Thema verschenkt hat zu Gunsten einer etwas banalen Liebesgeschichte. Aber das Publikum ist vernarrt in Romy Schneider, und wenn dann noch Karl-Heinz Böhm und O. E. Hasse dabei sind, braucht man eben um den Erfolg nicht zu fürchten."[507]

Poplawski denkt derweil weiter und bringt gegenüber dem Verlag nun sogar Hollywood ins Spiel. Die Filmrechte an „Kitty" laufen Mitte der sechziger Jahre aus. „Wenn dieses hochaktuelle Konferenz-Lustspiel über den Atlantik, oder zumindest über den Ärmelkanal gebracht werden könnte. Ich meine keinesfalls das Musical, sondern natürlich das Original. Wenn das ein Billie Wilder in die Hände bekäme", schreibt er 1965.[508]

Statt des amerikanischen Regisseurs nimmt sich der österreichische Komponist Robert Stolz des Stückes an: Er brachte im Februar 1959 das Musical im Theater in der Wiener Josefstadt zur Uraufführung. Bearbeiter des Stücktextes war Robert Gilbert. Auch bei den Gesprächen hierzu gab es keinerlei Hinweise auf einen zweiten Autor. Poplawski bestätigte im Gegenteil vertraglich, dass die Urheberrechte „an seinem Werk" (nur) ihm uneingeschränkt zustehen.

Schwabach als Koautor und – seinen Tagebuchnotizen zufolge – als Initiator und Treiber des Bühnenprojekts blieb erneut ohne jede namentliche Erwähnung. Mehr noch: Poplawski schrieb 1958 wieder unter Leugnung der Koautorschaft Schwabachs, er selbst habe die „Weltkonferenz" (auf Deutsch) geschrieben. Auch die Tantiemen, die für „Kitty" für die Rechte und für die zahlreichen Aufführungen in Deutschland und anderen Ländern (wie Norwegen, Schweden, Österreich) gezahlt wurden, erhielt deshalb nur Poplawski, nicht die Erben

Schwabachs. Maria Sommer erinnert sich an beschwerliche Reisen von Berlin ins polnische Krakau in den späten fünfziger Jahren, bei denen sie für Poplawski beziehungsweise nach dessen Tod Mitte der sechziger Jahre für die Witwe D-Mark-Scheine, versteckt in Schuhsohlen, in die Wohnung in die Krakauer Urzedniczastraße 8./2. schmuggelte.

> „Ich find's herrlich, Sie auch?" – „Ja, ich auch."
> „Mein Vater sagt, es gibt nicht viele Leute, die so etwas richtig genießen können." –
> „Na, es gehört eben auch ein bisschen Glück dazu."

In diesem kurzen Filmdialog zwischen Romy Schneider (als Kitty) und O. E. Hasse (als Minister) schwingt bei beiden Figuren Zufriedenheit mit über das Happy End nach all den Verwicklungen bei der Suche der jungen Frau nach dem kleinen Liebes- und Lebensglück inmitten des internationalen Diplomatentreffens am Genfer See.

Freude und Glück erlebte der auf den letzten Metern ins Abseits gestellte und vergessene Exilautor Schwabach nicht mehr: Während Poplawski über die Jahre mehrere Tausend Mark an Honoraren erhielt, belief sich die Summe, die Schwabach insgesamt für seine Mitautorentätigkeit für „Kitty" bekam, auf genau elf britische Pfund. Ein auf diese Summe ausgestellter Scheck wurde ihm von „World Plays LTD" in London auf Bitten von Georg Marton im Februar 1937 übersandt, also ganz zu Beginn der Verhandlungen.

Versuche von Erik-Dorian, Schwabachs Sohn, nach dem Krieg von Julian Poplawski Auskunft zu bekommen, verliefen im Sande. Eine „Wiedergutmachung" ließ sich trotz intensiver brieflicher Kontakte im Jahr 1957 zwischen Schwabach in London und Poplawski in Krakau nicht realisieren. Poplawski sicherte zwar zu, „etwas in der Sache zu unternehmen" und bei offiziellen Stellen anzufragen. Er schrieb aber auch, dass er selbst keinerlei Unterlagen mehr besitze, „denn es ging ja alles beim Brand in Warschau zusammen mit meiner ganzen Habe kaputt. Wir kamen ja damals kaum mit dem Leben davon."[509]

So bleibt für die Nachfahren Schwabachs die beklemmende und unbefriedigende Erkenntnis, dass Erik-Ernst wegen seines plötzlichen Todes im April 1938 die bevorstehende und lang erhoffte Anerkennung und die finanzielle Kompensation als (Ko-)Autor eines erfolgreichen Theaterstückes, eines Musicals und sogar zweier Spielfilme versagt geblieben sind.

Allein eine Nachricht hat den Autor Schwabach unmittelbar vor seinem Tod in der englischen Isolation ein wenig tröstlich gestimmt: Er bekommt, genau zwei Tage vor seinem Tod, ein Paket aus Warschau. Es enthält die polnische Ausgabe seines Episodenbuches „Bilderbuch einer Nacht", das soeben im Verlag J. Przeworskiego unter dem Titel „Dzieje Pewnej Nocy" herausgekommen ist.

„Sehr komisch", notiert Schwabach, „ein Buch von sich in Händen zu haben (als Erstdruck), von dem man kein Wort versteht" (TB5, 2.4.1938). Hier ist Schwabach nun der alleinige Urheber, sein Name steht korrekt auf dem Umschlag, alles hat seine Richtigkeit, aber der Band hat angesichts der politischen Umstände der Zeit keine Aussicht auf Erfolg. In Deutschland durfte das Buch nicht erscheinen, und die polnische Ausgabe, die Schwabach in den Händen hält, wird nach der Veröffentlichung kaum beachtet, ein Jahr später begann mit dem deutschen Überfall auf Polen der Zweite Weltkrieg. Heute ist das Buch verschollen. In einer zeitgenössischen polnischen Rezension hieß es dazu:

> Der Verfasser fasst das Nachtleben einer Großstadt in einem tiefsinnigen und synthetischen Überblick zusammen, wo wir Reiche, Wohlsituierte, Arme, die Intelligenz, Halbgebildete, Proletarier, mit einem Wort die ganze Zusammensetzung der Bevölkerung einer Großstadt finden, mit ihren Leidenschaften, dem Elend, Reichtum und ihrer Amoral. Wenn nicht Iza Paulsen und ihre Liebe zu ihrem Ehemann wären, klar wie Tau, würde man fragen wollen: ‚Und wo sind in diesem Roman normale Menschen?' Iza gibt uns durch ihre Liebe die Antwort und versöhnt uns mit den Menschen. Übersetzung gut. Korrekt herausgegeben, erlaubt für städtische Bewohner.[510]

Das Originalmanuskript, im Besitz der Nachfahren Schwabachs, bestätigt den Eindruck, dass er mit diesen kurzen Episoden geschickt gängige Elemente aus Liebesgeschichten, Kriminal- und Detektivstoffen in einem großstädtischen Ambiente verknüpft und jeweils verschiedene Personen, geschildert in knapper Prägnanz und in großem Spannungsreichtum, auftreten lässt.

Epilog

Erik-Ernst Schwabach, „ein Toter der Emigration, in guter Erinnerung"[511], wurde am 19. April 1938 auf dem Wilmersdorfer Waldfriedhof in Stahnsdorf südlich von Berlin beigesetzt, neben seinem acht Jahre vorher im Alter von nur 16 Jahren verstorbenen ersten Sohn Ernst-Joachim. Das Grab war eigentlich als Familiengrabstätte gedacht. Doch weder Schwabachs Frau Charlotte noch seine Tochter Gitta wurden später dort bestattet. Das heute recht ungepflegte Grab bildet einen irritierenden Kontrast zu den großartigen Gräbern von Julius Leopold Schwabach, Schwabachs Großvater, und Gerson Bleichröder auf dem Jüdischen Friedhof in Berlin-Mitte. Diese sind mit üppigem und künstlerisch verziertem Steinschmuck versehen.

Schwabachs Frau Charlotte wurde im letzten Kriegsjahr in der Berliner Wohnung ausgebombt und lebte nach Kriegsende einige Monate in Eschweiler bei Aachen bei der Familie Fey. Sie zog anschließend nach England, wo sie am 12. Dezember 1951 starb.

Brigitte (Gitta), die gemeinsame Tochter, lebte ebenfalls in England und heiratete 1942 den Unternehmer Ernst Grünfeld (Gruenfeld), einen aus Deutschland gebürtigen Unternehmer, der im Stahlgeschäft tätig war und ab 1937 in England erneut in der Branche Fuß fassen konnte. Mit ihm hatte sie zwei Kinder, einen Sohn und eine Tochter. Gitta starb 2011 und ist auf dem Putney-Friedhof in London beerdigt.

Dorian-Erik, drittes Kind der Schwabachs, hatte 1938 mit zwanzig Jahren den Sarg mit seinem verstorbenen Vater von London aus nach Berlin überführt. Er folgte nach dessen Beerdigung dem früheren väterlichen Rat und kehrte Deutschland den Rücken. In England begann er eine Banklehre. 1941 wurde er dort als sogenannter „enemy alien" (feindlicher Ausländer) festgesetzt und mit rund 2500 weiteren Ausländern, darunter vielen Juden aus dem Deutschen Reich und den besetzten Gebieten in Osteuropa, in ein Internierungslager nach Hay in Australien verschifft. Nach Ende des Krieges kehrte er nach England zurück und heiratete 1955 die aus Norddeutschland stammende Inge Garbe. Sie hatten zwei Söhne. Dorian-Erik starb im April 1993 in Brasilien. Inge Schwabach starb hochbetagt im November 2014 in München.

Joyce Leonie Harland, die in der Zeit des Londoner Exils als Übersetzerin und Freundin oft an der Seite von Erik-Ernst Schwabach war, bekam wegen ihrer deutschen Sprachkenntnisse ein Jahr nach Schwabachs Tod eine Stelle als „Special Operations Executive Agent" in Bletchley Park nördlich von London, wo Entschlüsselungsexperten mit Beginn des Krieges im September 1939 Funksprüche der Wehrmacht zu decodieren versuchten und später mit dem

Abb. 19: Grabstelle „Familie Schwabach". Auf dem Friedhof Stahnsdorf bei Berlin liegen Erik-Ernst und sein Sohn Ernst-Joachim.

Dechiffrieren von Enigma ihren größten Erfolg hatten. Harland, die über ihre geheimdienstliche Tätigkeit Stillschweigen für einen Zeitraum von 65 Jahren schwören musste, erhielt nach Beendigung ihrer Dienstzeit als Linguistin 1946 eine Urkunde für den Dienst am britischen Vaterland. Ihr Name steht seither auf der Liste der so geehrten britischen „SOE Agents". Sie starb nach 2004 in Brighton und unterhielt bis zu ihrem Tod freundschaftliche Kontakte zu Schwabachs Tochter Gitta.

1938 war auch das Schicksalsjahr für Paul von Schwabach, dem Onkel Schwabachs. Auch sein Sohn Paul Julius (genannt „Buby"), über den kaum etwas bekannt ist, starb in jenem Jahr. Harry Graf Kessler, mit der Familie von Schwabach lange befreundet, schrieb einst über Buby, er sei auf dem Wilhelm-Gymnasium der Schulfreund des Rathenau-Mörders Techow gewesen. Jener Techow habe sogar bei den von Schwabachs zu Hause verkehrt, was dafür spreche, „dass er nicht besonders antisemitisch eingestellt gewesen" sei.[512]

Paul selbst kam in den Nachwirren der sogenannten „Reichskristallnacht" im November 1938 auf seinem Gut Kerzendorf ums Leben. Über die Todesursache gibt es zwei Versionen. Der ersten zufolge soll er an Herzversagen gestorben sein, nach der zweiten ist er von der Gestapo drangsaliert worden und hat – mit dem Foto von Kaiser Wilhelm in der Hand – Selbstmord verübt. Er wurde auf dem

Berliner Bethlehem-Kirchhof bestattet, eine Begräbnisstätte für die eigentlich aus religiösen Gründen verfolgten, ausgewanderten und in Berlin seit 1732 neu angesiedelten böhmischen Protestanten. Schloss Kerzendorf südlich von Berlin übernahm nach seinem Tode seine älteste Tochter Lali mit ihrem Ehemann Freddy Horstmann, einem Diplomaten und Kunstliebhaber aus Frankfurt. Sie bewohnten es eine kurze Zeit gemeinsam bis zur Zerstörung durch sowjetische Soldaten bei deren Vormarsch auf Berlin. Beide hatten in den zwanziger Jahren in der Wohnung am Berliner Steinplatz einen weit über alle partikularen Schichten der preußischen Elite hinaus berühmten Salon initiiert, in dem Vertreter des Auswärtigen Amtes, des Militärs, der Industrie, des Bankwesens und vor allem aus Kultur und Kunst regelmäßig zusammenkamen. Lali und Freddy blieben bis zum Frühjahr 1945 in Kerzendorf, dessen Hauptgebäude durch einen Bombenangriff zerstört war. „Wir waren Zeuge, wie in Polen, der Tschechoslowakei, in Ungarn, Rumänien und Ostdeutschland Oberschicht und Mittelstand fortgefegt worden waren, nichts hinterlassend als die Gewalt des Staates über eine farblose Masse."[513]

Auf Anraten eines sowjetischen Generals verlässt das Ehepaar, nun als verhasste ehemalige Großgrundbesitzer isoliert und bedroht, den Ort. Als letzte Erinnerung an die glückliche Zeit vor dem Krieg und vor der Verfolgung zieht Lali zum Schluss über mehrere Lagen Bekleidung einen Chanel-Mantel an, der ihr immer so gefallen hatte und den sie vor langer Zeit in Paris gekauft hatte. Sie war überzeugt davon, dass „sie – im Gegensatz zu den französischen Aristokraten Ende des achtzehnten Jahrhunderts – niemals ihr Land wieder in Besitz nehmen" würde[514].

Lali, die später in London unter anderem James Joyce kennenlernte, schrieb über den Tod ihres Vaters: „…ich las in einem Buch Meister Eckarts, den mir einst mein Vater nahegebracht hatte, der immer Schriften des mittelalterlichen Mönches bei sich trug und bei seinem plötzlichen Tode Eckarts ‚Von der Weisheit des Herzens' in den Händen hielt."[515]

Lalis Mann Freddy verstarb 1947 in Gefangenschaft in einem sowjetischen Lager, sie selbst beging, heimatlos geworden, während einer Weltreise 1954 in Sao Paulo Selbstmord.

Pauls zweite Tochter Vera, geboren 1899 in Berlin, war eine Zeit lang mit dem aus Wuppertal stammenden Eduard von der Heydt verheiratet, ebenfalls Bankier, Unternehmer und Berater des Kaisers, sowie bekannter Kunstsammler. Nach früher Scheidung im Jahre 1927 kehrte sie zunächst in ihr Elternhaus zurück. Vera verließ 1933 Deutschland und begann in England ein zweites Leben als vielbeachtete Psychologin im Kreis um C. G. Jung und wurde später sogar von der Queen geadelt. Erik-Ernst nahm zu ihr während seines Aufenthaltes in London Kontakt auf und las ihr gelegentlich aus eigenen Werken vor. Sie starb hochbetagt im Jahre 1996.

Abb. 20: Vom einst
prächtigen schlesischen
Schloss sind heute nur
noch Kellerruinen übrig.

Die Lebensspuren der Schwabachs in Berlin sind verwischt. Das Gebäude des Bankhauses S. Bleichröder „Unter den Linden" und das Palais im Tiergarten, lange Zeit Wohnung von Erik-Ernst und seiner Frau Charlotte, wurden im Krieg zerstört. Durch die politisch beziehungsweise rassistisch motivierte Auflösung des Bankhauses und der Verschmelzung mit dem Bankhaus Gebr. Arnhold sind die Vermögensverhältnisse der Familie nach dem Krieg unklar geblieben. Restitutionsansprüche konnte sie nach 1945 so gut wie nicht durchsetzen. Auch die Spuren im Osten haben sich aufgelöst – mit der Zerstörung des Schlosses in Märzdorf in Niederschlesien ist einer der spektakulären Familiensitze verloren gegangen, nachdem zuvor schon die großartige Kunst- und vor allem die Buchsammlung durch Auktionen aufgelöst worden waren. Eine Hakenkreuzflagge vor dem Portal aus dem Jahre 1937, die die Umwandlung des Gebäudes und des Gutes in ein sogenanntes Reichsarbeitsdienstlager dokumentierte, sind die letzten Reminiszenzen an das ehemals stolze Schloss. Bis auf einige Kellerruinen (und die ehemalige Turnhalle, die während des Ersten Weltkrieges zeitweilig als Lazarett diente), gibt es heute keinerlei Überreste mehr.

Diejenigen in der seinerzeit berühmten Familie Bleichröder/Schwabach, die sich zu ihrem jüdischen Glauben bekannten und nicht konvertierten (und freilich lange vor der nationalsozialistischen Schreckensherrschaft lebten und starben) wie Gerson Bleichröder und Schwabachs Großvater Julius Leopold blieben mit ihren Namen über den Tod hinaus als Teil einer heute noch in Berlin sichtbaren und erlebbaren (jüdischen) Erinnerungskultur kenntlich. Dafür stehen allein schon ihre prachtvollen Gräber auf dem Jüdischen Friedhof in Berlin-

Mitte. Jene aber wie der Bankier Paul von Schwabach und seine ebenfalls konvertierten Brüder Ernst, der Vater von Erik-Ernst, und Julius sowie die Nachfahren sind kaum bekannt.

Der Name Schwabach geriet so in Vergessenheit. Es war, als hätte sich über das vormals großbürgerliche und weit über das Deutsche Reich bekannte Familiengeschlecht mit dem berühmten und geachteten Namen in der Wirtschaftswelt der Schleier des Vergessens gelegt. Vergleichen kann man diesen Niedergang am ehesten mit dem Schicksal der ebenfalls jüdischen Bankiersfamilie Ephrussi, um die Jahrhundertwende auch eine der reichsten europäischen Bankiersfamilien zwischen den Standorten Odessa, Wien und Paris, über die Edmund de Waal Ergebnisse seiner Spurensuche vorgelegt hat.[516]

Vor die Wahl gestellt, unter der Geißel der Ruhelosigkeit oder in der Lethargie der Langeweile zu leben, entschied sich Erik-Ernst Schwabach eindeutig: Sein Leben blieb ein ständiges unruhiges Suchen nach sinnhafter Tätigkeit, vor allem nach Bestätigung.

Zwischen diesen beiden Extremen verlief sein Leben: Langeweile war vorbestimmt durch das bequeme Leben als Bankerbe, der für seinen Lebensunterhalt nicht zu arbeiten hatte. Er musste sich als Kind um kaum etwas kümmern, alles schien vorherbestimmt bis zu seinem Entschluss, der Lethargie zu entfliehen, und zwar in jene Ruhelosigkeit, jene kompasslose Periode, die ihn ständig antrieb zwischen zum Teil skurrilen Aktivitäten als Mäzen und dem teilweise verbissenen Versuch, sich als ernsthafter Dichter zu behaupten.

Die Bedeutung seines Schaffens für die deutsche Literatur im Expressionismus und als Autor von eher leichterer Unterhaltung in den späten zwanziger Jahren ist überschaubar. Trotz seines Dranges nach öffentlicher Anerkennung blieb sein Werk eigentümlich blass, obwohl ihm nicht nur sein Freund Franz Blei Talent („nicht Talentchen!") zumaß und Schwabach selbst alles daran setzte, um nicht, wie Stefan Zweig sagte, ein „kleiner Papierschwärzer" zu werden. Und obwohl er mit den Novellen und den prägnant beobachteten Großstadterzählungen aus der Textsammlung „Bilderbuch einer Nacht" – bisher nur auf Polnisch erschienen – spannungsreiche Prosa hinterlassen hat.

Schwabach war ein „Ausprobierer", ein Grenzgänger, der auf der Suche nach seinem Platz alle möglichen literarischen Genres, verschiedene Stoffe und unterschiedliche Erzählformen – vom Drama bis zum Drehbuch, von der Novelle bis zum Sachbuch, von der Literaturkritik bis zu erotischer Literatur – bediente. Aber vielleicht hinterließ er gerade wegen dieser Vielschichtigkeit, die etwas Beliebiges hatte, kaum nachhaltige Spuren, obwohl vor allem die verdichtete Erzählweise seiner späteren Prosa gekonnt spannende Elemente aufweist.

Er sah sich zunächst als ernsthaften Theaterdichter und Novellist, dann als autodidaktisch geschulten Sachbuchautor und Literaturrezensent, bevor er sich

Mitte der zwanziger Jahre auf das neue Medium Radiohörspiel einließ. Die leichte Unterhaltung in Form von Liebeskomödien und dramatisch geschickt konstruierten und erzählten Alltagsgeschichten „aus dem Leben" runden sein Werk ab. „Es mag in einer gewissen inhaltlichen Konventionalität und Schemenhaftigkeit begründet liegen, daß Schwabach keine führende Rolle als Literat spielte. Die Bedeutung für seine Zeit liegt zweifellos in seinem großzügigen Mäzenatentum", heißt es in einer Übersicht[517], die damit seine zweite Bedeutungsschicht aufzeigt.

Durch seine Geldmittel vor der Inflation konnte er tatsächlich als Gönner und Finanzier wirkmächtige Anreize setzen, doch sein Engagement für eine Sache verflüchtigte sich auch hier rasch. Seine Aktivitäten wie die bedeutsame Finanzierung und Etablierung der „Weißen Blätter" oder der sozialistischen Zeitung „Die Republik" verblassen so neben den zahlreichen anderen Versuchen. Es bleibt von ihm nicht die eine besondere Aktivität über die Zeitläufe hinweg in Erinnerung, sondern viele einzelne, deren Konturen allerdings nur verschwommen wahrnehmbar sind.

Es ist bloße Spekulation, zu überlegen, ob das Echo auf ihn und sein Werk stärker nachgeklungen hätte, wenn er nicht durch seinen überraschenden frühen Tod in London um die Anerkennung für seine letzten Erzählungen („Bilderbuch einer Nacht") und vor allem für seine Rolle als Koautor der Komödie „Kitty und die Weltkonferenz", aus der dann sogar zwei populäre Spielfilme entstanden, gebracht worden wäre: Schwabach wurde so letztlich Opfer eines Betruges, der ohne seinen Tod nicht möglich gewesen wäre.

Seine Nachfahren sind immer noch betroffen vom Niedergang der Familie. Das Gefühl herrscht vor, dass Erik-Ernst Schwabach trotz all der widrigen und von ihm nicht beeinflussbaren wirtschaftlichen und politischen Umstände (Inflation, Nationalsozialismus) zu einem Großteil selbst verantwortlich ist für den Niedergang; verantwortlich dafür, dass das einst so reiche Geschlecht kaum etwas bewahren konnte außer dem Leben der Nachgeborenen.

Toni Scherrer, der zuverlässige Diener der Schwabachs auf Schloss Märzdorf und Chronist, der die unbeschwerte und sicher glücklichste Zeit der Familie unmittelbar vor dem Ersten Weltkrieg miterlebte und dann Zeuge des Niedergangs im kleinen Kreis der Familie (der frühe Tod des ältesten Sohnes) und im großen Maßstab (Inflation, Weltwirtschaftskrise, nationalsozialistische Herrschaft, Zweiter Weltkrieg, Flucht) wurde, resümierte im Rückblick voller Bitterkeit[518]: „Verschleppt, verbrannt, liegen gelassen musste alles werden, was lieb und teuer war, flüchten, um das nackte Leben retten zu können. So ist Schloss Märzdorf, die Umgebung und ganz Schlesien verloren gegangen."

Danksagung

Die Arbeit an diesem Buch dauerte rund sechs Jahre. Es wäre nicht ohne die Hilfe vieler Menschen entstanden. Ich danke

den Nachfahren von Erik-Ernst Schwabach, namentlich und besonders den Enkeln Nicolas Schwabach (München); Peter Schwabach, Nina Grunfeld und Paul Grunfeld (Großbritannien) sowie Inge Schwabach †, der Schwiegertochter von Erik-Ernst, für die Möglichkeit, Familienunterlagen auszuwerten und für dieses Buch aufzubereiten, Fotos aus dem Nachlass zu nutzen, sowie für viele Gespräche und die gewährte Gastfreundschaft während der Rechercheaufenthalte in England;

Jon Baumhauer (München) danke ich für die Hilfe bei der Recherche, für Ratschläge sowie für die Möglichkeit, die Tagebücher von Elisabeth Wolff einsehen und mit Bezug auf die Verbindung von Kurt und Elisabeth Wolff zu Schwabach auswerten und zitieren zu dürfen; Prof. Christian Wolff (Hanover, New Hampshire) danke ich für die Erlaubnis, aus den Kriegstagebüchern seines Vaters Kurt Wolff zitieren zu dürfen.

Mein weiterer Dank gilt:

Beinecke Rare Book and Manuscript Library, Yale University, New Haven, Connecticut, USA; Deutsches Literaturarchiv Marbach; Staatsbibliothek zu Berlin – Preußischer Kulturbesitz (Dr. Jutta Weber, Handschriftenabteilung); Regionalarchiv in Legnica, Polen (ehemals Liegnitz); Universitäts- und Landesbibliothek Düsseldorf sowie Jerzy Janus (Regionalmuseum in Chojnow, ehemals Haynau, Polen); Stanisław Siwakowski und Józefa Siwakowska (Radziechów, ehemals: Märzdorf), Polen; Dr. Maria Sommer (Gustav Kiepenheuer Bühnenvertriebs-GmbH, Berlin); Gisela Conrad, Aachen; Joachim Meschter, Annemieke und Gerhard Leyerzapf, Josef Smolen, Sebastian Kiwitt, Rainer Heeke, Stephen Schuyler, Monika Skarzynska, Luiza Ciepelewska-Kaczmarck, Tomasz Mietlicki; Thomas Sindilariu (Archiv der Honterusgemeinde in Brasov, ehemals Kronstadt) und Dominik Erdmann.

Ein besonderer Dank geht an meine Frau Beate.

Anmerkungen

1   Göbel 2007a, S. 666; Raabe 2009.
2   Verlag Die Schmiede, Berlin 1924.
3   Vgl. hierzu Landes 1993, S. 86 ff.
4   Corti 1928, S. 422.
5   Stern 2011, S. 12.
6   Corti 1928, S. 437.
7   Stern 2011, S. 229.
8   Ebenda, S. 247.
9   New York Times, 24.2.1898.
10 Klemperer (1838–1912) war der Vater von Victor Klemperer, der in den vierziger Jahren als Romanist in Dresden lebte. Er wurde durch seine Tagebuchaufzeichnungen mit den Schilderungen des Alltags unter dem Druck der Verfolgung und später während des Krieges bekannt.
11 Klemperer 1898, S. 5 f.
12 Schwabach 1927, S. 386.
13 Landes 1993, S. 104.
14 Landes 1993, S. 105.
15 Stern 2011, S. 640.
16 Börne 2013, S. 299.
17 Ebenda, S. 289.
18 Schwabach 1927, S. 388.
19 Ebenda, S. 389 f.
20 Zilch 2007, S. 776.
21 Vgl. Schwabach 1927, S. 397.
22 Schwabach 1927, S. 351.
23 Ebenda, S. 377.
24 Ebenda.
25 Vgl. Zilch 2007.
26 Schwabach 1927, S. 327.
27 Schmidt 1946, S. 53.
28 Stern 2011, S. 749.
29 Vgl. Geheimes Staatsarchiv 1976.
30 Vorwort zu Schwabach 1927.
31 Vgl. Köhler 2005, S. 208.
32 Vgl. Stern 2011, S. 752.
33 Stern 2011, S. 749.
34 Wilhelm II., Brief v. 10.2.1933, zitiert mit freundlicher Genehmigung von Peter Schwabach.
35 „Doorn 16. VII. 37/ Wilhelm", Archiv Peter Schwabach.
36 Archiv Peter Schwabach.
37 Brief v. 30.5.1933; Archiv Peter Schwabach.

38 Information von Inge Schwabach, der Schwiegertochter.
39 Längin 1995, S. 13.
40 Vgl. Honterusgemeinde 2012.
41 Scherrer 1951, S. 13.
42 Grundbuch von Märzdorf Kreis Goldberg-Haynau, Band IV, Blatt Nr. 167; im Regionalarchiv in Legnica.
43 Schneider 1901, S. 7.
44 Ebenda, S. 13.
45 Schloss Märzdorf Schlesien 1931, S. 4.
46 Vgl. Pavelt 1871.
47 Schneider 1901, S. 32.
48 Vgl. Gemeindeverzeichnis Bezirk Liegnitz.
49 Bedford 1999, S. 23–24; Übersetzung nach Stern 2011, S. 235. Bedford wurde als Sybille Aleid Elsa von Schoenebeck 1911 in Berlin geboren und starb 2006 in London als eine der renommiertesten Autorinnen Englands.
50 Ebenda.
51 Die Tagebücher von Schwabach, von Elisabeth und Kurt Wolff sowie die Werke Schwabachs werden unter einzelnen Siglen im Text zitiert; ebenso „Die Literarische Welt", „Die Weißen Blätter" sowie die „Zeitschrift für Bücherfreunde"; siehe Siglenverzeichnis am Ende des Buches.
52 Bedford 1999, S. 341. Parallelen sind auffällig: Erik-Ernst Schwabachs Großeltern Herz wohnten in der Vossstrasse.
53 Schloss Märzdorf Schlesien 1931, S. 4.
54 Scherrer 1951, S. 6.
55 Für diese Informationen danke ich Joachim Meschter, Bad Salzdetfurth, der seine Kindheit in Märzdorf Anfang der dreißiger Jahre verbrachte, und diese Geschichten im Dorf häufig hörte. Ein Cousin von Meschters Mutter war als Verwalter im Schloss tätig. Die Familie floh im Februar 1945 nach Westen. Meschter hat seine Erinnerungen ebenfalls zu Papier gebracht, vgl. Meschter 2001.
56 Vgl. Sternheim 1936, S. 44.
57 Ebenda, S. 75.
58 Ebenda, S. 76.
59 Vgl. Scherrer 1951, S. 1.
60 Ebenda, S. 2 f.
61 Vgl. Meschter 2001, S. 18.
62 Vgl. Scherrer 1951, S. 3.
63 Ebenda, S. 4.
64 Vgl. ebenda, S. 10 und 17.
65 Ebenda, S. 15.
66 Ebenda, S. 5.
67 Stern 2011, S. 14.
68 Kurt Wolff, 22.9.1916. Zitiert mit freundlicher Genehmigung von Jon Baumhauer.
69 Elisabeth Wolff, 19.9.1916. Zitiert mit freundlicher Genehmigung von Jon Baumhauer.
70 Die Uraufführung fand dort am 10. September statt.

71   Elisabeth Wolff, 19.9.1916.
72   Schmidt 1946, S. 11.
73   Elisabeth Wolff, 19.9.1916.
74   Elisabeth Wolff, Brief v. 27.9.1913. Ebenfalls zitiert mit Genehmigung von Jon Baumhauer.
75   Die Familie Herz steht nicht in Verbindung zur berühmten Schriftstellerin der Frühromantik, Henriette Herz, 1767–1847.
76   Den Hinweis verdanke ich Paul Grunfeld.
77   Vgl. Französisches Gymnasium. Für diesen Hinweis danke ich Inge Schwabach.
78   Das Abitur hat Schwabach offenbar nicht gemacht. Sein Name taucht in den Schulverzeichnissen nicht auf.
79   Edschmid 1961, S. 121. Edschmid spielt mit seiner Bemerkung auf extravagante und kostspielige *Spleens* an, für die Schwabachs Vater bekannt war.
80   Archiv Peter Schwabach. Die Universitätsbibliothek in Strasbourg besitzt einen weiteren (in Leinen) gebundenen Entwurf zu „Tristan von Lonnois", mit 87 hand-schriftlichen Seiten und der Widmung „Meiner lieben Freundin Lotte S, in Freundschaft und Liebe".
81   Scherrer 1951, S. 12.
82   Vgl. ebenda, S. 12.
83   Das sind die Begriffe, die die Nachfahren Erik-Ernsts, so z.B. Inge Schwabach, die Schwiegertochter, für sein Verhalten finden.
84   Archiv Paul Grunfeld.
85   Maximiliane Henriette von Schönebeck war die ältere Halbschwester von Sybille Bedford.
86   ZfB 1910, S. 284.
87   Das Buch befindet sich in Privatbesitz.
88   Göbel 2007a, S. 666.
89   Zwiebelfisch 1913, S. 9.
90   Der Jüngste Tag 1913, S. 2 f.
91   Vgl. Blei 1908, S. 85.
92   Raabe 1964, S. 34.
93   Zwiebelfisch 1913, S. 26 f.
94   Vgl. Das Bunte Buch 1914, S. 145.
95   TB EW1. Kurt Wolffs Frau hat zu jener Zeit intensiv Tagebuch geführt und dabei auch über Verlagsangelegenheiten geschrieben. Für die Möglichkeit der Einsicht-nahme und für die Erlaubnis, aus den Tagebüchern Elisabeth Wolffs zitieren zu dürfen, danke ich erneut Jon Baumhauer.
96   Vgl. Wolff/Göpfert 1964, S. 2058.
97   Franz Blei in einem Brief an den Verleger Julius Zeitler v. 3.4.1915; zitiert nach Walravens 2009, S. 52.
98   Zitiert nach Göbel 2007a, S. 650.
99   Vgl. Ball 2003, S. 34. Ball, 1888–1925, war Autor und einer der Gründer der DADA-Bewegung sowie Gründer des Cabaret Voltaire in Zürich.
100   Hasenclever 1994, Briefe 1, S. 88.
101   Raabe 1964, S. 7.

102   Janouch 1981, S. 109.

103   Vgl. Flake 1960, S. 199.

104   Vgl. Göbel 2007a, S. 657.

105   Blei, Wolff-Briefwechsel 1966, S. 75.

106   Flake 1960, S. 199.

107   Ebenda, S. 202.

108   Eine geradezu vernichtende Kritik an Flake notiert Schwabach anlässlich dessen
Romans „Horns Ring" im Juni 1916 in sein Tagebuch.

109   WB 9/1913, S. 98.

110   Vgl. etwa Impressum im Januarheft 1914 der Weißen Blätter.

111   Vgl. Scherrer 1951, S. 30.

112   Vgl. ebenda.

113   Stach 2004, S. 461.

114   Wolff/Göpfert 1964, S. 2058.

115   Blei, Wolff-Briefwechsel 1966, S. 75.

116   Vgl. Lasker-Schüler 1925, S. 27.

117   Edschmid 1961, S. 133.

118   Stach 2004, S. 461.

119   Edschmid 1954.

120   ZfB 3/1913, S. 163.

121   Ebenda.

122   Ebenda.

123   Vgl. Das Bunte Buch 1914, S. 202.

124   Handschriftliche Postkarte von Franz Werfel an Kurt Wolff, Poststempel vom
12. November 1913.

125   Hasenclever 1994, Briefe 1, S. 101.

126   ZfB 7/1913, S. 287.

127   Verlag der Weißen Bücher 1913, S. 3.

128   Auch der schon erwähnte vierseitige, erste Werbeprospekt zum „Jüngsten Tag"
hatte keine Autorennennung. Jener Urheber war Franz Werfel.

129   WB 9/1913, S. 5.

130   Ebenda.

131   Ebenda, S. 4.

132   Hasenclever 1994, Briefe 1, S. 123.

133   WB 9/1913, S. 98.

134   Vgl. zur Vielzahl und zur Vielfalt der Zeitschriften jener Zeit Raabe 1964.

135   Vgl. Hiller 1912, S. 5.

136   Pinthus 1918, S. 141.

137   Edschmid 1919, S. 54.

138   Däubler (1876–1934), in Triest geboren, war zu der Zeit bereits ein arrivierter
Autor und eine im Literaturleben angesehene Figur: Bekannt wurde er durch
sein monumentales Versepos „Das Nordlicht" 1910. Er veröffentlichte zahlreiche Erzählungen, Gedichte und programmatische Schriften zur modernen
Kunst und Literatur. Blass (1890–1939) war Jurist und Dichter, ab 1924 Lektor
im Paul Cassirer Verlag in Berlin. Er gab die Monatsschrift „Die Argonauten"

heraus. Zwei seiner Gedichtsammlungen erschienen 1915 bzw. 1918 im Kurt
Wolff Verlag.

139 Reimann 1917, S. 3.

140 Otten 1957, S. 14 f.

141 Lyrik: „Weltende" von Jakob van Hoddis, eigentlich Hans Davidsohn (1887–1942),
zitiert nach Menschheitsdämmerung, S. 3.; Epik: Ausschnitt aus der Novelle „Die
Eroberung" von Gottfried Benn, zitiert nach Benn 1916, S. 10; Drama: „Der Sohn.
Ein Drama in fünf Akten" von Walter Hasenclever, zitiert nach Hasenclever 1918,
S. 138 f.

142 Unter den Anzeigen befand sich auch eine für die „Gebr. Friedländer", die Hof-
juweliere von Kaiser Wilhelm II. und dessen Gattin. Die Friedländers, die ihr
Ladengeschäft im Berliner Zentrum hatten – Unter den Linden 4a –, in unmittelbarer Nähe zum Stammsitz des Bankhauses S. Bleichröder, waren seinerzeit
auch die Lieferanten für Schmuckwaren aller Art für die Familie Schwabach. Sie
hatten auch das Schwanenmotiv gestaltet, das nicht nur das Wappen, sondern
auch Schmuckschatullen, Bestecke und anderes der Familie zierte. Information
von Peter Schwabach.

143 Wolff-Briefwechsel 1966, S. 35.

144 Tägliche Rundschau, 23.8.1916.

145 Marbacher Magazin 1987, S. 47.

146 Pressestimmen in WB 12/1915.

147 Als Zeichen seiner Verehrung widmete Kafka Werfel eine wohl ironisch gemeinte
Widmung in seinem gerade erschienenen ersten Buch „Betrachtung": „Der große
Franz grüßt den kleinen Franz. F. Kafka" schrieb er am 24. Januar 1913; vgl. Kafka-
Katalog 1997, S. 2 ff.

148 Anzeige in WB 9/13, vorletzte Umschlagseite.

149 Im Briefwechsel mit Kurt Wolff macht Rudolf Werfel, unter dem opulenten, illustrierten Briefkopf als Inhaber der gleichnamigen Handschuhfabrik in Prag, verschiedentlich seine große Skepsis deutlich über die schriftstellerischen Ambitionen
seines Sohnes, den er, der Vater, lange doch eher als seinen Nachfolger für die
Prager Fabrik sah; siehe Kurt-Wolff-Archiv, Yale University.

150 Hasenclever 1994, Briefe 1, S. 172.

151 Hasenclever 1914, S. 8.

152 Schickele, Wolff-Briefwechsel 1966, S. 198.

153 Vgl. Schickele 1914.

154 Vgl. Göbel 2007a, S. 662.

155 Angesichts der Tatsache, dass Schwabach später die Zeitschrift an Paul Cassirer
abgeben sollte, und mit Blick auf Schickeles finanzielle Verhältnisse, ist diese Aussage fragwürdig und nicht richtig einzuordnen.

156 Göbel 2007a, S. 663.

157 Cassirer (1871–1926) war Galerist und Verleger, u.a. der PAN-Presse, in Berlin und
der Schweiz. Kestenberg (1882–1962) war Musikpädagoge und in verschiedenen
Funktionen im Kunstbetriebs der Weimarer Republik in Berlin tätig; er emigrierte
1938 nach Palästina.

158 Übersetzt: Das lässt mein Herz ein bisschen bluten.

159 Reinhold (1887–1955) hatte 1917 Karoline Merck geheiratet, die jüngere Schwester von Elisabeth Wolff. Reinhold, studierter Ökonom und Philologe und seit 1913 Verleger des Leipziger Tageblatts, wurde in den zwanziger Jahren zunächst sächsischer Finanzminister, von 1926 bis 1928 Reichsfinanzminister. Mit seinem Schwager Wolff gründete er 1917 den Neue-Geist-Verlag in Leipzig. Er übernahm 1930/31 nach dem Ausscheiden Wolffs den Kurt Wolff Verlag und führte ihn, dann in Berlin, noch einige Jahre weiter. „Dieser ist ein netter Mensch voll manierlichen Geschmacks", heißt es im Tagebuch von Schwabach über Reinhold; TB1, 22.10.1916.

160 Wolff/Göpfert 1964, S. 2058.

161 Salzmann 1952/1953, S. 28.

162 Edschmid 1946 und Edschmid 1954.

163 Edschmid 1961, S. 119 f.

164 Hasenclever 1994, Briefe 1, S. 170.

165 Ebenda, S. 171.

166 Raabe 1964, S. 48.

167 Wolff/Göpfert 1964, S. 2058.

168 Vgl. Die Aktion, 5. Jg., Nr. 41/42, 9.10.1915, Sp. 518. Oppenheimer hat 1913 daneben ein weiteres Feder-/Tusche-Porträt gemalt, das Schwabach mit Krawatte und in Weste und Jacke an einem Tisch zeigt, auf dem ungeordnet Briefe, Manuskripte und Zettel liegen. Ob es Schwabach selbst in Auftrag gegeben hat, ist nicht zu ermitteln. Das Porträt gilt als verschollen; vgl. von Puttkamer 1999, S. 239; es wurde in der Ausstellung der „Freien Secession" in Berlin 1914 erstmalig gezeigt. Oppenheimer war in jener Ausstellung, der ersten nach der Abspaltung von der „Berliner Secession", noch mit einem weiteren Bild vertreten, dem „Hess-Quartett"; vgl. Freie Secession, S. 34.

169 Scherrer 1951, S. 22.

170 Ebenda, S. 18.

171 Vgl. Göbel 2007a, S. 654 f.

172 Vgl. Lasker-Schüler 1925, S. 28.

173 Kurt-Wolff-Archiv, Yale University.

174 Auch dieser kurze Brief, in dem Heym auf einen positiven Artikel von Herbert Eulenberg über seine Dichtungen reagiert, in der „B.Z. am Mittag" erschienen am 5. Januar, liegt im Archiv der Yale University. Heym starb am 16. Januar 1912. Er ertrank beim Schlittschuhlaufen auf der Havel mit seinem Freund Ernst Balcke. Seine folgenden Bücher brachte Kurt Wolff heraus.

175 Wolff-Briefwechsel 1966, S. 6.

176 Vgl. Göbel 2007a, S. 675.

177 Lasker Schüler 1925, S. 27.

178 Ball 2003, S. 34.

179 Vgl. Hauptmann 2005, S. 280.

180 Herrmann-Neiße 2012, Briefe I, S. 91. In den „Weißen Blättern" erschienen im April 1914 unter der Herausgeberschaft Schwabachs drei seiner Gedichte.

181 Zitiert nach Herrmann-Neiße 2012, Briefe I, S. 455.

182 Völker 1991, S. 90.

183   Herrmann-Neiße 2012, Briefe I, S. 466.

184   Ebenda, S. 456.

185   Zitiert nach Göbel 2007a, S. 667.

186   Hasenclever 1994, Briefe 1, S. 171.

187   Zitiert nach dem Aufdruck auf der Bauchbinde, die der Verlag für das schmale Buch drucken ließ.

188   Hasenclever 1914, S. 73 ff.

189   Ebenda, S. 75 f.

190   Hasenclever 1918, S. 12.

191   Ebenda, S. 140.

192   Hasenclever 1994, Briefe 1, S. 170.

193   Hasenclever 1994, Briefe 1, S. 103.

194   Ebenda, S. 195.

195   Das Stück „Der Retter" wurde während des Krieges 1915 als Privatdruck herausgegeben. Erst 1919 erschien es als Ausgabe für den Buchhandel bei Rowohlt. Auch Franz Werfel hatte sich, Kurt Wolff gegenüber, kritisch über das Drama geäußert.

196   Kurt-Wolff-Archiv, Yale University.

197   Hasenclever 1994, Briefe 1, S. 97.

198   Ebenda, S. 87.

199   Ebenda, S. 94.

200   Hasenclever, Wolff-Briefwechsel 1966, S. 8.

201   Gemeint ist Jean Schwab.

202   Hasenclever 1994, Briefe 1, S. 144.

203   Ebenda, S. 148.

204   Ebenda, S. 150.

205   Bachmair 1939/1940, S. 79.

206   Vgl. Göbel 2007a, S. 600.

207   Zitiert nach dem Plakat, das die Insel-Bücherei als neues Vorhaben ankündigte.

208   Tempelprospekt 1909, S. 2.

209   Ebenda, S. 8.

210   Ebenda, S. 3.

211   Göbel 2007a, S. 785.

212   Bachmair 1939/1940, S. 80.

213   Auch Stark setzt den Eintritt von Schwabach in den Gesellschafterkreis für 1913 an. Er zitiert das Herbstheft der Zeitschrift „Der Büchertisch" 1913; vgl. Stark 2000, S. 172 und S. 181.

214   Feigl 1910, S. 120.

215   Vgl. Faber 1989, S. 597.

216   Vgl. Tempelprospekt 1914, S. 141.

217   „Was ist gebe, will ich auch zurückhaben"; Exlibris aus dem Buch Homers Werke. In einem Bande, von Johann Heinrich Voß, Stuttgart und Tübingen 1840, Archiv Nicolas Schwabach, zitiert mit freundlicher Genehmigung.

218   Kafka, Wolff-Briefwechsel 1966, S. 35.

219 Sternheim und Blei waren 1908 gemeinsame Herausgeber des „Hyperion" gewesen und hatten Kafka als erste überhaupt eine Publikationsmöglichkeit für dessen erste Prosastücke geboten. Sie erschienen in Heft 1 des „Hyperion".

220 Vgl. ebenda, S. 34.

221 Vgl. Göbel 2007a, S. 656.

222 Vgl. Fischer 1980, S. 120.

223 Flake 1960, S. 199.

224 Fischer 1980, S. 120.

225 Kerr 1998, S. 6.

226 Wolff/Göpfert 1964, S. 2062.

227 Tägliche Rundschau, 23.8.1916.

228 Ebenda.

229 Kerr 1979, S. 121.

230 Kunstpreis Berlin 2009, S. 25.

231 Die biografischen Daten sind dem Katalog Theo von Brockhusen. Ein Maler zwischen Impressionismus und Expressionismus; bearbeitet von Gerhard Leistner, Regensburg 1999, entnommen.

232 Klimsch 1955, S. 110; zitiert nach Brockhusen 1999, S. 24.

233 Quelle für diese und die folgenden Angaben zu den Secessions-Ausstellungen sind die digitalisierten Kataloge; siehe unter https://archive.org, letzter Zugriff: November 2016.

234 Restaurant in Baumgartenbrück; Havellandschaft; Havelbrücke bei Baumgartenbrück, vgl. Berliner Secession 1913. 1914 spaltete sich nach internen Auseinandersetzungen die sogenannte Freie Secession e.V. von der Berliner Secession ab. Sie bestand bis 1924. Mitglieder waren rund 50 Künstler, u.a. Ernst Barlach, Max Beckmann, Georg Kolbe, Käthe Kollwitz, Wilhelm Lehmbruck, Otto Mueller, Karl Schmidt-Rottluff, Max Oppenheimer und von Brockhusen, unter Führung von Max Liebermann.

235 Schmidt 1946, S. 46.

236 Plietzsch 1918, S. 439.

237 Für diese und für weitere biografische Hinweise zum Leben von Charlotte Schwabach und ihrer Tochter Brigitte (Gitta) bin ich Gisela Conrad, Aachen, dankbar. Sie war seit den unmittelbaren Nachkriegsjahren ab 1945 eine Bekannte Charlottes, von Brigitte sowie später von Sigwina von Geyso, der Tochter von von Brockhusen.

238 Flake 1960, S. 202.

239 In den Dialogen des erwähnten kleinen Bühnenstücks von Franz Blei von 1913 ist van Gogh („sein Name ist in aller Munde, – nachdem man ihn hat verhungern lassen") die Projektionsfläche für vergebene Chancen und Träume.

240 Kerr 1979, S. 121.

241 Brockhusen 1999, S. 24.

242 Vgl. Grohnert 1999, S. 82.

243 Ebenda.

244 Scherrer 1951, S. 18.

245 Uraufführung des Stückes war im Schauspielhaus Leipzig am 9. Februar 1918.

246 Der Text blieb offenbar unveröffentlicht. In den Katalogen der Freien Secession kann er jedenfalls nicht nachgewiesen werden.

247 Heute ist die Grabstätte ein Ehrengrab, wo auch Hildegard (1884–1987), die ihren Mann noch um 68 Jahre (!) überlebte, und Tochter Sigwina begraben sind.

248 Zitiert nach Schmidt 1946, S. 11.

249 In verschiedenen Filmografien wird als Drehort statt Schloss Märzdorf fälschlicherweise die Moritzburg bei Dresden angegeben.

250 Im Kurt Wolff Verlag war Ende 1914 Hauptmanns „Rübezahlbuch" erschienen. Es enthielt neun Abenteuer von und mit Rübezahl, von denen eines, das dritte – „Wie Rübezahl wegen eines Stammvaters der Hechte Rache nahm" – in leicht veränderter Form im Film vorkommt.

251 Nach den Aufzeichnungen Schmidts wollte Paul Wegener „Hassan" alias Erwin Kniefke, den „niedlichen Schwarzen", nach den Dreharbeiten sofort mit nach Berlin „zum Film" nehmen, doch Lotte Schwabach wollte ihn nicht gehen lassen. Kniefke begann erst später in Berlin eine lange Karriere als Schauspieler.

252 Hauptmann 2005, S. 241.

253 Blei 1995, S. 49.

254 Knopf/Titel 2001, S. 5.

255 Vgl. Die Welt in Leipzig 2014.

256 Vgl. Milewsky 2002.

257 Ebenda.

258 Theater-Almanach 1914, S. 525.

259 TB EW2, 20.12.1913: Die Firma Burgeff und Schweickart im Rheingau war damals eine der ältesten und bekanntesten Sektkellereien.

260 Leipziger Neueste Nachrichten, 22.12.1913.

261 Ebenda.

262 Zitiert nach Göbel 2007a, S. 670.

263 Wolff/Göpfert 1964, S. 2085

264 Die „Leipziger Neuesten Nachrichten" hatten am 22.12.1913 in der Feuilleton-Beilage über den Kauf berichtet.

265 Hasenclever 1994, Briefe 1, S. 128 f.

266 Ebenda, S. 130.

267 Ebenda, S. 132.

268 Brief v. 18.5.1917, Kurt-Wolff-Archiv, Yale University.

269 Wolff-Briefwechsel 1966, S. 10: Die Uraufführung fand am 30. September 1916 in den Kammerspielen des Deutschen Landestheaters in Prag statt. Eine geschlossene Vorstellung vor geladenen Gästen gab es am 8. Oktober 1916 im Albert-Theater in Dresden (vgl. Raabe 1992, S. 194). Das expressionistische Stück mit dem Schauspieler Ernst Deutsch in der Hauptrolle wurde zu einem der größten Erfolge auf deutschsprachigen Bühnen der Zeit.

270 Wolff/Göpfert 1964, S. 2085. Wolff irrte sich zeitlich mit dem Bezug auf die Inflationszeit.

271 Vgl. TB KW, 29.10.1914. Wolff schreibt, dass Seckendorff bei der Schilderung der Vorzüge jemand anderen gemeint haben muss. Wolffs Arbeitsplatz ist jedenfalls für die nächste Zeit „am grünen Tisch im Saal der Handrechtskammer" von Gent,

wo er für Verkehrs- und Materialflüsse zwischen Kriegsministerium, der Westarmee und dem Hauptquartier zuständig ist.

272 Brief v. 23.6.1914; zitiert mit freundlicher Genehmigung des Deutschen Literaturarchivs Marbach.

273 Vgl. Theater-Almanach 1914, S. 525.

274 Erwähnt im Theater-Almanach 1914, S. 525, sie war die erste Frau Ernst Rowohlts.

275 Brief v. 23.6.1914.

276 Leipziger Neueste Nachrichten, 2.8.1914.

277 Bühnen-Jahrbuch 1915, S. 478.

278 In den Kriegstagebüchern von Wolff findet sich überhaupt kein Hinweis auf das Theater. Es war tatsächlich wohl nur ein „Spaß" für Wolff.

279 TB EW3, verschiedene Notizen zwischen 30.8. und 19.9.1914

280 Hauptmann, Brief v. 23.6.1914; zitiert mit freundlicher Genehmigung der Staatsbibliothek zu Berlin – Preußischer Kulturbesitz.

281 Brief v. 23.6.1914; zitiert mit freundlicher Genehmigung des Deutschen Literaturarchivs Marbach.

282 Veröffentlicht im Kurt Wolf Verlag 1915.

283 Hans Winderstein (1856–1925) war Dirigent und Komponist. Er leitete u.a. die Leipziger Singakademie.

284 Hauptmann 1914, S. 8.

285 Elisabeth Wolff war ebenfalls zu der Zeit nicht in Leipzig, sondern hielt sich bei ihrer Mutter in Darmstadt auf.

286 Delpy 1914.

287 Ebenda.

288 Salzmann, 1952/1953 S. 40.

289 Vgl. Milewsky 2002, S.5.

290 Ebenda.

291 Vgl. Göbel 2007a, S. 681.

292 Siehe TB1, 4.1.1917: „Am 20ten wird man mein Stück geben. Es wird Erfolg haben oder durchfallen."

293 „Als ich noch im Flügelkleide". Ein fröhliches Spiel in vier Akten von Albert Kehm und Martin Frehsee, das auf dem gleichnamigen Volkslied beruhte.

294 Viehweg stirbt im Juni 1929. Das Gebäude des Schauspielhauses fällt am 4. Dezember 1943 Brand- und Sprengbomben zum Opfer. Es wird nicht wieder aufgebaut.

295 TB1, 28.7.1916. Als Datum hat Schwabach in seinem Tagebuch notiert: Freitag, den 28.7.14 Märzdorf. Dies kann nur ein Versehen sein, es war bereits das Jahr 1916. Das ergibt sich in dem chronologisch geführten Tagebuch eindeutig aus allen vorangehenden und nachfolgenden Einträgen.

296 Vgl. Graupe 1930, S. 63. Manns Werk konnte wegen der Zensurbestimmungen während des Ersten Weltkrieges nicht veröffentlicht werden; nur ein Privatdruck war möglich. Erst im Spätherbst 1918, nach Kriegsende also, brachte der Kurt Wolff Verlag den „Untertan" als öffentliche Ausgabe heraus.

297 Vgl. Wolff-Briefwechsel 1966, S. 196 und S. 557.

298 Dehn 1969, S. 742 f.

299 Vgl. ebenda.

300 Zitiert nach Müller-Feyen 1996, S. 163.

301 Brief v. 30.11.1932; in: Hans Bender (Hrsg.), Briefe im Exil: 1933–1940, S. 28; zitiert nach Müller-Feyen 1996, S. 196.

302 Vgl. Die Weltbühne 2, 1919, S. 211.

303 Graf Kessler, ebenfalls 1868 geboren, gründete 1913 in Weimar eine Privatpresse, die Cranach-Presse.

304 Vgl. Brief v. 21.1.1918.

305 Unter der Anschrift Berlin W.10, Stülerstraße 14. In dem Haus in der Stülerstraße unweit des Tiergartens bewohnte die Familie Schwabach zu der Zeit zwei herrschaftliche Etagen.

306 Vgl. Bodenhausen 1918.

307 Zitiert nach Herzog 1959, S. 314.

308 Zitiert nach Müller-Feyen 1996, S. 163.

309 Ebenda.

310 „Der verhaftete Dichter", in: Kleines Journal (Berliner Mittagszeitung), 22.11.1918.

311 Simon, Mitinhaber und Seniorchef des Berliner Bankhauses „Carsch, Simon & Co.", war seit zwei Tagen Finanzminister. Er gehörte seit 1914 der SPD an. Finanzminister blieb er nur kurze Zeit, bis zum 3. Januar 1919; vgl. Escher 2017, S. 435 f.

312 Etwa im Vorwärts, 22.12.1918.

313 Dieses und die folgenden Zitate sind dem Aufruf des „Arbeitsrates für Kunst in Berlin" entnommen; vgl. Taut 1918, S. 14 f.

314 Vgl. Taut 1919.

315 Die Republik, Nr. 1, 3.12.1918.

316 Ebenda.

317 Nr. 23, 25.12.1918.

318 Vgl. Berliner Tageblatt, 1.1.1919.

319 Für dieses Zitat und folgende Zitate vgl. TB2, 4.1.1919.

320 Auch dieses Zitat und die folgenden Zitate sind dem Tagebuch entnommen; TB2, 4. und 5.1.1919.

321 Zitiert nach Müller-Feyen 1996, S. 195.

322 Ebenda.

323 Vgl. Müller-Feyen 1996, S. 196.

324 Vgl. Die Weltbühne, Text „Der Jobber der Republik"; 15. Jg. 1919, 1. Halbjahr, Nr. 9, S. 210–213.

325 Vgl. ebenda, S. 210 f.; die folgenden Zitate sind dem erwähnten Weltbühnen-Text entnommen.

326 Vgl. Die Weltbühne, Nr. 13, S. 329.

327 Vgl. Die Weltbühne, Nr. 15, S. 393–396.

328 Zitiert nach Müller-Feyen 1996, S. 201. Wie hoch die Abstandssumme tatsächlich war, ist nicht zu belegen.

329 Simplicissimus, 23. Jg., Nr. 44, 28.1.1919, S. 548.

330 Die Weltbühne, Nr. 19, S. 520.

331 Vgl. „Die Republik", v. 20.2.1919. Das Mossehaus, benannt nach Rudolf Mosse, dem damaligen Herausgeber des Berliner Tageblattes, wurde bei den Spartakusaufständen im Januar 1919 beschädigt.

332 Vgl. Herzog 1959, S. 362.

333 Zitiert nach Müller-Feyen 1996, S. 202.

334 Kästner 1985, S. 105.

335 TB2, 1.2.1919.

336 TB2, 7.2.1919.

337 Vgl. Stern 2011, S. 735–745.

338 Ebenda, S. 744.

339 Schwabach 1927, S. 390; wen Paul von Schwabach meinte, ob er Herzog, Gold-schmidt, Jacobsohn oder einen anderen Publizisten im Sinn hatte, ist nicht zu bestimmen.

340 TB2, 7.5.1919. Theodor Wolff (1868–1943) war als Chefredakteur des Berliner Tage-blattes einer der führenden deutschen Journalisten.

341 Lasker-Schüler 1925, S. 27 f.

342 Hauptmann 1929, S. 183.

343 Blei 1922, S. 62.

344 Blei 1969, S. 11.

345 Schwabach hat laut handschriftlichem Eintrag im Buch im März 1923 das Werk in seine Literatur-Kartothek aufgenommen. 1930 wurde es als Teil der Schwabach-Bibliothek bei Graupe in Berlin versteigert.

346 Vgl. Hauptmann 2005, S. 233.

347 Ebenda, S. 240.

348 Ebenda, S. 254.

349 Ebenda, S. 275.

350 Hauptmann 2005, S. 282.

351 Vgl. Graupe 1930, S. 43 ff.

352 Ebenda, S. 43.

353 Die kritische Haltung des Stückes dem Krieg gegenüber löste einen Skandal aus: Nach öffentlichen Protesten wurde es vorzeitig abgesetzt.

354 Scherrer 1951, S. 21.

355 Vgl. ZfB Januar–Februar 1928, S. 14.

356 Schwabach war Mitglied der Bibliophilen-Vereinigung. Im 15. Jg. des „Jahrbuches der Gesellschaft der Bibliophilen" von 1916/17 ist er als „Rittergutsbesitzer", Num-mer der Mitgliedskarte: 572, als Mitglied verzeichnet. Mitglied in der Maximi-lian-Gesellschaft wurde er aber offenbar nicht. In den Mitgliederverzeichnissen, veröffentlicht in den Jahrbüchern der Gesellschaft, 1.–21. Jg., 1912 bis 1932, wird er nicht als Mitglied aufgeführt. Kurt Wolff hatte mit Brief v. 3.11.1913 eine per-sönliche Empfehlung für Schwabach gegeben, vgl. Wolff, Brief v. 3.11.1913.

357 TB EW2, 21.9.1913. Toni Scherrer ist Diener und Autor der Märzdorf-Chronik. Lotte war schwanger mit dem ersten Sohn Ernst-Joachim, der im Februar 1914 geboren wurde.

358 TB EW2, 27.9.1913.

359 Ebenda.

360 Brief von Clara Merck v. 24.5.1914. Merck wusste durch einen Brief Kurt Wolffs, dass Schwabach durch seine Einlage als stiller Teilhaber am Verlag ihres Schwie-gersohns beteiligt war. „Katzen" ist der Spitzname für die Merck'schen jüngeren

Töchter Anne-Marie, Karoline und Adelheid. Für die Zurverfügungstellung einer Kopie des Briefes und für die Erläuterung danke ich Jon Baumhauer, München.

361 Göbel 2007a, S. 668.

362 Vgl. etwa Wolff 1965, S. 46.

363 Wolff/Göpfert 1964, S. 2058.

364 Göbel 2007b, S. 12.

365 Gruenfeld 2006.

366 Scherrer 1951, S. 16.

367 Flake 1960, S. 199.

368 Ebenda, S. 202.

369 Scherrer 1951, S. 25.

370 Ebenda, S. 27.

371 Gemeint ist Schwabach.

372 Kerr 1979, S. 122.

373 Vgl. Graupe 1930, S. 63.

374 Vgl. „Heinrich Mann 1871–1950. Werk und Leben in Dokumenten und Bildern", Aufbau-Verlag Berlin und Weimar 1971, S. 138–139. Wahrscheinlich handelt es sich dabei um eine Druckvariante mit „abweichender Empfängerliste"; vgl. Nestler 2000, S. 48.

375 Zitiert nach Herrmann-Neiße 2012, Briefe I, S. 475. Schwabach hatte ihm zunächst 100 Mark gezahlt, dann den Betrag auf Vermittlung von Carl Hauptmann auf 1.000 Mark erhöht; siehe Kapitel 5. „Verbannung. Ein Buch Gedichte" erschien 1919 im S. Fischer Verlag. Mit dem letzten Satz spielt Schwabach wahrscheinlich auf seine zeitweilige Flucht aus Berlin Anfang 1919 an, als er sich wegen seiner Beteiligung an der sozialistischen Zeitung „Die Republik" den Zorn der Familie zugezogen hatte und Ruhe in Märzdorf suchte.

376 Vgl. Martin-Opitz-Bibliothek: Teilnachlass Max Herrmann-Neiße und die Veröffentlichung der Briefe in: Herrmann-Neiße 2012.

377 Völker 1991, S. 91.

378 Herrmann-Neiße 2012, Briefe II, S. 647. Völker und Prinz vermuten, dass es sich bei dem Hörspiel um „König Lear" handelt.

379 Das Buch mit der Widmung tauchte 2010 im Antiquariatshandel in München auf. Ob Hamsun das Buch seinerzeit tatsächlich erhalten hat, ist unklar. Im Hamsun-Archiv in Oslo ist dazu kein Beleg vorhanden.

380 Das Buch wurde im Jahr 2008 als NS-Raubgut an das Archiv der Akademie der Künste Berlin restituiert. Zur Provenienzgeschichte dieses Buches, das sich bis 1933 im Besitz von Kerr befand, hält die Staatsbibliothek Berlin im Internet unter dem Stichwort „Irdische Komödie" Informationen bereit.

381 Kerr 1917, S. X.

382 Vgl. de Waal 2013.

383 Sternheim 1936, S. 77.

384 Karl Wolfskehl, Hymne, Erstdruck 1930 auf der Jahresversammlung der Gesellschaft der Münchner Bücherfreunde am 5. April 1930, zitiert nach Köstler 2008.

385 Vgl. Sondheim 1932.

386 Haas 1952/53, S. 16.

387 Die Kartothek ist verschollen.

388 Kurt Wolff Verlag, Leipzig 1919.

389 Die Ausstellung fand anlässlich des 70. Geburtstages des Künstlers (20. Juli) in Berlin statt, veranstaltet von der Königlichen Akademie der Künste. Rund 200 Werke wurden gezeigt.

390 Schwabach 1930, S. 7.

391 ZfB 1919/20, Heft 12, S. 283.

392 Graupe 1930, S. 136.

393 ZfB 1919/20, Heft 12, S. 283.

394 ZfB 1919/20, Heft 12, S. 283.

395 So steht sein Name neben denen anderer Autoren wie Sternheim und Eulenberg und Künstlern wie Picasso, Raoul Dufy in der Empfängerliste etwa der Vorzugs-ausgabe über Henri Rousseau von Wilhelm Uhde, die 1914 bei Flechtheim erschien.

396 Abbildung Hamster in: Die Kunst für Alle 1917, S. 41, Abbildung Löwe in: Schloss Märzdorf Schlesien 1931, S. 24.

397 Graupe 1917, S. 16 f.

398 Vgl. Wolff 1965, S. 42 ff.

399 Ebenda, S. 46.

400 Ebenda.

401 So der Ankündigungstext auf dem Umschlag der deutschen Ausgabe von 1920, die Schwabach übersetzt hatte.

402 Italiaander 1954/55, S. 125.

403 Die komplette handschriftliche Übersetzung von Schwabach ist erhalten. Er hat sie auf mehr als 220 Seiten in einem privaten Halblederband mit Rückentitel und -vergoldung binden lassen. Am Ende der deutschen Übersetzung hat Schwabach ein zwei Seiten langes Kapitel „Einleitung" eingefügt, das jedoch nachträglich durchgestrichen und nicht veröffentlicht wurde. Das Zitat stammt daraus. Sammlung Paul Grunfeld.

404 Gauguin 1918, Druckvermerk.

405 Anmerkung: Gauguin 1920, S. 3.

406 Atuana, der Hauptort der Marquesas-Insel Hiva Oa, wo Gauguin bis zu seinem Tode lebte, liegt rund 1.400 Kilometer von Tahiti entfernt.

407 Wolff 1965, S. 46.

408 Italiaander 1954/55, S. 125.

409 New York Times, 24.7.1956.

410 Wolff 1965, S. 47.

411 Um welches Bild es sich handelt, bleibt unklar. Über Details des Kaufes liegen ebenfalls keine Informationen vor.

412 Vgl. „Die Aktion", 4. Jg., Nr. 2, 10.1.1914, Sp. 43 f.

413 Hiller 1915, S. 1509.

414 Vgl. Einleitung zum „Zaubertheater", S. 6.

415 Alexander Moissi (1879–1935) war zu der Zeit einer der berühmtesten Bühnen-schauspieler in Deutschland. Max Reinhardt hatte ihn in zahlreichen Rollen im Deutschen Theater spielen lassen. In der Theatersaison 1918 war er laut Büh-nen-Jahrbuch neben Albert Bassermann und Paul Wegener Gastschauspieler am

Leipziger Schauspielhaus, das zu der Zeit noch Schwabach, Wolff und Viehweg gemeinsam gehörte. Tilla Durieux (1880–1971) beherrschte damals als herausragende Schauspielerin die Bühnen in Deutschland und in Österreich. Sie war Ehefrau u.a. von Paul Cassirer, der sich ihretwegen, nachdem sie sich scheiden lassen wollte, das Leben nahm.

416 „Je nach Qualität, fünfzig Pfennige bis eine Mark"; Zau 134.

417 Lasker-Schüler 1925, S. 27.

418 München-Augsburger Nachrichten, 12.2.1918. Schwabach selbst hat in ein Album zahlreiche Ausschnitte aus Zeitungen mit Texten und Kritiken zu Theaterstücken, mit Ankündigungen zu seinen Büchern und später zu seinen Radiostücken eingeklebt. Sie sind in der Mehrzahl nicht mit Datum versehen. Das Album befindet sich im Besitz der Nachfahren Schwabachs in England. Es konnte für diese Arbeit eingesehen und ausgewertet werden.

419 Vgl. Delpy 1918.

420 So das „Leipziger Tageblatt" nach der Premiere.

421 So die „Leipziger Allgemeine", die jedoch positiv das Spiel der jungen Lina Carstens (1892–1978) als „rassige, verflossene Geliebte" hervorhob.

422 Ebenda.

423 Verschiedene Eintragungen im TB2, so z.B. unter dem 10.3.1918.

424 Das Exemplar der „Stiftsdame" befindet sich im Besitz der Zentral- und Landesbibliothek Berlin, NS-Raubgutforschung.

425 Das Porträtbild ist in Privatbesitz. Es trägt auf der Vorderseite die Unterschrift Schwabachs und das Datum 5. Oktober 1921.

426 Siehe Witkowski 1918. Im Erscheinungsjahr des „Puppenspiels", dem dritten Kriegsjahr, galt wegen der Materialknappheit eine Buchausstattung wie der Kurt Wolff Verlag sie für diese Ausgabe realisierte – Großformat, Papp- bzw. Pergamenteinband, Büttenpapier, Titel auf Umschlag und Rücken in Gold, handschriftlich nummeriert, 14 Original-Lithografien, vier davon ganzseitig – als herausragend. Dass Schwabach den Druck in dieser Opulenz bzw. einen Teil der Druckkosten selbst finanzierte, ist nicht ausgeschlossen.

427 Scherrer 1951, S. 29.

428 Historisches Lexikon Bayern, „Inflation 1914–1923".

429 Diese und die weiteren Zahlen und Zitate stammen aus Traub 2014, S. 38.

430 Wolff-Briefwechsel 1966, S. 201 f. Albert Ehrenstein war zuvor von Meyer ins Gespräch gebracht worden, „bei den ‚Weissen Blättern' etwas mitzuhelfen", weil Schickele in der Schweiz unabkömmlich war. Vgl. auch Wolff-Briefwechsel 1966, S. 200.

431 Dieses Zitat und die folgende Zitate sind der Verlagsanzeige für das Buch „Peter van Pier" am Ende von Schwabachs Novellenband „Vier Novellen von der armen Kreatur" entnommen, der im Frühjahr 1922 im Kurt Wolff Verlag erschien.

432 Sternheim 1918, S. 5.

433 So weit nicht anders angegeben, stammen dieses und die folgenden Zitate aus Verlagsprospekten im erwähnten Album von Erik-Ernst Schwabach.

434 Vgl. Berliner Tageblatt, 19.12.1923. Auch diese Kritik hat Schwabach in das Album eingefügt.

435 Peuckert 1929, S. 62.

436 Peuckert 1929, S. 462.

437 Peuckert o.O., o.J.; aus dem Nachlassalbum.

438 Cleander war ein römischer Politiker und unter Kaiser Commodus sogenannter Prätorianerpräfekt. Eine seiner Aufgaben in diesem Amt bestand darin, Ausschweifungen des Kaisers zu organisieren. Auch bei Andreas Gryphius spielt in dem Werk „Horribilicribrifax Teutsch – oder Wählende Liebhaber", einem sogenannten „Scherz-Spiel", das verschiedene Liebeshandlungen zum Inhalt hat, die Figur des Cleander eine tragende Rolle.

439 Schnellpeffer war der Künstlername von Carl Georg von Maassen, 1880–1940, der vor allem als Herausgeber der Werke von E. T. A. Hoffmann bekannt wurde. Er gab seine Gedichtsammlung erstmalig 1903 im „Verlag zum Toten Kind" als „Manuskript für Freunde gedruckt" heraus und widmete es „Allen dunklen Existenzen sowie besonders seinem Freundeskreis aus dem Café Westminster zu Berlin". Schwabach besaß ein Exemplar davon.

440 Vgl. E. (= Paul Englisch) 1961, S. 92. Englisch hatte 1927 über die „Geschichte der erotischen Literatur" geschrieben.

441 Englisch 1930; zitiert mit freundlicher Genehmigung des Antiquariats „Die Schmiede", Amsterdam.

442 Prager Presse, 17.5.1924; aus dem erwähnten Album Schwabachs.

443 Marcus o.O., o.J.; aus dem Nachlassalbum.

444 Janssen 1928, S. 275 f.

445 Zur Gründungsgeschichte des neuen, „politischen" Verlages siehe Göbel 2007a, S. 807 ff.

446 Neuer Geist-Verlag 1918, S. 2.

447 ZfB 4/1927, S. 162. In dieser Rezension schreibt Schwabach jedoch auch, dass Max Brod den Roman „feinsinnig übersetzt" (sic!) habe. Brod hatte den Roman aus dem Nachlass Kafkas herausgegeben.

448 Kafka 1999, S. 633; es ist deshalb wahrscheinlich, dass sich Haas und Schwabach bereits seit jener Zeit kannten, auch wenn Haas in den ausgewerteten Tagebüchern von Schwabach keine Erwähnung findet.

449 Haas 1957, S. 153. Zu Entstehung und publizistischen Rolle der „Literarischen Welt" unter der Leitung von Willy Haas vgl. auch von Ungern-Sternberg 2007, S. 81 ff.

450 Ganzseitige Werbeanzeige in der „Zeitschrift für Bücherfreunde", 18. Jg., 1926, Neue Folge, Beiblatt Heft 2, März–April, S. 109 f.

451 Haas 1957, S. 183.

452 Haas hat sich sehr viel später ausgesprochen positiv über die von Schwabach zwölf Jahre zuvor gegründeten „Weißen Blätter" geäußert und sie als die „vielleicht bemerkenswerteste" neue literarische Zeitschrift in Deutschland bezeichnet; vgl. Haas 1975, S. 18.

453 Elisabeth Wolff, 19.9.1916.

454 Gray wurde als Josef Zmigrod 1902 in Tarnów, Österreich-Ungarn (heute Polen) geboren; er starb 1973 in England. Er wird u.a. auch als Komponist der Musik für den Film Berlin-Alexanderplatz genannt.

455 Vgl. Scherrer 1951, S. 30.

456 Zweig 1947, S. 16.

457 Gitta (Brigitte) Schwabach hat die Erinnerung an diese Szene Jahre später Gisela Conrad, Aachen, mitgeteilt.

458 Vgl. Scherrer 1951, S. 7.

459 Schloss Märzdorf Schlesien 1931, S. 23.

460 Zitiert aus dem Zeitungsartikel „Der Sammler. Zerfall der deutschen Privatbibliotheken", den Schwabach in sein Album ohne weitere Quellenangabe eingeklebt hatte.

461 Jäger/Wittmann 2010, S. 207.

462 Golenia u. a. 2016, S. 11.

463 Vgl. Lautenschläger 2011.

464 Zeitungsausschnitt ohne Datum im Nachlass-Album.

465 Ebenda.

466 Berliner Tageblatt, Zeitungsausschnitt ohne Datum im Nachlass-Album.

467 Oppenheim, geboren 1882, war Bankier und Neffe des Berliner Bankiers und Teilhabers des Berliner Bankhauses Gebr. Mendelssohn, Franz Oppenheim (1852–1929).

468 Vgl. Verbrannte und Verbannte. Die Liste der im Nationalsozialismus verbotenen Publikationen und Autoren. Als Datengrundlage dient die vom Land Berlin veröffentlichte Liste der verbrannten Bücher. Diese zwischen 1938 und 1941 von der Kammer erstellten Verbotslisten umfassen rund 5000 Einzelpublikationen sowie die Namen von rund 1000 Autorinnen und Autoren, deren Werke im Dritten Reich verboten wurden. Link mit Bezug auf Blei und Schwabach: http://verbrannte-und-verbannte.de/publication/8841, letzter Zugriff: Februar 2017.

469 Diese Anzeige ist ebenfalls im erwähnten Album enthalten.

470 Vgl. Schoor 2009, S. 6; zitiert nach Schreuder 2010, S. 21.

471 Diese Informationen stammen von den Enkeln Schwabachs. Die Quellenlage ist für die Zeit zwischen 1934 und 1938 schwierig. Es liegen nur zwei Tagebücher vor, eines für 1936, zitiert als TB4, und eines für die ersten vier Monate 1938 (bis zu seinem Tod), zitiert als TB5. So kann nicht genau und mit letzter Sicherheit rekonstruiert werden, wie und wo Schwabach beispielsweise das Jahr 1937 verbracht hat. Es ist wahrscheinlich, dass er auch in dem Jahr mehrfach in England war und zwischenzeitlich nach Berlin zurückkehrte, so wie er es 1936 und zum Jahreswechsel 1937/38 tat. Ein Hinweis darauf ist etwa die handschriftliche Widmung Schwabachs in seinem Buch „Peter van Pier" an Leonie Harland („in remembrance of the author Erik-Ernst Schwabach") mit der Jahresangabe 1937.

472 Kerr 1979, S. 122.

473 Maier ist wahrscheinlich kein Klarname, sondern ein Pseudonym. Stein heißt in Wirklichkeit Julian Poplawski, ein aus Polen stammender Autor, der ebenfalls in London lebte. Schwabach benutzte in seinem Tagebuch 1936 und später, 1938, anders als früher, fast ausschließlich Abkürzungen oder Aliasnamen – offenbar eine Vorsichtsmaßnahme von ihm.

474 Bei der Liste handelt es sich um eine zweiseitige handschriftliche Auflistung; sie ist im Schwabach-Nachlass in der Berliner Staatsbibliothek enthalten. Die Stücke sind in der Bibliografie am Ende des Buches aufgeführt.

475 Vera von der Heydt, Jahrgang 1899, später geadelt zur Baroness, war auf dem Gebiet
     der Psychoanalyse international eine hochanerkannte Wissenschaftlerin. Sie hatte
     mit C. G. Jung gearbeitet und in Schottland und London geforscht.

476 Ribbentrop war zu der Zeit Leiter der deutschen Delegation bei den Verhand-
     lungen des Völkerbundes in London.

477 TB4, 25.8.1936. Thomas James Cobden-Sanderson war ein englischer Buchbinder,
     Drucker und Künstler. Er gründete 1893 die Doves Bindery und sieben Jahre später
     die Doves Press in London.

478 Schwabach hat ihr auch sein Buch „Das Puppenspiel" von 1917 mit der hand-
     schriftlichen Widmung „pour rendre hommage" im Januar 1937 geschenkt. Hin-
     weis zitiert mit freundlicher Genehmigung von Paul Grunfeld.

479 Brief von Vic Gielgud v. 8.10.1936. Siehe Schwabach-Nachlass in der Berliner
     Staatsbibliothek.

480 Brief v. 30.7.1936, ebenda.

481 Brief v. 14.12.1936, ebenda.

482 Vgl. Notarabschrift v. 24.12.1936, ebenda.

483 Scherrer 1951, S. 30 f.

484 Die Bleichröder-Bank ging, wie zu Beginn beschrieben, im Zuge der „Arisierung"
     an das Bankhaus Gebr. Arnhold über.

485 Landesarchiv Berlin 1937.

486 Kessler 2010, Eintrag v. 9.6.1933.

487 Vgl. London 2001, S. 27 f.

488 Unter dem 4. April, einem Montag, hat Gitta Grünfeld, Schwabachs Tochter, in
     dem Tagebuch den handschriftlichen Eintrag mit Bleistift hinzugefügt: „Vater
     starb am Herzschlag."

489 Brief von Georg Marton Verlag v. 7.9.1936 an Schwabach in London. Auch dieser
     Brief befindet sich im Schwabach-Nachlass in der Berliner Staatsbibliothek.

490 Zitiert nach Stern 2010, S. 133.

491 Ebenda.

492 Brief der Gustav Kiepenheuer Bühnenvertriebs-GmbH, Berlin, v. 10.8.1937. Dieser
     Brief und weitere im Folgenden zitierte Schreiben befinden sich im Archiv der
     Gustav Kiepenheuer Bühnenvertriebs-GmbH in Berlin. Für die Möglichkeit der
     Recherche in dem Archiv, die Zitiererlaubnis und für viele zusätzliche Informatio-
     nen bin ich Dr. Maria Sommer sehr dankbar. Sommer war 1946 als Dramaturgin
     engagiert worden und hat die Bühnenvertriebs-GmbH in Berlin wieder aufgebaut.
     Sie war von 1950 bis 2000 Alleingesellschafterin und Geschäftsführerin; heute ist
     sie Mehrheitsgesellschafterin. In den Nachkriegsjahren führte die Bühnenver-
     legerin viele junge und in Deutschland noch unbekannte Autoren wie Günter
     Grass, Jean Giraudoux, Arthur Miller, George Tabori oder Jean Anouilh ihrem
     Verlag zu. Daneben war sie lange Zeit Vorsitzende des Verwaltungsrates der VG
     Wort und ist seit 1999 dessen Ehrenpräsidentin. Sommer ist vielfach als Autorin
     in Erscheinung getreten, zuletzt als Autorin/Herausgeberin der zweibändigen
     Ausgabe von „Tabori Theater".

493 Brief v. 18.11.1937, Kiepenheuer-Archiv.

494 Brief v. 1.12.1936, Nachlass Schwabach, Staatsbibliothek in Berlin.

495 Teofil (von) Trzcinski, 1878–1952, war ein bekannter polnischer Regisseur und Bühnendirektor, u.a. am Juliusz Słowacki Theater in Krakau, sowie Essayist und Radiodramaturg.

496 Brief v. 5.9.1937 an die Kiepenheuer Bühnenvertriebs-GmbH.

497 Brief v. 28.1.1938.

498 „In Kopenhagen und in Stockholm hatte das Lustspiel großen Erfolg vor dem Kriege", schrieb Poplawski in einem Brief am 12.1.1965 aus Krakau an Maria Sommer.

499 Brief von Georg Marton Verlag v. 23.3.1938.

500 Brief v. 15.3.1938 von Teofil von Trzcinski an Kiepenheuer GmbH in Berlin.

501 Brief der Kiepenheuer Bühnenvertriebs-GmbH an die Terra-Filmkunst, Berlin, v. 4.7.1938.

502 Inge Schwabach in einem Gespräch am 22.2.2013.

503 Die Hauptrolle der Kitty spielte Hannelore Schroth; Fritz Odemar spielte den britischen Minister Sir Horace Ashlin. Der Film wurde in Deutschland kurz nach der Premiere 1939 verboten. Offenbar war die Figur des englischen Diplomaten zu positiv gezeichnet; vgl. hierzu den Eintrag der „International Movie Database" zu „Kitty und die Weltkonferenz". Der Name Stefan Donat steht als Autor seither in den Filmografien.

504 Brief von Poplawski an die Gustav Kiepenheuer Bühnenvertriebs-GmbH in Weimar v. 26.1.1948. Gleichzeitig bittet er um eine Aufstellung der noch ausstehenden Tantiemen.

505 Maria Sommer an Poplawski, Brief v. 19.2.1948.

506 Schreiben v. 8.4.1948 an Kiepenheuer.

507 Maria Sommer in einem Brief an Julian Poplawski v. 9.1.1957.

508 Brief von Poplawski v. 22.2.1965 an Kiepenheuer.

509 Brief von Poplawski aus Krakau an Erik-Dorian Schwabach, v. 16.2.1957.

510 Ratgeber für Bibliotheken 1938, Nr. 4, S. 26 (polnisch). Lediglich in der Universitätsbibliothek im polnischen Torun ist noch ein Exemplar des Buches vorhanden. Für entsprechende Hinweise und die Übersetzung der Rezension bin ich Dr. Luiza Ciepielewska-Kaczmarek, Polen, dankbar. Der Zusatz „Erlaubt für …" ist ein Indiz für Zensurbemühungen im damaligen Polen. So sind Besprechungen anderer polnischer Romane jener Zeit mit dem Vermerk versehen: Allen Lesern erlaubt.

511 Edschmid 1961, S. 325.

512 Vgl. Kessler 2010, Eintrag 18.12.1929.

513 Horstmann 1954, S. 82.

514 Ebenda.

515 Ebenda, S. 151.

516 De Waal 2013.

517 Vgl. Kulturportal West-Ost

518 Scherrer 1951, S. 7.

519 Die meisten der Hörspiele sind ermittelt durch Recherche in dem von Schwabach hinterlassenen Album, in dem entsprechende Ausschnitte aus Zeitungen und Rundfunkzeitschriften von ihm zusammengestellt sind. Englische Titel sind Übersetzungen von Schwabach selbst („Rekord of Radio Plays by E.E. Schwa-

bach"); zwei Seiten ohne Datum, ohne Ort; im Berliner Nachlass (Staatsbibliothek), gedacht wohl für Bewerbungszwecke in der Londoner Zeit. Deutsche Titel konnten nicht in allen Fällen ermittelt werden. Ortsangaben beziehen sich auf die Sender, die die Stücke ausstrahlten.

Schriftenverzeichnis Schwabach

Erik-Ernst Schwabach hat in den ersten Jahren seiner schriftstellerischen Tätigkeit in der Regel unter Pseudonym (als „Sylvester" oder als „Ernst Sylvester") oder unter dem Kürzel „E.E.S." geschrieben und publiziert. Erst ab 1918 tritt er unter richtigem Namen in Erscheinung, der – zum Beispiel bei den Veröffentlichungen in der „Literarischen Welt" – gelegentlich abgekürzt erscheint. Der nachfolgende Versuch einer Bibliografie der Schriften Schwabachs reiht in chronologischer Folge nachweisbare Veröffentlichungen auf. In Klammern: Abkürzungen/Pseudonyme; keine Klammer: Autorenangabe als Erik-Ernst Schwabach.

- Tristan von Lannois. Ein Gesprächsspiel, Berlin 1909 (bei Axel Juncker); eine Liebesgeschichte für seine spätere Frau Charlotte auf 114 handgeschriebenen Seiten. Widmung: „Frl. Lotte Schmidt in Freundschaft zugeeignet" (unver. Privatdruck, zwei Exemplare nachweisbar)
- Der Beruf des Dichters, in: Die Weißen Blätter. Eine Monatsschrift, 1. Jg., Nr. 1, September 1913, S. 97–98 (E.E.S)
- Rezension „Taschenbuch für Bücherfreunde 1913", in: Die Aktion, 3. Jg., Nr. 48, 29.11.1913, Sp. 1115 (E.E.S.)
- Das Puppenspiel der Liebe. Ein Akt, in: Die Weißen Blätter. Eine Monatsschrift, 1. Jg., Nr. 3, November 1913, S. 256–279
- Das Puppenspiel der Liebe. Ein Akt, Kurt Wolff Verlag, Leipzig 1914
- Szene aus: Das Puppenspiel der Liebe, in: Die Weißen Blätter. Eine Monatsschrift, (unverkäufliches) Werbeheft 1914, S. 35–36
- Rezension Ernst Weiss: „Die Galeere"; in: Die Aktion, 4. Jg., Nr. 2, 10.1.1914, Sp. 43–44 (E.E.S.)
- Rezension Alfons Paquet: „Erzählungen an Bord", in: Die Weißen Blätter. Eine Monatsschrift, 1. Jg., Nr. 11/12, Juli/August 1914, S. 1358 (E.E.S.)
- Die Mumienhand, in: Medardus (d.i. Franz Blei), Prokop (d.i. Max Brod) und Sylvester (d.i. Schwabach), Das Zaubertheater. Mit einer Einleitung von Franz Blei, Leipzig 1915, S. 31–46 (Sylvester)
- Der Kullack, in: Das Zaubertheater, S. 65–89 (Sylvester)
- Der gutbezahlte Neumann, in: Das Zaubertheater, S. 107–141 (Sylvester)
- Der geschiedene Mann, in: Das Zaubertheater, S. 161–175 (Sylvester)
- Die Schreckenskammer, in: Das Zaubertheater, S. 195–208 (Sylvester)
- Peter van Pier, der Prophet; in: Die Weißen Blätter. Eine Monatsschrift, 2. Jg., Dezember 1915, S. 1431–1484 (anonym erschienen)
- Peter van Pier, der Prophet, Leipzig 1916 (erste Buchausgabe, anonym erschienen)
- Zweite Ausgabe, Leipzig 1917 (Ernst Sylvester)
- Drittes bis achtes Tausend, Leipzig 1918 (Ernst Sylvester)
- Nur eine Liebe. Ein Schauspiel von Ernst Sylvester, Leipzig 1916 (gedruckte Widmung: „Dem Maler Theo v. Brockhusen")
- Das Opfer. Eine Novelle (fertiggestellt im Juli 1917, unver.)
- Yvonnes Tagebuch. Eine Novelle (ebenfalls fertiggestellt im Juli 1917, unver.)

– Das Puppenspiel. Szenen von Ernst Sylvester. Mit Original-Lithographien von Albert Stüdemann, Leipzig 1917 [enthält „Begegnen. Eine Szene" mit der gedruckten Widmung „Meinem lieben Freunde Martin Runze" (dem Hauslehrer und Freund Schwabachs), und „Das Puppenspiel der Liebe. Ein Akt" mit der gedruckten Widmung „Meinem Schwager Otto-Erich" (Schmidt)
– Die Stiftsdame. Eine Novelle. Mit gedruckter Widmung: „Dem Dichter Carl Hauptmann in dankbarer Erinnerung an gemeinsame schöne Stunden", Berlin 1918
– Das Testament, in: Simplicissimus, 23. Jg., Nr. 44, 28.1.1919, S. 548
– Paul Gauguin, Vorher und Nachher. Aus dem Manuskript übertragen von Erik-Ernst Schwabach, München 1920
– Vier Novellen von der armen Kreatur, München 1922 (enthält die Novellen: Das Skelett, Fräulein, Geschlossene Läden und Die Stiftsdame)
  Das erotische Werk Cleanders, o. O. (Leipzig), o. J. (1922 oder 1923) (Privatdruck, anonym)
– Charles Baudelaire, Kleine Gedichte in Prosa. Ausgewählt und übertragen von Erik-Ernst Schwabach (= Der Sanssouci-Bücher erster Band). Hrsg. von Franz Blei, Potsdam 1923 (mit sechs Kupferstichen von Eddy Smith)
– Miniaturen, von Mariette Lydis, in Liebesbillete gesetzt von Erik-Ernst Schwabach, Potsdam 1924 (18 farbige Abbildungen, 18 Liebesbillete)
– Guy de Maupassant, Peter und Hans. Roman. Deutsch von Erik-Ernst Schwabach, München 1924 (Band 5 von 12 Bänden: Guy de Maupassant, Romane und Novellen; Kurt Wolff Verlag, München 1922–1924)
– Irdische Komödie. Das Vorspiel und der erste Akt, in: Die Horen. Zeitschrift des Künstlerdanks. Hrsg. von Hanns Martin Elster, 1. Jg., Horen Verlag, Berlin 1925, S. 152–168
– Neue Epik, in: Die Horen. Zeitschrift des Künstlerdanks. Hrsg. von Hanns Martin Elster, 1. Jg., Horen Verlag, Berlin 1925, S. 192–194 (E.E.S.)
– Baudelaire, Charles, Ausgewählte Werke, Hrsg. von Franz Blei. 3 Bände. (Ohne Bandangaben:) 1. Die künstlichen Paradiese. Ins Deutsche übertragen von Erik-Ernst Schwabach, München 1925
– Irdische Komödie, Potsdam 1926
– Rezension „Amerikanische Romane", in: Die Horen. Zeitschrift des Künstlerdanks. Hrsg. von Hanns Martin Elster, 2. Jg., Horen Verlag, Berlin 1926, S. 109–110 (E. E. Schwabach)
– Rezension Felix Langer: „Münchhausens Verwandlung", in: Die Horen. Zeitschrift des Künstlerdanks. Hrsg. von Hanns Martin Elster, 2. Jg., Horen Verlag, Berlin 1926, S. 110 (E.E.S.)
– Psychoanalyse und Individualpsychologie. Versuch eines Nachweises ihrer Antagonien. Von Erik-Ernst Schwabach (Maerzdorf), in: Internationale Zeitschrift für Individualpsychologie. Hrsg. von Dr. Alfred Adler, 5. Jg. 1927, Amsterdam 1968 (Nachdruck mit Genehmigung des Verlags S. Hirzel, Leipzig), S. 348–351
– Das Schwein. Eine Erzählung aus dem Siechenhaus von Erik-Ernst Schwabach, in: Die Horen. Zweimonatshefte für Kunst und Dichtung. Hrsg. von Hanns Martin Elster und Wilhelm von Scholz, 3. Jg., Horen Verlag, Berlin 1927, S. 146–152

- Ballade von der Kuh, in: Die Horen. Monatshefte für Kunst und Dichtung. Hrsg. von Hanns Martin Elster und Wilhelm von Scholz, 4. Jg., Band 2, Horen Verlag, Berlin 1927/28, S. 799–802
- Die Revolutionierung der Frau, Leipzig 1928. (Mit gedruckter Widmung „Meiner Frau")
- Simulation oder Neurose? Aus Andre Gides Autobiographie. Von Erik-Ernst Schwabach (Schloß Märzdorf, Kreis Goldberg-Haynau), in: Internationale Zeitschrift für Individualpsychologie. Hrsg. von Dr. Alfred Adler, 7. Jg. 1929, Amsterdam 1968 (Nachdruck mit Genehmigung des Verlags S. Hirzel, Leipzig), S. 401–403
- Der deutsche Sittengesetzgeber, in: Die Weltbühne. Der Schaubühne 26. Jahr. Wochenschrift für Politik, Kunst und Wirtschaft. Begründet von Siegfried Jacobsohn. Unter Mitarbeit von Kurt Tucholsky geleitet von Carl von Ossietzky, 26. Jg., Nr. 7, 11. Februar 1930, S. 239–242
- Ein Hörspiel für den Frieden, in: Die Weltbühne. Der Schaubühne 26. Jahr. Wochenschrift für Politik, Kunst und Wirtschaft. Begründet von Siegfried Jacobsohn. Unter Mitarbeit von Kurt Tucholsky geleitet von Carl von Ossietzky, 26. Jg., Nr. 8, 18. Februar 1930, S. 296–297
- Liedtexte für den Film „Berlin Alexanderplatz" (1931), mit Alfred Döblin und Hans Wilhelm
- Lady Fanny. Operette nach Jerome K. Jeromes Lustspiel von Eric Ernst und Peter Hell, Musik: Theo Mackeben. Uraufführung: Deutsches Künstlertheater am 16. Februar 1934 (Eric Ernst ist ein Pseudonym)
- Verse; geschrieben für Lo zur Weihnacht 1934 (handschriftlich, unver.), 67 Seiten, typografisch gestalteter Leineneinband, ca. 10 mal 15 cm
- Dzieje pewnej nocy (Originaltitel: Bilderbuch einer Nacht). Übersetzung: Alfred Liefeldt, Warschau 1938
- Weltkonferenz (Kitty und die Weltkonferenz). Komödie in drei Akten (vier Bildern) von Stefan Donat. Textbuch für die Uraufführung am 15. September 1938 im Komödienhaus Berlin. Hrsg. von der Gustav Kiepenheuer Bühnenvertriebs-GmbH Berlin (Autoren: Erik-Ernst Schwabach und Julian Poplawski)

Arbeiten für die „Zeitschrift für Bücherfreunde" (ZfB), herausgegeben von Georg Witkowski

11. Jg. 1919 Neue Folge
- Aufsatz „Zurück zum Buch!", in: Heft 12, 1919/20, S. 283

13. Jg. 1921 Neue Folge; alle Fundstellen im „Beiblatt" der ZfB
- Rezension Charles Péguy: „Die Litanei vom schreienden Christus", in: Heft 4, Juli–August, S. 170 (E.E.S.)
- Rezension Robert Walser: „Komödien", in: Heft 4, Juli–August, S. 181 (E.E.S.)
- Rezension Louis Couperus: „Aphrodite in Ägypten", in: Heft 5, September–Oktober, S. 203 (E.E.S.)

- Rezension Hanns Heinz Ewers: „Vampir. Ein verwilderter Roman in Farben und Fetzen", in: Heft 5, September–Oktober, S. 206–207 (E.E.S.)
- Rezension Paul Duysen: „Jedermann der viehische Mensch. Ein Schrei in die Zeit", in: Heft 6, November–Dezember, S. 250 (E.E.S.)
- Rezension Max Herrmann: „Cajetan Schaltermann", in: Heft 6, November–Dezember, S. 261 (E.E.S.)

14. Jg. 1922 Neue Folge
- Aufsatz „Schafft gute Malbücher! Eine Anregung", in: Heft 3, S. 73–74
- Rezension Hans Reimann: „Der Engel Elisabeth", in: Beiblatt Heft 2, März–April, S. 90–91 (E.E.S.)
- Rezension Arnim T. Wegner: „Das Geständnis", in: Beiblatt Heft 2, März–April, S. 98–99 (E.E.S.)
- Rezension Franz Werfel: „Bocksgesang", in: Beiblatt Heft 2, März–April, S. 99–100 (E.E.S.)
- Rezension Paula Dehmel: „Singinens Geschichten", in: Beiblatt Heft 6, November–Dezember, S. 273 (E.E.S.)
- Rezension Albert Ehrenstein: „Wien", in: Beiblatt Heft 6, November–Dezember, S. 275 (Schwabach)
- Rezension A. v. Gleichen-Rußwurm: „Philosophische Profile", in: Beiblatt Heft 6, November–Dezember, S. 278 (E.E.S.)
- Rezension Carl Sternheim: „Tasso oder Kunst des Juste Milieu", in: Beiblatt Heft 6, November–Dezember, S. 295–296 (Schwabach)

15. Jg. 1923 Neue Folge
- Aufsatz „Der neue Einband des alten Buches", in: Heft 3, S. 58–59
- Rezension Georges Duhamel: „Das Licht. Drama", in: Beiblatt Heft 1, Januar–Februar, S. 15 (E.E.S.)
- Rezension Ernst Lissauer: „Yorck. Schauspiel in 5 Akten und einem Vorspiel", in: Beiblatt Heft 1, Januar–Februar, S. 20 (E.E.S.)
- Rezension Walter Mehring: „Ein Katzenbrevier. Ein Kabarettprogramm", in: Beiblatt Heft 1, Januar–Februar, S. 20–21 (E.E.S.)
- Rezension Max Brod: „Franzi oder eine Liebe zweiten Ranges", in: Beiblatt Heft 2, März–April, S. 62 (E.E.S.)
- Rezension Maarten Maartens: „Die Komödie eines Verbrechens", in: Beiblatt Heft 2, März–April, S. 70 (E.E.S.)
- Rezension Hans Reimann: „Hedwig Courths-Mahler. Schlichte Geschichten fürs traute Heim", in: Beiblatt Heft 2, März–April, S. 70–72 (E.E.S.)
- Rezension René Schickele: „Wir wollen nicht sterben!", in: Beiblatt Heft 2, März–April, S. 74–75 (Schwabach)
- Rezension „Styl. Blätter für Mode und die angenehmen Dinge des Lebens", in: Beiblatt Heft 2, März–April, S. 77 (Schwabach)
- Rezension Viktor Auburtin: „Ein Glas mit Goldfischen", in: Beiblatt Heft 3, Mai–Juni, S. 110 (E.E.S.)

- Rezension Paul Baudisch: „Ehebruch. Tragische Operette in einem Akt", in: Beiblatt Heft 3, Mai–Juni, S. 110–111 (E.E.S.)
- Rezension Julius Berstl: „Hans Hagebutt. Eine kuriose Geschichte", in: Beiblatt Heft 3, Mai–Juni, S. 111 (Schwabach)
- Rezension Georg Engel: „Die Prinzessin und der Heilige", in: Beiblatt Heft 3, Mai–Juni, S. 118 (E.E.S.)
- Rezension Oskar Maurus Fontana: „Der Tribun auf der Flucht", in: Beiblatt Heft 3, Mai–Juni, S. 119–120 (Schwabach)
- Rezension „Frühe Italienische Dichtung", in: Beiblatt Heft 3, Mai–Juni, S. 122 (E.E.S.)
- Rezension Walter von Molo: „Im Zwielicht der Zeit", in: Beiblatt Heft 4, Juli–August, S. 169–170 (E.E.S.)
- Rezension Edgar Allan Poe: „Gesammelte Werke", in: Beiblatt Heft 4, Juli–August, S. 174–175 (E.E.S.)
- Rezension Hans Bötticher (Joachim Ringelnatz): „Die Woge. Marine-Kurzgeschichten", in: Beiblatt Heft 4, Juli–August, S. 205 (E.E.S.)
- Rezension Hans Franck: „Martha und Maria. Eine Liebeskomödie in vier Akten", in: Beiblatt Heft 5/6, September–Dezember, S. 212 (E.E.S.)
- Rezension Hans Johst: „Propheten. Schauspiel", in: Beiblatt Heft 5/6, September–Dezember, S. 220–221 (E.E.S.)
- Rezension Else Stroh: „Selbstverwirklichung. Eine Formlehre der Liebe und des Lebens", in: Beiblatt Heft 5/6, September–Dezember, S. 236 (E.E.S.)
- Rezension Kuni Tremel-Eggert: „Fazer Rapps und seine Peiniger", in: Beiblatt Heft 5/6, September–Dezember, S. 238 (E.E.S.)

16. Jg. 1924 Neue Folge
- Aufsatz „Über die Pflichten der Bibliophilen zur Förderung zeitgenössischer Literatur", in: Heft 1/2, Januar–Februar, S. 33–34
- Rezension zu Otakar Brezina: „Musik der Quellen", in: Beiblatt Heft 1/2, Januar–Februar, S. 70 (E.E.S.)

17. Jg. 1925 Neue Folge; alle Fundstellen im „Beiblatt" der ZfB
- Rezension Karl Lieblich: „Die Welt erbraust. Sechs Schilderungen", in: Heft 1, Januar–Februar, S. 20–21 (E.E.S.)
- Rezension Ernst Lissauer: „Gewalt. Komödie in 5 Aufzügen", in: Heft 1, Januar–Februar, S. 21–22 (E.E.S.)
- Rezension „Taschenbuch für Exlibrissammler", in: Heft 1, Januar–Februar, S. 28 (E.E.S.)
- Rezension Franz Blei: „Das Kuriositäten-Kabinett der Literatur", in: Heft 2, März–April, S. 61 (E.E.S.)
- Rezension Hermann Eicke: „Am dunklen Tor. Ein Novellenkreis", in: Heft 2, März–April, S. 63 (E.E.S.)
- Rezension Kurt Geucke: „Scholle und Stern. Lieder und Balladen", in: Heft 2, März–April, S. 66 (E.E.S.)

- Rezension Maxim Gorki: „Erlebnisse und Begegnungen", in: Heft 2, März–April, S. 67–68 (E.E.S.)
- Rezension Otto Hoerth: „Miniaturen vom Bodensee", in: Heft 2, März–April, S. 71 (E.E.S.)
- Rezension Viktor Meyer-Eckhardt: „Die Möbel des Herrn Berthelmy", in: Heft 2, März–April, S. 76–77 (E.E.S.)
- Rezension Bô Yin Râ: „Psalmen", in: Heft 2, März–April, S. 80 (E.E.S.)
- Rezension Georg Terramare: „Ein Spiel vom Tode", in: Heft 2, März–April, S. 83 (E.E.S.)
- Rezension Francis Carco: „Der Gehetzte", in: Heft 3, Mai–Juni, S. 130 (E.E.S.)
- Rezension C. G. Chesterton: „Was Unrecht ist an der Welt", in: Heft 3, Mai–Juni, S. 131 (E.E.S.)
- Rezension Svend Fleuron: „Schnock. Ein Hechtroman", in: Heft 3, Mai–Juni, S. 133–134 (E.E.S.)
- Rezension Iwan Goll: „Der Eiffelturm. Gesammelte Dichtungen", in: Heft 3, Mai–Juni, S. 135 (E.E.S.)
- Rezension Maurice Maeterlinck: „Das große Rätsel", in: Heft 3, Mai–Juni, S. 138 (E.E.S.)
- Rezension Emil Szitta: „Klaps", in: Heft 3, Mai–Juni, S. 141 (E.E.S.)
- Rezension Albert Trentini: „Paradies. Eine Tragödie", in: Heft 3, Mai–Juni, S. 142–143 (E.E.S.)
- Rezension Leopold von Wiese: „Kindheit. Erinnerungen aus meinen Kadettenjahren", in: Heft 3, Mai–Juni, S. 144–145 (E.E.S.)
- Rezension Georg Wittner: „Sprung auf die Straße. Gedichte", in: Heft 3, Mai–Juni, S. 145 (E.E.S.)
- Rezensison Karl Capek: „Das Absolutum", in: Heft 4/5, Juli–Oktober, S. 179 (E.E.S.)
- Rezension Franz Kafka: „Ein Hungerkünstler", in: Heft 4/5, Juli–Oktober, S. 197 (E.E.S.)
- Rezension Heinrich Mann: „In einer Familie", in: Heft 4/5, Juli–Oktober, S. 206–207 (E.E.S.)
- Rezension Karin Michaelis: „Die sieben Schwestern", in: Heft 4/5, Juli–Oktober, S. 208 (E.E.S.)
- Rezension Ferdinand Ossendowski: „In den Dschungeln der Wälder und Menschen", in: Heft 4/5, Juli–Oktober, S. 211 (E.E.S.)
- Rezension Josef (sic!) Roth: „Hotel Savoy", in: Heft 4/5, Juli–Oktober, S. 219–220 (E.E.S.)
- Rezension Wilhelm Speyer: „Frau von Hanka", in: Heft 4/5, Juli–Oktober, S. 226–227 (E.E.S.)
- Rezension Adrien Turel: „Christi Weltleidenschaft", in: Heft 4/5, Juli–Oktober, S. 231 (E.E.S.)
- Rezension „Jüngste Arbeiterdichtung", in: Heft 6, November–Dezember, S. 278 (E.E.S.)
- Rezension „Els Drucke" (sechs Bände), in: Heft 6, November–Dezember, S. 284–285 (E.E.S.)

- Rezension Bruno Frank: „Tage des Königs", in: Heft 6, November–Dezember, S. 288 (E.E.S.)
- Rezension Kurt (sic!) Hamsun: „Das letzte Kapitel", in: Heft 6, November–Dezember, S. 290 (E.E.S.)
- Rezension „Herr Fettwanst. Eine amerikanische Autobiographie", in: Heft 6, November–Dezember, S. 290–291 (E.E.S.)
- Rezension Ernst Weiß: „Daniel", in: Heft 6, November–Dezember, S. 299 (E.E.S.)

18. Jg. 1926 Neue Folge; alle Fundstellen im „Beiblatt" der ZfB
- Rezension Peter Altenberg: „Der Nachlaß", in: Heft 1, Januar–Februar, S. 21 (E.E.S.)
- Rezension Gerhart Hauptmann: „Fasching", in: Heft 1, Januar–Februar, S. 31 (E.E.S.)
- Rezension Otto Stoessl: „Adalbert Stifter. Eine Studie", in: Heft 1, Januar–Februar, S. 32 (E.E.S.)
- Rezension Alfred de Vigny: „Sklaventum und Größe der Soldaten", in: Heft 1, Januar–Februar, S. 34 (E.E.S.)
- Aufsatz „Neue Bücher und Bilder. Erzählende Prosa" (u.a. über Döblin, Hans Frank und die Reihe „Außenseiter der Gesellschaft" des Verlages „Die Schmiede"), in: Heft 2, März–April, S. 62–65
- Rezension Arnold Bronnen: „Katalanische Schlacht", in: Heft 2, März–April, S. 68–69 (E.E.S.)
- Rezension Georg Hermann: „Der kleine Gast", in: Heft 2, März–April, S. 71 (E.E.S.)
- Rezension Arthur Holitscher: „Der Narrenbaedeker", in: Heft 2, März–April, S. 771 (E.E.S.)
- Rezension Heinrich Mann: „Der Kopf", in: Heft 2, März–April, S. 76 (E.E.S.)
- Rezension Thomas Mann: „Der Zauberberg", in: Heft 2, März–April, S. 76–77 (E.E.S.)
- Rezension Karin Michaelis: „Mette Trap", in: Heft 2, März–April, S. 78 (E.E.S.)
- Rezension Rudolf Borchardt: „Ausgewählte Werke 1900 bis 1918", in: Heft 3, Mai–Juni, S. 137 (E.E.S.)
- Rezension G. Menz: „Der deutsche Buchhandel in Selbstdarstellungen", in: Heft 3, Mai–Juni, S. 142 (E.E.S.)
- Rezension George Moore: „Liebesleute in Orelay", in: Heft 3, Mai–Juni, S. 143 (E.E.S.)
- Rezension Iwan Schmeljow: „Die Sonne der Toten", in: Heft 3, Mai–Juni, S. 143–144 (E.E.S.)
- Rezension „Ein Kuriosum", in: Heft 3, Mai–Juni, S. 147–148 (Schwabach)
- Neue Bücher und Bilder. Neue erzählende Schriften, in: Heft 4/5, Juli–Oktober, S. 197–205
- Rezension Max Brod: „Rëubeni. Fürst der Juden", in: Heft 4/5, Juli–Oktober, S. 207–208 (E.E.S.)
- Rezension „Der Falke. Bücherei zeitgenössischer Novellen", in: Heft 4/5, Juli–Oktober, S. 211–213 (E.E.S.)
- Rezension Leonhard Frank: „Die Schicksalsbrücke. Drei Erzählungen", in: Heft 4/5, Juli–Oktober, S. 213–214 (E.E.S.)

- Rezension Wilhelm Frels: „Der Katalog des Bücherliebhabers", in: Heft 4/5, Juli–Oktober, S. 214 (E.E.S.)
- Rezension Gerhart Hauptmann: „Veland. Tragödie", in: Heft 4/5, Juli–Oktober, S. 214 (E.E.S.)
- Rezension Annette Kolb: „Spitzbögen", in: Heft 4/5, Juli–Oktober, S. 226 (E.E.S.)
- Rezension Oskar Loerke: „Zeitgenossen aus vielen Zeiten", in: Heft 4/5, Juli–Oktober, S. 229–230 (E.E.S.)
- Rezension Maarten Maartens: „Aus tiefer Höhe. Eine Geschichte aus hohen Kreisen", in: Heft 4/5, Juli–Oktober, S. 230 (E.E.S.)
- Rezension Dr. Gg. Herm. Müller: „Von Bibliotheken und Archiven", in: Heft 4/5, Juli–Oktober, S. 236 (E.E.S.)
- Rezension Carl Sternheim: „Oskar Wilde. Sein Drama", in: Heft 4/5, Juli–Oktober, S. 242–243 (E.E.S.)
- Neue Bücher und Bilder. Neue erzählende Prosa, in: Heft 6, November–Dezember, S. 266–271

19. Jg. 1927 Neue Folge; alle Fundstellen im „Beiblatt" der ZfB
- Neue Bücher und Bilder. Neue Erzählungsliteratur, in: Heft 1, Januar–Februar, S. 5–7
- Neue Bücher und Bilder. Neue Prosa, in: Heft 2, März–April, S. 56–62
- Neue Bücher und Bilder. Neue erzählende Literatur, in: Heft 4, Juli–August, S. 158–166
- Neue Bücher und Bilder. Neue erzählende Literatur, in: Heft 5, September–Oktober, S. 207–212
- Rezension Oskar Wilde: „Letzte Briefe", in: Heft 5, September–Oktober, S. 223–224 (E.E.S.)
- Rezension Paul Zech: „Die Geschichte der armen Johanna", in: Heft 5, September–Oktober, S. 224 (E.E.S.)
- Kleine Mitteilungen, in: Heft 5, September–Oktober, S. 224–226
- Aus der Bibliothek des Herrn X, in: Heft 5, September–Oktober, S. 227–228
- Neue Bücher und Bilder. Neue erzählende Literatur, in: Heft 6, November–Dezember, S. 238–246
- Rezension Charles de Coster: „Die Geschichte vom Ulenspiegel", in: Heft 6, November–Dezember, S. 251 (E.E.S.)
- Rezension „Der deutsche Genius", in: Heft 6, November–Dezember, S. 254–255 (E.E.S.)

20. Jg. 1928 Neue Folge; alle Fundstellen im „Beiblatt" der ZfB
- Neue Bücher und Bilder. Neue erzählende Literatur, in: Heft 1, Januar–Februar, S. 14–17
- Neue Bücher und Bilder. Neue erzählende Literatur, in: Heft 2, März–April, S. 78–80
- Moderne erzählende Literatur, in: Heft 3, Mai–Juni, S. 97–100
- Rezension Heinrich von Kleist: „Die Familie Ghonorez" und „Penthesilea", in: Heft 5, September–Oktober, S. 222 (Schwabach)

Arbeiten für die „Literarische Welt"

– Radiobriefe I–XII, plus „Radiobrief (P.P.C.)"; lose Folge von Texten in Kolumnenform für die „Literarische Welt", jeweils betitelt als „Radiobrief" plus römischer Nummerierung. Nachweise im Einzelnen:

2. Jg. 1926
– Radiobrief I: Nr. 11, 12. März, S. 8; II: Nr. 17, 23. April, S. 7; III: Nr. 28, 9. Juli, S. 7; IV: Nr. 31, 30. Juli, S. 7; V: Nr. 51, 17. Dezember, S. 9

3. Jg. 1927
– Radiobrief VI: Nr. 3, 21. Januar, S. 8; VII: Nr. 8, 25. Februar, S. 7; VIII: Nr. 11, 18. März, S. 7–8; IX: Nr. 18, 6. Mai, S. 7–8; X: Nr. 25, 24. Juni, S. 7; XI: Nr. 30, 29. Juli, S. 6; XII: Nr. 36, 9. September, S. 6; XIII Radiobrief (P.P.C.): Nr. 42, 21. Oktober, S. 8

5. Jg. 1929
– Rezension Friedrich Michael: „Attentat. Chronik einer fixen Idee", in: Nr. 22, 31. Mai, S. 6 (E. E. Schwabach)
– Text zum 70. Geburtstag von Conan Doyle, in: Nr. 23, 7. Juni, S. 7 (E. E. Schwabach)
– Rezension Jack London: „Die Herrin des großen Hauses", in: Nr. 27, 5. Juli, S. 6 (E. E. Schwabach)
– Rezension J. P. McEvoy: „Revue-Girl", in: Nr. 28, 12. Juli, S. 6 (Schwabach)
– Rezension Wilhelm Speyer: „Sonderlinge", in: Nr. 30, 26. Juli, S. 5
– Radio und Fernsehen, in: Nr. 35, 30. August, S. 7
– Rezension Hermann Lint: „Der Gesellschaftsmensch", in: Nr. 43, 25. Oktober, S. 6 (Schwabach)
– Neue Filme, in: Nr. 44, 1. November, S. 9
– Ausstellung deutscher Volkskunst (Besprechung), in: Nr. 45, 8. November, S. 2 (E.E.S.)
– Rezension C. O. Jatho: „Frankreich", in: Nr. 48, 29. November, S. 8 (E.E.Sch.)
– Ein Rittergutsbesitzer, in: Nr. 50, 13. Dezember, S. 11–12 (E .E. Schwabach)
– Der Juniorchef, in: Nr. 50, 13. Dezember, S. 13 (E. E. Schwabach)
– Rezension über Oskar Maria Graf: „Kalendergeschichten", in: Nr. 50, 13. Dezember, S. 25 (E. E. Schwabach)
– Was Jungens erzählen (Kolumne), in: Nr. 51/52, 19. Dezember, S. 14 (E. E. Schwabach)
– Rezension über Gerhart Hauptmann: „Spuk", in: Nr. 51/52, 19. Dezember, S. 17 (E.E. Sch.)
– Die Katakombe (Glosse), in: Nr. 51/52, 19. Dezember, S. 17 (E.E.Sch.)

6. Jg. 1930
– Auktion Carl Sternheim (Bericht), in: Nr. 1, 3. Januar, S. 7 (Erik-Ernst Schwabach)
– Rezension Bruno Frank: „Der Magier", in: Nr. 2, 10. Januar, S. 5 (E. E. Schwabach)
– Krise des Repertoiretheaters (Titelgeschichte), in: Nr. 4, 24. Januar, S. 1
– Rezension Theodor Plivier: „12 Mann und ein Kapitän", in: Nr. 6, 7. Februar, S. 6 (E. E. Schwabach)

- Verdi: „Simone Boccanegra", Erstaufführung Städtische Oper Berlin (Besprechung), in: Nr. 8, 21. Februar, S. 8
- Rezension Ernst Kretschmer: „Geniale Menschen", in: Nr. 9, 28. Februar, S. 6
- Rezension Walther Greischel: „Der Magdeburger Dom", in: Nr. 10, 7. März, S. 6 (E. E. S.)
- Kleine moralische Osterbetrachtung (Essay), in: Nr. 16/17, 17. April; Beilage, S. 1
- Rezension Robert Neumann: „Kleine Novellen", in: Nr. 19, 9. Mai, S. 6
- Rezension Edna Ferber: „Das ist Fanny", in: Nr. 20, 16. Mai, S. 6 (E. E. Schwabach)
- Geburtenregelung (Text zum Sonderthema „Erotische Fragen der Gegenwart"), in: Nr. 24, 13. Juni, S. 5–6
- Schlechte gute Bücher und gute schlechte Bücher, in: Nr. 26, 27. Juni, S. 5–6
- Rezension Alex Scouffi: „Hotel zum Goldfisch", in: Nr. 28, 11. Juli, S. 6 (E.-E. Schwabach)
- Nachruf auf Conan Doyle, in: Nr. 29/30, 18. Juli, S. 9
- Das Schicksal der Provinzbühnen, in: Nr. 31, 1. August, S. 7 (E.-E. Schwabach)
- Rezension Mechthilde Lichnowsky: „An der Leine", in: Nr. 33/34, 15. August, S. 10
- Rezension Arnold Bennett: „Clayhanger", in: Nr. 37, 5. September, S. 5
- Rezension Andreas Thom: „Vorlenz, der Urlauber auf Lebenszeit", in: Nr. 45, 7. November, S. 5
- Rezension „Brigitte, die Frau mit dem schweren Herzen", in: Nr. 45, 7. November, S. 5
- Rezension „Hollywood, wie es wirklich ist", in: Nr. 46, 14. November, S. 6 (E.-E. S.)
- Rezension Elisabeth Russel: „Hochzeit, Flucht und Ehestand der schönen Salvatia", in: Nr. 46, 14. November, S. 7
- Rezension Max Krell: „Orangen in Ronco", in: Nr. 48, 28. November, S. 7 (E.-E. Schwabach)

7. Jg. 1931
- Rezension Greta von Urbanitzky: „Sekretärin Vera", in: Nr. 3, 16. Januar, S. 6 (E. E. Schwabach)
- Rezension Fritz Rosenfeld: „Die goldene Galeere", in: Nr. 10, 6. März, S. 6 (E. E. Schwabach)
- Der Held unserer Träume, in: Nr. 12, 20. März, S. 3–4
- Rezension Arnold Bennett: „Hilda", in: Nr. 16, 17. April, S. 6 (E.-E. Schwabach)
- Rezension „Menschen, die Geschichte machten", in: Nr. 17, 24. April, S. 5–6 (E.-E. Schwabach)
- Rezension I. Ilf und E. Petrow: „Zwölf Stühle", in: Nr. 17, 24. April, S. 6 (E.-E. Schwabach)
- Rezension Egon Erwin Kisch: „Prager Pitaval", in: Nr. 18, 1. Mai, S. 5–6 (E.-E. Schwabach)
- Rezension „Dreimal Mord und einmal Liebe", in: Nr. 23, 5. Juni, S. 8 (E.-E. S.)
- Rezension Josef Frank: „Mütter. Schicksale des Muttertums", in: Nr. 26, 26. Juni, S. 6 (E.-E. Schwabach)
- Rezension Otto Bernhard Wendler: „Laubenkolonie Erdenglück", in: Nr. 40, 2. Oktober, S. 6

- Rezension Waldemar Bonsels und Freiherr von Dungern: „Brasilianische Tage und Nächte", in: Nr. 42, 16. Oktober, S. 6
- Rezension „Die Schweiz", in: Nr. 42, 16. Oktober, S. 6
- Rezension Felix Halle: „Geschlechtsleben und Strafrecht", in: Nr. 50, 11. Dezember, S. 6
- Filmbesprechung zu „Emil und die Detektive". Ein Film für Kinder und ein Film von Kindern", in: Nr. 50, 11. Dezember, S. 6

8. Jg. 1932
- Rezension Eugen Paravicini: „Reisen in den britischen Salomonen", in: Nr. 6, 5. Februar, S. 6 (E.E.S.)
- Nachruf auf Edgar Wallace, in: Nr. 8/9, 19. Februar, S. 2 (E.-E. Schwabach)
- Rezension Hagar Olsson: „Sturm bricht an", in: Nr. 12, 18. März, S. 6 (E.-E. Schwabach)
- Rezension Robert Neumann: „Die Macht", in: Nr. 18, 29. April, S. 5 (E.-E. Schwabach)
- Die Filmsaison, in: Nr. 22, 27. Mai, S. 7 (E.E. Schwabach)

Hör- und Funkspiele 1926–1936

1926
- Gwendolin (Breslau)[519]
- The Fortune Teller (Breslau)
- Haunted House (Breslau)
- 5.30 p.m. (Breslau, Berlin)

1930
- Kleine Radiorevue (Berlin, Breslau)
- Dr. Einwenders Hochzeitreise. Eine kleine Funkrevue. Musik: Allan Gray, Texte: Erik-Ernst Schwabach (Berlin, Leipzig, Frankfurt)
- Holly Days (Berlin)
- Ich bleibe arm und glücklich, von Ossip Dymow. Text: Erik-Ernst Schwabach
- Seifenblasen, von Ossip Dymow. Musik: Allan Gray, Gesangstexte: Erik-Ernst Schwabach (Berlin, Breslau, Königsberg)
- Billy, Willy und die Fee. Märchenrevue
- Tragedy, Comedy, Operetta (Berlin)

1931
- Aprilwetter. Texte: Erik-Ernst Schwabach, Musik: Allan Gray (Berlin)
- Tageszeiten der Liebe. Funkbearbeitung und Gesangstexte von Erik-Ernst Schwabach (Breslau, Leipzig)
- King Lear – Berlin NO (verschiedene reichsdeutsche Sender, Wien)
- Das Leben von Jacques Offenbach (Breslau)

1932
- Kean oder Genie und Wahnsinn nach Alexandre Dumas. Bearbeitet von Erik-Ernst Schwabach (Breslau)
- Eine kleine Melodie. Libretto/Funkspiel (u.a. Wien, Breslau)
- Gloria. Musikalische Komödie nach einem Lustspiel von Otto Bastian. Text: Erik-Ernst Schwabach, Musik: Allan
- Erinnerungen an Sommernächte. Ein bunter Abend. Text: Erik-Ernst Schwabach, Musik: Allan Gray
- Über den Dächern von Berlin. Texte: Erik-Ernst Schwabach, Musik: Allan Gray
- Traum in Blau, Komödie von Wilma von Loesch und Erik-Ernst Schwabach (Uraufführung: Städtisches Schauspiel Baden-Baden 10/1932)
- Ohne roten Faden. Funkrevue von Erik-Ernst Schwabach, Musik: Hans Sattler (u.a. Schlesischer Rundfunk Breslau)

1933
- Film. Funkspiel für Musik von Erik-Ernst Schwabach, Musik: Allan Gray
- Voyage to the Paradise (Berlin)
- Ostereier (Berlin)

1935/1936
- Three for a song (London, BBC)
- King Lear

Siglenverzeichnis

Insgesamt sechs Tagebücher von Erik-Ernst Schwabach befinden sich in der Staats-
bibliothek zu Berlin – Preußischer Kulturbesitz (Nachlass 160). Sie wurden für diese
Arbeit ausgewertet. Fünf Tagebücher werden durch folgende Siglen wiedergegeben:
TB1: Tagebuch vom 15.11.1914 bis 7.1.1917 (Eintragungen beginnen tatsächlich früher)
TB2: Tagebuch vom 16.1.1917 bis 5.10.1919
TB3: Tagebuch 1920–1922
TB4: Tagebuch 1936
TB5: Tagebuch Januar bis April 1938
Aus dem „Reisetagebuch Amerika" aus dem Jahr 1924 wurden keine Zitate verwendet.

Werke von Erik-Ernst Schwabach:
Cle = Das erotische Werk Cleanders
Ird = Irdische Komödie
Nov = Vier Novellen von der armen Kreatur
Nur = Nur eine Liebe
Pet = Peter van Pier (nach der zweiten Auflage, Leipzig 1917)
Pup = Das Puppenspiel der Liebe
Rev = Die Revolutionierung der Frau
Sti = Die Stiftsdame
Zau = Das Zaubertheater

TB KW = Kriegstagebuch Kurt Wolff 1914–1915; Deutsches Literaturarchiv Marbach
    (zitiert mit freundlicher Genehmigung des Deutschen Literaturarchivs sowie von
    Christian Wolff)

TB EW1 = Tagebuch Elisabeth Wolff 3. März–30. Juli 1913
TB EW2 = Tagebuch Elisabeth Wolff 31. Juli 1913–31. Dezember 1913/1. Januar
    1914–30. Mai 1914
TB EW3 = Tagebuch Elisabeth Wolff 14. Juni–31. Dezember 1914/1. Januar–22. Mai
    1915 (Tagebücher Elisabeth Wolff; zitiert mit freundlicher Genehmigung von Jon
    Baumhauer)

LW = Die Literarische Welt, 1925–1933
WB = Die Weißen Blätter
ZfB = Zeitschrift für Bücherfreunde

Literaturverzeichnis

Joseph Baer, Deutsche Literatur. Aus der Bibliothek des Herrn Kurt Wolff in Leipzig, Katalog zur Auktion im November 1912, Frankfurt a. M. 1912

Hugo Ball, Briefe 1904–1927. Hrsg. und kommentiert von Gerhard Schaub und Ernst Teubner, Band 1, 1904–1923, Göttingen 2003

Heinrich F. S. Bachmair, Drei Aussenseiter. Julius Zeitler, Hans von Weber, Der Tempel-Verlag, in: Imprimatur. Ein Jahrbuch für Bücherfreunde, Band IX, 1939/40, S. 69–80

Sybille Bedford, A Legacy, London 2005

Gottfried Benn, Gehirne. Novellen (= Der Jüngste Tag, Band 35), Leipzig 1916

Berliner Secession, Katalog der 26. Ausstellung, Berlin 1913, 2. Auflage, digitalisierte Fassung der Boston Public Library, https://archive.org/details/katalogderausste26berl, letzter Zugriff: Januar 2017

Franz Blei, Drei Briefe an einen jungen Mann, in: Hyperion. Eine Zweimonatsschrift. Hrsg. von Franz Blei und Carl Sternheim, Band 2, Heft 3, München 1908, S. 85–91

Franz Blei, Brief an Kurt Wolff von Anfang April 1913, in: Kurt Wolff. Briefwechsel eines Verlegers 1911–1963, Frankfurt a. M. 1966

Franz Blei, Das grosse Bestiarium der Literatur, Berlin 1922

Franz Blei, Die Frivolitäten des Herrn von D. Geschichten von Frauen und Liebe, München 1969

Franz Blei, Briefe an Carl Schmitt 1917–1933. In Zusammenarbeit mit Wilhelm Kühlmann, hrsg. und erläutert von Angela Reinthal, Heidelberg 1995

Ludwig Börne, Briefe aus Paris, Berliner Ausgabe. Vollständiger, durchgesehener Neusatz bearbeitet und eingerichtet von Michael Holzinger, Berlin 2013

Eberhard von Bodenhausen, Brief an Schwabach v. 23.1.1918, Deutsches Literaturarchiv Marbach

Theo von Brockhusen. Ein Maler zwischen Impressionismus und Expressionismus. Bearbeitet von Gerhard Leistner, Regensburg 1999 (Stiftung Ostdeutsche Galerie)

Das Bunte Buch, Leipzig 1914, mit dem Verlagsverzeichnis 1910 bis 1913

Egon Caesar Conte Corti, Das Haus Rothschild in der Zeit seiner Blüte. 1830–1871. Mit einem Ausblick in die neueste Zeit, Leipzig 1928

Manfred Dehn, Wilhelm Herzog, in: Neue deutsche Biographie, Band 8, Berlin 1969

Egbert Delpy, Die Neueröffnung des Leipziger Schauspielhauses, in: Leipziger Neueste Nachrichten. Beilage für Kunst, Wissenschaft und Unterhaltung, 2.11.1914

Egbert Delpy, Kritik zur Premiere von „Nur eine Liebe", in: Leipziger Neueste Nachrichten, 10.2.1918

Kasimir Edschmid, Über den dichterischen Expressionismus, in: Über den Expressionismus in der Literatur und die neue Dichtung, Tribüne der Kunst und Zeit, Berlin 1919

Kasimir Edschmid, Ein Stein für René Schickele, in: Die Zeit, 30.5.1946

Kasimir Edschmid, Brief v. 5.11.1954; zitiert nach dem Katalog des Auktionshauses Bassenge, Auktion am 26. April 2006

Kasimir Edschmid, Lebendiger Expressionismus. Auseinandersetzungen – Gestalten – Erinnerungen. Mit 31 Dichterporträts von Künstlern der Zeit, Wien, München, Basel 1961

Paul Englisch, Das erotische Werk Cleander's, in: E. (= Paul Englisch), Ergänzungsband zum Bilder-Lexikon. Kulturgeschichte – Literatur und Kunst – Sexualwissenschaft, Band VII, A–L, Verlag für Kulturforschung, Hamburg 1961, S. 92

Paul Englisch, Brief v. 2.5.1930 (an einen Herrn Schönebeck)

Felix Escher, Simon, Hugo, in: Neue Deutsche Biographie 24 (2010), S. 435–436, http://www.deutsche-biographie.de/pnd129962317.html, letzter Zugriff: Januar 2017

Michael Faber, Musterhafte Klassikerausgaben. Vor 80 Jahren wurde in Leipzig der Tempel Verlag gegründet, in: Börsenblatt für den Deutschen Buchhandel, Nr. 31, 1.8.1989, S. 597

Hans Feigl, Die neuen Tempelausgaben, in: Beiblatt der Zeitschrift für Bücherfreunde. Neue Folge, 1. Jg., Heft 10, Januar 1910, S. 120

Ernst Fischer, Der „Schutzverband deutscher Schriftsteller" 1909–1933, in: Archiv für Geschichte des Buchwesens, Band 21, 1980, S. 1–666

Otto Flake, Es wird Abend. Bericht aus einem langen Leben, Gütersloh 1960

Französisches Gymnasium Berlin, Abschnitt Geschichte, http://www.fg-berlin.de, letzter Zugriff: Januar 2017

Freie Secession. Katalog der ersten Ausstellung, Berlin 1914

Paul Gauguin, Avant et Après (Faksimile nach der Originalhandschrift Gauguins), Leipzig o.J. (1918)

Paul Gauguin, Vorher und Nachher. Aus dem Manuskript übertragen von Erik-Ernst Schwabach, München 1920

Geheimes Staatsarchiv. Preußischer Kulturbesitz, Schreiben v. 27.10.1976 (Tgb.-Nr. 2901/76)

Gemeindeverzeichnis Bezirk Liegnitz, www.gemeindeverzeichnis.de, letzter Zugriff: Februar 2017

Wolfram Göbel, Der Kurt Wolff Verlag 1913–1930. Expressionismus als verlegerische Aufgabe, München 2007 (Göbel 2007a)

Wolfram Göbel, Der Kurt Wolff Verlag 1913–1930, in: Barbara Weidle (Hrsg.), Kurt Wolff. Ein Literat und Gentleman; Bonn 2007, S. 11–42 (Dieser Aufsatz ist eine Zusammenfassung der Monografie von Göbel über den Kurt Wolff Verlag) (Göbel 2007b)

Patrick Golenia, Kristina Kratz-Kessemeier, Isabelle le Masne de Chermont, Paul Graupe (1881–1953). Ein Berliner Kunsthändler zwischen Republik, Nationalsozialismus und Exil, Köln, Weimar, Wien 2016

Paul Graupe (Hrsg.), Kostbare alte und moderne Bücher, Bilder und Dokumente. Eine Zorn-Sammlung von bester Qualität, Berlin 1917

Paul Graupe (Hrsg.), Bibliothek Erik-Ernst Schwabach. Auktionskatalog 96, Berlin 1930

Tim D. Grohnert, Theo von Brockhusen und der Kunsthandel, in: Theo von Brockhusen. Ein Maler zwischen Impressionismus und Expressionismus. Bearbeitet von Gerhard Leistner, Regensburg 1999 (Stiftung Ostdeutsche Galerie)

Gitta Gruenfeld, Handschriftliche Notiz an die Staatsbibliothek Berlin, im Zuge der Überlassung des Nachlasses von Erik-Ernst Schwabach im Jahr 2006, Nachlass 160 (Erik-Ernst Schwabach) Staatsbibliothek zu Berlin – Preußischer Kulturbesitz

Willy Haas, Mein Büchersammeln, und Büchersammeln überhaupt, in Imprimatur. Ein Jahrbuch für Bücherfreunde, Band XI, Hamburg 1952/1953, S. 16–25

Willy Haas, Die literarische Welt. Erinnerungen, München 1957

Willy Haas, Die Belle Epoque, München 1975

Walter Hasenclever, Handschriftlicher Brief an Kurt Wolff v. 3.10.1913 aus Heyst sur Mer (Belgien), in: Kurt-Wolff-Archiv, Yale University, New Haven, Connecticut, USA (Beinecke Rare Book and Manuscript Library)

Walter Hasenclever, Der Bankier und der Dichter. Ein Gespräch über Dichtung, in: Die Braunschweiger G-N-C-Monatsschrift, 2. Jg., Februar 1914, S. 73–76

Walter Hasenclever, Reise in Belgien, in: Leipziger Neueste Nachrichten, Beilage für Kunst, Wissenschaft und Unterhaltung, 20.10.1914, S. 8

Walter Hasenclever, Der Sohn. Ein Drama in fünf Akten, Leipzig 1918

Walter Hasenclever, Briefe in zwei Bänden 1907–1940. In Zusammenarbeit mit Dieter Breuer bearbeitet und hrsg. von Bert Kasties, Mainz 1994

Carl Hauptmann, Prospekt des Kurt Wolff Verlages, Dezember 1914

Carl Hauptmann, Aus meinem Tagebuch. Dritte, erweiterte Auflage, Leipzig 1929

Carl Hauptmann, Sämtliche Werke. Wissenschaftliche Ausgabe mit Kommentar. Hrsg. von Eberhard Berger, Hans-Gert Roloff, Anna Stroka, Supplement: Chronik zu Leben und Werk, Stuttgart 2005

Gerhart Hauptmann, Brief v. 23.6.1914 an Paul Schlenther, Staatsbibliothek Berlin, Handschriftenabteilung

Max Herrmann-Neiße, Briefe, Band I und Band II. Hrsg. von Klaus Völker und Michael Prinz, Berlin 2012

Wilhelm Herzog, Menschen, denen ich begegnete, Bern und München 1959

Kurt Hiller, Vorwort, in: Der Kondor. Hrsg. von Kurt Hiller, Heidelberg 1912

Kurt Hiller, Zur jüngsten Dichtung, in: Die Weißen Blätter. Eine Monatsschrift, 2. Jg., Dezember 1915, S. 1502–1510

Historisches Lexikon Bayern, Inflation 1914–1923, http://www.historisches-lexikon-bayerns.de/artikel/artikel_44730, letzter Zugriff: Februar 2017

Honterusgemeinde, Evangelische Kirche A.B. Kronstadt, Archiv und Bibliothek, Schreiben v. 23.11.2012

Lali Horstmann, Unendlich viel ist uns geblieben, München 1954

Rolf Italiaander, Abenteuerliche Geschichte zweier Gauguin-Manuskripte. Mit 1 Faksimile, in: Imprimatur. Ein Jahrbuch für Bücherfreunde, Band XII, München 1954/1955, S. 123–127

Georg Jäger, Reinhard Wittmann, Der Antiquariatsbuchhandel, in: Geschichte des deutschen Buchhandels im 19. und 20. Jahrhundert. Band 1: Das Kaiserreich 1871–1918, Teil 3. Hrsg. von Georg Jäger, Berlin 2010

Gustav Janouch, Gespräche mit Kafka. Aufzeichnungen und Erinnerungen, Frankfurt a. M. 1981

Magda Janssen, Rezension „Die Revolutionierung der Frau" von Erik-Ernst Schwabach, in: ZfB, Beiblatt, 20. Jg. Heft 6, November–Dezember 1928, S. 275–276

Der jüdische Friedhof Schönhauser Allee, Berlin: Eintrag zu Gerson von Bleichröder, http://www.jg-berlin.org/judentum/friedhoefe/schoenhauser-allee.html, letzter Zugriff: Januar 2017

Der Jüngste Tag. Neue Dichtungen, vierseitiger Prospekt des Kurt Wolff Verlages, Leipzig 1913 (Autorenschaft des dreiseitigen Ankündigungstextes wird Franz Werfel zugeschrieben)

Erich Kästner, Fabian, Zürich 1985

Franz Kafka, Briefe 1900–1912. Hrsg. von Hans-Gerd Koch, Frankfurt a. M. 1999

Kafka-Katalog. Hrsg. vom Antiquariat Lame Duck Books, Boston 1997

Alfred Kerr, Das neue Drama (= Die Welt im Drama, Band 1), Berlin 1917

Alfred Kerr, Berliner Tageblatt, 19.12.1923

Alfred Kerr, Ich kam nach England. Ein Tagebuch aus dem Nachlaß. Hrsg. von Walter Huder und Thomas Koebner, Bonn 1979

Alfred Kerr, Wo liegt Berlin? Briefe aus der Reichshauptstadt 1895–1900. Hrsg. von Günther Rühle, 5. Auflage 1998

Harry Graf Kessler, Das Tagebuch. Neunter Band 1926–1937. Hrsg. von Sabine Gruber und Ulrich Ott, Stuttgart 2010

W.(ilhelm) Klemperer: Trauerrede für Julius Leopold Schwabach, gehalten am 23. Februar 1898 in Berlin, (gedruckte Rede)

Sabine Knopf, Volker Titel, Der Leipziger Gutenbergweg. Geschichte und Topografie einer Buchstadt, Beucha 2001

Ingo Köhler, Die „Arisierung" der Privatbanken im Dritten Reich. Verdrängung, Ausschaltung und die Frage der Wiedergutmachung (=Schriftenreihe zur Zeitschrift für Unternehmensgeschichte, Band 14), München 2005

Eberhard Köstler, Bücher, Bücher, Bücher, Bücher. Aus der Blütezeit der Münchner Bibliophilie, Festvortrag, gehalten in der Bayerischen Staatsbibliothek am 25. Mai 2008, http://www.autographs.de/Imprimatur2009.pdf, letzter Zugriff: Februar 2017

Kulturportal West-Ost, http://kulturportal-west-ost.eu/biographien/schwabach-erik-ernst-ernst-sylvester-2, letzter Zugriff: Februar 2017

Die Kunst für Alle, XXXIII. Jg., Heft 3/4, , November 1917, München 1918

Kunstpreis Berlin 2009. Jubiläumsstiftung 1848/1948. Hrsg. von der Akademie der Künste, Berlin 2009

Bernd G. Längin, Unvergessene Heimat Siebenbürgen, Augsburg 1995

David Landes, Bleichröders and Rothschilds. The Problem of Continuity in the Family Firm, in: Family Business Review 6, 1993

Landesarchiv Berlin 1937, Reichskammer der bildenden Künste, Findbuch 1937, Versteigerungsauftrag Fa. Achenbach Nr. 1167 aus 1937, Landesarchiv Berlin A Rep. 243–04, Nr. 9, http://www.landesarchiv-berlin.de/php-bestand/arep243–04-pdf/arep243–04.pdf, letzter Zugriff: Februar 2017

Else Lasker-Schüler, Ich räume auf! Meine Anklage gegen meine Verleger, Zürich 1925

Rolf Lautenschläger, Die gierigen Helfer der Räuber; in: taz, 12.4.2011

Leipziger Schauspielhaus, https://de.wikipedia.org/wiki/Leipziger_Schauspielhaus, letzter Zugriff: Februar 2017

Louise London, Whitehall and the Jews, 1933–1948. British Immigration Policy, Jewish Refugees and the Holocaust, Cambridge 2001

Heinrich Mann 1871–1950. Werk und Leben in Dokumenten und Bildern, Berlin, Weimar 1971 (Ausstellungskatalog)

Marbacher Magazin. Kurt Wolff/Ernst Rowohlt. Vom Verlegen. Ein Traum. Bearbeitet von Friedrich Pfäfflin, Doppelheft 15/1987

Käte Marcus, „Revolutionierung der Frau", in: Neue deutsche Frauenzeitschrift, o.O., o.J.; (aus dem Nachlassalbum von Schwabach)

Menschheitsdämmerung. Eine Symphonie jüngster Lyrik. Hrsg. von Kurt Pinthus, Berlin 1920

Clara Merck, Brief v. 24.5.1914 an ihre Tochter Elisabeth Wolff (Eine Kopie des Briefes wurde freundlicherweise von Jon Baumhauer, München, zur Verfügung gestellt)

Joachim Meschter, Unser Heimatdorf Märzdorf, Kreis Goldberg, Bad Salzdetfurth 2001

Tanja Milewsky, Darstellung der Geschichte des Schauspiels Leipzig, Leipzig 2002

Carla Müller-Feyen, Engagierter Journalismus: Wilhelm Herzog und DAS FORUM (1914–1929). Zeitgeschehen und Zeitgenossen im Spiegel einer nonkonformistischen Zeitschrift, Frankfurt a. M. 1996

Brigitte Nestler, Heinrich-Mann-Bibliographie, Band 1: Das Werk, Morsum/Sylt 2000

Der neue Geist-Verlag, Leipzig, vierseitiger Ankündigungsprospekt, April 1918

The New York Times, Artikel zum Tod von Julius Leopold Schwabach, 24.2.1898

The New York Times, Artikel zum Rechtstreit über das Manuskript von Paul Gauguin „Avant et Après", 24.7.1956

Karl Otten (Hrsg.), Ahnung und Aufbruch. Expressionistische Prosa, Darmstadt, Berlin-Frohnau, Neuwied am Rhein 1957

Oliver Pavelt, Schloss Märzdorf, in: Architektonisches Skizzenbuch, Jg. 1871, Heft V, Blatt 2 und Blatt 3

Will-Erich Peuckert in der Breslauer Rundfunkstunde, o.O., o.J. (masch. Manuskript, aus dem Nachlassalbum von Schwabach)

Will-Erich Peuckert, Lebende Dichter Schlesiens, in: Schlesische Monatshefte. Blätter für Kultur und Schrifttum der Heimat, VI. Jg., Nr. 11, November 1929, S. 460–465

Kurt Pinthus, Rede an junge Dichter, in: Die neue Dichtung. Ein Almanach. Hrsg. vom Kurt Wolff Verlag, Leipzig 1918, S. 137–157

Plakat Insel-Bücherei o.O. (Leipzig), o.J. (1912)

C. Plietzsch, Freie Secession Berlin 1918, in: Die Kunst für Alle, 33. Jg., , Heft 23/24, September 1918, S. 438–444

Marie-Agnes von Puttkamer, Max Oppenheimer – MOPP (1885–1954). Leben und malerisches Werk mit einem Werkverzeichnis der Gemälde, Wien, Köln, Weimar 1999

Paul Raabe, Die Zeitschriften und Sammlungen des literarischen Expressionismus. Repertorium der Zeitschriften, Jahrbücher, Anthologien, Sammelwerke, Schriftenreihen und Almanache 1910–1921, Stuttgart 1964

Paul Raabe, Franz Kafka und Franz Blei, in: Kafka-Symposium. Hrsg. von Jürgen Born u.a., Berlin 1965

Paul Raabe, Die Autoren und Bücher des literarischen Expressionismus. Ein bibliographisches Handbuch in Zusammenarbeit mit Ingrid Hannich-Bode, zweite, verbesserte und ergänzte Auflage, Stuttgart 1992

Paul Raabe, Brief v. 18.10.2009

Ratgeber für Bibliotheken. Vereinigung polnischer Bildungsvereine. Zweimonatsschrift, die die Auswahl der Bücher für die Bibliotheken erlaubt. Beilage zu der Zeitschrift „Bildung Polens", Nr. 4, 1938, S. 26 (Original: Poradnik biblioteczny. Zjednoczenie Polskich Towarzystw Oświatowych. Dwumiesięcznik ułatwiający wybór książek dla bibliotek. Dodatek do numeru IV czasopisma „Oświata Polska", Nr. 4, 1938, S. 26)

Hans Reimann, Kobolz. Grotesken (= Der Jüngste Tag, Band 39/40), Leipzig 1917

Karl H. Salzmann, Der Verleger Kurt Wolff. Ein Beitrag zur Verlags- und Literatur-geschichte, in: Imprimatur. Ein Jahrbuch für Bücherfreunde, Band XI, Hamburg 1952/53, S. 26–48

Toni Scherrer, Kleine Chronik der Familie Schwabach über Schloss Maerzdorf und Berlin. Görlitz Juli 1951 (masch. Manuskript, unver.)

René Schickele, Prospekt des Verlages der Weißen Bücher, Leipzig o.J. (1914) (sechs-seitiger Prospekt mit einer Porträtzeichnung Schickeles von Ludwig Meidner)

Schloss Märzdorf Schlesien, Einrichtung, Katalog Nr. 57, Internationales Kunst- und Auktionshaus, Berlin 1931

Otto Erich Schmidt, Erlebte Persönlichkeiten, o.O., 1946 (masch. Manuskript, Archiv Peter Schwabach)

G. Schneider, Chronik der evangelischen Kirchengemeinde zu Märzdorf, Kreis Gold-berg-Haynau, Diesdorf 1901

Kerstin Schoor, Vom literarischen Zentrum zum literarischen Ghetto. Studien zu deutsch-jüdischer literarischer Kommunikation und Kultur in Berlin 1933–1945, Habilitationsschrift, Freie Universität Berlin 2009

Saskia Schreuder, Dokumente der Erschütterung. Erzählliteratur als Medium jüdischer Selbstverständigung im nationalsozialistischen Deutschland, in: Kerstin Schoor (Hrsg.), Zwischen Rassenhass und Identitätssuche. Deutsch-jüdische literarische Kultur im nationalsozialistischen Deutschland, Göttingen 2010, S. 19–43

Erik-Ernst Schwabach, Brief an Egmont Farussi-Seyerlen v. 23.6.1914, Deutsches Li-teraturarchiv Marbach

Erik-Ernst Schwabach, Brief an Eberhard von Bodenhausen v. 21.1.1918, Deutsches Literaturarchiv Marbach

Erik-Ernst Schwabach, Auktion Carl Sternheim, in: Literarische Welt, 6. Jg., Nr. 1, 3.1.1930, S. 7

Paul H. von Schwabach, Aus meinen Akten, Berlin 1927 (Privatdruck)

Moriz Sondheim, Bibliophilie. Rede gehalten bei der Jahresversammlung der Gesell-schaft der Bibliophilen am 11. September 1932 zu Frankfurt am Main, http://www.bibliophilie.de/index2.html, letzter Zugriff: Januar 2017

Reiner Stach; Kafka. Die Jahre der Entscheidungen, Frankfurt a. M. 2004

Roland Stark, „Hier konnte man lernen, was Qualität war". Der Tempel-Verlag und das Problem der Klassiker-Ausgaben, in: Librarium. Zeitschrift der Schweizerischen Bibliophilen-Gesellschaft, Band 43 (2000), Heft 3, S. 164–183

Fritz Stern, Gold und Eisen. Bismarck und sein Bankier Bleichröder, München 2011

Guy Stern, Fremde Zeiten – fremde Zonen: Auswege deutsch-jüdischer Schriftsteller während der Nazizeit, in: Kerstin Schoor (Hrsg.), Zwischen Rassenhass und Iden-titätssuche. Deutsch-jüdische literarische Kultur im nationalsozialistischen Deutsch-land, Göttingen 2010, S. 121–134

Carl Sternheim, Ulrike. Eine Erzählung (= Der Jüngste Tag, Band 50), Leipzig 1918

Carl Sternhcim, Vorkriegseuropa. Im Gleichnis meines Lebens, Amsterdam 1936

H. G. von Studnitz, Der Salon Horstmann. Ein unbekanntes Kapitel Berlin; in: Christ und Welt, 13. Jg., Nr. 1, 1.1.1960, S. 19–20

Tägliche Rundschau. Unabhängige Zeitung für nationale Politik, 23.8.1916

Bruno Taut, Arbeitsrat für Kunst in Berlin, in: Mitteilungen des deutschen Werkbundes, Nr. 4, 1918, S. 14–15

Bruno Taut, Alpine Architektur in 5 Teilen und 30 Zeichnungen, Hagen 1919

Der Tempel Verlag in Leipzig. Ankündigung von Klassikerausgaben (Tempelprospekt), o. O. (Leipzig), o. J. (1909)

Tempel-Klassiker. Deutsche Dichterausgaben (Tempelprospekt), in: Die Weißen Blätter. Eine Monatsschrift, 1. Jg., Nr. 6, Februar 1914, S. 141

Neuer Theater-Almanach 1914. Hrsg. von der Genossenschaft Deutscher Bühnen-Angehöriger, 25. Jg., Berlin 1914

Volker Titel, Geschichte der Buchstadt Leipzig. Ein Überblick, in: Sabine Knopf, Volker Titel, Der Leipziger Gutenbergweg. Geschichte und Topografie einer Buchstadt, Beucha 2001, S. 7–46

Rainer Traub, Millionenfaches Trauma – die Hyperinflation von 1923, in: Der Spiegel, Sonderheft „Geschichte" – Die Weimarer Republik, Nr. 5, 2014, S. 38–39

Christoph von Ungern-Sternberg, Willy Haas 1891–1973. „Ein großer Regisseur der Literatur", München 2007

Verbrannte und Verbannte. Die Liste der im Nationalsozialismus verbotenen Publikationen und Autoren, http://verbrannte-und-verbannte.de, letzter Zugriff: Februar 2017

Klaus Völker, Max Herrmann-Neisse. Künstler, Kneipen, Kabaretts – Schlesien, Berlin, im Exil (= Reihe Deutsche Vergangenheit. Stätten der Geschichte Berlins, Nr. 56), Berlin 1991

Edmund de Waal, Der Hase mit den Bernsteinaugen. Das verborgene Erbe der Familie Ephrussi, München 2013

WB 9/1913: Die Weißen Blätter. Hrsg. vom Verlag der Weißen Bücher, Nr. 1 September 1913

WB 1/1915: Die Weißen Blätter. Hrsg. vom Verlag der Weißen Bücher, 2. Jg., Heft 1, Januar 1915

WB 12/1915: Die Weißen Blätter. Hrsg. vom Verlag der Weißen Bücher, 2. Jg., Heft 12, Dezember 1915

Verlag der Weißen Bücher, Neuerscheinungen 1913, Leipzig 1913 (achtseitiger Prospekt, enthält die Ankündigung zu den Weißen Blättern)

Hartmut Walravens, Franz Blei als Verlagsberater. Die Briefe Bleis an den Verleger Julius Zeitler in: Archiv für Geschichte des Buchwesens, Band 64. Hrsg. von Monika Estermann und Ursula Rautenberg, Berlin, New York 2009, S. 1–52

Die Welt in Leipzig. BUGRA 1914, hrsg. von Ernst Fischer und Stephanie Jacobs im Auftrag der Maximilian-Gesellschaft, Hamburg 2014

Die Weltbühne, Wochenschrift für Politik, Kunst, Wirtschaft. Hrsg. von Siegfried Jacobsohn, vollständiger Nachdruck der Jahrgänge 1918–1933, Königstein 1978

Franz Werfel, Handschriftliche Postkarte an Kurt Wolff, Prag, Poststempel 12.11.1913, in: Kurt-Wolff-Archiv, Yale University, New Haven, Connecticut, USA (Beinecke Rare Book and Manuscript Library)

Wilhelm II., Haus Doorn (Niederlande), Brief an Paul von Schwabach v. 10.2.1933, zitiert mit freundlicher Genehmigung von Peter Schwabach

Georg Witkowski, Rezension über „Das Puppenspiel", in: Beiblatt der Zeitschrift für Bücherfreunde. Neue Folge. Hrsg. von Prof. Dr. Georg Witkowski. Leipzig, 10. Jg., Heft 3, Juni 1918, Sp. 152

Elisabeth Wolff, Brief an ihre Mutter Clara Merck vom 27.9.1913 aus Schloss März-dorf, Deutsches Literaturarchiv Marbach

Elisabeth Wolff, Brief an ihre Mutter Clara Merck vom 19.9.1916 aus Schloss März-dorf, Deutsches Literaturarchiv Marbach

Elisabeth Wolff, Tagebücher (siehe Siglenverzeichnis)

Kurt Wolff, Kriegstagebuch (siehe Siglenverzeichnis)

Kurt Wolff, Brief an Gustav A. E. Bogeng v. 3.11.1913, Deutsche Nationalbibliothek (Signatur: Archiv/GS Archiv Maxi, 7.1.1.1/104)

Kurt Wolff, Brief an Clara Merck vom 22.9.1916, unter dem Briefkopf „Schloß März-dorf / Kreis Goldberg-Haynau i. Schl. / Station Steinsdorf / Fernsprecher Haynau Nr. 37"; Deutsches Literaturarchiv Marbach

Kurt Wolff, Autoren, Bücher, Abenteuer. Betrachtungen und Erinnerungen eines Ver-legers, Berlin 1965 (Quartheft des Wagenbach Verlags, 6.–8. Tausend)

Kurt Wolff. Briefwechsel eines Verlegers 1911–1963. Hrsg. von Bernhard Zeller und Ellen Otten, Frankfurt a. M. 1966

Kurt-Wolff-Archiv, Yale University, New Haven, Connecticut, USA (Beinecke Rare Book and Manuscript Library)

Kurt Wolff, Herbert G. Göpfert, Porträt der Zeit im Zwiegespräch, in: Börsenblatt für den Deutschen Buchhandel, 20. Jg., Nr. 84, 20. Oktober 1964, S. 2053–2067

Reinhold Zilch, Schwabach, Paul Hermann von, in: Neue Deutsche Biographie 23 (2007), S. 776–777

ZfB, Zeitschrift für Bücherfreunde, Beiblatt. Hrsg. von Georg Witkowski, Neue Folge, 2. Jg., Heft 8, November 1910

ZfB, Zeitschrift für Bücherfreunde, Beiblatt. Hrsg. von Georg Witkowski, Neue Folge, 5. Jg., Heft 3, Juni 1913

ZfB, Zeitschrift für Bücherfreunde, begründet von Fedor von Zobeltitz, Neue Folge, 5. Jg., Heft 7, Oktober 1913

Stefan Zweig, Die Welt von Gestern. Erinnerungen eines Europäers, Stockholm 1947

Das kleine ZwiebelfischKulturkratzbürsten-Vademecum 1913. Hrsg. von Hans von Weber München 1913

Abbildungsnachweis

Abbildungen ohne Quellenangabe: Rechte beim Verfasser
Abb. 4, 5, 13, 16, 18, Umschlagabb. rechts: Familiennachlass
Abb. 9, 10: Friedrich Wilhelm Murnau-Stiftung, Wiesbaden
Abb. 17: Ich danke drei Privatsammlern für die Zurverfügungstellung der Bücher für das Foto

Personenregister

A

Adler, Alfred 178, 214
Adler, Paul 90–91
Aldor, Bernd 112
Altenberg, Peter 60
Arnhold, Bankhaus 26, 234, 248
Augustus, Kaiser 76

B

Bahr, Hermann 60
Ball, Hugo 54, 77
Barlach, Ernst 171
Bassermann, Albert 108, 110
Baudelaire, Charles 42, 62, 149, 178, 211
Baum, Oskar 215
Bedford, Sybille 33–34
Benedix, Roderich 204
Benjamin, Walter 216
Bernheimer, Otto 175
Bethmann-Hollweg, Theobald von 23
Bierbaum, Otto Julius 170
Biermann, Georg B. 123–124, 144
Binder, Helene 47
Bismarck, Otto von 11, 17–19, 21–24
Blass, Ernst 62
Blei, Franz 12, 42, 51, 53–58, 60, 68–69, 72,
   74, 77, 88–91, 102, 144, 148–149, 152, 155,
   157, 178, 180, 216, 228, 249
Bleichröder, Bankhaus 17–18, 20, 25–26, 29,
   35, 39, 137, 141–142, 147, 190–191, 210, 223,
   227, 234, 248
Bleichröder, Georg 22
Bleichröder, Gerson von 18–22, 142, 245,
   248
Bleichröder, Hans 22
Bleichröder, Samuel 17–18
Böhm, Karlheinz 242
Börne, Ludwig 22, 169
Boccacio 62
Bodenhausen, Eberhard von 126
Bonaparte, Napoleon 17
Booth, Richard 14
Brecht, Bert 216–217
Brockhusen, Hildegard von 94–95, 99
Brockhusen, Sigwina von 95, 100

Brockhusen, Theo von 11, 32, 69, 91–99
Brod, Max 42, 59, 64, 91, 178, 215
Brüstlein, Richard 31–32

C

Carstens, Lina 108, 184
Cassirer, Paul 70, 92, 96, 124, 170–171, 175
Cobden-Sanderson, Thomas James 232
Cohn, Oscar 140
Corinth, Lovis 92
Corneille, Pierre 167
Coster, Charles de 214
Courths-Mahler, Hedwig 216
Crowe, Sir Eyre 23

D

Däubler, Theodor 62
Dauthendey, Max 51, 112, 117
Dehmel, Richard 60, 72
Delpy, Egbert 116, 184
Demaison, André 211
Diderot, Denis 167
Didring, Ernst 112, 114, 116
Diederichs, Eugen 83, 86
Döblin, Alfred 9, 90, 207, 222
Doerbecker, Otz 104, 110
Donat, Julius 112
Donat, Stefan 238–242
Dostojewski, Fjodor Michailowitsch 62
Droste-Hülshoff, Annette von 169
Druckenmüller, Alfred 85–86
Dürer, Albrecht 164, 235
Durieux, Tilla 180

E

Eckermann, Johann Peter 84
Edschmid, Kasimir 43, 58, 61–62, 71, 145,
   171, 177
Ehrenstein, Albert 77, 122, 200
Ehrenstein, Carl 53, 59, 77
Eisner, Kurt 134
Englisch, Paul 210
Ephrussi, Familie 164, 249
Eulenberg, Herbert 72, 117, 170, 184

F

Farussi-Seyerlen, Egmont 108, 113, 118
Fehling, Jürgen 228
Fichte, Johann Gottlieb 169

Ficker, Ludwig von 61
Fischer, Samuel 54, 71, 83, 85, 87, 144
Flake, Otto 55–57, 88–89, 91, 93, 155, 158
Flaubert, Gustave 62
Flechtheim, Alfred 171
Fleming, John F. 175
Fontane, Theodor 5, 55, 64, 74, 88–91, 177
Ford, Henry 221
Franco, Francisco 232
Frank, Bruno 121, 221
Frank, Leonhard 67, 89, 134, 141
Frank, Rudolf 228
Franz Joseph I., Kaiser von Österreich-
Ungarn 29
Friedländer, Salomo (Mynona) 73
Friedländer-Fuld, Familie 35
Friedrich II., König von Preussen 30
Frommann, Carl Friedrich Ernst 169
Fürst, Rudolf 84

G
Gascoyne-Cecil, Robert, 3rd Marquess of
Salisbury 20
Gauguin, Paul 6, 9, 15, 42, 151, 164, 171–174,
Gauguin, Pola 172–173
Gaul, August 164, 171, 225
Gaus, Hans 112
Geiger, Willi 155
George, Stefan 60, 161, 171
Gielgud, Vic 233
Gilbert, Robert 242
Göbel, Wolfram 12, 54, 56, 69, 85
Göpfert, Herbert G. 105
Goethe, Johann Wolfgang von 65, 84, 98,
123, 149, 153, 169, 171, 205, 226
Gogh, Vincent van 15, 93
Goldschmidt, Alfons 130, 135–136, 139–140
Gorki, Maxim 221
Granach, Alexander 161
Graupe, Paul 6, 9, 164, 172–173, 220,
225–226
Gray, Allan (Josef Zmigrod) 222, 232
Grillparzer, Franz 169
Grossmann, Rudolf 170
Grünfeld, Ernst (Gruenfeld) 245
Gütersloh, Albert Paris von 102
Gulbransson, Olaf 48
Gumpert, Martin 168

H
Haas, Willy 168, 178, 214–218, 220–221
Hamsun, Knut 162–163
Hardekopf, Ferdinand 53
Hardt, Ernst 145
Harland, Joyce Leonie 233, 238, 245–246
Hartleben, Otto Erich 170
Hartmann, Anton 103–105, 108
Hartmann, Georg 83
Hašek, Jaroslav 214
Hasenclever, Walter 5, 11–12, 15–16, 40,
53–54, 59–63, 65–66, 71–72, 77, 79–83, 85,
102, 105–106, 115, 129–130, 169, 171
Hasse, O. E. 242–243
Hauptmann, Carl 5, 40, 72, 78, 100–102,
104, 112–114, 116–117, 148, 150–151,
160–161, 202, 204
Hauptmann, Gerhart 5, 40, 51, 60, 67, 72,
104, 111, 150–152, 157, 214, 218
Hebel, Johann Peter 84
Heeke, Rainer 14–16
Heimann, Moritz 84, 225
Heine, Heinrich 84
Heise, Carl Georg 133
Hennings, Emmy 53, 59
Herder, Hedwig 112
Herder, Johann Gottfried 169
Herrmann, Curt 96
Herrmann-Neiße, Leni 161
Herrmann-Neiße, Max 5, 53, 78–79,
161–163, 216
Herz, Henriette 42–43, 98, 104
Herz, Hermann 42–43, 98, 102–104
Herz, Marta 47
Herzog, Wilhelm 5, 9, 11, 124–134, 137–141,
144, 146, 201, 221
Hesse, Hermann 64
Hessen und bei Rhein, Großherzog Ernst
Ludwig von 76, 116, 123, 160
Heydrich, Reinhard 235
Heydt, Eduard von der 232, 247
Heym, Georg 76
Heymel, Alfred Walter 225
Heynicke, Kurt 168
Hiller, Kurt 61, 81, 134, 170, 177
Hitler, Adolf 9, 26, 236, 238
Hofmannsthal, Hugo von 51, 216
Hohenzollern, Prinz Louis Ferdinand 27
Hollaender (Hollander), Felix 152

Hollitscher, Arthur 138
Horaz 76
Horstmann, Freddy 247
Huret, Jules 171

I
Italiaander, Rolf 174

J
Jacobsohn, Siegfried 138–139, 228
Joyce, James 216, 247
Juncker, Axel 43, 55–56
Jung, C.G. 247

K
Kästner, Erich 141
Kafka, Franz 53, 55, 59, 63–64, 88–90, 148, 214–215
Kahane, Arthur 152
Kant, Immanuel 170
Käutner, Helmut 241
Kerr, Alfred 78, 89, 91, 95, 150, 157, 159, 163, 204
Kessler, Harry Graf 126, 236, 246
Kestenberg, Leo 70
Keyserling, Eduard von 112
Kippenberg, Anton 84
Kisch, Egon Erwin 221
Kleist, Heinrich von 84, 124, 169–170, 214
Klemperer, Wilhelm 19
Klimsch, Fritz 92, 100
Klitsch, Edgar 112
Klopstock, Friedrich Gottlieb 169
Kniefke, Erwin 40
Körner, Theodor 84
Kokoschka, Oskar 40, 123
Kolb, Annette 91, 125
Kollwitz, Käthe 133
Kotzebue, August von 169
Kraus, Karl 61, 160
Kröner, Otto 23
Kubin, Alfred 52

L
Landes, David 21
Lasker-Schüler, Else 12, 58, 76–77, 145, 182
Lemm, Alfred 200
Lenz, Jakob Michael Reinhold 153
Lessing, Gotthold Ephraim 84, 112

Leyen, Friedrich von der 84
Lichnowsky, Mechthilde 133, 160, 221
Liebermann, Max 72, 100, 168, 170
Liebknecht, Karl 70, 130–131, 134, 136
Lohmann, Eugen 69
London, Jack 221
Loos, Adolf 161
Louis, Joe 232
Ludendorff, Erich 134
Luxemburg, Rosa 70, 130, 134, 136, 142
Luzzatti, Luigi 23
Lydis, Jean 211
Lydis, Mariette 6, 210–211

M
Mackeben, Theo 9, 228
Madlung, Oberstleutnant 160
Maecenas, Gaius Cilnius 76
Maier, Tucky 229
Mann, Heinrich 5, 9, 12, 64, 73, 123, 160, 169, 214, 216
Mann, Thomas 12, 127, 138, 221
Martersteig, Max 106
Marton, Georg 237–238, 240, 243
Mathéy, Georg Alexander 75
Maupassant, Guy de 46, 210
McEvoy, Joseph P. 221
Meidner, Ludwig 170
Meier-Gräfe, Julius 67
Menzel, Adolph von 164
Merck, Clara 40, 54, 156
Merck, Johann Heinrich 149
Meyer, Georg Heinrich 64, 67–69, 88, 119, 200
Meyrink, Gustav 65
Michelangelo 164
Mörike, Eduard 84
Molière 167
Moltke, Oberstleutnant Graf 28
Montherlant, Henry de 211
Mueller, Waldemar 134

N
Nordheim, Robert 153
Noske, Gustav 143

O
Oberländer, Heinrich 238
Oppenheim, Freiherr Abraham von 19

Oppenheim, Robert 227
Oppenheimer, Max 72–73
Otten, Karl 62
Otto, Georg 168

P

Pascin, Jules 171–172
Paul, Jean 169
Pavelt, Oliver 31
Pechstein, Max 133
Perzynski, Friedrich 133
Peuckert, Will-Erich 207
Pfemfert, Franz 52, 61, 73, 159, 176, 181
Picasso, Pablo 171, 175
Pinthus, Kurt 53, 61, 200, 214
Poeschel, Carl Ernst 83–85, 210
Polgar, Alfred 207
Preetorius, Emil 53, 170
Proust, Marcel 216
Puschkin, Alexander Sergejewitsch 229

R

Raabe, Paul 12
Racine, Jean 167
Rauch, Karl 216
Rehe-Rowohlt, Emmy 108
Reimann, Hans 62
Reinecker, Herbert 242
Reinhardt, Max 106, 108, 151, 180
Reinhold, Peter 71, 160, 213
Reiß, Alfred 79
Reiss, Erich 152
Ribbentrop, Joachim von 232
Rilke, Rainer Maria 51, 171, 216
Rimbaud, Arthur 211
Ringelnatz, Joachim 161
Ripke, Axel 55, 89, 103–104
Rolland, Romain 133–134, 140–141
Rosenow, Emil 117
Rothschild, Alfred von 23
Rothschild, James von 23
Rothschild, Louis von 23
Rothschild, Meyer Amschel 11, 17–18, 22
Rowohlt, Ernst 11, 49, 53–54, 76, 215–216
Rudolf II., Kaiser, König von Böhmen 30
Runze, Martin 43

S

Salmonova, Lyda 101
Sardou, Victorien 171
Scheerbart, Paul 133
Scheidemann, Philipp 128
Scherrer, Toni 34, 36–39, 44, 57, 74, 96, 151, 158, 191, 225, 234, 250
Schickele, Anna 69
Schickele, René 68–73, 87, 93, 105, 111, 125, 197, 200, 216
Schiller, Friedrich 84, 169–170
Schlegel, Karl August Moritz 225
Schlenther, Paul 111
Schmeling, Max 232
Schmidt, Erich 43, 128
Schmidt, Gertrude 43, 128
Schmidt, Otto Erich 25, 40, 103
Schmidt-Rottluff, Karl 170
Schneider, Romy 242–243
Schnellpfeffer, Jakobus (Carl Georg von Maassen) 209
Schönaich-Carolath, Fürst Günther von 160
Schoenebeck, Baron Maximilian von 34
Schoenebeck, Maximiliane von 47
Schopenhauer, Arthur 225
Schröder, Elinor/Eleonor 25, 232
Schröder, Rudolf Alexander 149, 171
Schulz, Alfred 38
Schwab, Jean 82, 111
Schwabach, Brigitte (Gitta) 9, 44–46, 48, 79, 93–95, 97, 100, 156–157, 182, 219, 220, 224, 232–233, 245–246
Schwabach, Charlotte (Lotte), geb. Schmidt 9, 39–40, 43, 47–48, 69, 94–96, 99, 104, 106, 128, 245
Schwabach, Dorian-Erik 9, 44, 128, 219–220, 224, 243, 245
Schwabach, Ernst 9, 22, 29–30, 32–39, 249
Schwabach, Ernst-Joachim 9, 44, 48, 97, 107, 218–220, 223, 245–246
Schwabach, Flora, geb. Herz 9, 29, 42, 47
Schwabach, Inge, geb. Garbe 40, 241, 245
Schwabach, Julius 21–22, 249
Schwabach, Julius Leopold 17–19, 22, 29, 32, 36, 236, 245, 248
Schwabach, Leonie-Jeannette 36
Schwabach, Leonie (Lali) von 25, 47, 147, 236, 247

Schwabach, Paul Julius von 25, 246
Schwabach, Paul Hermann von 10, 17–20, 22–28, 47, 52, 124–127, 135–136, 142–143, 146–147, 210, 228, 232, 234–236, 246, 249
Schwabach, Vera von (Vera von der Heydt) 25, 232, 247
Scott, Walter 229
Seiffhardt (Seiffhart), Arthur 111
Shakespeare, William 84
Shaw, Bernhard 105
Simon, Hugo 130, 133
Sintenis, Renée 161
Sommer, Maria 241, 243
Spitzweg, Carl 164
Stadler, Ernst 67
Starke, Ottomar 221
Stein, Heinrich Friedrich Karl, Freiherr vom 31
Stein, Julian (Julian Poplawski) 229–231, 237–240
Steiner, Rudolf 148
Stern, Fritz 18–19, 21, 25, 27, 142
Sternheim, Carl 5, 11, 15–16, 35–36, 38, 53, 59, 63–64, 68, 74, 88–90, 93, 148, 152, 158, 167, 169, 171, 180, 201, 225
Sternheim, Thea 93
Stolz, Robert 242
Stresemann, Gustav 134
Strindberg, August 117

T
Tagger, Theodor 168, 170
Taut, Bruno 133
Techow, Ernst Werner 246
Tieck, Ludwig 225
Tirpitz, Alfred von 134
Tolstoi, Lew 117
Torberg, Friedrich 238
Trakl, Georg 15, 59, 67, 123
Trzcinski, Teofil von 239–242
Tucholsky, Kurt 230
Turgenjew, Iwan Sergejewitsch 229

U
Uhland, Ludwig 84

V
Valentin, Karl 152
Vergil 76

Verlaine, Paul 49, 211
Victoria, Königin von England 20
Viehweg, Friedrich (Fritz) 103–104, 107–109, 111–113, 116–117, 120–122, 184
Vinci, Leonardo da 164
Voltaire 11, 167
Vrieslander, John Jack 155

W
Waal, Edmund de 249
Wagner, Richard 113
Walden, Herwarth 170
Walser, Robert 200
Wangenheim, Hans Freiherr von 158
Weber, Hans von 83–85, 144, 169
Wedekind, Frank 60, 117
Wegener, Paul 100–102, 150
Weidenmann, Alfred 242
Weiß, Emil Rudolf 84
Weiss, Ernst 177, 187
Werfel, Franz 12, 15, 51, 53, 59, 62, 64–65, 73, 79–82, 102, 105, 111, 123, 134, 176, 181, 215
Wieland, Christoph Martin 169, 225
Wilde, Oscar 35–36, 214
Wilder, Billie 242
Wildgans, Anton 120
Wilhelm, Hans 9, 222
Wilhelm I., Kaiser 19, 22
Wilhelm II., Kaiser 9, 11, 17, 25–27, 128, 134
Winckler, Adalbert 32
Winderstein, Hans 113
Winterfeldt, Joachim von 160
Witkowski, Georg 59, 84, 190, 214
Wolff, Elisabeth, geb. Merck 5, 40–42, 47, 53–54, 81, 96, 103–104, 106–109, 111–112, 114, 123, 152–154, 156–157, 160, 218, 251
Wolff, Kurt 5, 9, 11–12, 15–16, 38, 40–41, 47–49, 53–66, 68–69, 71–74, 76–77, 79–82, 85, 88, 90, 96, 103–107, 109–111, 114–116, 119, 121–123, 141, 144–145, 150, 152–157, 160, 168–169, 172–178, 200, 210, 213, 215, 218, 221, 251
Wolff, Leonhard 41
Wolff, Theodor 23, 143
Wolfskehl, Karl 167
Wyneken, Alexander 23

Z
Zech, Paul 77, 214
Zeitler, Julius 83, 85–86, 144
Zmidzinski, Marian 241

Zola, Emile 149
Zweig, Arnold 200
Zweig, Stefan 134, 224, 249